ento feminista hoje pensamento feminist
a hoje pensamento feminista hoje pensa
samento feminista hoje pensamento fen
eminista hoje pensamento feminista hoje
e pensamento feminista hoje pensamen
ento feminista hoje pensamento feminist
a hoje pensamento feminista hoje pensa
samento feminista hoje pensamento fen
eminista hoje pensamento feminista hoje
e pensamento feminista hoje pensament
ento feminista hoje pensamento feminist
a hoje pensamento feminista hoje pensa
samento feminista hoje pensamento fen
eminista hoje pensamento feminista hoje
e pensamento feminista hoje pensament
ento feminista hoje pensamento feminist
a hoje pensamento feminista hoje pensa
samento feminista hoje pensamento fen
eminista hoje pensamento feminista hoje
e pensamento feminista hoje pensament
ento feminista hoje pensamento feminist
a hoje pensamento feminista hoje pensa
samento feminista hoje pensamento fem
ministta hoje pensam   hoje
e pensamento feminis   ment

CB037004

nto feminista hoje pensamento feminist
a hoje pensamento feminista hoje pensar
amento feminista hoje pensamento fem
ministta hoje pensamento feminista hoje
e pensamento feminista hoje pensament
nto feminista hoje pensamento feminist

pensamento feminista hoje
sexualidades no sul global

Heloisa Buarque de Hollanda
Organização e introdução

©Bazar do Tempo, 2020

Todos os direitos reservados e protegidos pela Lei n. 9.610, de 12.2.1998.
É proibida a reprodução total ou parcial sem a expressa anuência da editora.

Este livro foi revisado segundo o Acordo Ortográfico da Língua Portuguesa de 1990,
em vigor no Brasil desde 2009.

EDIÇÃO
Ana Cecilia Impellizieri Martins

COORDENAÇÃO EDITORIAL
Catarina Lins

ORGANIZAÇÃO E APRESENTAÇÃO
Heloisa Buarque de Hollanda

TRADUTORES
Caterina Rea
Leonardo Gonçalves
Pê Moreira
Richard Miskolci

COPIDESQUE
Elisabeth Lissovsky

REVISÃO
Rosemary Zuanetti

PROJETO GRÁFICO E CAPA
Elisa von Randow

DIAGRAMAÇÃO
Cumbuca Studio

AGRADECIMENTOS
Às/aos artistas que autorizaram o uso
das obras publicadas nesta edição.

CIP-Brasil. Catalogação na Publicação
Sindicato Nacional dos Editores de Livros, RJ

P467

Pensamento feminista hoje: sexualidades no sul global / [Adriana Azevedo ... [et al.]];
organização Heloisa Buarque de Hollanda. – 1. ed. – Rio de Janeiro:
Bazar do Tempo, 2020.
400 p. ; 16 x 23 cm.
ISBN 978-65-86719-32-1
1. Feminismo. 2. Sexo – Aspectos sociais. 3. Mulheres – Condições sociais. I. Azevedo,
Adriana. II. Hollanda, Heloisa Buarque de.
20-66636 – CDD: 305.42
CDU: 141.72

Camila Donis Hartmann - Bibliotecária - CRB-7/6472

1ª reimpressão, dezembro 2022

rua General Dionísio, 53, Humaitá
22271-050 - Rio de Janeiro - RJ
contato@bazardotempo.com.br
www.bazardotempo.com.br

Adriana Azevedo
Andiara Ramos Pereira
Bernedette Muthien
Camila Bastos Bacellar
Caterina Rea
Francesca Gargallo
Gabriela Gonzales Ortuño
Guacira Lopes Louro
Guilherme Altmayer
Jack Halberstam
Jasbir K. Puar
Larissa Pelúcio
Leandro Colling
Lorena Mochel
Marcia Ochoa
Norma Mogrovejo
Paul B. Preciado
Pedro Paulo Gomes Pereira
Richard Miskolci
Sam Bourcier
Tânia Navarro Swain

Para Theo, que enfrenta ventos e mares.
Para Antonio, meu porto seguro.

Sumário

11 Introdução
Heloisa Buarque de Hollanda

QUEER EM TRÂNSITO

33 O queer, as mulheres e as lésbicas na academia e no ativismo em Abya Yala
Norma Mogrovejo

59 O pensamento queer existe ou se manifesta de alguma maneira na América Latina?
Francesca Gargallo

67 Crítica Queer racializada e deslocamentos para o Sul global
Caterina Rea

79 Queerizando as fronteiras: uma perspectiva africana ativista
Bernedette Muthien

89 Queer nos trópicos
Pedro Paulo Gomes Pereira

113 Colidindo epistemologias feministas no *sex shop* de uma favela carioca
Lorena Mochel

O CUIR SITUADO

135 Cidadania perversa: divas, marginalização e participação na "localização"
Marcia Ochoa

159 Homonacionalismo como mosaico: viagens virais, sexualidades afetivas
Jasbir K. Puar

187 Teoria queer: uma política pós-identitária para a educação
Guacira Lopes Louro

207 Como viver uma fé queer? Os desafios das teologias da libertação, as tensões entre o exercício da fé e as dissidências sexuais
Gabriela González Ortuño

223 Para além do binário: os queer e o heterogênero
Tânia Navarro Swain

239 Frankenstein e o espectro do desejo
Richard Miskolci

O QUEER EM PAUTA

259 O fim da dominação (masculina): poder dos gêneros, feminismos e pós-feminismos queer
Sam Bourcier

273 Repensando o sexo e o gênero
Jack Halberstam

287 Histórias do cu do mundo: o que há de queer nas bordas?
Larissa Pelúcio

303 Corpo-atritável ou uma nova epistemologia do sexo
Adriana Azevedo

315 À beira do corpo erótico descolonial, entre palimpsestos e encruzilhadas
Camila Bastos Bacellar

331 Chama a revolta! Necropolítica e pornoterrorismo nas margens do mundo e na periferia dos corpos: um ensaio sobre a experiência mitológica e ritual do *devir-coiote*
Andiara Ramos Pereira

343 A emergência e algumas características da cena artivista das dissidências sexuais e de gênero no Brasil da atualidade
Leandro Colling

367 Tropicuir: linhas tortas na escrita de histórias transviadas
Guilherme Altmayer

387 Dizemos revolução
Paul B. Preciado

Introdução

Heloisa Buarque de Hollanda

Percebi que eu queria organizar esta coletânea com foco nas sexualidades durante a pesquisa que realizei sobre o feminismo decolonial. Por algum motivo não imediatamente comprovável, comecei a sentir que a questão da trajetória das experiências, desejos, classificações e conceitualizações sobre o corpo, e mais especificamente sobre a sexualidade, marcavam (ou permitiam) os saltos epistêmicos da história dos estudos de gênero.

Acompanhando de maneira mesmo superficial a "evolução" dos conceitos que orientam estes estudos, vemos que a passagem do eixo conceitual identidade para o de gênero já é um deslocamento promissor para a relativização do binarismo que identidade propõe. E prosseguindo, como se acompanhasse uma linha do tempo, vejo que a terceira onda feminista, que seria a reinvidicação, agora feita em direção à academia, do "direito de interpretar", vai se aprofundando passo a passo, artigo a artigo, em direção a uma maior flexibilização das noções sobre os sistemas sexo/gênero. Isso até pelo menos a década de 1990, quando Judith Butler sumariza a profusão de perguntas e interpelações em curso durante a década anterior – especialmente das noções de queer e ciborgue de Teresa de Lauretis e Donna Harraway, respectivamente – e leva o debate sobre a "verdade" do gênero/sexualidade a um novo patamar.

Estava quase colocada a pedra de cal no binarismo de gênero, denunciada sua construção performática, vislumbrada sua imensa fluidez. Abria-se o espaço para que esta discussão migrasse, no fim do século, da agenda da verdade cultural para a agenda da verdade biológica. Entra em cena a visão provocativa de Paul B. Preciado, que passa a questionar os pressupostos morfológicos e farmacológicos das sexualidades, ampliando o sujeito do feminismo e dos movimentos de liberação sexual.

A hora era de desmonte. O sistema sexo/gênero era questionado, as políticas identitárias postas em debate no meio do calor das políticas de representação que coincidiam com interpelações epistemológicas de todos os lados e um sentimento geral de que havia chegado, finalmente, a demanda de caminhos menos abstratos para as políticas feministas.

Na mesma época, esquentando ainda mais o debate, o feminismo decolonial também buscava desconstruir os processos de colonização e dominação europeus e seus efeitos disciplinadores nos sistemas de sexo e de gênero. O feminismo eurocentrado neste momento não é poupado, e o feminismo decolonial avança na linha do exame desses sistemas de poder, agora identificados como processos "civilizatórios" da modernidade.

Na América Latina, essa crítica não é nova. Ela vem desde os anos 1990, com o chamado feminismo autônomo que antecede a formulação definitiva de um feminismo decolonial, como cunhou María Lugones em 2008.

As feministas autônomas latino-americanas, além do pioneirismo, trazem várias novidades. Vou me deter um pouco nelas para demonstrar como o debate sobre gênero e sexualidades, bem antes de que a "moda" decolonial viesse à tona, já demonstrava um desconforto precoce com a inadequação dos conceitos feministas *institucionais* (para usar o termo tão caro às autônomas) em terras latino-americanas.

Não sei nem se podemos chamar o Feminismo Autônomo latino-americano de movimento, na medida em que, desde o início, tem sido bastante disperso, acidentado, cheio de rachas, relativamente pouco visibilizado e pouco documentado e, portanto, de difícil definição e mapeamento. O que certamente mais o caracteriza e o distancia do feminismo tradicional é o questionamento tanto das formas de cooperação internacional propostas pelos modelos desenvolvimentistas neoliberais quanto dos próprios sentidos que conformavam a noção de gênero. Em vez do sistema sexo-gênero tradicionais, as lésbicas autônomas propõem a teorização das relações sociais de poder do sexo baseada na divisão de trabalho capitalista como principal fator de produção e legitimação da sexagem.[1]

Um dos primeiros grupos criados no início da década de 1990 na América Latina é o grupo *As Cúmplices*, formado inicialmente por sete feministas históricas: Ximena Bedegral, Sandra Lidid, Rosa Rojas, Amalia Fischer, Edda Gaviola, Francesca Gargallo e Margarita Pisano. As bases do feminismo autônomo são explicitadas no livro *Gesto para uma cultura tendenciosamente diferente*, de 1993, escrito ainda sob o impacto dos regimes ditatoriais no continente, mas já vivenciando os processos de reestruturação democrática neoliberal. São elas a dimensão coletiva na elaboração teórica, a associação efetiva com a política dos movimentos sociais e sua atuação definindo os marcadores nacionalidade, classe, "raça", orientação sexual, situação migratória etc. Além deste, temos alguns outros coletivos como o *As Próximas*, formado por guerrilheiras e refugiadas centro-americanas, e o chamado *Movimento de Mulheres de Fora*, que prega a não participação deliberada na cultura patriarcal e estatal. Deste grupo, Margarita Pisano publica, em 2001, *O triunfo da masculinidade*.

O pressuposto das autônomas é o de que a liberdade e a criação de alternativas efetivas para suas lutas só seriam possíveis caso se mantivessem à distância das organizações não governamentais (ONGs), do governo, das instituições internacionais e das universidades, ou seja, se se colocassem de maneira totalmente anti-institucional.

O mais conhecido destes grupos, o *Mujeres Creando*, de perfil anarquista e anticapitalista, foi criado na Bolívia por Julieta Paredes, Maria Galindo e Mónica Mendoza, em 1994. Rapidamente a atuação do grupo se espalhou por toda a América Latina por meio de grafites, performances, jornais, livros e importantes intervenções públicas.

No início dos anos 2000, a ação das autônomas se complexifica com a forte articulação do feminismo lésbico com o antirracismo e antineoliberalismo.

Em 2008, surge *El Grupo Latinoamericano de Estúdios, Formacion e Acción Feminista* (Glefas), liderado por Yuderkys Espinosa Miñoso e Ochy Curiel, cujo principal compromisso é estabelecer a relação entre gênero e neoliberalismo, promovendo a crítica à noção de gênero que minimiza a importância de sua vinculação fundamental com as demais relações sociais de poder.

Procurei desenhar o campo intelectual feminista decolonial na América Latina, seus compromissos e antecedentes, para mostrar o "campo minado" onde chegaram as novas teorias queer, tal como formuladas na Europa e nos Estados Unidos, especialmente por Teresa de Lauretis e Judith Butler.

Teresa de Lauretis transformou o termo *queer* (em inglês, um termo fortemente depreciativo e vulgar) em conceito. Na década de 1990, usou "teoria queer" para um seminário em que seria discutida a situação dos estudos gays e lésbicos, naquele momento, em crise nos departamentos de gênero nas universidades norte-americanas. Sua intenção era pautar e colocar em debate formas de dissidências sexuais em cruzamento com outros marcadores culturais, sexuais e raciais, subvertendo o conservadorismo das teorias sobre sexualidades gay em curso. Essa proposta, potencialmente transformadora, termina infelizmente diluindo-se nas práticas teóricas dos países sede da produção de conhecimento.

Chegando à América Latina, num primeiro momento, a noção de queer é rapidamente adotada pelas elites bilíngues e transforma-se em extensão dos estudos de gênero vigentes, sem maiores impactos ou debates, como sustenta Gabriela Ortuño.[2]

Ao mesmo tempo, qualquer exame mais cuidadoso dos feminismos do Sul, mostra que as teorias queer na América Latina não eram tão novidade como no feminismo central. As lésbicas autônomas e decoloniais já desafiavam, à sua maneira, os estudos sobre a homosexualidade, discutindo os mecanismos de liberação sexual e seu horizonte de solidariedade com a negritude, a pobreza, a lesbiandade e mesmo a maternalidade. Na mesma direção, o que conhecemos como "bichas loucas" também há tempos desafiavam a sexualidade burguesa gay ilustrada da região, comprovando, mais uma vez, o fosso existente entre elites homossexuais europeizadas e a negação e/ou invisibilização da multiplicidade de respostas, estratégias, formas de pensamento e de luta gestadas em questões locais do universo queer no Sul global.

As formas, reações e modulações do que chegou até nós como um avanço teórico (o conceito queer) e de como ele se materializou local e globalmente, produzindo políticas sexuais, é o tema central deste volume.

Alguns artigos reunidos neste livro tratam especialmente dos processos de deslocamento geopolítico do queer e/ou do que seria um queer *situado* entre nós. Assim, a primeira parte do livro recebe o título Queer em trânsito.

São muitos os caminhos reativos (e criativos) diante da inserção queer no feminismo latino-americano. Uma parte de nossa academia recebe o queer como um evento moderno e progressista e avança trabalhando com o queer ontologizado, sem críticas à transformação de conflitos sociais em nichos de consumo gay, frequentemente tomando a forma de agendas em defesa de direitos humanos e sexuais, como chama atenção Caterina Rea.

A reação teórica mais contundente a respeito da experiência queer na América Latina, como era de se esperar, se dá pelos grupos lésbicos autônomos que sempre se dedicaram à desestabilização dos sistemas binários de gênero e sua articulação com fatores raciais e de classe, densidade que não reconhecem nas políticas performáticas queer do Norte. Provavelmente por isso, algumas pensadoras feministas latino-americanas rejeitam este rótulo, preferindo se autonomearem feministas lésbicas antirracistas.

Ainda que os movimentos queer tenham surgido em tempos de aids e crises identitárias do ativismo gay, é indiscutível que sua formalização tenha sido impulsionada no interior do feminismo lésbico acadêmico e não no interior dos estudos gay, como seria o esperado. A associação do pensamento queer em sua origem com o pensamento lésbico é um fato comprovável historicamente. Alguns motivos podem ser aventados. O primeiro que me vem à cabeça é a própria radicalidade sistêmica do ser lésbica. Ou, melhor dizendo, ao rejeitar a heterosexualidade e, consequentmente, sua função reprodutiva no sistema social patriarcal, a lesbiandade denuncia a heteronormatividade como instituição estruturalmente política.

Norma Mogrovejo, em seu artigo "O queer, as mulheres e as lésbicas na academia e no ativismo de Abya Yala" comenta que, ao ser fugitiva do esquema naturalizado dos gêneros, a lesbiandade "promoveu várias conceitualizações teóricas como a de 'sujeito excêntrico', aquele que está fora do eixo da produção e da instituição heterossexual, que se desloca fisicamente da energia erótica e das práticas culturais e sociais das categorias sexo e gênero".[3] Ou seja, a lesbiandade é, em si, a reinvidicação de uma não identidade, principal bandeira queer. Norma lembra, a propósito, a citação de Wittig, "as lésbicas não são mulheres", pois negam a função compulsória das mulheres no sistema sexo/gênero, o que promove o desmantelamento da maquinária de poder que sustenta as identidades.

Voltando ao desembarque do queer em nossas terras e prosseguindo com Norma, vemos como o queer já chega aqui bem longe de seu sentido libertário, confundindo-se com os sujeitos identitários do movimento LGBT e com demandas conservadoras como o casamento civil, a reprodução assistida e uma diversidade de demandas legais que acabam por reforçar o modelo de família heterossexual e monógama, unidade econômica-capitalista. Ampliando esta crítica, Francesca Gargallo, no artigo "O pensamento queer existe ou se manifesta de alguma maneira na América Latina?", mostra como o queer foi sentido entre nós como uma noção movediça, difícil de ser absorvida política e criticamente. Se a ideia inicial do queer é uma reação à institucionalização LGBTQI, aqui teria soado apenas *fashion*, como quer Preciado.

Somente o polo mais crítico do feminismo autônomo latino-americano conseguiu oferecer uma política consistente para o que chamamos de queer. Gabriela Ortuño[4] afirma mesmo que o pensamento lésbico autônomo é ainda a melhor tradução do queer que conseguimos alcançar. As autônomas, desde o início, apresentam um projeto de desestabilização identitária, como querem as políticas queer, com a vantagem de negar a existência de dissidência sexual pura, na medida em que qualquer dissidência estaria contextualmente associada aos interesses das minorias pobres, indígenas ou negras, produzindo cruzamentos políticos importantes. É o que Catarina Rea desenvolve em "Crítica queer racializada", agora na chave decolonial. Ela demonstra cuidadosamente como a reflexão sobre as questões de gênero e sexualidades são inseparáveis da história pós/neocolonial do Ocidente e suas manifestações racistas, neoliberais, xenófobas e anti-imigratórias. Somente assim uma crítica queer ganharia força e conseguiria tornar-se capaz de produzir uma oposição ao conformismo LGBT.

A marca do queer latino-americano, portanto, é sua associação necessária com questões sociais e econômicas. Foi nesta associação que nosso *cuir*, forma que o termo ganha nos países do Sul, achou seu lugar e afiliou-se no contexto histórico e no campo intelectual da América do Sul. Como alerta Edward Said, é sempre importante para o estudo de teorias e epistemologias uma atenção redobrada aos contextos históricos de onde partiu um conceito ou teoria e seu ponto de chegada.[5]

Ainda que meu interesse aqui seja explicitamente a América Latina, não consegui descartar uma pequena observação sobre a África, que compõe, de forma determinante, o perfil cultural de alguns de nossos países. Incluí um artigo de Bernedette Muthien, filósofa africana feminista. Esse texto comprova como essas categorias (ou qualquer categoria) não viajam ou se deslocam impunemente. No contexto africano mais amplo, e particularmente na África do Sul, a palavra "lésbica" e os conceitos abrangidos pelo arco-íris não são facilmente compreensíveis. Os habitantes originários da África do Sul não eram heteronormativos, e os gêneros e as sexualidades eram vistas como fluidas e dinâmicas. Portanto, o uso de uma definição linear da sexualidade (presente em "lésbica") pode excluir as infinitas variedades de caminhos dessa sexualidade. Voltamos aqui à importância da perspectiva decolonial e contextual para a reflexão sobre sexualidades.

São vários os estudos sobre queer atravessando a fronteira Norte/Sul. O cruzamento com o candomblé, nas teorias queer, é um desses encontros inevitáveis. "Queer nos trópicos", de Pedro Paulo Gomes Pereira, faz de seu campo de pesquisa o universo das travestis, mostrando de que modo elas conseguem sair dos espaços que tornam seus corpos abjetos e os transformam em belos e desejantes. A linguagem dos santos e do candomblé é tomada nesse artigo como território capaz de abrigar experiências de trânsito e fluxo, passíveis de reconfigurar o queer. Diz Pedro Paulo: "O queer forçaria a língua a se lastrear de estranheza (do termo estrangeiro que resiste, dos corpos excêntricos, das práticas diversas) e essas experiências nos trópicos inventariam uma abertura a outras gramáticas e outras formas de agir – como nos ensinam as travestis 'trabalhando os corpos' nas casas de santo em Santa Maria."[6]

A religião volta a entrar em cena no trabalho de Lorena Mochel, pesquisadora de uma novíssima geração que vem se dedicando aos estudos da sexualidade no Brasil, e que teve seu texto selecionado por uma convocatória da editora Bazar do Tempo. Dentre os diversos trabalhos enviados e analisados por uma comissão formada por Larissa Pelúcio, Richard Miskolci e por mim, o de Lorena se destacou ao analisar as epistemologias feministas a partir do *sex shop* de uma favela carioca, oferecendo uma leitura inovadora aos estudos feministas, a da relação entre moralidades sexuais e religiosas. Com ela, fechamos esta primeira parte do livro.

No Sul global, se quisermos alguma fidelidade para fixar o sentido abjeto de queer, é fatal recorrermos à sua tradução mais realista que seria "as bichas loucas", as travestis, as transformistas. Entretanto, sobre esses corpos, a sociedade impõe rapidamente demarcações de gênero e a consequente promoção de sua exclusão social, econômica, jurídica e política. Igualmente, lhes impede o acesso à cidadania plena e ao autorreconhecimento como sujeitos de direitos capazes de intervir em ações do governo. Por outro lado, o impedimento do acesso à cidadania pode tornar-se um importante facilitador para os dissidentes de gênero no que se refere à estratégias políticas, ações estéticas e criação de estruturas de participação. Para tornar o não acesso à cidadania estratégico, são inevitáveis o debate e o reposicionamento da noção de política e, ao mesmo tempo, a transformação da própria noção de cidadania. É o que Marcia Ochoa chama de cidadania perversa, abrindo a segunda parte deste livro, O *cuir* situado.

Os estudos em torno do que se quer dizer quando se fala queer, ou *cuir*, são de uma riqueza invejável. Só o tema do "queer viajante" e suas traduções, dificuldades e potencialidades já bastaria para análises geopolíticas e epistemológicas importantes. Novos campos de observação multiplicam-se, compondo, hoje, um enorme elenco de perspectivas, pontos de vista e lentes inéditas na observação e análise das questões da sexualidade.

Guacira Lopes Louro, feminista e a primeira pensadora a escrever sobre o tema no Brasil, utiliza o queer em sua radicalidade antinormalizadora e traz essa questão como metodologia de enfrentamento da vocação normalizadora da educação no país. Guacira analisa os processos de assimilação da representação "positiva" da homossexualidade no campo da educação aliados a certo entusiasmo higienista suscitado pela crise da aids e seus efeitos disciplinadores, mostrando o potencial controlador de certas políticas aparentemente positivas. Assim mesmo, com a homosexualidade relativamente aceita, bissexuais, sadomasoquistas e transexuais continuavam excluídos e marginalizados.

Este texto de Guacira é bastante especial e usado amplamente como referência. Não apenas por Guacira ser pioneira nos estudos queer no Brasil, mas principalmente pelo uso metodológico que faz da lógica queer como instrumento radicalmente desconstrutivo, capaz de promover práticas pedagógicas provocadoras, progressistas e subversivas.

Assim como Guacira inova reinterpretando o queer através do olhar de uma educadora, Jasbir Puar traz para o centro de seu estudo o *homonacionalismo* como categoria analítica imprescindível para o estudo das estratégias de absorção e acomodação das diferenças pelas formas dominantes do multiculturalismo liberal. Sua hipótese no texto "Homonacionalismo como mosaico: viagens virais, sexualidades afetivas" propõe a valorização (ainda rara) da variável nação nos estudos e políticas interseccionais, num momento de mudança na geopolítica da recepção e reificação das diferenças sexuais. Países que aspiram a formas de modernidade ocidental ou europeia criam o marketing de nicho de diversos grupos étnicos e minoritários, normalizando a produção de uma indústria de consumo e de turismo gay e lésbico. Puar traz ainda o exemplo eloquente da "lavagem cor-de-rosa", ou a prática de encobrimento das políticas de discriminação e da afirmação estratégica dos direitos gays. Afirma Puar: "não é, de forma alguma, uma questão de identidade sexual, mas antes de uma manifestação robusta da regulação da identidade num mundo cada vez mais homonacionalista — um mundo que avalia a pertença nacional com base no tratamento dos seus homossexuais."[7]

Já Gabriela Ortuño introduz no debate queer geolocalizado as propostas de uma teologia queer de libertação na América Latina. Conforme ela nos mostra, essa teologia tem como antecedentes as teologias feministas, gays e lésbicas que abordam o sagrado a partir do corpo. Esta luta teológica começa nas propostas de uma teologia feminista que geram novas interpretações e discussões sobre a definição de Deus como masculino e o longo processo de eliminação dos atributos femininos à imagem desse Deus, até o ponto onde, já no quadro de uma teologia queer, qualquer tensão entre as representacões masculinas e femininas é recusada, gerando a premissa de que Deus não tem gênero, ou seja, é queer.

Na América Latina, a pegada teológica responde a outras urgências. No nosso caso, mulheres pobres e/ou racializadas, assim como os dissidentes sexuais, criaram religiosidades próprias que expressam sua fé em forma de conclaves dissidentes no interior das religiões que praticam. Nesse contexto, no qual o exercício da fé se complexifica, são criadas as propostas para uma *teologia feminista da libertação*, posteriormente *teologia queer da libertação*, na América Latina, onde o sujeito "mulheres pobres" entra em cena denunciando a violência das igrejas e seu excessivo controle dos comportamentos e das sexualidades das mulheres. Essa teologia surge inspirada e mesmo vinculada ao método da teologia da libertação católica: a interpretação dos textos sagrados a partir do ponto de vista hermenêutico das mulheres e dissidentes sexuais pobres.

No campo dos estudos feministas, as investigações sobre identidade e sexualidade têm enriquecido exponencialmente os debates ao propor ricas abordagens transdisciplinares. Em seu texto "Para além do binário: os queer e o heterogênero", Tânia Navarro Swain apresenta um diversificado quadro histórico e teórico para destacar como a identidade queer vem desafiando a domesticação das sexualidades e os modelos dualistas impostos, incluindo a categorização do mundo em masculino e feminino.

Desafia também, como Swain destaca, os próprios estudos de gênero e o feminismo: "O princípio é: no universo queer, todo o mundo não é queer da mesma maneira. Somos sempre o queer de alguém, a diferença sem fundo, o simulacro apontado por Deleuze. O universo queer é o da diferença, desafio para os próximos anos do feminismo."

Richard Miskolci, um dos pioneiros dos estudos queer no Brasil, tem oferecido uma chave importante para a compreensão dos sentidos de queer a partir dos contextos que originam e que acolhem essa noção. Enquanto nos Estados Unidos os questionamentos queer surgiram no âmbito do ativismo LGBT, no Brasil, este pensamento surge na universidade, marcando mais uma vez sua ligação com a elite. Outro ponto que deixa cicatrizes no nosso movimento LGBT é sua organização, como grupo identitário, desde o surto do HIV. No momento mesmo de sua fundação, os grupos LGBT ganham o apoio do Estado e da academia – pesquisas das ciências sociais e epidemiologia se articulam no combate ao HIV, resultando num avanço significativo no campo de estudos sobre a homossexualidade. Esta relação desenvolvida entre o movimento LGBT e o Estado, assim como sua incorporação a partir do discurso acadêmico, promoveu uma certa essencialização identitária LGBT que trazia sobretudo uma marca institucionalizante. Entre nós, portanto, temos, simultaneamente, uma vantagem do ponto de vista dos ganhos relativos aos direitos civis e ao avanço teórico sobre estas sexualidades, mas, por outro lado, um preocupante limite no que diz respeito às críticas que recusam uma identidade sexual compulsória, e a denúncia da fronteira entre a aceitação e o rechaço social com eixo na sexualidade. Apesar da importância deste estudo de Miskolci,[8] optamos por incluir aqui um texto novo do sociólogo, que nos oferece uma leitura inédita da paranoia masculina ou do pânico homossexual num romance clássico do século XVIII, *Frankenstein*, de Mary Shelley – para o autor, um dos primeiros romances sobre subjetividade descentrada.

No caso de *Frankenstein*, escrito em meio à industrialização, urbanização e formação da família nuclear que marcariam o que conhecemos como sociedade burguesa, o romance permite reconhecer a emergência de um temor coletivo do rompimento com a tradição. Seu enredo – sem nomear – mostra eventos que configuram uma transgressão dos laços familiares, a recusa do casamento e uma forma inusitada de procriação. *Frankenstein* passa a ser compreendido, ao fim, como uma obra em que as esperanças na racionalidade científica são frustradas pela descoberta do inconsciente.

As duas primeiras partes deste livro reúnem o debate sobre a falta de adequação ou sobre a necessidade de *localizar* a noção de queer, vista como muito higienizada nas formulações dos estudos de gênero nos países centrais. Já na terceira parte, intitulada O queer em pauta, estão reunidos estudos e artigos que lidam com o conceito de forma mais "aclimatada" e já num patamar teórico em que não faria mais sentido a discussão sobre a desconstrução do binarismo nos sistemas sexo/gênero. São estudos que partem do pressuposto de que não é o sexo identificado biologicamente que determina o tornar-se gênero através da performatividade. Ao contrário, é o gênero performado que determina o tornar-se sexo. O corpo e seus binarismos históricos já não são mais vistos como organismo natural, e sim como artifício, como arquitetura social e política, como afirma Preciado.[9] Não está mais em questão a validade ou não do binarismo, entram em pauta os *sentidos* do binarismo.

A diferença mais flagrante entre a literatura queer eurocentrada e o pensamento de Preciado, mais afinado com as experiências sexuais dissidentes do Sul global, é a postura do filósofo trans claramente reativa a qualquer possível higienização e racionalização queer em seus cursos e artigos. Seu campo de trabalho é, ao contrário, definido por questões sobre as hierarquias raciais e de gênero em segmentos sociais marginais: trabalhadores(as) sexuais, migrantes, universo comercial pornô, lésbicas, transexuais.

E esta mesma população vai ser o campo de pesquisa do *cuir* latino-americano radicalmente diverso da construção queer da academia central. A clara importância desse desvio de campo de interesse é, como já vimos, a articulação do queer com os processos políticos, sociais e culturais de marginalização. O que interessa para o queer latino-americano diz respeito à suposta humanidade excedente, como foram definidas as populações excluídas pelas Nações Unidas, nos últimos relatórios UN-Habitat. É sobre estes segmentos populacionais que incide o pensamento queer decolonial e é de onde este pensamento tira sua maior originalidade e força política.

Bastante ligados ao pensamento e ao ativismo de Preciado, com quem trabalham colaborativamente desde o lançamento do *Manifesto Contras-*

sexual em 2000, são os teóricos Jack Halberstam, filósofo americano, ativista e professor de Literatura Comparada da Universidade de Columbia, nos Estados Unidos, e Sam Boucier, ativista e professor na Université Lille 3, na França.

Sam Bourcier, no artigo aqui incluído, vai confrontar o clássico livro *A dominação masculina*, escrito pelo sociólogo, não menos clássico, Pierre Boudieu. Em questão: a criação das normas de gênero, raiz da opressão em que se instaura a relação hierárquica entre homens e mulheres. Numa leitura sofisticada de Bordieu, Sam percorre os caminhos de como se organiza a evolução dos processos de dominação e de como o dominador se apropria da própria dominação. O caminho é longo e cobre muitas paradas: a incoerência dos sistemas de construção dos corpos femininos e masculinos, sua pseudonaturalização, a hipótese de que se o sexo não limita o gênero é porque o gênero excede os limites do binarismo sexo masculino/sexo feminino. Ainda neste caminho, não deixa de apontar as formas como o feminismo confiscou o lugar da dominação, colocando-a exclusivamente no campo masculino. Esta percepção simplificada da dominação, um dos cavalos de batalha das lutas e das teorias queer, pressupõe a existência da mulher e seu lugar de dominada, apagando toda e qualquer diferença não só entre as mulheres, mas também de toda série de incorporações do "Outro", sem analisar os pressupostos das lógicas coloniais mestre/escravo.

Um dos resultados importantes deste trabalho é colocar em questão a visão monolítica do poder e da dominação que mascara, sobretudo, os fenômenos de dominação cruzada: os efeitos dos fatores classe, raça, religião e tantos outros. É precisamente esta visão de um poder soberano que impede se pensar a interconexão das formas de opressão e de resistência que as teorias queer buscam desvendar.

Já Halberstam, um intelectual com traços e posturas antiacadêmicas e anti-institucionais, propõe uma forma particularmente interessante de produção de conhecimento. É o que ele chama de "baixa teoria", que permite que se opere simultaneamente em vários níveis. Halberstam se propõe a trabalhar com arquivos e conceitos desvalorizados pela academia, para a criação de novos vocabulários e novas estruturas de pensamento, com o objetivo de atingir um conhecimento excêntrico, ou "conhecimento subjugado", como dizia Foucault. A "baixa teoria" é derivada de arquivos excêntricos (repertórios fora do campo acadêmico) e faz sua aposta no trabalho com conceitos negativos como o fracasso, que ocupa grande parte de sua obra. O fracasso, para Halberstam, mesmo que inicialmente sugira um lado escuro perturbador da vida, revela modos de estar no mundo bastante particulares e criativos. O fracasso passa pelo território da estranheza (*queerness*), recusa coerência da identidade, a completude do desejo. Deixa de ser, desfaz-se.

O ponto de partida das análises de Halberstam sobre as muitas sexualidades é a recusa das narrativas heroicas que definem os homossexuais como progressistas, oprimidos e enfrentando o poder. Ao contrário, se o queer, como propõe, for construído como um sujeito anti-heroico e desintegrado, pensado a partir do fracasso, o processo de examinar o sistema sexo e gênero é totalmente subvertido. Privilegiando formas radicais de passividade, de traços masoquistas, a crítica da violência e da lógica que organiza a construção das subjetividades e a força dos sistemas construídos em torno da dialética colonizador/colonizado, mestre/escravo ganha novos contornos. Como diz Halberstam, "os mapas do desejo em torno do sujeito desestruturado e passivo propõem uma linha de fuga melhor do que aquelas que levam ao sucesso, ao reconhecimento à aquisição".

A importância do repertório diferencial rege o estudo sobre o artivismo de Leandro Colling. Leandro, um dos pioneiros dos estudos queer entre nós, criador, em 2007, do importante grupo de pesquisa Cultura e Sexualidade (CUS), na Universidade Federal da Bahia, depois de um longo trabalho de conceituação do artivismo através da releitura da teoria da performatividade de Judith Butler, sai em busca de uma cartografia da cena artivista das dissidências sexuais e de gênero. Uma cena pensada não a partir de produções identitárias, como a cena LGBTI, mas da emergência de produções com determinadas características capazes de sensibilizar e modificar a percepção das dissidências sexuais e de gênero. Leandro torna bem claro que as transsexualidades e travestilidades não são variações da homossexualidade, mas variações de incontáveis identidades que, no caso da cena artivista, conectam- se com a produção artística, particularmente aquela que se expressa em múltiplas linguagens. A cena artivista é aquela que expressa a perfechatividade,[10] a não adequação às normas provocando a abertura de fluxos antes rigidamente identitários.

A leitura dos novos textos teóricos queer mostra o passo dado no momento em que as formas de pensamento centradas na construção, ou mesmo na desconstrução do binarismo sexual, foram abandonadas. Os estudos queer, ao descartar o binarismo como questão, passam a instituir novos campos de pesquisa, a desenhar novos objetos e a buscar o leque de questões que foi deixado simplificado ou em branco nos estudos de gênero tradicionais. Conceitos como dominação no estudo de Sam Boucier ou a insuspeita valorização de termos carregados de negatividade (fálica) como fracasso ganham nova luz neste desmonte de conceitos e análises que atravessam a barreira da fortaleza binária em questão há mais de cinquenta anos.

Neste ponto, acho importante chamar atenção para o protagonismo dos estudos lésbicos na era queer. Voltando a pensar a lesbiandade como "ponto cego", como o lugar da "não mulher" ou como o lugar da "recusa ao contrato social heterossexual", as pesquisadoras agora abrem espaço para questões represadas exatamente neste ponto cego wittigiano. São nos estudos lésbicos que as teóricas se libertam da lógica da penetração, da dominação, da opressão. É esta a tão discutida, rejeitada, assumida posição das teóricas lésbicas com a importação do território queer há tanto tempo habitado por elas. Por que trocariam o que já é patrimônio seu por lutas da moda?, perguntam as latino-americanas.

Adriana Azevedo é um dos melhores exemplos da nova efervescência e originalidade do campo de estudos lésbico/queer no Brasil. No artigo "Corpo atritável ou uma nova epistemologia do sexo", faz uma surpreendente cartografia dos processos de invisibilização lésbica desde a Inquisição, passando por estudos do período colonial e nos revela a intensidade da censura na nomeação das vivências e práticas sexuais lésbicas. Como mostra Adriana, não há vocabulário social disponível para nomear o sexo lésbico nas sociedades onde o estatuto do sexo é baseado na lógica pênis-penetração. Diz ela: "Lésbicas são locais discursivos e corpóreos – e de relações discursivas e corpóreas – onde o sistema de linguagem da instituição heterossexual não chega e que são, por isso, ininteligíveis dentro de um sistema de mundo regido por essas normas". A saída para Adriana é a busca de outras formas de sexualidade geolocalizadas no contexto brasileiro e latino-americano, colocando questões como: "Quais teriam sido os modos sexuais das mulheres ameríndias que se deitavam com outras mulheres e foram colonizadas pela heteronormatividade compulsória europeia? Como os resquícios, os restos, as relíquias desses outros modos de obtenção de prazer, não ocidentais, poderiam nos ajudar na constituição de uma nova epistemologia do sexo?, na invenção de uma "epistemologia do atrito?".[11]

Camila Bacellar traz uma outra inquietação, mais pragmática, mais autocrítica. Seu principal objetivo é promover uma escritura de si que busca uma autonomia experimental corporal. Sua pergunta central é sobre que uso tem feito de seu corpo, ou como tem "embarcado" no seu corpo. "Como estamos fazendo a travessia e para onde temos ido? Para onde ainda não fomos?", são questões que Bacellar se coloca, comprometida em forjar um corpo erótico decolonial e sua materialização da imaginação política. Sua meta: abrir espaços para "uma permanente experimentação corporal e subjetiva, capaz de produzir uma torção nos nossos modos de desejar, de dizer, de fazer e de ser, em relação e em comunidade".[12]

Um sintoma interessante neste quadro dos estudos das sexualidades decoloniais é o de que, apesar do extenso universo das teorias queer internacionais, a grande referência destes estudos para nós seja Paul B. Preciado que, curiosamente, não teve forte repercussão na academia europeia e norte-americana. Uma de suas ideias de maior impacto nas nossas teorias queer é seu trabalho conceitual com o cu, desenvolvido pelo filósofo como a única perspectiva teórica capaz de explodir a dicotomia entre sexos e gêneros e abrir caminho para a dissolução das oposições entre heterossexual e homossexual, ativos e passivos, penetradores e penetrados, borrando as linhas que segregam gênero, sexo e sexualidades. O cu, centro erógeno universal na medida que todos têm, não é, portanto, "feminino nem masculino, nem racialmente inferior ou superior, reduzindo-se, na perspectiva de Preciado, a uma plataforma relacional não reprodutiva, vulnerável, histórica e socialmente construída, cujos limites são constantemente redefinidos. O cu seria esse orifício antissistema instalado em todos os corpos: preciso, ofensivo, vital, uma máquina revolucionária intensamente manejável e pensada para o uso coletivo".[13]

Larissa Pelúcio, que leio sempre com os olhos bem abertos, propõe no artigo "Histórias do cu do mundo: o que há de queer nas bordas?" uma teoria antropofágica do cu. Ela resulta de sua opção pela invenção de uma tradição queer em "nossos saberes de *cucarachas*", em vez de buscar a adequação possível para traduzir o queer. Larissa propõe, então, a elaboração de uma "teoria cu" latino-americana no mapa da geografia anatomizada do mundo, ou seja, no "cu do mundo". Diz ela: "Falar em uma teoria cu é acima de tudo um exercício antropofágico, de se nutrir dessas contribuições tão impressionantes de pensadoras e pensadores do chamado Norte, de pensar com elas, mas também de localizar nosso lugar nessa 'tradição', porque acredito que estamos sim contribuindo para gestar esse conjunto farto de conhecimento sobre corpos, sexualidades, desejos, biopolíticas e geopolíticas também." Para Larissa, se o mundo tem cu é porque tem também uma cabeça. "Uma cabeça pensante, que fica acima, ao norte, como convém às cabeças. Essa metáfora anatômica desenha uma ordem política que assinala onde se produz conhecimento e onde se produzem os espaços de experimentação daquelas teorias."

O que salta aos olhos no conjunto de textos reunidos neste volume é a virada experimental corporal e sexual conduzida progressivamente pelos estudos e expressões artísticas e ativistas lésbicos/queer.

Para reforçar essa perspectiva, escolhi dois textos que falam do experimentalismo lésbico/queer no campo das artes, campo este que costuma antecipar as teorias e formalizações conceituais acadêmicas. Um deles é o "Chama a revolta! Necropolítica e pornoterrorismo nas margens do mundo e na periferia dos corpos: um ensaio sobre a experiência mitológica e ritual do *devir-coiote*", de Andiara Ramos Pereira. Aqui o potencial da pornografia e da violência é pensado com base na experiência mitológica e ritual do *devir-coiote* no trabalho estético político do Coletivo Coiote. A palavra coiote, ou *cóyotl*, tem origem asteca e recupera o significado de animal diabólico dado pelos colonizadores espanhóis. *Devir-coiote* previne o roubo colonial. Colocar nossos planos (criminosos e amorosos) em ação. Experimentar o sexo como afinidade política.

No *devir-coiote*, a dança é atualizada pela performance ou, talvez, pela performatividade, pois o que se performa são discursos de resistência e modos de vida. Não há representação. Há experimentação em direção a uma nova feitura do corpo sexuado e político.

O que Andiara faz examinando as políticas do corpo a partir de manifestações estéticas rituais, Guilherme Altmayer faz com a arte considerada produção de conhecimento e meio para criação de imaginários afirmativos para as corporalidades transviadas. A gama de obras aqui examinada é bem grande. Estão comentados desde o filme *Madame Satã*, o teatro performático dos Dzi Croquettes e o Teatro Oficina, os filmes *Agripina é Roma-Manhattan*, de Hélio Oiticica, e *Ascensão e queda das bixas*, de Rodrigo D'Alcantara, até a pós-pornografia pirata punk de Bruna Kury, as performances de Ventura Profana e Gabe Passareli, passando pelas pichações CU É LINDO, de Kleper Reis, e dezenas de outras obras. Seu conceito máster, *o tropicuir*, recupera o pressuposto de anticonformidade do mito da "tropicalidade" segundo Helio Oiticica e a ele associa a ideia de *cu* de Preciado como lugar de transformação social, que foi tornado abjeto para se constituir em uma das bases de sustentação de um sistema de sexualidades e de produção de subjetivações capitalistas centrado no falo. Assim é o *tropicuir* de Guilherme Altmayer que, através da ambiguidade e das contracondutas estéticas, produz enfrentamentos a muitas formas de opressão – homolesbobitransfobia, sexismo, racismo, classismo – que se inter-relacionam, demandando um exercício permanente de transformação dos modos de olhar.

A noção teórica do cu começa a se desenvolver em nossos estudos queer como a tradução mais radical e geolocalizada do queer/cuir latino-americano: recupera seu sentido inicial de abjeção e elege trabalhar com as camadas sociais indesejáveis de territórios do Sul conhecidos como o "cu do mundo". Esse é o traço mais importante do processo de chegada e *afiliação* do queer em sua longa trajetória da Universidade da Califórnia Santa Cruz, com Teresa de Lauretis, até nossas terras, onde ganha em força política e social e na abertura de um campo experimental de produção de subjetividades infinito, comprovando que não são as sexualidades, mas os sujeitos que são múltiplos. A presença de Preciado neste volume foi inevitável. *Terror anal* seria o texto escolhido numa seleção racional temática, mas preferi colocar aqui "Dizemos revolução", o prólogo do livro *Transfeminismos, epistemes, fricções e fluxos*, não somente porque meu DNA, por mais que eu o evite ou tente minimizá-lo, é o de uma "universitária 1968" típica, mas principalmente porque é assim que estou vivendo a chegada explosiva do queer/cuir/cu entre nós neste momento tão difícil para os direitos humanos e para a liberdade de expressão e ação que é este ano de 2020 no Brasil.

Agradeço à Pê, Giulia e Rachel.

NOTAS

1   Termo aqui entendido como as marcas de gênero construídas por um grupo e impostas a outro.
2   Gabriela González Ortuño, "Teorías de la disidencia sexual: de contextos populares a usos elitistas. La teoría queer en América latina frente a las y los pensadores de disidencia

sexogenérica", in *De Raíz Diversa. Revista Especializada en Estudios Latinoamericanos*, v. 3, nº 5, p. 179-200, jan-jun 2016.

3 Norma Mogrovejo, "O queer, as mulheres e as lésbicas na academia e no ativismo de Abya Yala", neste livro, p. 48.

4 Gabriela González Ortuño, "Teorías de la disidencia sexual: de contextos populares a usos elitistas. La teoría queer en América latina frente a las y los pensadores de disidencia sexogenérica", in *De Raíz Diversa. Revista Especializada en Estudios Latinoamericanos*, v. 3, nº 5, p. 179 – 200, jan-jun 2016.

5 Edward Said tem um excelente artigo chamado "Travelling theory", em que acompanha exatamente a viagem de uma teoria através de diferentes contextos. O artigo encontra-se no premiado livro *The world, the text and the critic*, Cambridge: Harvard University Press, 1982.

6 Neste livro, p. 107.

7 Neste livro, p. 174.

8 Richard Miscolci, "Não somos, queremos – reflexões queer sobre a política sexual brasileira contemporânea", in Leandro Colling (org.), *Stonewall 40 + o que no Brasil?*. Salvador: Edufba: 2011, p. 37-56.

9 Entrevista com Paul B. Preciado. *Disponível em* <https://medium.com/passaparola/paul-b-preciado-o-sujeito-do-feminismo-%C3%A9-o-projeto-de-transforma%C3%A7%C3%A3o-radical-da-sociedade-em-seu-7d6c4c728f8d>. Acesso em 20 ago 2020.

10 Perfechatividade de gênero é um conceito proposto por Leandro Colling para pensar a performatividade de gênero de gays fechativos e/ou afeminados. Essa proposição foi criada a partir de pesquisas realizadas em Salvador, que evidenciaram a dificuldade de distinguir performance e performatividade de gênero, distinção presente em alguns textos de Judith Butler.

11 Neste livro, p. 310.

12 Neste livro, p. 317.

13 Gilmaro Nogueira, "O heterossexual passivo e as fraturas das identidades essencializadas nos sites de relacionamento", in Leandro Colling, Djalma Thurler, Estudos e políticas do CUS: Grupo de Pesquisa Cultura e Sexualidade. Salvador: Edufba, 2013, p. 39.

QUEER EM TRÂNSITO

Para as feministas pós-modernas, o feminismo reproduziu os mesmos erros da ciência masculina, na medida em que estimulou o desenvolvimento de princípios universais e essencialistas que representavam apenas as vozes das mulheres brancas ocidentais, burguesas, heterossexuais e cristãs. Por isso, algumas feministas pós-modernas defendem o abandono da categoria "mulher". Esta categoria é uma ficção, e os esforços feministas devem ter como objetivo a sua desconstrução, o que termina com o fim do próprio feminismo como epistemologia e movimento político.

Norma Mogrovejo

O queer, as mulheres e as lésbicas na academia e no ativismo em Abya Yala

Norma Mogrovejo

> "Nos gusta que de lejos se nos note lo lesbiana
> No somos kuir/ estamos en Abya Yala/
> No damo explicaciones si el deseo se derrama
> heteronormal – temblarás con nuestras ganas"
> *Las camionas*, Torta Golosa[1]

A PROLIFERAÇÃO DOS ESTUDOS sobre as sexualidades e afetividades dissidentes, nos espaços acadêmicos de Abya Yala,[2] ainda que de maneira lenta e temerosa, está sendo possível graças aos estudos das mulheres, feministas e de gênero – que inauguraram essa discussão e apontaram a necessidade e importância de tais áreas de estudo. Porém, em razão da forte influência epistêmica das academias ocidentais, a colonização discursiva[3] determinou a prática acadêmica do feminismo e das dissidências sexuais e afetivas – prática que precisa ser desconstruída e desmontada.

O FEMINISMO NA ACADEMIA LATINO-AMERICANA

Os estudos das mulheres na América Latina aparecem como uma necessidade estratégica dos movimentos feministas no início dos anos 1980, em plena ditadura militar, fora da universidade, com ONGs feministas que começaram programas acadêmicos direcionados a profissionais e estudantes de ciências sociais e humanidades. Com a recuperação da democracia, muitas destas profissionais voltaram à academia – ainda que tenham, em geral, mantido uma ligação e parte de suas atividades científicas nas instituições privadas de pesquisa.

Embora os estudos das mulheres e de gênero tenham começado como uma ampliação estratégica e ativista das feministas acadêmicas nos campi universitários, diferentemente das experiências norte-americana e europeia, onde os "women's studies" se constituem como um "braço acadêmico do feminismo" com uma perspectiva global e política das discussões teóricas em torno da problemática das mulheres e suas perspectivas de transformação; em Abya Yala, a institucionalização, atravessada por certos interesses, envolveu questões sem muita articulação, buscando legitimidade nos campos do conhecimento. Na maioria dos casos, começaram a ser realizados seminários de especialização ligados às áreas da psicologia, sociologia ou antropologia, que depois se tornaram programas de mestrado e doutorado.

Ainda que algumas correntes do ativismo feminista, no início, tenham sido críticas aos processos de institucionalização, defendendo a autonomia como estratégia de transformação do sistema patriarcal e suas instituições, partindo de processos de criatividade e do exercício da liberdade, algumas acadêmicas feministas defendiam seus próprios espaços, que as permitiam seguir com a produção de propostas teóricas sem a obrigação de justificar cada um de seus conceitos. Assim, rapidamente os interesses econômicos dos Estados-nação promoveram processos de institucionalização nos meios universitários, sem deixar muito espaço para ação.

A passagem do conceito de sexo, presente na concepção original dos estudos da mulher, ao de gênero tem uma dimensão simbólica implícita. O gênero ou a perspectiva de gênero é uma forma de observar a realidade para identificar as assimetrias (culturais, sociais, econômicas e políticas) entre mulheres e homens. A ideia de institucionalizar a perspectiva de gênero nasce nos círculos de ativistas e teóricas feministas da Europa e dos Estados Unidos, nos anos 1960, como uma técnica para remediar as desvantagens das populações de mulheres quanto a suas condições de desenvolvimento e bem-estar, nos âmbitos econômicos, educacionais, profissionais, de direitos humanos e de saúde, entre outros; isso, através da igualdade de direitos e a integração das mulheres aos espaços público-políticos de poder. Esta perspectiva coloca os espaços público-políticos da hegemonia masculina como os únicos referenciais históricos válidos e a cultura masculina como o único modelo a ser seguido.

Foi apenas na década de 1970, com a realização das conferências mundiais da mulher, organizadas pela Organização das Nações Unidas (ONU) e pelos interesses das agências internacionais de desenvolvimento, que os governos manifestaram interesse em inserir as mulheres em seus projetos econômicos. A partir da proposta de se construir mecanismos governamentais internos para melhorar a situação das mulheres, tirada da Primeira Conferência Mundial da Mulher no México, em 1975, o Conselho da Europa elaborou um conjunto de ferramentas teórico-metodológicas para implementar a institucionalização da perspectiva de gênero (1990) e o apresentou na Quarta Conferência Mundial da Mulher, em Pequim. A partir de então, 181 Estados membros da ONU se comprometeram a integrar tal perspectiva em suas leis, planos, programas e políticas.[4]

Os processos de institucionalização, tanto da perspectiva de gênero quanto do movimento feminista e dos movimentos sociais em geral, coincidiram com o impulso da globalização, a mundialização da economia neoliberal e os ajustes econômicos impostos por agências como o Banco Mundial, o Banco Interamericano de Desenvolvimento (BID), a ONU etc. Políticas que se traduziram na redução da ação do Estado, favorecendo as empresas privadas e a acumulação de capital em poucas mãos. O objetivo fundamental da globalização é dar ao capital o controle total sobre o trabalho e os recursos naturais, e, para tanto, é preciso desapropriar os trabalhadores de qualquer meio de subsistência que lhes permita resistir às intensificações da exploração. Desde o princípio, a concepção das desigualdades de gênero esteve orientada para o desenvolvimento, mais que para uma transformação das lógicas relacionais de um sistema patriarcal de dominação.

Federici argumenta que realizar o enfrentamento dos problemas das mulheres como problemas de "direitos humanos", priorizando reformas legais como as ferramentas básicas da intervenção governamental, não nos permite desafiar a ordem econômica mundial, que é a raiz das novas formas de exploração impostas sobre as mulheres.[5]

Para algumas estudiosas, a passagem aos estudos de gênero tem sido mais tolerada e parece academicamente mais aceitável: "para a academia é muito mais fácil assimilar os estudos de gênero que o feminismo, sempre identificado pelos setores mais resistentes como militância e não como ciência."[6] Ainda que o conceito de gênero tenha permitido transpor a limitação do gueto, para algumas ele teve um efeito perverso: tornou as mulheres invisíveis. Assim, o gênero se converte em um conceito eufemístico que oculta o sujeito.

Como efeito deste processo de institucionalização, as perspectivas políticas dos estudos das mulheres e de gênero, na região, tendem mais à lógica institucional e ao apego às políticas públicas de Estado que à imaginação de outros mundos possíveis. Assim, a docência e a pesquisa acadêmica direcionam-se principalmente para a formação de especialistas em planejamento estratégico e de políticas sociais a partir do prisma do gênero; isto, a fim de que as estudantes consigam se inserir nos espaços de poder estatal como Institutos, Secretarias ou Conselhos da Mulher, assessorias de deputados, senadores e funcionários do governo, consultorias de organismos nacionais e internacionais dedicados à temática da mulher, e/ou como, elas mesmas, docentes universitárias que, em razão da especialização acadêmica, ficam conhecidas como tecnocratas do gênero, muitas delas, inclusive, não se assumindo feministas.

Andrea D'Atri afirma que as feministas, nesses anos, se empenharam majoritariamente em conquistar representatividade, garantir cotas e visibilidade política. Elas se dedicaram à política da identidade, abandonando a análise das condições sociais da existência, nos âmbitos econômico, político e cultural. Houve uma passagem do "caminho da insubordinação ao da institucionalização". Alguns feminismos foram incorporados e cooptados por linhas de ação de organismos de poder internacionais, o que deu lugar às "especialistas" que antes eram militantes.[7]

Gargallo aponta três passos que levaram as feministas ao posto de especialistas em gênero, renunciando à possibilidade de produzirem epistemologias a partir da experiência das mulheres: 1) as academias latino-americanas nos anos 1990 desqualificaram a possibilidade de uma cultura das mulheres e da análise política de nós para nós mesmas e se limitaram à análise do sistema de gênero; 2) houve a exaltação do estudo de um sistema de gênero a partir da cultura ocidental, de origem bíblico-evangélico-platônica, que assumia a ideia de uma racionalidade aristotélica e a exclusão das mulheres. Um sistema de gênero tão hermeticamente aceito que desqualificou as feministas da diferença sexual e as ativistas que afirmavam que produziam pensamento a partir de suas ações; 3) a análise de gênero fincou sua prática nas "políticas públicas", que, para terem legitimidade, tiveram que ocultar o óbvio: apesar do fortalecimento das estruturas de domínio no processo de globalização, a igualdade entre mulheres se dá apenas quando todas somos igualmente oprimidas pelo sistema patriarcal. Todas essas ações para que deixásse-mos de estar juntas umas das outras, construindo o significado de uma política para as mulheres.[8]

Embora a institucionalização dos estudos das mulheres ou de gêne-ro nos espaços universitários tenha sido parte do processo de democra-tização e dos projetos modernizadores dos Estados latino-americanos, impulsionados pelos interesses dos polos hegemônicos da geopolítica do poder, sua instauração não foi fácil, devido, primordialmente, ao fato de que esses espaços não deixaram de ser bastiões do poder da intelectuali-dade masculina, tanto de direita quanto de esquerda.

A COLONIZAÇÃO DISCURSIVA

Chandra Mohanty, em seu ensaio "Bajo los ojos de Occidente" [Sob os olhos do Ocidente] de 1986, revisa criticamente o trabalho teórico do feminismo ocidental, suas metodologias eurocêntricas, falsamente uni-versalizantes, a serviço de seus próprios interesses. A pensadora denun-cia o nexo entre poder e conhecimento, suas implicações políticas e mate-riais sobre a mulher do Terceiro Mundo e expõe o conceito de *colonização discursiva*: prática acadêmica do feminismo ocidental sobre as mulheres do Terceiro Mundo, com repercussões em suas vidas e lutas, que propõe que toda construção intelectual e política dos "feminismos do Terceiro Mundo" deve conter a crítica interna dos feminismo hegemônicos do "Ocidente", e a formulação de interesses e estratégias feministas baseadas na autonomia, geografia, história e cultura.[9]

A análise crítica das produções epistêmicas feministas norte-eurocên-tricas de Mohanty impactou o pensamento em Abya Yala. Beny Mendoza adverte que no feminismo latino-americano há uma origem majoritaria-mente burguesa, branco/mestiça, urbana e heteronormativa, porque as classes dominantes e intelectuais, dentro das quais podemos localizar as feministas, foram influenciadas pelo programa político e ideológico norte-europeu. As feministas latino-americanas adotaram o feminismo anglo-saxão (tanto o liberal quanto o radical ou o marxista) para construir suas organizações e reivindicações alternativas de mudança social e cultural, herdando consequências nefastas na adoção de certo olhar e certos objetivos políticos produtivos apenas para as mulheres de determinada classe, origem e sexualidade no continente.[10]

Ainda que o feminismo da região estivesse ligado aos projetos de democratização do final dos anos 1980, eles coincidiram com os novos alinhamentos da política imperialista neoliberal ao final da Guerra Fria. A implantação do ideário da democracia em realidades pós-coloniais latino-americanas, por parte dos países centrais, aconteceu fundamentalmente através dos mecanismos de cooperação e do nascente espaço transnacional de produção de discursos e receitas para a ajuda ao desenvolvimento, que toma forma sob a guia das megaconferências das Nações Unidas. Mendoza reconhece este cenário como parte da estratégia de restituição e reconfiguração dos vínculos coloniais entre centro e periferia, mas também como parte de um processo interno de cada polo. Ela aponta as cumplicidades políticas do feminismo hegemônico com estes planos para a região, como acontece, por exemplo, nas negociações de parte do movimento feminista latino-americano com os governos corruptos e neoliberais dos anos 1990, na esteira para se alcançar certos planos de igualdade dos quais tanto se orgulham hoje. Consequentemente, as feministas latino-americanas não conseguiram desenvolver um aparato conceitual e uma estratégia política que lhes ajudassem a entender e negociar melhor as relações neocoloniais que estruturam a vida do subcontinente, de tal maneira que o saber feminista latino-americano se produziu a partir do deslocamento do conhecimento geocultural localizado, com teoremas vindos de realidades estrangeiras. Os efeitos da colonização discursiva dos feminismos ocidentais implicaria uma colonialidade intrínseca aos discursos produzidos pelos feminismos latino-americanos, de tal maneira que esta deixa de ser atributo apenas dos feminismos de Primeiro Mundo, e, em nossas terras, tem pelo menos outras duas consequências: a definição, em conluio e dependência dos feminismos hegemônicos do Norte imperial, das orientações e eixos de preocupação e atuação do feminismo local; a fagocitação das habitantes subalternas destas terras, através de sua (boa) representação por parte das mulheres das elites nacionais e dos grupos hegemônicos feministas.[11]

A produção epistêmica dos departamentos de gênero nas universidades está marcada pela tal colonialidade discursiva. Gioconda Herrera, em uma análise sobre as pesquisas desenvolvidas no campo do gênero em cinco países andinos, nos mostra uma explosão de pesquisas voltadas para o campo da identidade, limitadas à mera descrição, sem questionar suas próprias condições de produção em contextos específicos de poder, ou a maneira como se articulam com diferentes categorias de identidade. Lamentavelmente, estes estudos, seguindo os eixos de preocupação, estratégias e conceitualizações legitimados nos países centrais, se voltam primordialmente para o estudo das sexualidades dissidentes e da identidade de gênero, sem conseguir dar conta do irremediável entrecruzamento destas ordens (da produção do desejo, da sexualidade e do gênero) com as da raça e da classe; nem mesmo da maneira como o estatuto do sujeito da identidade sexual e de gênero estaria sendo produzido dentro de determinado processo de formação dos Estados-nação latino-americanos, em contextos de herança colonial e colonização discursiva. "Sob a influência de alguns feminismos e da política de identidades, o reconhecimento da heterogeneidade, da particularidade e da diversidade ganham cada vez mais espaço." Na prática, tanto acadêmica quanto política e desenvolvimentista, este reconhecimento costuma estar restrito a um lugar puramente formal e descritivo. É importante destacar que a definição dos enfoques de pesquisa nos cinco países estudados estão fortemente ligados à agenda transnacional das Nações Unidas e aos organismos de ajuda ao desenvolvimento (a Plataforma de Pequim, a Campanha pelos Direitos Humanos e das Mulheres).

O estudo de Herrera nos mostra, assim, de que maneira em um contexto como o latino-americano, a produção de uma reflexão sobre a identidade e sobre os corpos do feminismo vem se desenvolvendo com base em marcos conceituais importados, sem uma mediação que busque uma reapropriação que possibilite uma descida desse corpo à materialidade dos corpos racializados, empobrecidos, folclorizados, colonizados das mulheres latino-americanas.[12]

O SUJEITO MULHER E SEU DESCENTRAMENTO

Os espaços acadêmicos feministas, a princípio, denominavam-se "centro de estudos da mulher" ou, no melhor dos casos, "centro de estudos feministas". Dessa forma, como sujeito da opressão patriarcal e diante da necessidade de transformar tais condições, a mulher se torna o sujeito da política feminista, tomada como produção teórica e ação transformadora. A mudança para "estudos de gênero", como já explicado aqui, responde às necessidades institucionais dos Estados-nação, em suas relações de dependência das políticas econômicas impostas pelos organismos internacionais e dos debates teóricos da academia ocidental.

As discussões teóricas no Ocidente colocaram em xeque a capacidade de representação do conceito "mulher". Como construção cultural imposta a partir da supremacia masculina e sua inerente submissão a esse esquema, sua definição estabelece um limite que se opõe ao Outro e a qualquer reflexão reelaborada sobre si mesma. Na tentativa de falar em nome das mulheres, o feminismo ocidental assumiu uma tarefa arriscada, já que qualquer fonte de conhecimento sobre as mulheres está contaminada pela misoginia e pelo sexismo.

Diante das brigas dos homens pós-estruturalistas referentes às noções de sujeito e à desconstrução das categorias de identidade, algumas correntes feministas, com medo de essencialismos, recusaram qualquer referência ao termo "mulher". Como explica Alcoff, a própria tentativa de enraizar as políticas feministas na mulher se qualificava como "politicamente reacionária e ontologicamente errada".[13] Em última instância, esse enraizamento representaria uma adesão a certa concepção humanista do indivíduo centrado em si mesmo, unificado e autêntico, atado à sua identidade essencial de mulher. Uma forma de se libertar das armadilhas desse pensamento essencialista seria, para muitas feministas pós-estruturalistas, garantir a diferença total por meio de uma prática feminista negativa (desconstrutiva). A mulher era entendida como "aquilo que não pode ser nada, e sequer pertence à ordem do ser",[14] uma categoria vazia, uma ficção, uma identidade que não se podia determinar ou garantir, irrepresentável, mesmo como metáfora ou caso de simples diferenciação, condenada a estar "fora de cena".[15] Levado às últimas consequências, tal ceticismo nominalista acabou abrindo espaço para um "feminismo sem mulheres".[16]

Para as feministas pós-modernas, o feminismo reproduziu os mesmos erros da ciência masculina, na medida em que estimulou o desenvolvimento de princípios universais e essencialistas que representavam apenas as vozes das mulheres brancas ocidentais, burguesas, heterossexuais e cristãs. Por isso, algumas feministas pós-modernas defendem o abandono da categoria "mulher". Esta categoria é uma ficção, e os esforços feministas devem ter como objetivo a sua desconstrução, o que termina com o fim do próprio feminismo como epistemologia e movimento político.[17]

Sheila Jeffreys, em *La herejía lesbiana* [A heresia lésbica], relata que Diana Fuss, em sua proposta pós-feminista, cita Judith Butler e nove homens, o que é de se espantar já que existem muitas teóricas feministas. Para o pós-feminismo, diz Jeffreys, a raiz do problema do gênero está na predominância da linguagem e das oposições binárias que vêm de Lacan e Derrida. A linguagem atua através da construção de oposições binárias fictícias que controlam misteriosamente a forma de pensar e, consequentemente, a de agir das pessoas. O conceito de gênero utilizado por Butler encontra-se afastado das relações de poder: o gênero é a constante estilização do corpo, uma série de atos, reiterados dentro de um marco regulador altamente rígido que, ao longo do tempo, se cristalizam, dando, assim, uma aparência de substância ou de existência natural a uma forma de travestismo (drag). Dessa forma, o gênero seria, então, uma maneira de dar suporte ao corpo, uma roupa, uma aparência, de tal modo que o travestismo e a representação de papéis são atos revolucionários. Para Jeffreys, não está claro onde se encaixa a verdadeira opressão das mulheres. Quando o gênero se converte em ideia ou em aparência, a opressão das mulheres, efetivamente, desaparece. A ideia de gênero tende a ocultar as relações de poder de um sistema apoiado na supremacia masculina.[18]

A negação de legitimidade à existência do sujeito mulher no feminismo abriu caminho para a ascensão de outros sujeitos que encontraram espaço e se posicionaram nos âmbitos acadêmicos e ativistas. A partir de uma lógica ocidental, Preciado, na esteira de Butler, anunciava que o sujeito político do feminismo não é a mulher. Ele entende que tanto a mulher quanto o homem são produtos de dispositivos políticos e propõe, a partir disso, a reinvenção e imaginação de identidades que funcionem como disrupções e linhas de fuga.[19] Coerente com suas propostas teóricas, Preciado abandona sua identidade feminina e, embora afirme ser dissidente do sistema sexual, um sismógrafo corporal em transição biotecnológica, assume-se transexual.[20] Por meio da testosterona, transita para a masculinidade, onde localiza suas preferências e avaliações de gênero no mundo das opressões.

Aqueles que inicialmente eram Centros de Estudos da Mulher ou das Mulheres, ou Feministas, transpuseram seus interesses para temas como a transexualidade e os estudos da masculinidade. Estes, legitimados principalmente pelos financiamentos da Cooperação Internacional, das Nações Unidas e da Fundação Ford, demarcando vozes autorizadas e obrigatórias que, a partir do Ocidente, estabeleciam marcos teóricos a serem reproduzidos.

Em uma crítica à epistemologia feminista eurocêntrica, focada na relação poder-conhecimento e no binarismo teoria-ativismo – como na distinção entre conhecimento puro e conhecimento político, que evidencia a negação de que ambas são formas discursivas que promovem mudanças e transformações sociais –, Curiel reconhece que a política identitária foi necessária pela crítica produzida à universalidade, ao etno e ao heterocentrismo como legados fundamentais da modernidade e da colonização, mas que também foi insuficiente. A crítica ao sujeito do feminismo nas décadas de 1970 e 1980 – "a mulher" de classe média, mestiça e heterossexual –, elaborada pelas afro-latinas e caribenhas, pelas mulheres populares e pelas lésbicas latino-americanas, limitada pelas teorias e práticas políticas "da diferença" e identitárias que fundamentavam suas reivindicações e motivavam suas ações políticas, segundo Curiel, não são suficientes para moldar o feminismo que precisamos hoje. Ela chama atenção também para o fato de que o feminismo, como proposta de emancipação, colocou, junto da crise do sujeito, a crise dos metarrelatos masculinos e eurocêntricos; ele, ainda que tenha revisado epistemologicamente os pressupostos da Razão Universal, expondo as marcas do sexo na noção de sujeito, não se livrou totalmente das mesmas lógicas masculinas e eurocêntricas. O descentramento do sujeito universal do feminismo, a pensadora afirma, ainda contém a centralidade euro-norte-cêntrica e universalista e não consegue se livrar dessa colonização histórica, por mais que a critique. O reconhecimento esmagador das teorias europeias e norte-americanas em detrimento das latino-americanas e de outros países do Terceiro Mundo, diante da multiplicidade de sujeitas que o compõe, no caso do feminismo latino-americano, evidencia a separação entre teoria e prática. A história latino-americana, o pensamento teórico e político produzido por afrodescendentes, lésbicas e indígenas feministas são subalternos à Europa e aos Estados Unidos.[21]

O que daria força ao feminismo latino-americano como proposta teórica, particularmente crítica e epistemológica, seria se livrar dessa dependência intelectual euro-norte-cêntrica – o que não significaria negar a importância desse outro pensamento como referenciais teóricos

42

importantes, afinal de contas, o feminismo é internacionalista. A descolonização, para feministas latino-americanas e caribenhas, precisa passar por uma superação do binarismo entre teoria e prática. Assim, poderíamos produzir teorizações diferentes, particulares, significativas, que foram produzidas localmente, capazes de contribuir enormemente com o real descentramento do sujeito euro-norte-cêntrico e da subalternidade que o próprio feminismo latino-americano reproduz em seu interior.[22]

OS ESTUDOS DA DISSIDÊNCIA SEXUAL

Junto das mulheres, desde meados dos anos 1960, outros sujeitos como lésbicas, homossexuais, travestis, transgêneros, bissexuais, interssexuais lutam pela transformação de suas situações de discriminação. A partir de então, corre uma discussão teórica sobre as diferentes perspectivas úteis à compreensão das suas condições de subordinação diante de um regime heterocêntrico, à construção política da sexualidade, do desejo, dos afetos, dos gêneros e dos corpos no campo da disputa democrática; o mote *não há liberdade política se não há liberdade sexual* ilustra o momento.

As primeiras teses sobre lesbiandade e homossexualidade em espaços universitários, nos anos 1990, obrigaram a academia a questionar a censura, o desprezo e a moral impostos sobre os temas da sexualidade e da dissidência sexual como campos epistemológicos. São iniciados, então, estudos que investigam a ação de novos sujeitos, que questionam principalmente as configurações do poder heterocêntrico e as relações sociais a partir do campo da sexualidade. Não sem dificuldades, algumas universidades abriram centros de pesquisa, criaram diplomas, cursos de graduação e pós-graduação, grupos de estudo, congressos, colóquios etc., focados no entendimento dessa problemática.

As contribuições do feminismo lésbico, que conceituam a heterossexualidade compulsória como regime político, inauguraram novas perspectivas criticas a respeito dos sistemas binários ligados à produção e reprodução do capitalismo. No entanto, elas foram rapidamente banalizadas pelas políticas e práticas identitárias e desontologizadoras. O sucesso dos discursos performáticos, desontologizadores e da teoria queer nos espaços acadêmicos exemplifica as inclinações teóricas e geopolíticas priorizadas, o que implica alguns paradoxos.

A ENTRADA DA TEORIA QUEER NA ACADEMIA

O queer é um conceito que surgiu da prática irredenta dos dissidentes sexuais mais marginalizados nos Estados Unidos da América do Norte. Eles começaram questionando a indiferença do Estado com os infectados pelo HIV e logo estavam pondo em xeque as práticas integracionistas dos valores da heterossexualidade e do mercado neoliberal presentes no movimento homossexual hegemônico. Capturado pela academia, transformou-se em um conceito formal – ainda que em seu interior tenha se mantido crítico a categorias normalizadoras. Consequentemente, muitos pesquisadores foram a campo investigar a fauna "esquisita" e recém-descoberta, transformando essas pessoas em "objeto" antropológico a ser estudado. Ainda que a identidade tenha sido uma das problemáticas presentes na origem da população queer, o que o movimento LGBT defendia com entusiasmo, o caminho para a institucionalização do queer na academia passou pelos financiamentos de pesquisas que cristalizam a ação dos diferentes.

Seu uso em Abya Yala é *sui generis*, a falta de tradução trouxe interpretações contraditórias. Aqueles que se dizem queer, o fazem para adotar um termo anglo-saxão, ainda que suas práticas sejam divergentes daquelas dos grupos que criaram o conceito.

Embora a luta pelos direitos civis e políticos no Ocidente tenha influenciado significativamente diversos sujeitos sociais latino-americanos, a tentativa de replicar automaticamente as experiências de organização e as reflexões teóricas em nossos contextos, com uma realidade histórica, política, econômica e social diferente, expressa a colonialidade discursiva denunciada por Mendoza.

DIFERENTES CONCEPÇÕES DE QUEER

Os movimentos queer surgem nas lutas políticas e sociais da década de 1980, principalmente nos Estados Unidos, impulsionados pelas crises dos movimentos feministas, gays e lésbicos: crise da aids, do feminismo heterocêntrico, branco e colonial, a crise derivada da assimilação dos movimentos pelo sistema capitalista neoliberal, sua institucionalização e política integracionista dos valores heterossexuais e etnocêntricos.[23]

No entanto, no campo teórico, percebemos que as definições são totalmente contraditórias e pouco claras. A primeira pessoa que transforma esse conceito em uma referência acadêmica, Teresa de Lauretis, três anos depois, em 1994, pede desculpas, renunciando à possibilidade de se usar o termo por ele ter se convertido em um elemento comercial e vazio.[24]

Algumas definições fazem referência a sujeitos; o dicionário de Oxford, por exemplo, define queer como "homem homossexual". Alfonso Ceballos diz que tal conceito tem a intenção de categorizar a normalidade sã diante da anormalidade abjeta, diferenciar o que é apropriado do que não é e atribuir valores a identidades e atividades – dessa forma, ser homossexual é ser uma versão desvirtuada do heterossexual. O dicionário se refere a um sujeito masculino contraposto a outro masculino e universal, ou seja, sujeitos substantivados por identidades sexuais. Ceballos comenta, também, que queer implica a inexistência de uma resposta imediata e simples à pergunta "o que você é?"; na inexistência de um termo simples ou um lugar definido com o qual ou no qual se situem subjetividades, comportamentos, desejos, habilidades e ambições complexas.

Nesse sentido, Hall sugere que todos somos queer, se pudermos simplesmente reconhecê-lo dessa forma. Todos nos situamos transversalmente se evidenciarmos e recusarmos algumas das mentiras consoladoras que nos dizem ou que dizemos sobre nós mesmos. Assim, o queer não faz referência a algo específico.

Para alguns autores, ele funciona com um guarda-chuva que oculta as diferenças entre lésbicas e gays, ou entre transexuais e travestis, e ignora as diferenças de classe, raça, idade e outras. Anzaldúa argumenta que esse conceito é inútil, porque homogeneiza e apaga nossas diferenças.[25]

Para outros, a categoria deve ser analisada não a partir dos sujeitos, mas de suas ações. Nesse sentido, Janet Jakobsen acredita que seria mais produtivo pensar em queer como verbo (conjunto de ações), em vez de substantivo. O queer seria entendido, então, como uma prática destrutiva que não assume a forma de um sujeito já constituído e que, consequentemente, não fornece aos sujeitos uma identidade "nominável". Ou seja, um conceito que anula o sujeito e que existe apenas como ações de *não sujeitos* ou *sujeitos inomináveis*.[26]

Alexander Doty afirma que o queer pode apontar para desestabilizações das categorias existentes, ainda que ele mesmo esteja se tornando uma categoria – mas uma que resiste a definições fáceis. Ou seja, nunca sabemos ao que se refere exatamente uma pessoa apenas com o uso do rótulo queer, exceto quando é mesmo sobre algo não categorizado ou posicionado fora da normatividade.[27]

Por outro lado, Sedgwick aponta que o termo queer só faz sentido quando empregado em primeira pessoa, já que funciona melhor como autodenominação que como observação empírica sobre os traços identitários de outras pessoas. Com isso, nos vemos diante de uma teoria em que "não há nada em particular a que, necessariamente, se faça referência". É uma teoria, portanto, que evita a rigidez e ao mesmo tempo borra seu objeto de estudo.[28] Uma teoria que, à medida que nega o sujeito, o reconhece; e ao mesmo tempo que é percebida empiricamente, desaparece de imediato.

As definições também se referem ao significado negativo da palavra, usada inicialmente como humilhação e insulto, e que foi convertida na década de 1980 em um termo que exprime o orgulho de se possuir uma identidade homossexual. Posteriormente, ela se transforma no rótulo acadêmico usado pelos mais conceituados estudiosos de gênero, sendo resgatada do seu primeiro significado e relançada como um conceito positivo e teórico que abrigará uma estrutura de estudos sobre sexualidades não normativas. Ou seja, adjetivação destinada a sujeitos específicos que foi transformada em categoria, pela academia, por meio da impressão de um caráter positivo e teórico à palavra.

A ambiguidade da *teoria* queer é frequentemente tida como a razão de sua natureza escorregadia. De forma geral, ela é entendida como aquela que põe em xeque conceitos convencionais de identidade sexual, desconstruindo as categorias, as oposições e os binarismos que as sustentam; ela cria uma suspensão da identidade como algo fixo, coerente e natural, e opta pela desnaturalização como estratégia, demarcando um campo virtualmente similar ao da homossexualidade, mas que desafia a comum distinção entre o normal e o patológico, o "hétero" e o "homo", os homens masculinos e as mulheres femininas.[29] Diante de conceitos tão instáveis, é difícil saber se o queer existe em algum lugar.

Teresa de Lauretis argumenta que a teoria queer não conseguiu dar um salto ao campo do político por expressar um conflito entre sexualidade e política, o que ela chama de equívocos de gênero, a confusão entre gênero e sexualidade. Ao buscar o reconhecimento social, apresentar-se como inclusivo, democrático, multicultural e multiespecífico, o queer deslocou o sexual, privilegiando a identidade social pelo gênero. Hoje, temos identidade LGBTIQ, entretanto, nos deparamos com a questão política das identidades sexuais, especialmente aquelas estigmatizadas como parafilias ou transtornos de identidade, encalhadas na sexualidade. Esta, entendida no sentido freudiano da copresença de pulsões conflitantes na psique individual, de caráter obsessivo e frequentemente destrutivo, e as dificuldades que isso causa tanto para o indivíduo quanto para o social.[30]

Lauretis incita os seguidores da teoria queer a usar o conceito de forma mais inclusiva, incorporando os campos da sexualidade que foram estigmatizados pelos discursos médicos e legais sob a denominação de parafilias; se isso não for feito, acredita ela, a vertente carece de um sentido contestatório. Não podemos ignorar os aspectos compulsivos, perversos e ingovernáveis da sexualidade com os quais nos confrontamos na esfera pública, na família e em nós mesmos. O problema é como negociar uma sociabilidade queer de vínculos afetivos e ao mesmo tempo de impulsos contrassociais; em termos freudianos, a convivência de Eros e Tânatos, o positivo e o negativo, a vida e a morte.

A confusão entre gênero e sexualidade permeia o debate atual sobre *a política antissocial da teoria queer*, o que nos leva a questionamentos sobre seu futuro, uma teoria, talvez, de Edelman, de pulsão de morte. Com desconfiança, Lauretis afirma que à medida que é teoria, ou seja, uma visão conceitual, crítica ou especulativa sobre o lugar da sexualidade no âmbito social, a teoria queer não é um mapa ou um programa de ação política – o que não significa dizer que uma política queer não teleológica não possa existir, mas sim que ela exigiria um tipo de tradução da teoria ou da filosofia em ação política concreta. Da mesma forma que Gramsci fez com a teoria marxista, embora ela ainda seja uma teoria em níveis de especulação.[31]

O QUEER COMO DESONTOLOGIZAÇÃO

Monique Wittig, uma das teóricas que inspirou as teorias queer, em sua magistral palestra de 1978 intitulada "Mente heterosexual", terminou por afirmar que "as lésbicas não são mulheres". Seu trabalho convida o movimento feminista a analisar a heterossexualidade não como um conjunto de práticas sexuais ou uma preferência ou opção livremente escolhida, mas como uma instituição política imposta às mulheres.

Wittig define a heterossexualidade como um regime político que cria homens e mulheres como naturais e complementares. Mais que uma prática sexual, a heterossexualidade é um sistema que promove a ideia da diferença entre os sexos, e é necessário destruí-la se quisermos acabar com essa lógica de dominação. As lésbicas, fugidas de sua classe social (mulheres) e da dominação heterossexista, rompem o contrato heterossexual. Lésbica é o único conceito que conheço que está além das categorias de sexo (mulher e homem), já que o sujeito designado (lésbica) não é uma mulher, nem econômica, nem política, nem ideologicamente. O que constitui uma mulher é a relação social específica com um homem, uma relação que temos chamado de servidão, uma relação que implica obrigações pessoais, físicas e também econômicas (atribuição de residência, trabalhos domésticos, deveres conjugais, produção ilimitada de filhos etc.), uma relação da qual as lésbicas escapam quando rejeitam a volta à ou a continuação de uma vida heterossexual.[32]

O fato de a lésbica ser uma desertora da heterossexualidade compulsória é uma prova de que a divisão natural dos sexos, base da reprodução da heterossexualidade, é um feito artificial, portanto, um feito político. Ou seja, a posição estratégica de fugitiva da classe mulher leva a lésbica a destruir o sistema heterossexual.

O convite a fugir do gênero naturalizado, em um momento em que o feminismo questionava o sujeito mulher, reverberou em diferentes conceitualizações teóricas como a do "sujeito excêntrico" de De Lauretis, um sujeito que não apenas se desvia da norma, mas que também está fora do eixo central da produção e instituição heterossexuais, que se desloca fisicamente da energia erótica e das práticas culturais e sociais das categorias sexo e gênero. Para algumas autoras, este sujeito em fuga é também o cruzamento de *identidades e culturas* (negra, mestiça, indígena, pobre, hispana) de Anzaldúa, é a *sister outsider negra* de Lorde, o *ciborgue* de Haraway, o *sujeito nômade* de Braidotti, é a *performatividade de gênero* de Butler; figuras híbridas, mutantes que falam das categorias identitárias, das fronteiras, das intersecções. Uma ideia semelhante, alerta De Lauretis, estava surgindo no bojo das teorizações pós-coloniais, da noção de *cultural hybridity* de Homi Bhabha e dos estudos sobre o sujeito transnacional. Os textos radicais de Wittig anteciparam a teoria queer e as teorias feministas pós-coloniais.[33]

Embora o convite de Wittig tenha dado lugar a diversas propostas pós-feministas e decoloniais, que, como enfrentamento ao sujeito-único--mulher que representava um feminismo branco heterossexual, elitista e instruído, reivindicaram o reconhecimento de uma profusão de outras identidades e não identidades, esta última proposta, à medida que se formava, gerava diversos paradoxos.

Em sua crítica à essencialização das identidades, o queer reivindica a não identidade. Sendo as identidades construções culturais que partem da masculinidade e impõem uma hierarquia em seus processos de diferenciação, elas sustentam relações de poder. A política das identidades e suas cristalizações dão lugar a formas mais sofisticadas de discriminação. Escapar delas acabaria com o motivo da discriminação.

Quando o gênero faz referência a normas e papéis socialmente construídos, comportamentos, atividades e atributos que uma sociedade considera como apropriados para homens e mulheres, esta normatividade produz uma ontologia e uma epistemologia interessada e funcional para certo sistema de poder. Ser mulher e ser homem são elaborações sociais comprometidas que configuram uma determinada forma de conhecimento e poder, construídos e atribuídos de valor de maneira diferenciada e hierárquica, marcados e legitimados pela hegemonia do poder heterossexual, racista, classista, etarista etc. Desarticular o maquinário do poder que sustenta as identidades pelo ato de deixar de ser qualquer identidade foi chamado de "desontologização". Se ser homem, mulher, lésbica, homossexual, trans ou bissexual marcam uma identidade e geram discriminação como construções culturais carentes de essência, "deixar de ser" destituiria as pessoas de valores interpretativos, hierárquicos e discriminatórios. A proposta desontologizadora, deixar de ser homem, mulher, lésbica, homossexual, trans, se refere ao lugar do trânsito, ao "movimento livre". Epps comenta que poucos praticantes da teoria queer nos Estados Unidos se perguntam até que ponto a ideia de "movimento livre" poderia ser cúmplice do "livre mercado". Ele lembra, para quem possa ter esquecido, que o queer não apenas pode ser classificado de muitas maneiras, como também é capaz de produzir suas próprias normatividades e suas próprias autocríticas.[34]

Desontologizar seria equivalente a deixar de ser qualquer identidade – inclusive a queer e suas interpretações culturais –, ou seja, deixar para trás as diferenças que geravam discriminação. Entretanto, sem diferenças, o ser volta ao paradoxo da existência única e universal sob a suposição de que assim é possível impedir a discriminação. A serpente que morde o próprio rabo; o ponto inicial da crítica.

Rubin, em seu ensaio sobre *El tráfico de las mujeres* [O tráfico das mulheres], acredita que o movimento feminista deve sonhar com algo maior que a eliminação da opressão das mulheres: é preciso almejar a eliminação das sexualidades e os papéis sexuais obrigatórios. Uma sociedade andrógina e sem gênero (ainda que não sem sexo), em que a anatomia sexual não tenha nenhuma importância para o que alguém é, o que faz ou com quem faz amor.[35] Porém, ainda que a não atribuição de gêneros ou a desontologização seja a utopia de algumas correntes feministas e do pensamento queer, deixar de ser mulher ou lésbica em sociedades extremamente misóginas tem repercussões políticas e econômicas, como veremos a seguir.

SUA CHEGADA À ABYA YALA

O termo queer chegou à Abya Yala em meados dos anos 1990 como uma reflexão acadêmica ocidental mais do que como uma necessidade discursiva, teórica ou empírica do movimento lésbico-homossexual. Ainda que, como vimos, as definições de queer em inglês sejam complexas e contraditórias, em Abya Yala o termo é usado em sua concepção inglesa. Não existe um equivalente em castelhano que recupere a mistura de significados nem que permita uma transformação linguística natural em substantivo, adjetivo ou verbo – como acontece em outros idiomas.[36] Isto já nos levou a péssimas interpretações, se é que é possível com um conceito tão turvo. Talvez o mais frequente em inglês seja o uso coloquial como insulto, cuja tradução textual equivaleria também a adjetivos como "bicha, viado, mulher-macho, sapatona, invertido etc.". Entretanto, o uso da palavra queer em inglês, em um contexto latino-americano, soa *fashion*, mais elegante que os termos pejorativos. Isto nos leva a uma reflexão necessária sobre a colonização presente nas línguas da ocidentalização forçada, que falamos na América; línguas coloniais sempre dispostas a achar mais *fashion* palavras importadas, ainda que elas sejam um insulto e que essa apropriação distorça a dimensão de luta que ela tem em seu contexto original[37] ou, nas palavras de Mohanty, sobre os efeitos da colonialidade discursiva.

O aparato conceitual que sustenta a teoria queer, ainda que tenha sido construído a partir dos sujeitos subalternos dos Estados Unidos e Europa, foi roubado e banalizado pela academia. Importado pela academia branca de Abya Yala, ele tem servido, fundamentalmente, para que homens brancos se instalem nos espaços acadêmicos feministas e obtenham altos recursos econômicos da cooperação internacional, ao apresentar certas temáticas, eixos analíticos e aparatos conceituais.

Curiosamente, as propostas lésbicas, que desde antes da chegada do conceito queer eram estigmatizadas e invisibilizadas nos espaços acadêmicos (basta revisar os planos de estudo para ver se algum continha teorias lésbicas), garantiram pequenos espaços de reflexão, sempre sob a influência queer e/ou wittigiana, mas quase nunca baseadas em produções locais ou como eixo de interesse independente. O lésbico é invisibilizado pelo guarda-chuva da diversidade sexual, pelo LGBT (o L serve como aparência, sem ser acrescentado em suas práticas ou agendas) e pela desontologização queer.

SEU USO PRAGMÁTICO

Empiricamente, o termo queer na nossa região tem sido traduzido como "diversidade sexual", um conceito guarda-chuva que inclui as diferentes identidades sexuais: lésbicas, homossexuais, bissexuais, travestis, transgêneros, interssexuais e todas aquelas categorias eróticas produtos das subdivisões que, baseadas em gostos, necessidades e habilidades específicas, poderiam se converter em base para a afirmação política e possível de uma identidade social. Dessa maneira, a lista é potencialmente interminável (LGBTTIQ+). *Diversidade sexual* como conceito, em seu uso habitual, inclui também a heterossexualidade, perdendo, com isso, o sentido crítico à sobredeterminação do poder político da heterossexualidade compulsória.[38]

Segundo algumas autoras, a *diversidade sexual* não responde ao surgimento destes novos sujeitos, e sim ao fato de que a discussão teórica realizada a partir do feminismo sofreu transformações reforçadas e impulsionadas pelas agências de financiamento, onde se passa a adotar uma agenda de direitos sexuais e reprodutivos como parte dos interesses dos Estados e da resposta ao novo contexto econômico na perversa relação população-economia e desenvolvimento. O que deu lugar à emergência de novas identidades que se reconheceram como "minorias sexuais", que, para caber nas possibilidades financeiras das agendas estatais e internacionais, se reagruparam sob a denominação "diversidade sexual", incluindo também a heterossexualidade, e investiram em uma luta conjunta pelo direito à inclusão: saúde (HIV/aids), legislação antidiscriminatória, direito à maternidade e à paternidade, direito ao matrimônio e até a criação de concursos como Miss Universo Gay, o que longe de nos levar a novos campos epistêmicos, nos prendem em um binarismo, reproduzindo, inclusive, a partir de uma suposta ruptura, os estereótipos, marcas e normas de gênero.[39]

Este sujeito, chamado também de LGBTTI e que em muitas ocasiões se reconhece como queer, ao reivindicar a especificidade identitária, caracteriza sua ação social pela luta por direitos civis baseada em uma ideia de igualdade de direitos e valores com os heterossexuais e sua inclusão nas políticas públicas. A agenda política deste setor são matrimônios igualitários, reconhecimento de famílias diversas, reconhecimento de paternidades e maternidades conjuntas, reprodução assistida, barrigas de aluguel, reconhecimento da identidade e direito à cidadania por diversas faixas identitárias, móveis ou fixas, entre outros. A maioria destas demandas reforça o modelo de família heterossexual e monogâmica como unidade econômica de crédito que sustenta o capitalismo neoliberal.[40]

Esta forma pragmática de assumir o queer em Abya Yala acaba sendo, então, incongruente com o sentido original do temo como crítica à política de identidades fixas, naturalizadas e sobredeterminadas, e como crítica ao modelo heteromonogâmico da luta legal pela igualdade. Neste sentido, a interpretação latino-americana do queer não passa de uma cópia ruim das lutas levadas a cabo no mundo anglo-saxão e reafirma seu lugar de colonização interna.

Uma tentativa de castelhanizar o termo levou alguns acadêmicos e ativistas a usar cuir, kuir ou qüir como denominações próprias; uma proposta que não transforma conteúdos e, consequentemente, não resolve a colonização discursiva nem os projetos geopolíticos que integram essa problemática.

AS MULHERES EM ABYA YALA SÃO UMA FICÇÃO?

Abya Yala, como outros lugares, é dura com as mulheres; nos matam porque podem, porque o ódio segue impune. A violência histórica acumulada no corpo das mulheres dá conta de mostrar que os processos de colonização e desalojamento começaram e foram possíveis com a violência sobre o corpo e a sexualidade dessas mulheres, assim como com a apropriação de seu trabalho gratuito, marcando uma longa e dura guerra contra as mulheres como gênero.[41] Para se ter uma ideia, no México, um total de 3.142 mulheres foram assassinadas durante os primeiros dez meses de 2019, uma média de dez por dia, segundo estatísticas da secretaria executiva do Sistema Nacional de Segurança Pública (SESNSP); 35 mulheres são estupradas por dia – em muitos casos, estupros corretivos;[42] foram registradas meio milhão de vítimas de tráfico humano desde 2016 – destas, 93% são mulheres, 45% são meninas indígenas e 26% são menores de idade;[43] 8.489 mulheres estão desaparecidas.[44,45]

As diferentes formas de expressão da guerra contra as mulheres têm como objetivo atacar e/ou punir as mulheres pelo fato de serem mulheres, o que chama atenção para uma realidade que não pode ser ignorada quando alguém declara que "deixou de ser mulher". Afirmar que as mulheres não existem ou fingir que os motivos para a violência contra elas são pura ficção ou performance seria um absurdo, assim como imaginar que essa violência terminará se não soubermos da existência de tal sujeito.

Os níveis insustentáveis de violência dirigida às mulheres pelo fato de serem mulheres mobilizaram, nos últimos três anos, milhões delas na Argentina, no Chile, México, Equador, Peru, na América Central e em outros países. Hoje, mais do que nunca, o feminismo é um movimento de massas e é o corpo dessas mulheres que está no centro das reivindicações, exigindo que as condições de discriminação mudem.

Marchas em torno do mote #NiUnaMenos, contra o assédio nas ruas, contra o tráfico, #MeToo tiraram da esfera privada formas de opressão que as mulheres vivem e que estavam profundamente naturalizadas. A saída em peso às ruas nos deu um alto nível de visibilidade e acesso à voz nos meios de comunicação de massa. Estamos participando de encontros feministas multitudinários, nas ruas, nas escolas e nos trabalhos, espaços de reflexão e ação. Nos últimos cinco anos, a população tomou consciência da violência contra as mulheres de maneira mais abrangente que nos últimos quarenta anos. Este fenômeno tem sido chamado por algumas pesquisadoras de "Revolução Feminista", um sujeito que nunca esteve ausente, mas que agora, com força muito maior, toma as ruas e faz um cruzamento de suas demandas com as diversas formas de opressão que alimentam a matriz de dominação capitalista neoliberal, heteropatriarcal, monogâmica, racista, classista e sexista. A revolução feminista está questionando os autoritarismos e as democracias que servem à abertura irrestrita dos mercados, ao capital internacional, à impunidade, à desarticulação e desorganização da sociedade civil etc. Isto ocorre de tal forma que a sublimação da linguagem, a não identidade, a inexistência do sujeito, a performatividade e a troca de gêneros como "atos" revolucionários aparecem como reconfigurações do mercado para reafirmar a opressão, exclusão e exploração a níveis regionais.

As lutas feministas na rua, na escola, no trabalho, em casa estão gerando reflexões e transformações epistemológicas e também empíricas.

TEXTO PUBLICADO ORIGINALMENTE NO BLOG DA AUTORA EM 10 AGO 2020. TRADUÇÃO DE PÊ MOREIRA.

NOTAS

1   "Gostamos que percebam já de longe: lésbicas / Não somos kuir. Aqui é Abya Yala / Não nos explicamos se o desejo derrama / heteronormal – nosso apetite te fará tremer."

2   Abya Yala, "Terra em florescimento", é a denominação do povo Kuna para o território que hoje conhecemos como América Latina. De uso corrente antes da colonização e que hoje resgatamos como parte de um projeto político descolonizador.

3   Chandra Mohanty, "Bajo los ojos de Occidente: academia feminista y discursos coloniales", *Feminist Review*, nº 30, out 1988. Tradução de María Vinós.

4   Citlalin Ulloa Pizarro, "La institucionalización de la perspectiva de género en México: una política pública en transición", *Revista Análisis Público*, ano 2, nº 2, p. 15-23, mar 2013, Universidad de Valparaíso, Chile. Disponível em <http://analisispublico. administracionpublica-uv.cl/wp-content/uploads/2013/08/1.pdf>. Acesso em 20 ago 2020.

5   Silvia Federici, *Revolución punto cero. Trabajo doméstico, reproducción y luchas feministas*. Madrid: Traficantes de sueños, 2013, p. 107-125. Disponível em <http://www.traficantes.net/ sites/default/files/pdfs/map36_federici.pdf>. Acesso em 20 ago 2020.

6   Ana Alice Costa; Cecília Maria Sardenberg, "Teoría e praxis feminista na academia: os núcleos de estudos sobre a mulher nas universidades brasileiras", *Revista Estudos Feministas*, nº especial, p. 387-400, 2ºsem, 1994. Disponível em <https://periodicos.ufsc.br/index.php/ref/ article/view/16171/14722>. Acesso em 20 ago 2020.

7   Andrea D'Atri, "Feminismo latinoamericano. Entre la insolencia de las luchas populares y la mesura de la institucionalización", *Creatividad Feminista*, nº 5, p. 1-8, 2005.

8   Francesca Gargallo, "Las expertas de género y el feminismo en tiempos de globalización. Una llamada de alerta desde América Latina", in Horacio Cerutti, *Resistencia popular y ciudadanía restringida*. México: UNAM, 2006, p. 263-280. Disponível em <https://francescagargallo. wordpress.com/ensayos/feminismo/feminismo-genero/las-expertas-de-genero-y-el-feminism>. Acesso em 20 ago 2020.

9   Chandra Mohanty, "Bajo los ojos de Occidente: academia feminista y discursos coloniales", *Feminist Review*, nº 30, p.117-163, outono, 1998. Tradução de María Vinós.

10 Breny Mendoza, "La epistemología del sur, la colonialidad del género y el feminismo latinoamericano", in: Yuderkys Espinosa Miñoso (ed), *Tejiendo de otro modo: feminismo, epistemología y apuestas descoloniales en Abya Yala*. Popayán: Editorial Universidad del Cauca, 2014, p. 19-36.

11 Idem.

12 Yuderkys Espinosa Miñoso, "Etnocentrismo y colonialidad en los feminismos latinoamericanos: complicidades y consolidación de las hegemonías feministas en el espacio transnacional", *Revista venezolana de estudios de la mujer*, v. 14. nº 33, p. 37-54, jul-dez/2009. Disponível em <http://www.scielo.org.ve/pdf/rvem/v14n33/art03.pdfpp>. Acesso em 20 ago 2020.

13 Linda Alcoff, "Feminismo cultural vs. Post-estructuralismo: la crisis de identidad de la teoría feminista", *Revista Debats*, nº 76, p. 18-41, 2002. Disponível em <http://148.202.18.157/sitios/ catedrasnacionales/material/2010a/cristina_palomar/2.pdf>. Acesso em 20 ago 2020.

14 Julia Kristeva, "Woman can never be defined", in Eliane Marks; Isabelle Coutivron, *New French Feminist*, Nova York: Schokcen Books, 1981, p. 137-141, tradução livre.

15 Teresa de Lauretis, "La tecnología del género", in *Diferencias*, Madrid: Horas y Horas, 2000, p. 33-69.

16 Claudia de Lima Costa, "El Sujeto del feminismo", *Revista Mexicana de Ciencias Políticas y Sociales*, UNAM, v. 43, nº 174, p. 1-32, 1998. Disponível em <http://www.revistas.unam.mx/ index.php/rmcpys/article/view/49130>. Acesso em 20 ago 2020.

17 Nancy Piedra, "Feminismo y postmodernidad: entre el ser para sí o el ser para los otros", *Revista de Ciencias Sociales (Cr)*, v. IV, nº 102, p. 43-55, San José: Universidad de Costa Rica, 2003.

18 Sheila Jeffreys, *La herejía lesbiana: una perspectiva feminista de la revolución sexual lesbiana*, Madrid: Catedra Ediciones, 1993, p. 147-176. Disponível em <http://kolectivoporoto.cl/wp-content/uploads/2015/11/Jeffreys-Sheila-La-Herej%C3%ADa-Lesbiana.pdf>. Acesso em 20 ago 2020.

19 Beatriz Preciado. *Beatriz Preciado conversando con Marianne Ponsford, Hay Festival*, 17 mar 2014. Disponível em <https://www.youtube.com/watch?v=4013sesqsJo>. Acesso em 20 ago 2020.

20 Elena Pita, "Paul B. Preciado: Soy un disidente del sistema sexual", *El mundo*, 19 abr 2019. Disponível em <https://www.elmundo.es/cultura/literatura/2019/04/19/5cb079a321efa0041c8b4664.html>. Acesso em 20 ago 2020.

21 Ochy Curiel, "Descolonizando el feminismo: una perspectiva desde América Latina y el Caribe", Primeiro Coloquio Latinoamericano sobre Praxis e Pensamento Feminista, Buenos Aires, jun/2009, Instituto de Gênero da Universidade de Buenos Aires, 2009, p. 4. Disponível em <http://bdigital.unal.edu.co/39749/>. Acesso em 20 ago 2020.

22 Ibid., p. 7.

23 Javier Sáez, "El contexto sociopolítico de surgimiento de la teoría queer. De la crisis del sida a Foucault", in David Córdova; Javier Sáez; Paco Vidarte, *Teoría* queer. *Políticas bolleras, maricas, trans, mestizas*, Barcelona: Egales, 2005, p. 67-76.

24 Alfonso Ceballos, "Teoría rarita", in David Córdova; Javier Sáez; Paco Vidarte, *Teoría* queer. *Políticas bolleras, maricas, trans, mestizas*, Barcelona: Egales, 2005, p. 170.

25 Norma Mogrovejo, "Lo queer en América Latina: ¿lucha identitaria, post-identitaria, asimilacionista o neocolonial?", in Daniel Balderston; Arturo Matute, *Cartografías* queer: *sexualidades y activismo LGBT en América Latina*, Pittsburgh, PA: Instituto Internacional de Literatura Iberoamericana, University of Pittsburgh, 2011, p. 231-246.

26 Idem.

27 Idem.

28 Alfonso Ceballos, op. cit, p. 170.

29 Idem.

30 Teresa de Lauretis, Conferencia "Teoría queer, 20 años después. Sexualidad y política", I Seminario Internacional sobre Diversidad Sexual e Igualdad Social, México, D.F., 21 mai 2010.

31 Norma Mogrovejo, op. cit., p. 231-246.

32 Monique Wittig, *El pensamiento heterosexual y otros ensayos*, Madrid: Egales, 1992, p. 45-58. Disponível em <https://www.caladona.org/grups/uploads/2014/02/monique-wittig-el-pensamiento-heterosexual.pdf>. Acesso em 20 ago 2020.

33 Gracia Trujillo, "Y no, no somos mujeres. Legados e inspiraciones para los feminismos queer", in Beatriz Suárez (ed.), *Las lesbianas (no) somos mujeres. En torno a Monique Wittig*, Barcelona: Icaria, 2013, p. 185-211.

34 Brad Epps, "Retos, riesgos, pautas y promesas de la teoría queer", *Revista Iberoamericana*, v. LXXIV, nº 225, p. 897-920, out/dez 2008.

35 Gayle Rubin, "El tráfico de mujeres: Notas sobre la 'economía política' del sexo", *Revista Nueva Antropología*, ano/vol VIII, nº 30, p. 95-145, nov 1986.

36 Rafael Mérida, *Sexualidades transgresoras. Una antología de estudios queer*, Barcelona: Icaria, 2002, p. 7-25.

37 Francesca Gargallo, "A propósito de lo queer en América Latina", *Revista Blanco Móvil*, nº 112-113, p. 94-98, outono/inverno 2009. Disponível em <https://francescagargallo.wordpress.com/ensayos/feminismo/feminismo-genero/a-proposito-de-lo-queer-en-america-latina/>. Acesso em 20 ago 2020.

38 Norma Mogrovejo, "Diversidad sexual un concepto problemático", *Trabajo Social. Revista Trimestral*, nº 18, p. 62-71, fev 2008.

39 Yuderkys Espinosa Miñoso, "A una década de la performatividad: De presunciones erróneas y malos entendidos", in *Reflexiones de una lesbiana oscura. La política de las Identidades en América Latina*. Argentina: En la Frontera, 2007, p. 81-104. Disponível em <http://www.reduii.org/cii/sites/default/files/field/doc/Escritos%20de%20una%20lesbiana%20oscura.pdf>. Acesso em 20 ago 2020.

40 Norma Mogrovejo, "Madres lesbianas, familias resignificadas. Poco sexo, más clase y mucha raza", in *Del sexilio al matrimonio. Ciudadanía sexual en la era del consumo neoliberal*, Bilbao: DDT, 2018, p. 106-122.

41 Norma Mogrovejo, "La Escuela para la Libertad de las Mujeres. Una experiencia de educación popular feminista", in Elena Tapia, *Educación y actores sociales frente a las violencias*, México: Universidad Pedagógica Nacional, 2019, p. 161-179.

42 Segundo estatísticas do Sistema Nacional de Segurança Pública do México, nos seis primeiros meses de 2017, foram denunciados 16.631 crimes sexuais e, concretamente, 6.444 estupros – uma média de 35 por dia. Disponível em <http://www.animalpolitico.com/2017/08/violencia-sexual-2017-violacion/>. Acesso em 20 ago 2020.

43 São estimados 500 mil casos de tráfico humano no México, desde 2016, dos quais cerca de 70 mil são menores de idade sujeitos à exploração sexual. A cada ano, cerca de 21 mil menores de idade são capturados pelas redes de tráfico humano com fins de exploração sexual; e de cada 100 destas crianças, 45 são meninas indígenas. 93% das vítimas de tráfico humano são mulheres e 26% são menores de idade. Disponível em <https://www.eleconomista.com.mx/politica/Mexico-sin-cifras-precisas-sobre-trata-20170730-0073.html>. Acesso em 20 ago 2020.

44 O Ministério Especial para Mulheres Vítimas de Crimes Motivados por Gênero, através do "Protocolo Alba", recebeu cerca de 360 ocorrências de mulheres e meninas desaparecidas em 2017. Disponível em <https://www.debate.com.mx/mexico/En-2017-han-sido-localizadas-349-mujeres-desaparecidas--20170510-0106.html>. Acesso em 20 ago 2020. O desaparecimento de mulheres adolescentes, entre 15 e 17 anos de idade, aumentou 974% de 2010 para 2014; de 57 casos registrados em 2010, houve um salto para 612 em 2014, segundo dados da Rede pelos Direitos da Infância (Redim). Disponível em <https://aristeguinoticias.com/2402/mexico/en-cuatro-anos-aumenta-974-desaparicion-de-mujeres-adolescentes-redim/>. Acesso em 20 ago 2020.

45 Norma Mogrovejo, "La Escuela para la Libertad de las Mujeres. Una experiencia de educación popular feminista", op. cit.

Enquanto feminista, acredito que não há sexualidades normais e esquisitas, e sim que todas as sexualidades são. Coloco-me contra todas as opressões, em particular as que se escondem atrás das expectativas morais acerca de como as pessoas devem ser e que dão base ao direito e ao olhar científico. (...) Estou junto de outras mulheres feministas para acabar com o sistema que une o sexo à invenção das raças humanas (racismo) e à hierarquia de classe (classismo) para oprimir as maiorias. Enquanto feminista, escrevo, penso em diálogo, construo um conhecimento relacional e não objetivo junto das pessoas e da realidade social e física, canto, danço, gozo, me mobilizo.

Francesca Gargallo

O pensamento queer existe ou se manifesta de alguma maneira na América Latina?

Francesca Gargallo

DESDE QUE OUSEI FAZER ESSA PERGUNTA às minhas amigas das redes de escritoras feministas e feministas autônomas, tive que reescrever esta reflexão cinco vezes. Primeiro, me atrevi a supor que, na América Latina, temos muitas pessoas esquisitas, que desobedecem mais ou menos a uma coisa que não se sabe bem o que é (porque obedecemos muito bem a quase todas as ordens, desde que elas se disfarcem de liberdade em contraposição à ordem a que estávamos obedecendo até então). Temos muitas pessoas dissidentes de um modelo, mas aceitando outros dez modelos, e algumas verdadeiramente afastadas do ordenamento hegemônico do consumo de ideias (se tivermos tempo, logo falaremos sobre por que algumas dessas esquisitices são realmente inspiradoras, enquanto outras são armadilhas do falo feminista). Mas isto é o mesmo que dizer que, na América Latina, não há um movimento queer.

No entanto, o fato de existirem pequenos grupos como o *Cu*, na Bahia, jovens lésbicas nas periferias da Cidade do México e círculos lésbicos radicais em São Paulo e Buenos Aires deve ser valorizado. E existem teorias e práticas fundadas em uma posição radicalmente rebelde à identidade de gênero expressadas por algumas feministas: a dominicana

Yuderkys Espinosa, que na década de 1990 pensou a identidade performativamente; ou a brasileira Guacira Lopes Louro, que apresenta uma resistência ao mundo se afirmando queer, por entender este como um lugar do não lugar; ou a física argentina fundadora da revista *Barrullera: una tromba lesbiana feminista* [Barulheira: uma irrupção lésbica feminista], que, com seu cabelo arrepiado e suas camisetas, traça, durante suas aulas, paralelos entre a verdade científica e a imposição do gênero; ou a costa-riquense Susana Aguilar, que começou sua busca de uma identidade queer na literatura e terminou afirmando que a rejeição feminista ao queer é uma questão etária: um conflito entre quem aprendeu a se identificar com os gêneros e se reconhecer neles, que teme que o queer apague o que significa, para elas, ser mulher; e as mais jovens, que "entendem o queer como um giro na forma de sentir, pensar e se expressar de maneira livre, sem o empecilho de ter que se identificar como homem ou mulher, como o feminino ou o masculino". O queer fez com que elas esquecessem os binários, as ajudou a não pensar em dois sentidos, mas, a partir dos sentidos, permitiu que elas incluíssem em suas políticas o pornô, o erótico, o sexual e os desejos, liberando as fantasias e os fetichismos.

A partir deste reconhecimento, tive que enfrentar as companheiras de debate que me repreenderam por falar do queer, uma teoria que, segundo muitas feministas, encobre o poder do masculino, sua capacidade de normatizar seu direito à opressão, suas sexualidades violentas e sua exaltação da pornografia.

De repente, me dei conta de que algumas das minhas companheiras ignoravam o debate da tradução dos termos de nossas propostas, debate que leva a uma reflexão sobre a dimensão colonizadora das línguas e da ocidentalização de que falamos na América; línguas coloniais, sempre dispostas a achar mais *fashion* o que não é dito como ofensa, nem mesmo para fazer uma recuperação das palavras a partir da luta, preferindo o importado e, ainda assim, deturpando sua expressão.

Em síntese, não existe um movimento queer latino-americano porque todo movimento precisa de uma identidade e um esquema de diferenciação; existem pequenos grupos e indivíduos que defendem que, se alguma coisa torna-se instituída em algum lugar, é preciso se mudar (ou seja, é necessário que nos convertamos em nômades, atravessando permanentemente o não lugar do questionamento); e, além do mais, pelas próprias contradições presentes na relação das classes altas (pós-)coloniais com suas línguas, em alguns círculos muito requintados da intelectualidade e da dissidência sexual, as pessoas se dizem queer em vez de LGBTTT.

Contudo, como latino-americanista me pergunto se é realmente possível fazer uma crítica desestabilizadora às concepções de identidade. Isso, partindo de um lugar onde as identidades americanas estão em debate e são parte de uma busca do próprio ser em contraposição ao racismo, à exclusão, à negação e à exploração material. Localizando-me no contexto da América que tenta se livrar da exclusão de suas maiorias nativas (toda diminuição dos povos originários em definições híbridas, como mestiçagem, implica um mecanismo de ocultamento) e de um racismo que na Guatemala, como no Peru, chega ao etnocídio, não me surpreende que, passando pela reivindicação do abandono da identidade sexual, terminaríamos encontrando pessoas que tentam definir a *identidade queer*.

Na América Latina há muito pouca coisa que se pareça com o movimento queer das sadomasoquistas californianas lideradas por Gayle Rubin e Pat Califia. Vídeos e blogues, no máximo. Não há ninguém que jogue com o domínio e a submissão, eliminando, através de uma representação teatralizada, qualquer essência que possa estar presente nessas duas expressões da sexualidade e também, principalmente, a dimensão do privilégio social que existe nas relações patriarcais. Não há ninguém que radicalize o direito à amoralidade das expressões sexuais.

Lembro de algumas caminhadas que dei por uns jardins costa-riquenses há quase dez anos, com uma amiga, filósofa da Universidade Nacional, que se sentia atraída pelo queer porque lhe permitia abstrair da necessidade de definir/assimilar uma identidade sexual, que para ela era muito nômade. Porém, logo em seguida, ela defendia uma separação entre feministas e lésbicas, porque as primeiras não se definiam por sua sexualidade, o que seria uma incongruência... Penso nas e nos companheiros do grupo *Letra S* que se dizem queer e, em seguida, denunciam a pedofilia como sinônimo de violação de crianças... Vejo a palavra queer como sinônimo de LGBTT em documentos que eu chamaria, desrespeitosamente, de feminismo tonto das agendas internacionais e em qualquer lugar onde não há o cuidado de uma crítica lúdica de todas as suas identidades, mas sim um conjunto muito bem definido de formas de ser dos homens homossexuais, das lésbicas, das e dos bissexuais, das pessoas transgênero, travestis e transsexuais – onde se disfarça um desejo enorme de que todas e todos fossem assexuais. Descubro que na Universidade de Buenos Aires existe um departamento de Estudos de Gênero e um de Estudos Queer... Que viagem!

Na América Latina, já faz uns dez anos que o queer soa como algo muito novo, muito moderno, porque deliberadamente desconhecemos o impulso antissistêmico de sua história. Nos Estados Unidos e na Grã-Bretanha, o queer surge, em meados dos anos 1980, a partir da reunião de lésbicas sadomasoquistas, de heterossexuais dissidentes dos modelos monogâmicos e reprodutivos da heterossexualidade, de homens homossexuais *leather*, de homossexuais feministas que reivindicam a multiplicidade concreta das mulheres, das e dos promíscuos, das putas que gostam de seu trabalho e o consideram libertador dos preconceitos sobre sexo por dinheiro e corpo como ferramenta... Enfim, o queer toma forma a partir da reunião daqueles que se sentiam – e, de fato, eram – vítimas de uma perseguição motivada pelo exercício de suas sexualidades, instaurada com base em parâmetros muito rígidos fundamentados pelo Direito, pela Medicina e pela moral comum (aqui, inclusive, uma moral feminista e uma moral gay que começavam a exigir autovigilância das atividades sexuais dos membros de suas comunidades). Além disso, o queer e a *teoria* queer que acompanhava a farta reunião de esquisitos e esquisitas falantes da língua inglesa, ativistas da desconstrução dos papéis de gênero, manifestaram-se no momento em que a epidemia da aids impunha um verdadeiro terror à sexualidade e um retorno às morais de controle e autocontrole.

O queer eram práticas, e a teoria queer se alimentava delas, assim como de pensamentos filosóficos e sociais muito atrevidos, provenientes da antropologia feminista de Gayle Rubin, ou da história arqueológica das relações de poder de Michel Foucault e ainda da – na minha opinião – chatíssima futurista Judith Butler, com seus estranhos gêneros que querem ser, mas ainda não são, algo diferente. Ao longo da década de 1990, outras ideias somaram-se ao queer, como foi o caso das práticas contrassexuais performativas de Paul B. Preciado e sua crítica à normatização de qualquer identidade, o que dinamizou as possibilidades do que o queer pode significar.

Encontro pouco disso na produção teórica, na prática política, nas motivações para a formação de grupos na América Latina; a não ser em pequenos e tímidos vislumbres. Nas palavras de Norma Mogrovejo:

O queer tem uma interpretação muito ruim no espanhol; como diz Preciado, soa *fashion*, mas em inglês é uma palavra muito forte. A tradução ruim leva a erros de interpretação. Enquanto na gringolândia o queer surge como uma resposta à naturalização dos gêneros e ao caminho institucional tomado pelo movimento LGBT (com a busca do matrimônio, de filhos, de direitos patrimoniais etc.), aqui são justamente os LGBT que se assumem como queer, mas por falta de informação (ignorância). Sob a bandeira queer, o *Letra S* e outros pedem o casamento homossexual, dinheiro para prevenir e curar a aids, campanhas contra a pedofilia e demais ações politicamente corretas.

O interessante do queer é o desafio que vai da desnaturalização dos gêneros à política de identidades fixas, e também passa pela rejeição da carreira institucional e mercantil do movimento gay. O mais próximo dessa experiência na América Latina tem sido a autonomia lésbica, que, no entanto, apresenta críticas à política queer, porque esta colabora com a desestruturação do sujeito do debate feminista e nos vende um novo sujeito, supostamente performático, que como bem diz a dominicana Yuderkys Espinosa, recicla uma nova masculinidade porque não desestruturou os sistemas binários de atribuição de valores. Mais ainda, partindo desta perspectiva, o queer colabora com a fixação de papéis binários, porque sua centralidade, recuperada através da mudança ou reatribuição do sexo, traz novamente para a definição política a questão da naturalização dos papéis de gênero e da biologia.

A maioria das pessoas que usa o termo queer na América Latina o faz da mesma maneira que as feministas – que preferem dialogar com Estados e instituições internacionais a lidar com mulheres reais – começaram a usar o termo *gender* ou gênero, na década de 1990, e as e os homossexuais começaram a usar o termo *gay*, dez anos antes. São termos mais limpos, em *english fashion*, nada populares, que definem a própria diferença do modelo heteronormativo sem impulsionar revoltas sociais contra o modelo capitalista e a pós-modernidade neoliberal.

Diferente da força que tem nos países que falam inglês, queer na América Latina serve para criar uma confusão sobre o que significa desessencializar. Ele dá a entender que esse ato poderia ser uma despolitização ou desapropriação dos movimentos identitários, seja de sua raiva pela injustiça em que vivem, seja do seu desejo de explodir em algo diferente do que aquilo que já está sublimado (respeitabilidade, ternura, igualdade, saúde), seja da possibilidade de se construir políticas que desfaçam de uma vez por todas as perseguições motivadas pela diferença, possibilitadas pelo modelo misógino, heterocentrado, racista e aerótico do capitalismo controlador.

O queer na América Latina sustenta, como fazem suas financiadoras, que as transsexuais são mulheres – ou seja, são pessoas com uma crítica encarnada no próprio corpo, profundamente revolucionárias das pautas da normalidade que os sexos atribuídos de gênero impõem, mas mulheres: um dos dois sexos reconhecidos pelo registro civil. O queer aqui sugere que um sexo e uma sexualidade não podem existir entre pessoas em idade pré-cidadã (as/os menores) e as/os cidadãos (maiores de 18 anos), porque essa sexualidade estaria inscrita em relações de abuso de poder e em violações ou impossibilidades de consenso de uma das partes, descontextualizando e desistoricizando por completo o significado de pederastia (como se todos os menores de idade que têm relações românticas e/ou sexuais com maiores de idade fossem coroinhas abusados pelo padre ou pelo bispo).

Isto é, na América Latina se usa queer para falar de sexos esquisitos, em um clima de termos bonitos, onde não existem putas, nem bichas, nem sapatonas, ainda que haja de tudo um pouco, sem pornografia, e com um mercado turístico, antrópico e hoteleiro que paga impostos e não ocupa as ruas.

Eu não sou queer porque meu sadomasoquismo é exemplar, seja em relações hétero ou lésbicas; passo por temporadas assexuais, mas não gosto muito de dildos; e evito assobiar quando vejo uma bunda bonita escondida pela saia vermelha de uma garota ou peitorais musculosos de adolescentes com camisetas militares. Não quero produzir um movimento com isso. Acredito, também, que tudo isso é muito mais "normal" do que a normalidade permite reconhecer como tal – ainda mais agora, em sua hora de crise e tentativa de domesticação das/dos esquisitos. Eu sou política e fundamentalmente feminista, ou seja, uma mulher que questiona os determinismos de certa biologia, as medidas de certo sistema jurídico, as medidas de certa moral que se sustenta na divisão sexual do trabalho, forjada para a exploração da capacidade produtiva e reprodutiva de todas as mulheres designadas para trabalhos femininos.

Como feminista, acredito que não há sexualidades normais e esquisitas, e sim que todas as sexualidades são. Coloco-me contra todas as opressões, em particular as que se escondem atrás das expectativas morais acerca de como as pessoas devem ser e que dão base ao direito e ao olhar científico. Por isso, fico encantada com minhas amigas brasileiras que publicam artigos falsos com títulos chamativos, como "cientistas homossexuais descobrem o gene do cristianismo". Analiso o trabalho doméstico como uma forma de exploração não remunerada e indispensável ao sistema capitalista. Estou junto de outras mulheres feministas para acabar com o sistema que une o sexo à invenção das raças humanas (racismo) e à hierarquia de classe (classismo) para oprimir as maiorias. Como feminista, escrevo, penso em diálogo, construo um conhecimento relacional e não objetivo junto das pessoas e da realidade social e física; canto, danço, gozo, me mobilizo. Evidentemente, analiso o controle sobre a reprodutividade das mulheres e a "saúde" dos seus produtos como parte de um sistema econômico que oprime a liberdade humana. De novo, como feminista, assumo uma responsabilidade com a mãe terra; se consigo identificar semelhanças entre mim e ela, é porque me sinto parte de um mundo mais complexo do que esse que dá a primazia aos seres humanos. Se percebo algo religioso nessa identificação, algo mágico, espiritual, esmagador, provavelmente é porque, entre as esquisitas, há mais que apenas sadomasoquistas.

TEXTO PUBLICADO ORIGINALMENTE SOB O TÍTULO, "A PROPÓSITO DE LO QUEER EN AMÉRICA LATINA", *BLANCO MÓVIL*, N° 112-113, P. 94-98, OUTONO/INVERNO, 2009. TRADUÇÃO DE PÊ MOREIRA.

Várias feministas do Sul global têm evidenciado a histórica recorrência das políticas coloniais à condição das mulheres e à necessidade de sua emancipação, enquanto argumento para legitimar a prática colonial, reforçando a ideia da incomensurabilidade e da oposição entre os valores e a cultura ocidentais, de um lado, e os das populações colonizadas, de outro. Assim como o feminismo colonial usava a condição das mulheres "para justificar o domínio" das potências ocidentais, da mesma forma, hoje o homonacionalismo usa a situação das minorias sexuais ou para justificar políticas neoimperialistas de ingerência ou intervenção na África ou no Oriente Médio, ou para legitimar a limitação do fluxo migratório do Sul para os países do Norte global.

Caterina Rea

Crítica Queer Racializada e deslocamentos para o Sul global

Caterina Rea

PREOCUPAMO-NOS HOJE COM AS VIAGENS e o trânsito da teoria queer para o Sul global e com os efeitos políticos e epistemológicos que este termo e seu conteúdo teórico, associados com os interesses das comunidades LGBT do Norte, produzem ao globalizar projetos imperialistas e neoliberais do mundo ocidental. A chegada da teoria queer à América Latina e, particularmente, ao Brasil, é lida, em muitos casos, como reprodução de um colonialismo epistemológico e discursivo que impõe quadros teóricos elaborados no Norte e, como tais, distantes de experiências e exigências dos contextos para os quais tais teorias são exportadas. A teoria queer norte-americana e europeia parece pouco ou nada se interessar com as questões raciais, de classe, ou com a história colonial e seus efeitos atuais que atingem sujeitos e identidades nos contextos latino-americanos e brasileiro. Numa perspectiva descolonizada, tais questões são, ao contrário, cruciais. Uma visão do queer unicamente centrada na dissidência sexual e de gênero não daria conta do amplo leque de "opressões multifacetadas e simultâneas",[1] que uma epistemologia crítica e descolonizada não pode deixar de analisar. A esse respeito, a socióloga baiana Ângela Figueiredo aponta para a ausência de discussão sobre as desigualdades raciais em grande parte da produção teórica queer que chega ao Brasil. Segundo a autora, tal ausência dificulta o diálogo desta produção com a realidade sociorracial brasileira e com as estratégias políticas aqui implementadas para enfrentar as desigualdades étnico-raciais.

> Considerando tais afirmações e assumindo o lugar de ex-mulata, proponho um diálogo com a teoria queer com o propósito de destacar os ganhos políticos resultantes da afirmação da identidade negra em oposição aos inúmeros termos utilizados para a classificação da cor e da ausência da identidade étnico-racial. Do mesmo modo, quero sublinhar que as narrativas sobre uma origem comum presentes no discurso identitário não ocorrem isoladas nem são mais importantes do que o realce no combate ao racismo – representações e discursos do outro sobre nós – e do que a discriminação racial – atualização dos discursos racistas através de práticas cotidianas que incidem sobre a materialidade dos corpos, por exemplo, a violência policial contra os corpos dos homens negros, ou mesmo a baixa remuneração de negros e negras no mercado de trabalho. Sabemos que as definições identitárias operam através de categorias homogeneizantes, entretanto, herdamos um passado que insiste em afirmar a nossa diferença em termos de cor e de tipo de cabelo, ou seja, trata-se de uma hierarquia da cor.[2]

A verdade é que, na maioria dos casos, a teoria queer lida e conhecida no Brasil é aquela que, com Paola Bacchetta, Jules Falquet e Norma Alarcón, poderíamos definir como sendo a teoria queer branca, ou seja, uma versão do queer prevalentemente, senão unicamente, centrada na dissidência sexual e de gênero. Segundo estas autoras,

> as teorias queer brancas podem ser definidas como aquelas que são quase exclusivamente centradas no gênero e na sexualidade. As teorias queer brancas mencionam de vez em quando a existência do racismo, da colonialidade, dos genocídios, da escravidão, da pós-escravidão e da exploração de classe, sem, porém, conferir a tais elementos a mesma atenção conferida ao gênero e à sexualidade.[3]

Esta versão da teoria queer é, então, caracterizada pelo fato de entender a opressão/marginalização das pessoas sexualmente dissidentes de forma homogênea e unitária, ou seja, centrada na experiência de um sujeito queer branco, euro-americano e de classe média, cuja vivência da opressão é interpretada de maneira universal, como a maneira, por excelência, de vivenciar a homofobia e o heterossexismo. Em outras palavras, o sujeito afirmado por esta versão da teoria queer "é sempre prioritariamente um sujeito dominante no plano da raça, da colonialidade, da classe, ou seja, um sujeito branco de classe média".[4]

É nosso objetivo, neste texto, introduzir a perspectiva da chamada teoria *queer of color*, formulando a hipótese de que ela constituiria uma versão mais apta a dialogar com as problemáticas originadas nos contextos do Sul global, evitando a reprodução de formas de dominação discursiva ou de colonialismo epistêmico. Se esta formulação do queer é ainda pouco conhecida na América Latina e no Brasil, pensamos também que ela poderia facilitar o trânsito deste campo de estudos críticos para as realidades do Sul global e as maneiras como a dissidência sexual e de gênero se dão, aqui, interligadas a outras experiências, plurais e complexas, da identidade e das relações de dominação.

DISSIDÊNCIA SEXUAL, INTERSECCIONALIDADE E DESCOLONIZAÇÃO

Consideramos a existência ao nível internacional e transnacional de uma ampla corrente de pensamento e de prática chamada *Queer of Color Critic* (Crítica queer racializada), que apresenta uma versão bem diferente da condição queer e da dissidência sexual, seguindo uma perspectiva interseccional[5] e descolonizada,[6] comprometida com a discussão de problemas políticos contemporâneos, como a globalização, o neoliberalismo, a imigração ou o terrorismo.[7] Porém, a diferença entre teorias queer brancas e teorias queer não brancas não passa unicamente, nem prioritariamente, por uma diferença de cor de pele ou por uma identidade étnica. Mas se trata de uma questão de posicionamento epistemológico-político e da leitura complexa e articulada do fenômeno da dominação. Poderíamos retomar aqui algumas considerações desenvolvidas, em outra sede, pelo teórico decolonial Ramón Grosfoguel, quando ele diferencia as estratégias das identidades nas políticas daquelas das políticas identitárias.[8] Escreve, a esse respeito, o autor: "Muito diferentes das *identity politics* são as identidades na política. Estas últimas se baseiam em projetos ético-epistêmicos abertos a todos, não importa a origem etinorracial da pessoa."[9] O único elemento que conta é, aqui, o fato de compartilhar o mesmo projeto epistêmico e ético-político. De maneira semelhante, a crítica queer racializada reagrupa autores e autoras de diferentes pertencimentos étnico, nacional, cultural e religioso – inclusive pessoas brancas – que adotem uma visão crítica não somente em relação às normas sexuais e de gênero, mas também em relação às normas raciais e racializadas, aos imperativos de mercado do neocapitalismo, à islamofobia imperante em muitos países ocidentais, aos projetos neocoloniais e neoimperialistas do Norte, muitas vezes, disfarçados de agendas em defesa de direitos humanos e sexuais a serem realizadas nos países do Sul global.

A crítica queer racializada baseia-se no que o teórico indiano, Sandeep Bakshi, chama de uma "queerness descolonial",[10] ou seja, uma versão da teoria queer que rejeita a narrativa euroamericanocêntrica do progresso e da modernidade em matéria de questões sexuais e de gênero. Segundo esta narrativa, a Europa e os EUA são colocados em uma "relação dialética com seus outros",[11] desconhecendo qualquer forma de produção, cultura ou conhecimento não ocidentais. Assim,

> os binômios tradição/modernidade, velho/novo e não moderno/ moderno adquirem um novo valor através da assunção de uma noção linear do tempo e da história, que configura o Ocidente no centro de tempo e da modernidade (...). Esta relação dicotômica entre o Ocidente e o resto, saber e não saber, o sujeito de conhecimento e o objeto performativo encarna, desta forma, as fronteiras visíveis da modernidade ocidental.[12]

Retomando as ideias de Walter Mignolo, Sandeep Bakshi conecta a modernidade ocidental com o projeto colonial, de forma que uma queerness *descolonial* implica privilegiar outras narrativas e outras práticas que não as defendidas pelo modelo euro-americano e pela "colonialidade do poder queer ocidental".[13]

Conforme destaca Roderick Ferguson, a teoria queer de cor nasce das contribuições do feminismo negro e do pós-estruturalismo da teoria queer. A herança do Black Feminism e, em geral, dos feminismos das mulheres de cor é de extrema importância, particularmente, as contribuições do Coletivo Lésbico Negro, Cambahee River, e das autoras de coletâneas como *This bridge called my back*. E isso pela múltipla vocação crítica que estas autoras manifestam tanto contra o mundo ocidental e sua política racista e colonial quanto em relação às políticas identitárias e nacionalistas derivadas das lutas antirracistas e anticoloniais. Escreve Ferguson:

> A composição heterogênea do feminismo lésbico negro inspirou uma política da diferença que pode criticar os fundamentos nacionalistas da identidade e desafiar a regulação racial, a normatividade de gênero e sexual (...). Desta maneira, as negações do feminismo das mulheres de cor foram muito diferentes das políticas de negação proferidas pelos movimentos de libertação nacional. A libertação nacional nega a identidade nacional ocidental, substituindo as identidades subalternas. Neste tipo de negação, a identidade era preservada como veículo e destinação da emancipação nacional. Contrariamente à preservação da identidade nacional própria ao processo de libertação nacional, o feminismo das mulheres de cor negou, ao mesmo tempo, o nacionalismo ocidental e aquele dos movimentos de libertação nacional, trabalhando para teorizar os limites da identidade subalterna.[14]

No contexto da crítica queer racializada, muito se faz para definir e contestar duas noções que correspondem a duas atitudes políticas, práticas normativas e epistêmicas, próprias às comunidades e grupos LGBT dos países ocidentais. Trata-se da homonormatividade e do homonacionalismo. Estas duas categorias prático-teóricas são ainda pouco discutidas no contexto brasileiro, quando não abertamente rejeitadas, como é o caso, em particular, da homonormatividade, confundida com uma deplorável revanche da opressão heteronormativa. Na realidade, tais termos nomeiam duas atitudes muito próximas que consistem em racializar, etnicizar e nacionalizar a sexualidade, em particular a dissidente, encaixando-a em padrões raciais, de classe e supostamente nacionais. Assim, mais precisamente, a correspondência da homonormatividade com padrões heteronormativos implica a sua racialização e identificação com privilégios de classe. Nas palavras de Ferguson,

> enquanto gays e lésbicas brancos acedem a (...) privilégios raciais e de classe através de sua conformidade com normas sexuais e de gênero, as formações gays brancas, em particular, se tornam posições homo-

normativas que correspondem a protocolos heteronormativos (...). De fato, a homonormatividade descreve uma contradição nova e emergente. Por exemplo, as formações raciais homonormativas brancas reivindicam privilégios em detrimento daquelas comunidades marginalizadas pelas regulações normativas – regulações que são racializadas, gendradas e de classe.[15]

Dessa forma, questões como a reivindicação do casamento gay, os crimes de ódio e a centralidade do *coming-out* e da visibilidade gay se tornam os principais exemplos de como estas formações homonormativas agem nas sociedades ocidentais. Em particular, a perspectiva homonacionalista pressupõe a superioridade do modelo ocidental da (homo) sexualidade, considerado como libertário e moderno, em oposição aos modelos não ocidentais, enxergados como atrasados, complexados e imaturos. "Esta lógica apresenta o *coming-out* como um standard de liberação e de modernidade e racializa o armário como símbolo de atraso pré-moderno."[16] Assim, neste contexto, a homossexualidade também é pensada como algo universal, cujas modalidades e experiências não seriam produzidas em relação a outros fatores sociais como a cultura e a classe.

Segundo Ferguson, ao passo que gays e lésbicas ocidentais alcançam a normatividade através do reconhecimento de direitos como casamento e homoparentalidade, outros grupos sociais, imigrados, grupos racializados e pobres, são excluídos da esfera da viabilidade e da respeitabilidade social. Longe de revelar uma norma puramente sexual, a homonormatividade apresenta a forma de uma homossexualidade colonial e colonizadora, cuja conformidade social, recentemente adquirida, é a outra face da exclusão racial dos outros orientalizados e racializados.

O homonacionalismo, por sua vez, tem raízes no chamado "feminismo colonial",[17] com sua retórica salvacionista arrogante e sua pretensão de libertar as mulheres de cor de homens de cor.[18] Várias feministas do Sul global têm evidenciado a histórica recorrência das políticas coloniais à condição das mulheres e à necessidade de sua emancipação, como argumento para legitimar a prática colonial, reforçando a ideia da incomensurabilidade e da oposição entre os valores e a cultura ocidentais, de um lado, e os das populações colonizadas, de outro. Assim como o feminismo colonial usava a condição das mulheres "para justificar o domínio"[19] das potências ocidentais, da mesma forma, hoje o homonacionalismo usa a situação das minorias sexuais ou para justificar políticas neoimperialistas de ingerência ou a intervenção na África ou no Oriente Médio, ou para legitimar a limitação do fluxo migratório do Sul para os países do Norte global. Em um texto recentemente traduzido em português, a teórica queer racializada, Jasbir Puar, documenta com lucidez as relações entre o fenômeno atual do homonocianalismo e a longa história do feminismo colonial. Escreve a autora:

> De que modo é que "a questão homossexual" veio complementar "a questão da mulher" da era colonial, no sentido de modular a arbitragem entre a modernidade e a tradição, entre o cidadão e o terrorista, entre o homonacionalista e o queer? (...). Também podemos dizer que, embora a questão da mulher mal tenha desaparecido, é agora acompanhada por aquilo que poderíamos designar por questão homossexual – na realidade, mais uma variante ou operação de homonacionalismo. Os termos da questão da mulher foram reformulados, com as estudiosas feministas a tornarem-se agora árbitros das modernidades de outras mulheres, ou das modernidades de A Outra Mulher. Invocando novamente Spivak, mas no âmbito do século XXI: (homens) queer brancos a salvar homossexuais negros dos heterossexuais negros.[20]

Puar explica como se deu esta reiteração da questão das mulheres para as questões de homossexuais, nos contextos pós-coloniais das pós-independências, ao mesmo tempo que, nos países ocidentais, gays e lésbicas são aceitos na esfera da legitimidade e da respeitabilidade burguesa, vindo a se inserir nas dinâmicas de mercado neoliberais e no conformismo das nações ocidentais. Continua, a este propósito, Puar:

> a questão homossexual constitui, de fato, uma reiteração da questão da mulher, na medida em que reproduz uma procura de excepcionalismo de gênero e que se baseia na reprodução continuada do binário de gênero. Os homossexuais vistos a serem tratados devidamente pelo Estado-nação não são "queer de gênero". Antes, são aqueles que recriam normas genderizadas através da identidade homossexual, e não apesar da mesma.[21]

Segundo Puar, pioneira na definição da categoria de homonacionalismo, este termo implica o processo de exclusão interseccional de pessoas e corpos queer não binários e não conformes em termos de gênero, assim como pessoas e corpos queer não brancos. O conceito de homonacionalismo é, assim, correntemente usado na crítica queer racializada para as "convergências e cumplicidades entre os projetos homonormativos e os nacionalistas",[22] baseados em processos de nacionalização e racialização da sexualidade e do gênero, assim como de genderização e sexualização da nacionalidade e da raça. Desta forma, explicam Paola Bacchetta e Jin Haritaworn, "a maioria das feministas brancas e dos sujeitos LGB-TQ creem que o Estado protege seus direitos contra o outro racializado hipersexista e hiper-homofóbico. Muitas feministas e queer de cor denunciam estas ideias como reprodução do racismo colonial".[23] Estas autoras mostram que, embora característicos de diferentes contextos nacionais do Norte global, tais discursos circulam ao nível transnacional, definindo o que elas chamam de homotransnacionalismo. Com este termo, entende-se a "produção e a circulação especificamente transnacional de discursos neocoloniais, orientalistas, sexistas e queerfóbicos, como aqueles que identificam as mulheres e as pessoas queer muçulmanas como vítimas. Tais discursos circulam particularmente através do Norte global, mas podem ser encontrados também em outros lugares".[24]

Identificando homossexualidade e branquitude, o discurso homonacionalista apaga a existência de pessoas queer racializadas e encoberta suas agências e sua vasta produção teórica. Como mostramos até aqui, a teoria queer racializada constitui uma voz radical que se opõe ao conformismo de muitos grupos LGBT, na maioria dos países centrais. Mais precisamente, este discurso coincide com a "universalização dos direitos gays",[25] ou seja, com a imposição do modelo ocidental e branco da queerness, como modelo único e universal, que estaria pautado na visibilidade e na reivindicação e organização da própria condição homossexual. Além de imperialista e neocolonial, apagando e desestruturando as diferentes epistemologias da sexualidade não ocidentais, o discurso dos direitos gays universalizados, perpetuado pelo que Massad denomina de *Gay International*,[26] gera consequências paradoxais, despertando reações nacionalistas e anti-homossexuais em muitos contextos do Oriente Médio ou do Sul global. E, conclui Massad, "não são a Internacional gay ou seus adeptos da classe alta da diáspora árabe a serem perseguidos, mas homens pobres e não urbanos que têm relações com o mesmo sexo, mas que não necessariamente se identificam como homossexuais e gays".[27]

Nesse sentido, as considerações de Joseph Massad são valiosas para compreender as inquietações e as reflexões queer da África, que contestam os discursos e as políticas da maioria das ONGs LGBT internacionais operativas em países africanos e portadoras de intenções salvacionistas e neocoloniais. Segundo esses discursos, a África é enxergada de maneira única e homogênea como homofóbica e violenta, enquanto as populações queer locais são colocadas no papel de "vítimas do barbarismo brutal da África".[28] Se a questão da repressão da homossexualidade no continente africano se colocou como um tema central para o Ocidente ao longo dos anos 1990 e 2000,[29] isso implica a pressuposição de uma única *gayness* tida como universal e moldada a partir do padrão euro-americano, cuja imposição para a África ou para o mundo árabe é considerada como a expressão de uma lógica neocolonial. As consequências deste complexo jogo de poder, conforme destaca a feminista africana Lyn Ossome,[30] recai sobre as minorias sexuais locais, às quais o resto da população nega apoio e solidariedade, impedindo a construção de uma frente complexa e interseccional de lutas que entrelacem sexualidade, gênero, etnicidade, colonialidade e classe.

CONCLUSÃO

Com esta breve revisão de literatura, tentamos trazer a questão de como se daria o trânsito e a chegada da teoria queer ao Brasil e à América Latina, se, em vez da literatura queer tradicionalmente consagrada, fosse esta interpretação do *queer of color*, com suas problemáticas interseccionais, a ser mais amplamente traduzida, lida e conhecida. Retomamos a questão apresentada no texto de Sandeep Bakshi, quando o teórico indiano pergunta: "Dada a dominação de modelos ocidentais da queerness que são consistentemente (mal)-interpretados como padrões da modernidade queer e da condição queer global, pode a formulação de uma queerness decolonial (embora não singular) provocar uma opção regenerativa de maneiras de *vivenciar* e *experienciar* a queerness, sem reproduzir perspectivas eurocêntricas?".[31] Nossa hipótese é que a teoria queer apareceria muito menos como uma expressão de colonialismo epistêmico e um pensamento hegemônico do Norte imperialista se ela fosse reformulada a partir da crítica racializada. Que leitura do queer alcançaríamos, na América Latina e no Brasil, se, em vez do eixo Norte (Estados-Unidos e Europa)/Sul, fosse privilegiado o eixo Sul-Sul, destacando as produções queer africanas e as de grupos racializados que, nos países do Norte, formam o que podemos chamar de "Terceiro-Mundo estadunidense",[32] ou os outros europeus e europeias?[33] A partir destas considerações, argumentamos que Norte e Sul correspondem muito mais a um espaço político e simbólico do que a lugares geográficos definidos.

TEXTO PUBLICADO ORIGINALMENTE NOS ANAIS ELETRÔNICOS DO SEMINÁRIO INTERNACIONAL *FAZENDO GÊNERO 11 & 13TH WOMEN'S WORLDS CONGRESS*, FLORIANÓPOLIS, 2017.

NOTAS

1. Declaração do coletivo Combahee River, 1977. Disponível em <http://rodrigosilvadoo.blogspot.com/2013/11/declaracao-do-coletivo-combahee-river.html>. Acesso em 7 jul 2020.
2. Angela Figueiredo, "Carta de uma ex-mulata a Judith Butler", in *Pensamento feminista hoje: perspectivas decoloniais*, Heloisa Buaque de Hollanda (Org.), Rio de Janeiro: Bazar do Tempo, 2020, p. 240-259.
3. Paola Bacchetta; Jules Falquet; Norma Alarcón, *Théories féministes er queer décoloniales: interventions chicanas et latinas états-uniennes*, Cahiers du Cedref, 2011, p. 9.
4. Idem.
5. Roderick Ferguson, *Aberration in black. Toward a Queer of Color critique*, Minneapolis/London: University of Minnesota Press, 2004.
6. Sandeep Bakshi, "Decoloniality, queerness, and giddha", in Sandeep Bakshi; Suhraiya Jivraj; Silvia Posocco, *Decolonizing sexualities. Transnational perspective, critical interventions*, Oxford: Counterpress, 2016, p. 81-99.
7. David Heng; Judith Jack Halberstam; Esteban Muñoz, *What is queer about queer studies now?*, Durham: Duke University Press, 2005.
8. Ramón Grosfoguel, "Dilemas dos estudos étnicos norte-americanos: multiculturalismo identitário, colonização disciplinar e epistemologias descoloniais", *Ciência e Cultura*, v. 59, nº 2, p. 32-35, 2007. Disponível em <http://cienciaecultura.bvs.br/pdf/cic/v59n2/a15v59n2.pdf>. Acesso em 20 ago 2020.
9. Ibid., p. 33.
10. Sandeep Bakshi, op. cit., p. 83.
11. Ibid., p. 81.
12. Ibid., p. 81-82.
13. Ibid., p. 82.
14. Roderick Ferguson, op. cit., p. 129, tradução livre.
15. Roderick Ferguson, "Race-ing homonormativity: citizenship, sociology and gay identity", in Patrick Johnson; Mae Henderson (eds.), *Black queer studies. A critical anthology*, Durham/London: Duke University Press, 2005, p. 53, tradução livre.
16. Ibid., p. 64.
17. Leila Ahmed *apud* Lila Abu-Lughod, "As mulheres muçulmanas precisam realmente de salvação? Reflexões antropológicas sobre o relativismo cultural e seus Outros", *Revista Estudos Feministas*, v. 20, nº 2, p. 454, 2012. Disponível em <https://periodicos.ufsc.br/index.php/ref/

article/view/S0104-026X2012000200006/22849>. Acesso em 20 ago 2020. Joseph Massad, "Re-orienting desire: the gay international and the Arab world", in *Desiring Arabs*. Chicago/London: University of Chicago Press, 2008, p. 161.

18 Gayatry Spivak, *An Aesthetic Education in the Era of Globalization*. Cambridge, MA: Harvard University Press, 2012.

19 Lila Abu-Lughod, op. cit., p. 454.

20 Jasbir K. Puar, "*Homonacionalismo como mosaico: viagens virais, sexualidades afetivas*", neste livro, p. 171.

21 Ibid.

22 Jin Haritaworn; Paola Bacchetta, "I molti transatlantici: omo-nazionalismo, omo-transnazionalismo, teorie e pratiche femministe-queer-trans di colore: um dialogo", in Paola Bacchetta; Laura Fantone, *Femminismi queer postcoloniali. Critiche transnazionali all'omofobia, all'islamofobia e all'omonazionalismo*, Verona: Ombre Corte, 2015, p. 186, traduçõa livre.

23 Ibid., p. 190.

24 Ibid., p. 191.

25 Joseph Massad, op. cit., p. 160.

26 Idem.

27 Ibid., p. 189.

28 Sokari Ekine; Abbas Hakima, Queer *African reader*. Dakar, Nairobi, Oxford: Pambazuka Press, 2013, p. 2.

29 Zethu Matebeni; Jabu Pereira, "Preface", in Zethu Matebeni (ed.), *Reclaiming Afrikan. Queer perspectives on sexual and gender identities*, Athlone: Modjaji Books, 2014, p. 7-9.

30 Lyn Ossome, "Post-colonial discourses of queer activism and class in Africa", in Sokari Ekine; Abbas Hakima, op. cit., p. 32-47.

31 Sandeep Bakshi, op. cit., p. 83.

32 Chela Sandoval, *Le féminisme du Tiers-Monde état-unien: mouvement social différentiel*, Cahiers du Cedref, 2011, p. 141-186.

33 Fatima El-Tayab, *European others. Queering ethnicity in postnational Europe*. Minneapolis/London: University of Minnesota Press, 2011.

São precisamente os imperativos do heteropatriarcado que mantêm as lésbicas e suas irmãs héteras nas caixas inconsistentes de sua sexualidade binária. É bem mais simples encontrar segurança em uma identidade homogênea, mesmo que todas as identidades sejam mais complexas aos olhos de uma pesquisa mais aprofundada. Por exemplo, a paleoantropologia mostra que os seres humanos sempre migraram através dos continentes e, consequentemente, a ideia de uma raça ou nacionalidade homogênea é, na melhor das hipóteses, errada. Somos cada qual, todas, hibridizadas, sem nenhuma certeza definida sobre as origens.

Bernedette Muthien

Queerizando as fronteiras: uma perspectiva africana ativista

Bernedette Muthien

UM CAMPO DE ESTUDO SÓ ADQUIRE relevância se as pessoas, e especificamente as comunidades das pessoas, forem capazes de usá-lo de formas concretas. Consequentemente, teorizar unicamente pela teoria, embora intelectualmente estimulante para alguns de nós, não tem absolutamente relevância alguma para o dia a dia, para as realidades vividas por pessoas comuns. Deve-se, portanto, ter cautela com essa visão dualista, uma visão derivada da experiência vivida nos dois ambientes, acadêmico e ativista, que raramente se interseccionam. Às vezes, as pessoas comuns não são vistas como "teóricas" a respeito das próprias experiências, e as que gostam de teoria parecem, irremediavelmente, carentes de experiência – falando com clareza, uma experiência é teórica tanto quanto a teoria é muito mais experiencial. Esses termos não deveriam ser colocados como pontos opostos. De maneira simultânea e, especialmente para evitar opor de forma dicotômica a teoria e a experiência, a inextricável dança entre experiência e teoria não é frequentemente lenta e fechada, mas solta e recortada, e amiúde abusiva, mais do que cocriadora. Daí o meu compromisso entusiasmado com metodologias de pesquisa participativa, baseadas na ação, que procuram o mútuo intercâmbio de capacidades.

No contexto africano mais amplo, e particularmente na África do Sul, há quase vinte anos no processo de democratização, a transformação sistêmica é de importância crucial. As questões que concernem às maneiras como transformar as sociedades da desigualdade, da injustiça e da violência sistêmica em sociedades de reconciliação, diversidade, justiça e não violência são os temas mais importantes para muitas de nós. A violência é uma realidade quotidiana experimentada pelas pessoas não heterossexuais no mundo todo, e especialmente na África e, também, mais perto de casa, na África do Sul, em particular. Aqui, como em toda parte, as lésbicas são sujeitas ao que esta autora chama de "estupro curativo", o estupro de mulheres percebidas como lésbicas por parte de homens, ostensivamente como uma cura para/das suas sexualidades aberrantes. Outros homens, além disso, de forma ainda mais irônica, assujeitam homens gays a este tipo de estupro "corretivo". Consequentemente, teorizar sobre a não heteronormatividade e a lesbianidade, em particular, não pode ser algo separado da realidade do estupro curativo para muitas lésbicas no mundo, e particularmente na África do Sul.

Outras questões para completar a análise incluem: o quanto relevante o campo dos estudos lésbicos é para as pessoas comuns, quem é uma lésbica e quem define a lesbianidade. A palavra "lésbica", como é o caso para a maioria dos conceitos abrangidos pelo arco-íris ou pela sopa de letrinhas LGBTQI, foi inventada e se desenvolveu fora das realidades africanas. Na África do Sul, os que falam a língua *nguni* se referiram (de maneira errônea), durante muito tempo, aos homossexuais como *stabane* ou hermafroditas (*intersex*). Os habitantes originários da África do Sul, os Khoe-San, não são heteronormativos, e os gêneros e as sexualidades são vistas como fluidas e dinâmicas, em vez de binarismos estáticos. Essa fluidez refere-se à maioria das populações indígenas mais antigas no mundo, dos *bardache* nativos americanos aos *hijras* indianos. Estes incluem pessoas chamadas geralmente de "terceiro sexo", transgênero, *intersex* e/ou qualquer outra condição diferente da dicotomia estereotipada do masculino-feminino. Em geral, as definições funcionam em termos negativos que se definem em relação (e geralmente em oposição) ao Outro. Consequentemente, homossexual significa não heterossexual e lésbica significa uma mulher não heterossexual ou homossexual. Porém, empregar uma definição linear de lésbica pode excluir as infinitas variedades de escolhas da sexualidade que estão entre os dois polos [*inbetween*] e variam com o tempo e com as circunstâncias.

Assim, como devemos definir lésbica? Muitas pessoas com as quais me associo definem a lésbica como equivalente do homossexual gay, ou seja, como oposto de heterossexual. Enquanto o termo queer abraça todas as pessoas que não são heteronormativas e inclui as fronteiras [*inbetween*] fluidas, o termo "lésbica" não me inclui necessariamente porque eu me defino para além dos binarismos, como fronteira e como fluida, dinâmica e variável. Talvez alguns possam me chamar de bissexual, mas este termo também remete a uma noção de polaridade – de que eu sou ambos os polos – quando, na verdade, eu me desloco e mudo de posição, não em um *continuum* estático e linear, mas ao longo de uma elipse infinitamente espiralar que, não ironicamente, é oval, símbolo do poder reprodutivo feminino. A lésbica é definida como orientação ou como preferência? Somos vítimas da biologia ou agentes ativas de escolha?

Enquanto respeito aquelas que se identificam como lésbicas, todas conhecemos lésbicas que dormem com homens e lésbicas que, mesmo que não atuem com eles, têm fantasias sexuais com homens. O mesmo se aplica a mulheres que se identificam como heterossexuais e, frequentemente, em silêncio, mentalmente ou de fato, se relacionam sexualmente com outras mulheres. Muitas mulheres fora da África do Sul, que poderiam se identificar como lésbicas em qualquer outro lugar, estão casadas, com filhos e/ou praticam relações sexuais com pessoas do mesmo sexo de forma oculta, em razão da violência da homofobia patriarcal pós-colonial. Por exemplo, a casa de uma líder africana ativista de gênero foi bombardeada pelo menos uma vez, porque ela trabalhava, em termos amplos, com as sexualidades e, em particular, com os ativismos lésbicos aparentemente fora da visão pública geral. Uma das suas tarefas foi estabelecer uma rede nacional discreta para homens e mulheres gays. É este ativismo clandestino para as sexualidades que resultou diretamente em ataques a ela e que justifica extrema prudência de sua parte. Outro exemplo são os ataques contra a cofundadora da Intersex South Africa, Sally Gross, que necessitou de semelhantes medidas para a segurança pessoal. Atos pessoais de violência contra ativistas não heteronormativos estão profundamente ligados à violência social genérica contra aquelas pessoas percebidas como não heterossexuais, o que inclui os "estupros corretivos" de mulheres percebidas como lésbicas, ação que é tão prevalente, que as organizações queer da África do Sul têm projetos inteiros especificamente dedicados a esta forma de violência de gênero.

São precisamente os imperativos do heteropatriarcado que mantêm as lésbicas e suas irmãs héteras nas caixas inconsistentes de sua sexualidade binária. É bem mais simples encontrar segurança em uma identidade homogênea, mesmo que todas as identidades sejam mais complexas aos olhos de uma pesquisa mais aprofundada. Por exemplo, a paleoantropologia mostra que os seres humanos sempre migraram através dos continentes e, consequentemente, a ideia de uma raça ou nacionalidade homogênea é, na melhor das hipóteses, errada. Somos cada qual, todas, hibridizadas, sem nenhuma certeza definida sobre as origens. A única coisa da qual podemos sempre realmente ter certeza, nesta altura, é que nascemos humanos, mesmo que algumas antigas tradições espirituais, como o hinduísmo e o jainismo, refiram-se a encarnações entre as espécies.

Se assumimos que a sexualidade, como qualquer outra identidade, muda constantemente na circunferência sem fim de um oval infinito, então a sexualidade não pode nunca ser realmente fixada, não é predeterminada e primordial, não nos detém fisiologicamente como reféns. Afinal, o campo da fisiologia, como tal, evidencia que cromossomos e hormônios são fluidos por natureza e ambos, o macho e a fêmea, existem em todos os seres humanos. Os polos estáticos de sexo macho e fêmea são, por consequência, não cientificamente precisos, e servem somente aos interesses do heteropatriarcado para dividir e dominar, de maneira semelhante àquela como a ciência foi usada para dividir e conquistar, durante as épocas coloniais, e sob o regime do *apartheid* na África do Sul. Como afirma Stephen Batchelor,[1]

> as coisas não são claras como parecem. Não são nem delimitadas nem separadas umas das outras por linhas. As linhas são traçadas nas mentes. Não existem linhas na natureza (...) [tudo emerge] de uma matriz de condições e, por sua vez, se torna parte de outra matriz de condições da qual algo mais surge.

Existe tal construto como o da lésbica africana? A ideia de africanx é possível em um mundo globalizado? Não podemos esquecer como os 54 países que integram a Organização das Nações Unidas reconheceram as fronteiras nacionais (coloniais) cortadas entre grupos étnicos locais como os *Dagara*, que moram em Burquina Faso e em Gana, assim como os *Khoe-San*, que continuam morando na Namíbia, Angola, Botsuana e África do Sul. Como continente, a África tem, indiscutivelmente, os patrimônios culturais e históricos mais diversos do mundo, com até 3 mil línguas ainda faladas.

A África inclui a dimensão das esposas lésbicas e bissexuais dos mineiros de Lesotho, no trabalho de Cheryl Stobie e nos textos de Ifi Amadiume[2] sobre casamentos entre mulheres na nativa Nigéria. Stobie[3] critica o livro *Boy-wives and female husbands: studies of African homosexualities*, que oferece um conjunto de textos do século XVIII ao final do século XX e examina um número considerável de culturas subsaarianas, fornecendo amplas evidências de que as práticas homossexuais são nativas já há um período muito longo. Existe muito material fascinante, que inclui traduções de relatos etnográficos dos tempos pré-coloniais e coloniais, registros de Corte de um crime de homossexual masculino no Zimbábue do início da colonização, casamentos entre pessoas do mesmo sexo, o conceito de lésbica masculina em Hausa (África Ocidental), comportamentos sexuais de adolescentes do mesmo sexo, *cross-dressing*, inversão de papéis e mulheres que amam mulheres em Lesotho. É também de interesse um apêndice, com uma lista de cinquenta culturas africanas diferentes, com padrões de comportamento entre pessoas do mesmo sexo, a maioria das quais tem termos locais para práticas e papéis sexuais entre pessoas do mesmo sexo, e há evidências de relações eróticas do mesmo sexo entre coesposas e entre mulheres casadas de forma heterossexual em Lesotho.

Falando de seu povo nativo Dagara, em Burquina Faso, Malidoma Somé afirma que o gênero tem muito pouco a ver com a anatomia.

> É puramente energético. A inteira noção de gay não existe no mundo nativo. Isso não significa que não existam pessoas que se sentem da mesma forma como se sentem certas pessoas nesta cultura que são chamadas de gays. Os grandes astrólogos dos Dogon são gays (...) porque em qualquer outra parte do mundo as pessoas gays são uma bênção e no mundo moderno são uma maldição? Isso por si só, é evidente. O mundo moderno foi construído pelo cristianismo. Eliminaram os deuses da terra e os mandaram para o céu, onde quer que isso seja...[4]

Sobonfu Somé reflete sobre a normalidade das intimidades sexuais e espirituais das mulheres Dagara.

A sexualidade, inclusive a sexualidade entre mulheres, está tão integrada na vida espiritual dos Dagara, que este povo não tem uma palavra para especificar "lésbica" e até "sexo" (...) Como muitos outros africanos, as mulheres Dagara não dormem com seus homens. As mulheres precisam dormir juntas, estar juntas para se fortalecerem umas com as outras (...) assim, se elas se encontram com os homens, não há desequilíbrio. Nós temos um pai feminino que nos dá uma energia masculina. Ela é como um macho. Qualquer coisa que sentimos ou experimentamos e com a qual não tínhamos lidado é manifestada. Este ritual de grupo feminino equilibra as energias masculinas e femininas. Tanto é assim que não somos nem completamente masculinos nem femininos.[5]

Alicia Banks[6] cita um artigo intitulado "Inside Gay Africa" para relatar como os Watusi ainda têm reputação por sua bissexualidade. Nas cidades da África do Leste, as mulheres Azandes arriscavam-se ser mortas para procurar prazer umas com as outras, às vezes mediante falos feitos de raízes; e no Zaire, a homossexualidade tinha um elemento místico, enquanto a bissexualidade é também bastante comum entre os grupos Bajuni da África do Leste. Dessa forma, se o termo "lésbica" pode ter origens na Grécia antiga, as práticas que descreve são, com certeza, universais e, certamente, incluem a África. Porém, o que fica claro a partir de muitas das citações até aqui é que as sexualidades não são necessariamente separadas das espiritualidades ou de outros aspectos da vida e do ser humano, da mesma forma que as sexualidades sempre foram fluidas, especialmente na África pré-colonial e em muitas outras antigas sociedades nativas.

Em vez de focar estritamente na lesbianidade e nos estudos lésbicos, pode ser mais útil para a África se re-historicizarmos e recuperarmos a fluidez pré-colonial, pelo menos como uma maneira de ir além da camisa de força dos binarismos, das opressões e das violências coloniais, ainda hoje presentes. Nesse sentido, os estudos queer oferecem uma recepção mais ampla, mais do que um lar, porque oferecem maior "inclusividade", mesmo que sofram as mesmas doenças do poder e da exclusão como qualquer outro campo de estudo. Ninguém deveria esquecer da ironia de definir o pré-colonial em relação ao colonial. Como coloca a famosa acadêmica feminista, Ifi Amadiume:

O pluralismo e a oposição não são importações coloniais. Contudo, há uma grande divergência em relação a como nomear a sociedade africana anterior ao encontro colonial. Os escritores do híbrido infelizmente desencadearam semelhantes ataques virulentos contra a ideia de uma tradição africana autêntica que muitos têm escavado e evitado a noção de tradição na África, preferindo usar conceitos como transição e modernidade. Eles supõem que tudo que é pré-colonial está morto e sepultado. *Eu estou reivindicando o conceito de tradicional na* África, para significar as culturas africanas pré-coloniais, mas admito o problema com uma rígida quebra temporal ou com algo estático. *Argumento que o tradicional pode também estar no presente e que o tradicional pode ser dinâmico.* É por isso que introduzo a justaposição das noções de parentesco coletivo e de oposição.[7]

As lutas pelos direitos lésbicos básicos estão ainda longe de ser reconhecidas em nível global, incluindo a África do Sul, onde a noção de estupro curativo deu ao país uma nova notoriedade após a África do Sul ter entrado no *Guinness* pelas altas estatísticas de estupros em 1999. As violências de gênero servem como um lembrete específico de que o heteropatriarcado deveria ser nosso foco, e que os estudos e os ativismos sobre a sexualidade precisam incluir todas as sexualidades que sempre foram praticadas. Até agora, as lésbicas e os gays que, sistematicamente, discriminam o povo queer mais fluido perpetuam o mesmo tipo de violência cultural e outras violências perpetuados pela heteronormatividade nas sociedades modernas.

Precisamos levantar questões críticas de como as identidades que escolhemos, ou nas quais nos encontramos engajadxs, nos ajudam a viver, na prática. Que importância têm os estudos de identidade para as vidas quotidianas das pessoas queer comuns e, de fato, para as lutas contra o heteropatriarcado? Como os estudos queer ajudam as pessoas a ter consciência de sua plena saúde e liberdade sexual? A homofobia está assentada ao lado de outros sistemas de opressão, como o racismo e o sexismo, e precisa ser analisada e combatida nestes contextos interseccionais.

Adotar e viver qualquer identidade e estilo de vida para além daqueles heteronormativos é uma subversão ao heteropatriarcado e, consequentemente, contribui para a transformação da sociedade. Se as identidades e os estilos de vida de alguém tentam transcender os binarismos do *status quo*, isso pode ser ainda mais revolucionário, assim como poderia ser mais desafiador manter-se firme em posição e sob coerção por parte de ambas as polaridades percebidas.

Em seu ensaio germinal, "The master's tool will never dismantle the master's house", a falecida Audre Lorde escreve:

> Aquelas de nós que estão fora do círculo da definição de mulheres aceitáveis para esta sociedade; aquelas de nós que foram forjadas no cadinho da diferença, aquelas de nós que são pobres, que são lésbicas, que são negras, que são mais velhas, sabem que a sobrevivência não é uma habilidade acadêmica. É aprendendo a como ser sozinha, impopular e algumas vezes injuriada, e como construir uma causa comum com aquelxs outrxs identificadxs como estando fora das estruturas, com o objetivo de definir e procurar um mundo no qual todxs podemos prosperar... Em um mundo de possibilidades para nós todxs, nossas visões pessoais ajudam a estabelecer as bases para a ação política. O fracasso das feministas acadêmicas em reconhecer a diferença como uma força é o fracasso em chegar além da primeira lição patriarcal. *Partilha e conquista, no nosso mundo, tem que se tornar determina e empodera.*[8]

Acompanhando o discurso de transformação, que este ativismo fluido e intermediário [*inbetween*], que se identifica como perverso polimorfo pelos seus potenciais ironicamente subversivos e transformativos, possa deixar você satisfeita com o momento, plenamente consciente de que a autenticidade é somente um ideal...[9]

I Q	Quadro perfeito
Você está no centro	Há uma impressão digital
da sua guerra contra o conflito	em um rosto sem pupila
e ainda os silêncios de um inteiro	e linhas de identidade
alfabeto	circulando o quadro
ao redor uma letra grega	em escalas de cinza
fecha a espiral infinita	com algumas amostras
da balcanização	de uma vida aveludada
que decapita	[*peach life's*]
esta (in)voluntária	a um estalar de dedos
fonte de ar bastardo	na ceia

✳

TEXTO PUBLICADO ORIGINALMENTE NO LIVRO QUEER *AFRICAN READER*, SOKARI EKINE; HAKIMA ABBAS (ORG.), OXFORD: PAMBAZUKA PRESS, 2013. TRADUÇÃO DE CATERINA REA PUBLICADA EM *TRADUZINDO A ÁFRICA QUEER*, CATERINA REA; CLARISSE GOULART PARADIS; IZZIE MADALENA SANTOS AMANCIO (ORGS.), SIMÕES FILHO: EDITORA DEVIRES, 2018.

NOTAS

1 Stephen Batchelor, *Buddhism without beliefs*, New York: Riverhead, 1997, p. 76.

2 Ifi Amadiume, *Male daughters and female husbands: gender and sex in an African so-ciety*, Londres: Zep Books, 1988; Idi Amadiume, *Reinventing Africa: matriarchy, religion and culture*, Londres: Zed Books, 1998; Idi Amadiume, "Bodies, choices, globalizing neo-colonial enchantments: African matriarchs and mammy water", *Meridian*, v. 2, nº 2, p. 41-66, 2002.

3 Cheryl Stobie, "Reading bisexualities from a South African perspective". *The Journal of Bisexualities*, v. 3, nº 1, p. 33-52, 2003.

4 Malidoma Somé, *Gays: guardians of the gates*, 1993. Disponível em <http://www.oocities. org/ambwww/GAYS-IN-AFRICA.htm>. Acesso em 17 dez 2012.

5 Sobonfu Somé, "The lesbian spirit", *Girlfriends Magazine*, 1994. Disponível em <http://www. oocities.org/ambwww/GAYS-IN-AFRICA.htm>. Acesso em 17 dez. 2012.

6 Alicia Banks, "Gay racism: White lies/black slander", *Fito feminist e-zine*, 2005. Disponível em <http://www.engender.org.za/publications/JLSQueeryingBordersfinal.pdf>. Acesso em 20 ago 2020.

7 Ifi Amadiume, "Bodies, choices, globalizing neo-colonial enchantments: African matriarchs and mammy water", *Meridian*, v. 2, nº 2, p. 7, 2002, destaques de Bernedette Muthien.

8 Audre Lorde, "The master's tools will never dismantle the master's house", in Cherríe Morraga; Gloria Anzaldúa, *This bridge called my back: writings by radical women of color*, Watertown: Persephone Press, 1981, p. 99-100.

9 O artigo também inclui as seguintes referências: Bernedette Muthien, "Why are you not married yet?! Heteronormativity in an African women's movement". *Women's Global Network for Reproductive Rights Newsletter*, nº 79, 2003. Disponível em <http://www. wgnrr.org>. Acesso em 17 dez 2012; Bernedette Muthien, "Playing on the pavements of identities", in Mikki van Zyl; Melissa Steyn, *Performing queer*, Cape Town: Kwela Books, 2005; Robyn Ochs; Sarah E. Rowley (Ed.), *Getting bi: voices of bisexuals around the world*, Boston: Bisexual Resource Center, 2005.

A utilização de repertório comum de autores, a luta contra a heterossexualidade compulsória, a posição contrária a binarismos fáceis, entre outros, são características que conferem uma aura de transgressão e contestação ao pensamento queer, o que pode sugerir, numa abordagem apressada, uma integração das posições num todo único e homogêneo. Porém, as divergências no interior do pensamento queer são grandes e, assim, tratar as posições e teorias de forma unificada, desconsiderando a especificidade de cada pensamento, retira a força das propostas e das ideias.

Pedro Paulo Gomes Pereira

Queer nos trópicos

Pedro Paulo Gomes Pereira

> A expressão *queer*, utilizada como forma de autodesignação – repetindo e reiterando vozes homofóbicas que assinalam a abjeção daquele que é denominado *queer*, mas descontextualizando-as desse universo de enunciação, já que se atribuem valores positivos ao termo, transformando-o numa forma orgulhosa de manifestar a diferença –, pode ocasionar uma inversão da cadeia de repetição que confere poder a práticas autoritárias precedentes, uma inversão dessa historicidade constitutiva. Algo novo surgiria, então, desse processo, anunciando a irredutibilidade e expressando a incômoda e inassimilável diferença de corpos e almas que teimam em se fazer presentes.[1]

INICIO O TEXTO COM ESTA EPÍGRAFE para tentar resumir e ressaltar o campo de possibilidades aberto pela teoria queer. Na ocasião em que o escrevi, queria destacar a potência do gesto político que justapõe a descontextualização da asserção homofóbica inicial, a enunciação da diferença, a positividade conferida ao termo e a probabilidade de inversão da cadeia de repetição. Buscarei, a seguir, problematizar tanto a potência como os possíveis limites da teoria queer quando se viaja aos trópicos.

Teresa de Laurentis[2] foi a primeira teórica a utilizar o termo queer, mas dela também surgiu uma das primeiras críticas: a teoria queer havia se transformado numa criatura conceitualmente vazia da indústria cultural. Da Austrália, por sua vez, Raewyn Connel[3] afirmou que a ciência da metrópole, geralmente datada em casa, continua a ser exportada em um tipo de comércio que incluiria Foucault e a própria teoria queer. E é esse risco – de estarmos repetindo aqui o que está datado no Norte global – que nos alerta para levarmos a sério as indagações sobre as potencialidades do queer nos trópicos. Pensando nesse risco, podemos indagar: estaríamos diante de mais uma teoria do centro para as periferias (e que reinscreveria, noutras cores, esse divisor centro–periferia)? A própria persistência do termo em inglês sinalizaria uma geopolítica do conhecimento na qual uns formulam e outros aplicam as teorias? E como traduzir a palavra queer? Haveria possibilidade de o gesto político queer abrir-se para saberes outros ou estaríamos presos dentro de um pensamento sem que pudéssemos propor ou vislumbrar nada de novo? Como, enfim, pensar queer nos trópicos?

TEORIA QUEER

O movimento ensejado pela autodesignação queer é, às vezes, compreendido como uma variação no adjetivo – a alteração incidindo sob a forma de perceber as qualidades desse adjetivo. A modificação é localizada numa transição de qualidade considerada negativa para uma positiva. Essa alteração anuncia e reitera os corpos queer como possibilidade, produzindo um abalo que introduz a diferença que não pode ser assimilada no campo do possível. Daí seu caráter eminentemente transgressor – uma transgressão produzida por gesto político de afirmação das diferenças e de inscrição dos corpos estranhos nos cenários contemporâneos; um gesto que confere visibilidade aos invisíveis, realçando os "estranhos internos à sociedade".[4] Mas não só.

Há outra dimensão desse processo, amiúde despercebida por análises centradas em verificar como era o adjetivo e o que se tornou, mas que olvidam o próprio movimento. O queer suplanta o ato identitário assumido e seus efeitos reificados em identidades. Na ação instável de transformar uma injúria numa forma orgulhosa de autodesignação é o movimento que sobressai. O queer é, assim, tanto adjetivo (ou substantivo) como, mais apropriadamente, verbo – um verbo que desenha ações e deslocamentos arriscados, delineando trajetórias múltiplas de corpos instáveis, provisórios e cindidos. O ato performático muda; o que incomoda e abala é a mudança não só porque altera os sujeitos que enunciam, mas porque insere a probabilidade de transformação. A multiplicidade de corpos drags, trans, gays assinala a possibilidade do transformar-se. Não é, portanto, a segurança do corpo cirurgiado, finalmente consoante com sua "identidade de gênero", que o queer propaga, mas, sobretudo, a instabilidade dos corpos que não se conformam. Os corpos, as cirurgias, as próteses, as práticas sexuais – @s transexuais, @s drags, as travestis – surgem em movimento, denunciando a precariedade daquilo que se anuncia como norma e se instala como forma de vida coerente e via privilegiada.

Podemos então falar de reapropriações e de reconversões na construção dos corpos queer – uma reapropriação das disciplinas dos saberes/poderes sobre os sexos e uma rearticulação e reconversão das tecnologias da produção dos sexos. Os corpos queer se rebelam contra a própria construção de corpos normais e anormais, subvertendo normas de subjetivação vigentes. O queer promove, então, uma virada da força performativa dos discursos na reapropriação das tecnologias de produção de corpos anormais e entra no cenário atual como proposta de transformação na circulação dos discursos e na mutação dos corpos.[5] É nesse lugar de deslocamento e reconfiguração que o queer se coloca.

No entanto, dito assim, de forma tão genérica (e sem o merecido cuidado com as especificidades), parece que, contraditoriamente, o queer, que seria uma política da diferença, acabaria por nublar as diferenças, pois a generalização acabaria por abrumar tanto as variações dentro da própria teoria queer como as histórias locais, simplesmente esquecidas em definições conceituais tão genéricas. A utilização de repertório comum de autores, a luta contra a heterossexualidade compulsória,[6] a posição contrária a binarismos fáceis, entre outros, são características que conferem uma aura de transgressão e contestação ao pensamento queer, o que pode sugerir, numa abordagem apressada, uma integração das posições num todo único e homogêneo. Porém, as divergências no interior do pensamento queer são grandes e, assim, tratar as posições e teorias de forma unificada, desconsiderando a especificidade de cada pensamento, retira a força das propostas e das ideias. Distantes do contexto de enunciação e sem a atenção devida à singularidade de cada *corpus* teórico, corremos sempre o risco de nublar a densidade das proposições queer – que necessitam de um movimento autorreflexivo intenso e contínuo –, o que conduziria à repetição pura e simples de teorias sem que houvesse a resistência das realidades analisadas. A teoria se torna, nesse caso, dissociada das realidades locais e, sem esse confronto, acabamos por entrar num círculo que induz à eterna repetição (periférica) de teorias (centrais). Seria esse o fardo do queer nos trópicos?

PONTOS DE TENSÃO

Para tentar responder às indagações e dar mais direcionamento à argumentação, gostaria de comentar o trabalho de Preciado.[7] A escolha deu-se porque o autor expõe de forma clara alguns pontos de tensão da teoria queer. Sem qualquer pretensão de me deter exaustivamente nos textos de Preciado, buscarei ressaltar três pontos centrais em sua proposta: a) a centralidade das novas tecnologias do corpo; b) o lugar da agência; c) o poder farmacopornográfico.

Preciado vem alertando enfaticamente para a necessidade de estarmos atentos às novas tecnologias do corpo; e foi a percepção dessa necessidade que o levou a assinalar os limites da análise performativa de gênero que reduziria gênero a efeito do discurso. A teoria da performance, sustenta o autor, não dá a importância adequada às tecnologias de incorporação específicas – e são essas tecnologias que possibilitam as diferentes inscrições performativas.[8] O conceito de performance de gênero não consideraria os processos biotecnológicos que levam determinadas performances a serem consideradas naturais em detrimento de outras, consideradas não naturais. Daí a afirmação segundo a qual gênero não é apenas um efeito performativo, mas, acima de tudo, um processo de incorporação prostético.[9] As críticas se dirigem a Judith Butler. Para Preciado, há na teoria de Butler uma centralização no campo discursivo que produziria uma obliteração do corpo. Michel Foucault também não permanece incólume na *démarche* de Preciado: o autor de *História da sexualidade,* que havia se centrado exclusivamente na ideia de gestão da vida, não abordou com mais cuidado a propagação das tecnologias do corpo e de representação, fato que implica limites de sua proposta, como veremos adiante. É no intuito de manter-se atenta às novas tecnologias do corpo – avançando onde Foucault e Butler não conseguiram ir – que Preciado vai argumentar que os hormônios seriam ficções biopolíticas (ficções que se podem tomar, digerir, incorporar). Os hormônios são elementos biopolíticos que criam formações corporais e se integram aos organismos políticos maiores. Há que se pensar gênero no marco de produção de um aglomerado de materiais sintéticos, como a pílula anticoncepcional, o silicone, o vestido, a arquitetura e os códigos de publicidade, a pornografia, os espaços sociais e suas divisões, a divisão dos corpos em órgãos sexuais e funcionais.

Além das discussões sobre corpo e performatividade, surge nos trabalhos de Preciado a questão da possibilidade de ação e das práticas políticas subversivas. Em suas primeiras formulações sobre o tema, Butler afirmara que toda significação ocorreria no espaço da obrigação de repetir. Assim, a capacidade de ação se localizava na possibilidade de mudar a cadeia de repetições. Estando a agência dos sujeitos vinculada à não sujeição às normas que impelem à repetição, é razoável deduzir que só os que saem das cadeias de repetição e divergem das normas estabelecidas atuariam de maneira efetiva.[10] A agência é pensada diferentemente por Preciado, dada sua ênfase nas biotecnologias e potencialidades subversivas. Para ela, os sujeitos atuam por meio de próteses cibernéticas e substâncias químicas. Isso significa que as próteses e os químicos possibilitam a ação dos agentes e os constituem por meio de ações mediadas. Se, para Butler, os agentes contemporâneos se definiriam por atos, gestos corporais e discursos, para Preciado, o que os caracterizaria seria a mediação entre corpo e biotecnologias.[11] Preciado opta por uma proposta que privilegia a ação política e parece se afastar da ideia de Butler sobre a inexistência de um sujeito anterior às normas, atribuindo aos agentes capacidade contratual e *status*, sujeitos relativamente soberanos de sua ação subversiva.[12]

Outro ponto nas elaborações de Preciado é a busca por complementar a teoria de biopoder. Foucault[13] comentou, no último capítulo de *A vontade de saber*, sobre uma era em que a morte começava a não mais fustigar a vida. O "limiar de modernidade biológica", dizia ele, se situa exatamente quando a vida entra na história, inaugurando "a era de um biopoder".[14] Foucault descreve a modernidade numa indissociabilidade da vida biológica e da vida política – a política voltando-se para governar a vida. Narrando o inusitado aparecimento do sexo como fundador da identidade e, portanto, da inteligibilidade do indivíduo moderno, Foucault sustenta que o poder, que outrora se esforçava em evitar a morte, começa a se centrar na produção, na regulação e na manutenção da vida. Surgia um poder produtivo que simultaneamente controlava e gerava aquilo que disciplinava. Assim, a potência da morte, relacionada ao poder soberano, foi recoberta pela administração dos corpos e pela gestão calculista da vida. Os mecanismos de poder passam a se dirigir ao corpo e à vida, em tudo que faz proliferar e reforçar a espécie. O conceito de biopoder assinala o momento no qual o poder passa a investir na vida. Esse processo ocorre por uma anatomopolítica do corpo humano (maximizando suas forças e integrando-o em sistemas eficientes) e por uma biopolítica da população, focalizada nas espécies do corpo, o corpo imbuído dos mecanismos da vida: nascimento, morbidade, mortalidade, longevidade, entre outros.

Partindo dessas elaborações, Preciado argumenta que Foucault não deu a devida atenção às transformações das tecnologias de produção da subjetividade que ocorreram a partir da Segunda Guerra Mundial. São essas transformações que o fazem postular um terceiro regime de subjetivação, um terceiro sistema de saber-poder, por ele denominado farmacopornográfico. As mudanças se localizam na forma de operar: na sociedade disciplinar, as tecnologias de subjetivação controlavam o corpo de fora, como um aparato ortoarquitetônico externo; na sociedade farmacopornográfica, as tecnologias formam parte do corpo e nele se diluem – as tecnologias se convertem em corpo, não havendo espaço entre tecnologia e corpo.[15]

Na sociedade farmacopornográfica, o poder atua por meio de moléculas, silicones, neurotransmissores, hormônios... E, entre a validade da diferença sexual como ideal regulatório e a maleabilidade dos corpos por um sistema médico que atua com fluxos bioquímicos e bionarrativos, abrem-se oportunidades múltiplas e imprevistas para a apropriação dessas tecnologias e narrativas, bem como para subversão.

TEORIAS SITUADAS

Essas contribuições de Preciado são apresentadas em tropos de novidade e superação. Tudo se passa como se algo de novo surgisse no horizonte teórico e superasse as formulações antecedentes, nomeadamente as de Foucault e de Butler. Todavia, se observarmos mais de perto, poderíamos concluir que essas contribuições não apresentariam grandes novidades. Sobre as biotecnologias, Haraway e De Laurentis já haviam se debruçado, e mesmo Butler[16] procurou tratar a questão em trabalhos posteriores a *Gender trouble*. No que se refere à agência, Butler[17] enfrentou mais diretamente o assunto em *Giving an account of oneself*, obra na qual tenta superar a oposição entre o voluntarismo e o determinismo. Nesse livro, buscou valorizar a inventividade da moralidade – moralidade que não se conforma à redução à regra, lei ou valor, mas na qual o sujeito não é inteiramente livre para ignorá-los. Butler sustenta que não seríamos apenas efeitos de discursos, como postularia um construcionismo apressado, pois os discursos e regimes de verdade nos constituem sempre a um determinado preço.[18] As formulações de Butler podem, dessa forma, nos levar a considerar "problemática" a ideia de Preciado de agentes com capacidade contratual.

A proposta de um novo regime de poder-saber é complicada. Autores como Nikolas Rose[19] já haviam alertado que a molecularização biologicista é dimensão crucial da biopolítica contemporânea, por não problematizar a própria periodização elaborada por Foucault, simplesmente acrescentando-lhe uma nova configuração, o farmacopornopoder. Quando relaciona modernidade à época na qual a morte não mais fustigaria a vida no Ocidente, Foucault estava ciente do caráter eurocêntrico de sua narrativa.[20,21] A realidade brasileira, por exemplo, estava longe de uma época na qual a morte não mais fustigaria a vida. Basta lembrarmos que, em 1872, "a expectativa de vida no Brasil era de 27 anos, mas de apenas 18 para os escravos". Como salientou Miskolci,[22] se um escravo, num grupo de quarenta, sobrevivesse a dez anos de trabalho, perceberia que todos os demais haviam sido mortos, por doença, tortura ou suicídio. Não havia, pois, como pensar, por essas paragens de cá, naquilo que Foucault aventou para o Ocidente: probabilidade de vida e saúde.

Todavia, o problema não é só o eurocentrismo da análise de Foucault, mas as condições de emergência do biopoder na Europa. A entrada da vida na história no Ocidente dá-se sob – e tem como condição – a própria ação colonial. Lida aqui dos trópicos, a era do biopoder (ou a modernidade ocidental) surgiria ela própria sob o signo da colonização, num dramático quadro no qual a emergência da vida e a potência de produzir a vida no Ocidente nasce sob o manto da exploração. A saúde e a expectativa de vida no Ocidente não são apenas simultâneas aos corpos precários dos trópicos, mas dependentes deles. A história de Foucault sobre o aparecimento da vida na história e as formulações de Preciado não parecem, no entanto, abordar mais detidamente essas vinculações entre biopoder e práticas coloniais, perfazendo um silêncio sistemático sobre uma face fundamental da constituição da modernidade. Esse silêncio certamente está vinculado ao envolvimento dess@s autor@s com seus contextos socioculturais – sendo esse silêncio atribuído aos limites da própria imersão nos dilemas da modernidade ocidental. A percepção dess@s autor@s intimamente vinculad@s aos seus quadros histórico-sociais faria com que a forma de compreender as teorias fosse alterada: nessa condição, apareceriam como produtos locais, intimamente envolvidas com seus dilemas particulares. Os conceitos de biopoder (em suas diversas versões) e de farmacopornopoder seriam, não obstante as pretensões universais, teorias ancoradas em histórias particulares, locais, provinciais.[23]

Apesar dessas ressalvas, vale lembrar que estamos falando de uma obra em desenvolvimento. E o trabalho de Preciado[24] ainda está por ser testado e pode mesmo vir a superar muito do que se considera como "problemático" em sua teoria. Mas o que considero mais delicado é sua pretensão universalizante. Ela chega mesmo a dizer: "entramos numa época na qual o controle tecnomolecular dos gêneros se estenderá a tudo e a todos"; e prenuncia: "O século XXI será o século da produção e controle farmacopornográfico da masculinidade."[25] A proposta de Preciado torna universais modos de articulação teórico-política que são do Norte global de onde fala, restando-nos aplicar teorias nos trópicos com pretensões universais formuladas alhures. Essas teorias não abordam de frente as próprias condições de emergência do biopoder no Ocidente, pois a ação colonial é ora esquecida, ora abordada tangencialmente. Não há, pois, como não pensarmos os textos de Preciado como narrativas poderosas caracterizadas por uma construção temporal homogênea, as quais atuariam nublando a multiplicidade de tempos heterogêneos. E também não há como olvidar, como salientou Cabral,[26] o trabalho da manifestação de um norte global que só consegue ler a si mesmo enquanto colhe suas hipóteses sistêmicas de alcance universal.

EXPERIÊNCIAS LOCAIS

Depois dessa discussão, podemos questionar: seria o queer uma possibilidade de abertura para Outros? E será que aqui nos trópicos não teríamos experiências de outras conformações ou estaríamos destinados a ser objetos do farmacopornopoder? Existiriam experiências e saberes subalternos que pudessem nos fazer aproximar, ainda que parcialmente, de respostas às indagações sobre o queer formuladas no início deste texto?

Quando me fiz essas perguntas, pensei imediatamente em Cida, uma travesti com quem convivi enquanto realizava uma etnografia num refúgio para portadores de aids.[27] Em maio de 1998, eu a encontrei num abrigo na periferia de Brasília, onde ela estava há três anos. Muito discreta, com 44 anos de idade, e econômica no gestual, pareceu-me do interior. E, de fato, ela nascera numa pequena cidade do interior de Minas Gerais, no vale do rio Doce. Foi com muito esforço que consegui saber algo de sua vida. Numa tarde, porém, conversou mais extensamente comigo e narrou, numa prosa sincopada, sua história. Cida, desde cedo, percebeu ser diferente dos outros meninos, sentindo o preconceito e a violência originados do desconforto com suas opções e ações. Deixou transparecer nos nossos encontros que sua vida foi um processo de autoconhecimento: aprendera na infância a observar e a imitar as mulheres que admirava, tentando trabalhar seu corpo de forma a fazê-lo atuar com seu desejo. Várias vezes contou-me detalhes de tecidos, vestidos e festas, em narrativas que transitavam entre admiração, desejo e inadequação. No meio de um turbilhão de informações, narrou também a história de um médico de confiança de sua família.

Esse médico percebeu que "aquele menino era diferente" e passou a efetuar práticas que mudaram o corpo de Cida. Segundo ela, "ele [o médico] começou a me bolinar. Ficava sozinho comigo e começava a fazer as coisas. Foi me dando remédio e meus peitinhos começaram a crescer. Eu tinha doze anos quando fiz amor com ele". A partir daí seu corpo foi se alterando a tal ponto que se viu obrigada a mudar do interior de Minas, dirigindo-se, inicialmente, para Belo Horizonte. Ali se descobriu travesti: "Virei travesti. Eu era linda! Depois eu saí e fui ganhar a vida. Trabalhei muito tempo nas ruas de Belo Horizonte, na Itália, na Espanha." E foi lá que iniciou um drama de envolvimento com drogas pesadas e também onde se contaminou com HIV.

A enfermidade fez com que Cida voltasse para o interior. Tentou passar despercebida na cidadezinha onde nascera, cortando o cabelo bem curto e "não dando pinta", "fingindo ser homem". Mas não obteve sucesso, vendo-se obrigada a se mudar mais uma vez. Não conseguiu também voltar a "ganhar a vida" nas ruas, pois as enfermidades foram modificando sua aparência. Sem ter como sobreviver de seu ofício, sem ajuda de seus próximos e sem o amparo de seus familiares mais diretos, descobriu como única alternativa viver naquele abrigo onde a encontrei.

A história de Cida me lembrou a que Preciado construiu de si, em *Testo Yonqui*. Algumas semelhanças são evidentes. Ambas passaram por modificações corporais, viveram em grandes urbes, manifestaram suas sexualidades dissidentes, nasceram em pequenas cidades do interior. As diferenças, entretanto, são muitas. Preciado afirmou: "Eu habito distintas megacidades ocidentais."[28] O verbo "habitar" é caro para uma filósofa, pois o termo remete a um autor como Heidegger[29] e indica a decisão de vínculo com esses lugares. Cida, mesmo viajada, jamais largou sua cidade natal, que a acompanhou em seus gestos e modos de falar. Durante seus itinerários pelos países na Europa, os contatos com outros idiomas foram marcados por sensação de inaptidão: "Eu me virava, mas sempre me achei meio burra para línguas", disse-me quando lhe perguntei se falava italiano ou espanhol. "Eu sou do interior, até português falo errado e com sotaque", emendou Cida, salientando sua percepção de inabilidade. Já Preciado sustenta: "Transito entre três línguas que já não considero nem minhas nem estrangeiras",[30] e fala com júbilo do "prazer único de escrever em inglês, em francês, em espanhol, de caminhar de uma língua a outra...". Nesse aspecto, Cida está mais próxima de Glória Anzaldúa, para quem "cuando vives en la frontera... eres burra".[31] Preciado olha com desconfiança e mesmo com certa antipatia para Burgos, cidade na qual "as meninas" que ela "amava na infância" são agora casadas, têm filhos e "lutam ativamente contra o relaxamento dos músculos do pescoço".[32] Aqui, vemos em Preciado uma narrativa distante daquela que Veena Das[33] construiu ao narrar as histórias de Manjit e Asha, e igualmente distante do olhar de admiração que Cida postava sempre que falava das mulheres nos bailes do interior e de sua maneira delicada de contar sobre as "modas de mulher". Temos então uma filósofa que fala de grandes cidades da Europa e dos Estados Unidos, nas quais habita, e uma travesti que transitou por várias cidades e vive num refúgio para portadores de aids no Brasil. Preciado, que aplicava em si hormônios, manejava teorias requintadas, falava queer; Cida, um corpo estranho, excêntrico, desfigurado pela aids, mas que também manejava teorias sofisticadas...

Depois de quase um ano de conversas e de já estar bem familiarizado com o universo daquele refúgio, tive um encontro com Cida diferente dos demais. Foi naquele dia que ela me contou uma fascinante história de sua opção religiosa: era filha de Iansã e adepta da umbanda. Sempre que podia se dirigia a um terreiro e era lá que se sentia acolhida. As mazelas que vivia, que para ela não faziam sentido, eram amenizadas quando percebia que podia ainda "trabalhar seu corpo". Como no refúgio onde habitava o deslocamento dos internos era controlado, Cida "fugia" à noite para um terreiro que se localizava nas imediações, numa rua de estrada de terra, numa casa bem simples e colorida, na periferia de Brasília. Dançava e "girava", incorporando pomba-gira. "Tenho aids, não tenho nada na vida, mas vou morrer batuqueira", disse-me então. Anotei essa conversa em meu caderno de campo. Falei sobre isso com especialistas nas religiões afro-brasileiras, mas nunca me detive nessas formulações de Cida, até por me sentir desconfortável em abordar uma temática que não dominava. Não pude naquele momento me aproximar da teoria que Cida estava me apresentando, da qual só pude perceber a densidade e relevância muito mais tarde.

De qualquer modo, sempre pensava nas experiências de Cida. Recordava que seu corpo fora objeto de tecnologias de hormonização, mas administradas por um médico de interior, vinculado à sua família. Lembrava que seu desejo de refazer as performances corporais estava ligado às performances de mulheres tradicionais do interior e não foi à toa que a descobri naquele misto de recato e comedimento, mas sonhando com decotes e brilhos. Relembrava que ela era uma pessoa viajada, mas conservava seu sotaque mineiro e um jeitão de gente do interior e, ao que parece, aquela cidadezinha onde nascera sempre a acompanhara em seus itinerários, pelo seu corpo e pelo mundo. Enfim, um corpo feito de sonhos de paetês, organzas e festas; performances miméticas de posturas, gestos e modos de mulheres do interior do Brasil; hormônios administrados por um médico de família; silicones de "bombadeiras" e cirurgiões; viagens e troca de experiências e fluidos; experiências intensivas com drogas; um sistema imunitário debilitado; enfermidades que transformam o corpo; doenças que conduzem a um refúgio para portadores de aids. Esse corpo era "trabalhado" nos rituais de umbanda, no batuque. O corpo de uma filha de Iansã – orixá que foi homem e se transformou em mulher – tem um corpo de mulher e determinação masculina, rechaça a maternidade e é guerreira e defensora da justiça.[34]

CORPOS EM TRÂNSITO

Em 2011, uma década depois de ter concluído minha etnografia, passei a orientar uma doutoranda, Martha Souza, que fazia pesquisas sobre itinerários das travestis de Santa Maria (RS), no Sistema Único de Saúde (SUS). Martha não tardou a encontrar um vazio no que se refere à assistência, assinalando inadequação dos serviços para receber as travestis. Entretanto, deparou-se com formas, para ela inesperadas, de cuidado e de acolhida. De um total de mais ou menos cinquenta travestis que acompanhava em seu trabalho de campo, quase quarenta frequentavam "casas de santo" e se diziam católicas, mas também adeptas das "religiões afro-brasileiras". A pesquisa, que se concentrava nas pensões e residências onde as travestis moravam, bem como nos pontos de prostituição e nos postos de serviços de saúde, acabou se direcionando também para as casas de santo, localizadas, em sua maioria, em bairros pobres de Santa Maria.

Martha descobriu uma realidade muito mais rica que podia imaginar, com personagens marcantes, como Xuca, uma travesti de aproximadamente trinta anos, com Iemanjá como "santo de cabeça" e Oxalá como "santo de corpo". Xuca é o pai de santo Ricardo, casada com um babalorixá, candidato a vereador na cidade. Personagens como Joy e Carol: a primeira, a travesti decana da cidade, com mais ou menos 54 anos, mãe de santo respeitadíssima; a segunda, Carol, filha de Pai Ricardo (Xuca), pai de santo. As três têm Iemanjá como santo de cabeça; loiras, administram hormônios e fizeram cirurgias para implante de silicone. Seus corpos – como os das outras travestis que frequentam as casas de santo – passaram por técnicas como ingestão de hormônios, plásticas, longos e demorados apliques de cabelo, sessões de *laser* para retirada de pelos do rosto ou a utilização de pinça, cera ou gilete.

Em Santa Maria,[35] os pais e mães de santo dizem que "consideram três lados", a nação, a umbanda e a quimbanda. A pesquisa vem mostrando que as travestis preferem participar dos rituais da quimbanda, nos quais, como dizem, "reina Exu", pois é o local que as permite incorporar pomba-gira e dançar ao som do batuque, bem como desempenhar performances corporais ou relacionar-se a um orixá feminino.[36] Em determinadas ocasiões, principalmente em festas para orixás, as travestis vestem-se com roupas bem femininas, saem à noite – dispensando, para isso, suas atividades remuneradas, geralmente a prostituição – e se dirigem às casas de santo, indo direto para os locais reservados para a quimbanda.[37] Ao som do batuque, entram em transe, incorporando pomba-gira – o espírito de uma mulher (e não orixá) que em vida teria sido uma prostituta, mulher capaz de dominar os homens por suas proezas sexuais, amante do luxo, do dinheiro e dos prazeres.

Trata-se, enfim, de um quadro complexo que envolve de uma só vez: contato de perspectivas religiosas diferentes; personagens que manejam saberes míticos sofisticados e constroem uma gramática de gênero e sexualidade que se afasta da heterossexualidade compulsória; reconstruções de corpos por tecnologias; performances rituais nas quais os corpos estão no centro, perfazendo um processo de evocar e produzir esses mesmos corpos... Esse quadro permite, como mencionado, uma travesti, que passou por todo tipo de tecnologia para produzir um biocorpo feminino, que se denomina por um nome feminino, seja um pai de santo, tendo como santo de cabeça Iemanjá: mitos, tecnologias, rituais, inventando novas formas de estar no mundo. Na realidade, podemos falar aqui que corpos-homem e corpos-mulher não se atrelam à biologia e se reinventam, fazendo questionar se são adequados os termos "homem-mulher", alocados em justaposição ao vocábulo "corpo", questionando a vinculação direta de gênero e sexualidade. De qualquer forma que se pense esse contexto, parece bem claro que existe uma procura insistente por gramáticas diferentes de corpos e sexualidades.

CORPOS DIFERENTES, MEDIADORES DISTINTOS

Tanto meu trabalho de campo como a experiência que estou vivendo com Martha em Santa Maria coadunam com as análises de diversos pesquisadores sobre sexualidade nas religiões afro-brasileiras.[38] Segato,[39] por exemplo, ao refletir sobre o xangô do Recife, argumenta que o xangô busca sistematicamente liberar as categorias de parentesco, de personalidade, de gênero e sexualidade das determinações biológicas, e procura deslocar a instituição do matrimônio da sua centralidade na estrutura social. Essa busca pode ser acompanhada: na prática de atribuir "santos-homem" e "santos-mulher", indistintamente, a homens e mulheres como tipos de personalidade; no tratamento dado pelos mitos aos papéis femininos e masculinos dos orixás; na visão crítica dos membros em relação aos direitos derivados da maternidade de sangue; na importância conferida à família fictícia que é a "família de santo"; na definição dos papéis masculinos e femininos dentro da família de santo; e na bissexualidade da maioria dos membros masculinos e femininos do culto. Dessa maneira, a visão de mundo do Xangô adota uma postura de caráter não essencialista, visto que opera desnaturalizando os modelos de família, gênero e maternidade. Esse pálido resumo não faz justiça à sofisticada argumentação de Segato, mas é suficiente para a discussão aqui proposta. A análise de Segato e o material de que disponho permitem afirmar a existência de um tipo de operação que sustenta a independência da esfera da sexualidade, fazendo com que se escape de categorias essenciais, ou de identidades rígidas, e busque uma nova gramática que possa acolher os desejos e anseios.

Não se trata, evidentemente, de uma realidade sem conflitos. A diversidade das religiões afro-brasileiras produz formas distintas de lidar com a questão da sexualidade que podem ser de acolhimento, como acontece com as travestis em Santa Maria, e de práticas que se vinculam mais à lógica binária e heterossexual (que precisam ainda ser mais bem descritas e analisadas).[40] Outra dimensão importante, também conflitante, é o grau de envolvimento das travestis com a perspectiva religiosa. Há um tipo de agência que não se assemelha às ações reivindicatórias da linguagem dos movimentos sociais, mas que se envolve com determinadas formas de conhecimento e de fazer religioso, com mitologia e performances rituais, com teorias e códices religiosos. O envolvimento com esse universo, no entanto, não é uniforme, como pode ser observado na distinção entre as travestis iniciadas, ou pais e mães de santo, e aquelas travestis de Santa Maria que apenas frequentam os rituais de quimbanda. No primeiro caso, a atuação se processa numa linguagem diferenciada e num distanciamento expressivo dos padrões hegemônicos de sexualidade e gênero, dada a imersão nessa outra forma de conhecimento e nesse outro universo valorativo. Entretanto, no segundo caso, as travestis buscam o acolhimento de suas sexualidades dissidentes no interior de uma nova gramática, procurando na religião opções performáticas, morais e de conhecimento que justifiquem suas escolhas, que as acolham e por meio das quais possam se expressar. Essa distinção é observada pelos pais e mães de santo. Instigado a falar sobre o assunto, o babalorixá Cláudio fez a seguinte formulação:

> Por exemplo, se vem um travesti jogar com a gente e se o [pai] Fernando jogar para ele e ver que tem um santo homem na cabeça, aí a gente não troca [o nome do santo]. Porque a travesti pensa assim ó: eu tenho que ser da Oxum, da Iemanjá ou da Oyá. Porque daí elas vão justificar porque se vestem de mulher. Porque daí ela se veste de mulher, ela vai usar coisas da Oxum. Aí eu sou filha da mãe. Eu tenho que estar bem pintada, bem arrumada. Se quiser vim de mulher, vem. Só o respeito em si da casa (...)

As travestis buscam estabelecer uma relação com os santos, como se ser consagrada a um santo feminino justificasse sua sexualidade e sua própria feminilidade. Os orixás, os exus e toda mitologia são acessados pelas travestis para pensar as transformações corporais e os desejos. No entanto, uma pessoa consagrada a Iansã, Iemanjá ou Oxum pode ter de rodar no santo paramentado com roupas e acessórios femininos, mas isso independe de sua orientação sexual. Quando alerta para a necessidade de "respeitar a casa", Cláudio está sublinhando a prioridade da esfera sagrada e da lógica religiosa (com seus rituais, códigos e mitos). Ele está afirmando que a tradição religiosa é mais complexa e não permite traduções apressadas e coladas à linguagem hegemônica de sexualidade e de gênero e ao dimorfismo. Com isso, o babalorixá disserta sobre a lógica do mito, sobre modos de conhecimento que operam em níveis diferentes do desejo das travestis em adequar a linguagem mítica à aspiração de transformação corporal.[41] Cláudio sustenta que, embora não sejam espúrios os anseios das travestis, a perspectiva religiosa é mais intricada e desliza com mais intensidade.

As travestis anseiam por nova linguagem que ofereça condições para que se vejam por outras lentes e por outros ângulos. Sair dos espaços onde seus corpos são abjetos para outros nos quais seus corpos são belos e seus desejos se mostram legítimos. Nesses espaços (nas casas de santo, em ruas sem asfalto de bairros afastados e precários), podem dançar em transe, incorporando pomba-gira, ao som do batuque. Nesse momento escutam e entoam a música:

> Olha que menina linda,
> Olha que menina bela
> *É Pomba-Gira Menina,*
> Me chamando da janela. (bis)

Gira Menina, Gira, Gira que eu quero ver...
Gira linda Menina,
Que o Exu não tem querer.

Não é pouca coisa. A pomba-gira, bastante cultuada nos candomblés e umbandas, é personagem popular no Brasil. As populações pobres urbanas valem-se dela em busca de resolução de aflições vinculadas a desejos e à sexualidade.[42] As narrativas relacionadas à pomba-gira revelam algo "das aspirações e frustrações de largas parcelas da população que estão muito distantes de um código de ética e moralidade embasado em valores da tradição ocidental cristã".[43] Não há, portanto, como desvencilhar esses corpos de suas histórias locais.

Essas histórias locais constroem corpos diferentes, já que se valem de mediadores diferentes, como se vê no artigo de Patrícia Birman,[44] no qual procurou levar a sério a agência dos entes sobrenaturais, não tornando irreais os efeitos e produtos de possessão, mas aceitando a condição de agentes de santos e entidades. Esse procedimento valoriza o ponto de vista dos médiuns e pais de santo e possibilita observar mais densamente a prática da possessão que entrelaça humanos, deuses e espíritos "em tramas que envolvem desejos sexuais, elos afetivos e papéis de gênero com os diferenciais de poder que atravessam todas essas inter-relações".[45] Se Birman estiver correta, então os entes sobrenaturais seriam para as travestis de Santa Maria tão mediadores quanto a biotecnologia. As travestis se definiriam por atos, gestos corporais e discursos; por próteses cibernéticas e substâncias químicas, mas também, e sobretudo, por santos e entidades. Os corpos das travestis seriam diferentes, por serem produzidos por outros mediadores e conformados (e conformando) por outras subjetividades – os corpos hormonizados e siliconados precisam ser "trabalhados no batuque", como já havia me ensinado Cida.

A religião oferece, assim, gramática e léxico alternativos para a expressão das travestis, pois encontraram na religião um modo de conhecimento[46] e, tomando emprestado aqui os termos de Segato,[47] uma estrutura capaz de abrigar suas experiências de trânsito e fluxo, um léxico conveniente para sua circulação e deslizamento entre opções de sexo e gênero. As travestis de Santa Maria, assim como Cida num refúgio para portadores de aids em Brasília, pessoas das margens, procuram um vocabulário no qual o desejo possa encontrar expressão e buscam signos para representar sua diferença.[48] Na experiência religiosa, as travestis envolvem-se em mitos que as possibilitam expandir seu universo de crença e de interpretação e com ritos que intensificam e diversificam as experiências individuais.[49]

Da forma como as vejo, as personagens dessa história não estão envolvidas em resistências heroicas ou dramáticas. Sua forma de estar no mundo seria melhor compreendida se pensássemos em pessoas acessando sofisticados aparatos míticos; em corpos siliconados e hormonizados que perfizessem belíssimas performances em rituais na quimbanda; em sujeitos em trânsito que se valessem de códices religiosos de modo a refletir sobre suas opções e desejos ou que buscassem espaços para aquilo que anseiam. Não há, num quadro como o que descrevi neste artigo, como aplicar uma proposta como a de Preciado não somente porque o biopoder é algo aberto que precisa ser cartografado (inclusive em suas variantes, como o farmacopornopoder aventado pela autora), mas porque os corpos são diversos. Afinal, os mediadores são outros e a biotecnologia se mescla com entidades e deuses que conformam outro corpo. E, ademais, a forma de agir (a agência) não é nem a mesma em todos os contextos, nem independentes das histórias locais.

Dessa maneira podemos concluir que: 1) O gesto político queer parece ser diverso da agência dos adeptos das religiões afro-brasileiras; 2) As travestis de Santa Maria buscam novas gramáticas para se expressar; 3) Não há como pensar esses corpos descontextualizados dos intricados contextos que os produziram; 4) Não há também como aplicar simplesmente teorias alhures formuladas, porque as formas de subjetivação aqui são outras; e 5) Descontextualizar esses corpos e almas seria proceder um tipo de violência epistemológica que atua retirando aquilo que é mais caro para os sujeitos envolvidos, desprezando suas invenções e formas de agir, o que nos conduz de volta às perguntas formuladas no início deste texto sobre a potencialidade e a adequabilidade do queer nos trópicos.

TRADUZIR O QUEER?

A potência da teoria queer e seu não congelamento em teorias prévias e sem conexões com as histórias locais dependerão de sua capacidade de absorver essas experiências outras e, nesse processo, alterar-se. As reticências sobre o termo queer que, como se sabe, não possui tradução fácil, poderiam então se arrefecer. Como dizia, alguns autores comentaram que o termo queer, por si, assinalaria certa assimetria, pois sempre evocaria um contexto inglês e ocidental para o mundo. No entanto, se a teoria queer puder, ao contrário, abrir-se para essas outras experiências e saberes (como as narradas neste texto, nas quais se assinala a diferença de corpos, formas de agência, mediadores, subjetividades), deixando-se afetar, nesse caso haveria a possibilidade de – em vez de o termo em inglês assinalar um processo de assimetria consubstanciado num eurocentrismo avassalador – a expressão designar a resistência a traduções fáceis.

Investigando a etimologia do termo, Sedgwick[50] concluiu: "A palavra queer em si significa através – provém do étimo indo-europeu *twerkw*, que dá também o alemão *quer* (transversal), o latino *torquere*, o inglês *athwart*". O queer poderia ser traduzido para o português como estranho, ridículo, excêntrico, raro, extraordinário; a expressão é também usada de forma pejorativa para designar os corpos dissidentes.[51] Houve quem propusesse expressões para designar a teoria queer: "teoria rarita", "estudos transviados", "teoria vadia". O incômodo com o termo em inglês é notório. Essas dificuldades de tradução me fizeram lembrar de um notável texto de Jacques Derrida,[52] no qual ele responde à solicitação de seu amigo japonês que buscava traduzir o termo "desconstrução". Derrida sinaliza então a impossibilidade de traduzir ao mesmo tempo em que traduz o vocábulo "desconstrução", evidenciando assim como essa palavra é substituível por outra numa mesma língua ou entre línguas diferentes.[53] Nessa tentativa, Derrida mostra como o tradutor se envolve e se compromete com a língua que traduz, e afirma: "A possibilidade para (a) desconstrução seria que uma outra palavra (a mesma e uma outra) *se encontrasse* ou *se inventasse* em japonês para dizer a mesma coisa (a mesma e uma outra), para falar de desconstrução e *para conduzi-la para um outro lugar, escrevê-la e transcrevê-la*."[54]

Proponho aqui que mais importante que procurar equivalentes diretos para o termo queer numa ou noutra língua seria a necessidade de "conduzir a um outro lugar"; seria o "encontro" e a "invenção". Ou seja, a tradução, como transformação, que implica envolvimento e comprometimento.

Se os estudos queer estão paralisados, como salientam alguns, talvez seja porque se petrificaram em teorias universais do Norte global, que são exportadas para os trópicos para serem simplesmente aplicadas. E provavelmente qualquer promessa de rejuvenescimento esteja vinculada às possibilidades de escapar dessas armadilhas, em processos de distorção e deslocamento que as experiências outras podem provocar. Assim, aqui do lado de cá da linha do Equador, há que se pensar em afetos e afecções que possam deslocar essas teorias universalizantes e alheias às histórias locais. A teoria queer seria então afetada e reconfigurada em processos de traduções propiciados por essas experiências outras. O termo queer, nesse caso, sinalizaria para um sempiterno movimento no qual o desejo de traduzir seria tanto um abrir-se para o outro como a descoberta das potencialidades das línguas maternas, alargando, dessa forma, os horizontes de perspectivas. Acolher esse termo estrangeiro – simultaneamente de tradução impossível e que necessita de tradução – pode produzir, se assim for, uma reconfiguração das línguas e perspectivas, nesse instável processo da "construção do comparável".[55,56] O queer forçaria a língua a lastrear-se de estranheza (do termo estrangeiro que resiste, dos corpos ex-cêntricos, das práticas diversas), e essas experiências nos trópicos inventariam uma abertura a outras gramáticas e outras formas de agir, como nos ensinam as travestis "trabalhando os corpos" nas casas de santo em Santa Maria.

PUBLICADO ORIGINALMENTE IN *CONTEMPORÂNEA – REVISTA DE SOCIOLOGIA DA UFSCAR*, V. 2, Nº 2, P. 371-394, JUL–DEZ 2012, P. 371-394.

NOTAS

1. Pedro Paulo Gomes Pereira, "A teoria queer e a reinvenção do corpo", *Cadernos Pagu*, v. 27, p. 469, 2006.
2. Teresa de Lauretis, 1991.
3. Raewyn Connel, 2010.
4. Judith Butler, *Gender trouble: feminism and the subversion of identity*, Nova York: Routledge, 1990; Guacira Lopes Louro, "Teoria queer: uma política pós-identitária para a educação", *Revista Estudos Feministas*, v. 9, nº 2, p. 541-553, 2001; Guacira Lopes Louro, *Um corpo estranho*. Belo Horizonte: Autêntica, 2004; Richard Miskolci, "A teoria queer e a sociologia: o desafio de uma analítica da normalização", *Sociologias*, v. 21, p. 150-182, 2009.
5. Paul Preciado, *Manifiesto contra-sexual: prácticas subversivas de identidad sexual*, Madrid: Pensamento Opera Prima, 2002; Pedro Paulo Gomes, "Corpo, sexo e subversão: reflexões sobre duas teorias queer", *Interface: Comunicação, Saúde, Educação*, v. 12, nº 26, p. 499-512, 2008.
6. Adrienne Rich, "Compulsory heterosexuality and lesbian existence", in H. Abelove; M.A. Barale; D.M. Halperin (Orgs.), *The lesbian studies and gay studies*, Nova York: Routledge, 1993.

7   Paul Preciado, op. cit.; Beatriz Preciado, *Testo Yonqui*, Madrid: Espasa, 2008; Beatriz Preciado, "La invención del género, o el tecnocordero que devora a los lobos", *Biopolítica*, Buenos Aires: Ají de Pollo, 2009, p. 15-42.

8   Felipe Rivas San Martín, "Biopolítica, tecnología en red y subversión", in *Biopolítica*, Buenos Aires: Ají de Pollo, 2009, p. 75-102.

9   Paul Preciado, *Manifiesto contra-sexual: prácticas subversivas de identidad sexual*.

10 Para uma discussão sobre agência em Butler, ver María Luisa Femenías, *Judith Butler: introducción a su lectura*, Buenos Aires: Catálogos, 2003.

11 Felipe Rivas San Martín, op.cit., p. 98.

12 Ibid., p. 99.

13 Michel Foucault, *História da sexualidade I: a vontade de saber*, Rio de Janeiro: Graal, 1985.

14 Ibid., p. 132.

15 Amalia E. Fischer, "Des dudas, dialogo y preguntas sobre Agnes biodrag y una insurrección de saberes", *Biopolítica*, Buenos Aires: Ají de Pollo, 2009, p. 107-118; Felipe Rivas San Martín, op. cit.; Mauro Cabral, "Salvar las distancias: apuntes acerca de 'biopolíticas del género'", in *Biopolítica*, Buenos Aires: Ají de Pollo, 2009, p. 123-138.

16 Judith Butler, *Bodies that matter: on the discursive limits of sex*, Nova York: Routledge, 1998.

17 Judith Butler, *Giving an account of oneself*, Nova York: Fordham University Press, 2005.

18 Otávio Velho, "Ciencias Sociales en el siglo XXI: legados, conceptos y controversias", 2012. Disponível em <http://occidente.ciesas.edu.mx/temp/Feb/Velho/docs/CIENCIAS_SOCIALES_EN_EL_SIGLO_XXI_LEGADOS_CONCEPTOS_Y_CONTROVERSIAS.pdf>. Acesso em 5 jul 2012.

19 Nikolas Rose, *The politics of life itself: biomedicine, power, and subjectivity in the twenty-first century*, Nova Jérsei: Princeton University Press, 2007.

20 Judith Butler, "La cuestión de la transformación social", in *Mujeres y transformaciones sociales*, Barcelona: El Rouge, 2001.

21 As abordagens de Foucault (1979) sobre governamentalidade não se referem às formas modernas de governo fora do contexto do Ocidente; a governamentalidade surge como produto exclusivo da Europa moderna. Cf. Jonathan Xavier Inda, *Anthropologies of modernity: Foucault, governmentality and life politics*, Oxford: Blackwell, 2005, p. 12.

22 Richard Miskolci, *O desejo da Nação: masculinidade e branquitude no Brasil finissecular*, São Paulo: Annablume, 2012.

23 Connel sustenta que a "teoria universal" em circulação está fortemente enraizada na experiência sociopolítica da Europa. A experiência particular surge como conceito genérico, atuando sob espaços concebidos como periféricos – espaços estes onde a teoria universal é testada e refinada, mas nunca surgindo como lócus de reflexão. Cf. Raewyn Connel, *Southern theory: the global dynamics of knowledge in social science*, Cambridge: Polity Press, 2010.

24 Paul Beatriz Preciado, Testo Yonqui, Madrid: Espasa, 2008.

25 Ibid., p.127.

26 Mauro Cavral, "Salvar las distancias: apuntes acerca de 'biopolíticas del género'", *Biopolítica*. Buenos Aires: Ají de Pollo, 2009. p. 123-138.

27 Pedro Paulo Gomes Pereira, *O terror e a dádiva*, Goiânia: Editora Vieira/Cânone Editorial, 2004.

28 Paul Beatriz Preciado, op. cit., p. 77.

29 Martin Heidegger, "Batir habiter penser", in *Essais et conférences*, Paris: Gallimard, 1986.

30 Paul Beatriz Preciado, op. cit., p. 77.

31 Gloria Anzaldúa, *La frontera/borderlands*, Minneapolis: Consortium Book Sales and Distribution, 1999.

32 Paul Beatriz Preciado, op. cit., p. 77.

33 Veena Das, *Life and words: violence and the descent into the ordinary*, Berkeley: University of California Press, 2007.

34 Rita Segato, *Las estructuras elementales de la violencia: ensayos sobre género entre la antropología, el psicoanálisis y los derechos humanos*, Bernal: Universidad de Quilmes, 2003, p. 218.

35 Sobre as religiões afro-brasileiras no Rio Grande do Sul, ver Norton Correa, "Panorama das religiões afro-brasileiras do Rio Grande do Sul", in Ari Pedro Oro, *As religiões afro-brasileiras do Rio Grande do Sul*, Porto Alegre: Ed. da Universidade/UFRGS, 1994, p. 9-46; Ari Pedro Oro, "As

religiões afro-brasileiras do Rio Grande do Sul", *Debates do NER*, ano 9, nº 13, p. 9-23, 2008; "Religiões afro-brasileiras do Rio Grande do Sul: passado e presente", *Estudos Afro-Asiáticos*, ano 24, nº 2, p. 345-384, 2002. Sobre batuque no Rio Grande do Sul, ver Norton Correa, *O batuque no Rio Grande do Sul*, Porto Alegre: Ed. da Universidade/UFRGS, 1992; e Reginaldo Gil Braga, *Batuque Jêje-Ijexá em Porto Alegre: a música no culto aos orixás*, Porto Alegre: Fumproarte/ Secretaria Municipal da Cultura de Porto Alegre, 1998.

36 Exu, no candomblé, é o orixá mensageiro entre os homens e o mundo dos orixás. Pomba-giras e exus são geralmente associados à transgressão. As pomba-giras são exus femininos. Sobre o assunto, ver Liana Trindade, *Exu, poder e perigo*, São Paulo: Ícone, 1985; Marcia Contins; Marcio Goldman, "O caso da pomba-gira: religião e violência. Uma análise do jogo discursivo entre umbanda e sociedade", *Religião e Sociedade*, nº 11, p. 104-132, 1984; Monique Augras, "De Yiá Mi a Pomba Gira: transformações e símbolos da libido", in: M. de C. E. Moura (Org.), *Meu sinal está no teu corpo: escritos sobre a religião dos orixás*, São Paulo, Edicon/ Edusp, 1989; e Marlyse Meyer, *Maria Padilha e toda a sua quadrilha: de amante de um rei de Castela a pomba-gira de umbanda*, São Paulo: Duas Cidades, 1993.

37 Para uma análise do vestuário na quimbanda, ver Talita Bender Teixeira, *Trapo formoso: o vestuário na quimbanda*. Dissertação (Mestrado) – Programa de Pós-Graduação em Antropologia Social, Universidade Federal do Rio Grande do Sul, Porto Alegre, 2005.

38 Peter Fry, "Homossexualidade masculina e cultos afro-brasileiros", in *Para inglês ver*, Rio de Janeiro: Zahar, 1982, p. 54-73; Patrícia Birman, "Identidade social e homossexualismo no candomblé", *Religião & Sociedade*, v. 12, nº 1, p. 2-21, ago 1985; Patrícia Birman, *Fazer estilo criando gêneros: possessão e diferenças de gênero em terreiros de umbanda e candomblé no Rio de Janeiro*, Rio de Janeiro: EdUerj/Relume Dumará, 1995; Patrícia Birman, "Transas e transes: sexo e gênero nos cultos afro-brasileiros, um sobrevoo" *Revista Estudos Feministas*, v. 13, nº 2, p. 403-414, 2005; Maria Lina Leão Teixeira, "Lorogun: identidades sexuais e poder no candomblé", in Eugênio Marcondes de Moura (Org.), *Candomblé: religião de corpo e alma*, São Paulo: Pallas, 2000, p. 33-52; Rita Laura Segato, "Inventando a natureza: família, sexo e gênero no Xangô de Recife", in Rita Laura Segato, *Santos e daimones: o politeísmo afro-brasileiro e a tradição arquetipal*", Brasília: Editora da UnB, 1995, p. 417-165; Milton Silva Santos, "Sexo, gênero e homossexualidade: o que diz o povo de santo paulista?", *Horizonte*, v. 6, nº 12, p. 145-156, 2008.

39 Rita Laura Segato, op. cit.

40 Como, por exemplo, separar as travestis, alocando-as aos espaços masculinos nos ritos. José Jorge de Carvalho, em comunicação pessoal, lembrou também que as mulheres geralmente são interditadas de sacrificar os animais ofertados aos orixás e também não podem tocar atabaques, atividades consideradas da esfera masculina. Segundo Segato (*Las estructuras elementales de la violencia: ensayos sobre género entre la antropología, el psicoanálisis y los derechos humanos*, p. 231, tradução livre), "a divisão de papéis rituais por gênero é o único ponto em que a vida sociorreligiosa obedece ao traçado do dimorfismo sexual". Em Santa Maria, perguntado sobre o assunto, pai Ricardo disse que as travestis são também homens, pois "têm pênis" e, por isso, podem fazer rituais com sacrifício de animais. Segundo ele, "As mulheres precisam de uma ciência para poder matar animais. Depois de fazer a tal ciência, podem fazer o que os homens fazem, ou então arrumam um homem de ajudante". Ou seja, o corpo pode ser trabalhado no ritual e, assim, de alguma forma se afasta da divisão de papéis rituais por gênero.

41 A possessão, central nas religiões afro-brasileiras, é um fenômeno ritual que permite aproximar *orun* e *aiê*, a morada dos orixás e a dos homens. Durante a possessão, um orixá (ou um exu) "desce" e passa a realizar performances com um conjunto de gestos e passos ao som do batuque. A possessão aproxima *orun* e *aiê* e é um operador de alteridades. Um homem, independentemente de sua orientação sexual, pode ter de rodar no santo com roupas e acessórios femininos, se consagrado a orixás femininos como Iansã, Iemanjá ou Oxum (Cf. Milton Silva Santos, "Sexo, gênero e homossexualidade: o que diz o povo de santo paulista?", p.148). Cláudio está alertando para uma utilização da religião pelas travestis como forma de justificar as opções sexuais e de gênero. Segundo ele, a questão é mais complexa e deve obedecer à lógica religiosa, que exige um processo que vai de jogos de búzios, leituras

minuciosas, rituais de iniciação, até poder se atribuir um santo de cabeça. Daí talvez o maior trânsito das travestis na quimbanda seja uma das justificativas da íntima relação que estabelecem com pomba-gira.

42 José Jorge de Carvalho narrou um serviço ritual dedicado à pomba-gira em Recife, em 1980, evidenciando sua relevância. O importante texto de Carvalho demonstra também as intensas relações entre violência, sexualidade, obscenidade e experiência religiosa, pensando no contexto do Xangô e da Jurema. Cf. José Jorge de Carvalho, "Violência e caos na experiência religiosa. A dimensão dionisíaca dos cultos afro-brasileiros", in Carlos Eugênio Marcondes Moura (Org.), *As senhoras do pássaro da noite*, São Paulo: Edusp, 1994, p. 94-99.

43 Reginaldo Prandi, "Pomba-gira dos candomblés e as faces inconfessas do Brasil", in *Herdeiras do axé*, São Paulo: Hucitec, 1996, p. 140.

44 Patrícia Birman, "Transas e transes: sexo e gênero nos cultos afro-brasileiros, um sobrevoo".

45 Ibid., p. 404.

46 Otávio Velho, "A religião é um modo de conhecimento?", *PLURA: Revista de Estudos de Religião*, v. 1, n° 1, p. 3-37, 2010.

47 Rita Laura Segato, "Fronteras y márgenes: la historia no contada de la expansión religiosa afro-brasileña en Argentina y Uruguay", in *La nación y sus otros: raza, etnicidad y diversidad religiosa en tiempos de políticas de la identidad*, Buenos Aires: Prometeo, 2007, p. 289.

48 Idem.

49 José Jorge de Carvalho, op. cit., p. 116.

50 Eve Kosofsky Sedgwick, *Tendencies*, Durham; Londres: Duke University Press, 1993, p. xii.

51 Guacira Lopes Louro, "Teoria queer: uma política pós-identitária para a educação", *Revista Estudos Feministas*, v. 9, n° 2, 2001, p. 551-553.

52 Jacques Derrida, "Carta a um amigo japonês", in: Paulo Ottoni (Org.), *Tradução: a prática da diferença*, Campinas: Ed. Unicamp, 2005, p. 21-35.

53 Paulo Ottoni, "Introdução", in *Tradução: a prática da diferença*, Campinas: Ed. Unicamp, 2005, p. 11-19.

54 Jacques Derrida, op.cit., p. 27.

55 Paul Ricouer, *Sobre a tradução*, Belo Horizonte: Ed. UFMG, 2011.

56 Essa comparação busca exceder o vocabulário conceitual próprio, abrindo-se para outros, evitando produzir a noção monolítica de um outro cultural ancorada em exotismo que trabalha no registro das tradições coloniais. Cf. Judith Butler, "Pour ne pas en finir avec le 'Genre'. . .", Mesa-redonda com Judith Butler, Éric Fassin e Joan Wallach Scott, *Sociétés et Représentations*, v. 24, p. 285-306, 2007.

111

Observar o cotidiano das interlocutoras que consomem distintas formas de prazer na *sex shop* de uma favela carioca também implica compreender mecanismos de poder que fazem referência a um ideal emancipatório que não é o mesmo compartilhado pelo chamado "feminismo da libertação". Para não obliterar os efeitos das condições sociais da produção do desejo, o deslocamento estratégico proposto pelas interlocutoras desta pesquisa se faz importante para fornecer lugar a agências femininas que chamavam a atenção para uma capacidade de agência implicada "não na resistência às normas, mas nas múltiplas formas em que alguém habita as normas".

Lorena Mochel

Colidindo epistemologias feministas no *sex shop* de uma favela carioca[1]

Lorena Mochel

"NA DÚVIDA DO QUE VOCÊ PRECISA PARA PRESENTEAR O SEU AMOR, a Sensualidade Carioca pode te ajudar. A primeira boutique erótica do Complexo do Alemão traz para você as últimas novidades em moda íntima, calcinhas e espartilhos. Temos também produtos sensuais para apimentar a sua relação. Aceitamos cartões de crédito. É na Ladeira do Cabral, número 10, sobreloja. Eu disse: sobreloja!".

Em meio às músicas e informações compartilhadas com moradores e transeuntes, a voz feminina na locução da propaganda acima se destaca no som de uma rádio comunitária. Na fachada de uma casa comercial de três andares pintada em cor-de-rosa, um estreito portão de ferro aberto convida discretamente clientes mais curiosas(os) a entrar. Ao lado, na calçada, a repetição da propaganda é complementada por informações em uma placa apoiada no manequim de outra loja de roupas e acessórios femininos que funcionava no térreo da mesma casa. Uma seta sinaliza a entrada para a loja: "Sensualidade Carioca: a sua Boutique Sensual". Outro manequim, desta vez na foto da placa, mostra um corpo feminino fragmentado que veste um espartilho colado, vermelho e preto, um par de meias arrastão e salto alto.

As informações sobre o que se poderia encontrar na loja confirmam a proposta para duas modalidades de consumo: "moda íntima" e "produtos sensuais". Na primeira, "camisolas, conjuntos, espartilhos e linha moderadora", enquanto a segunda cita "cosméticos, acessórios e fantasias". Entre os dois grupos, letras garrafais na cor vermelha destacam que há "tamanhos até GG". Outro destaque, mais abaixo, chama a atenção para uma oportunidade oferecida pela loja: "Seja uma consultora de produtos sensuais. Trabalho descontraído, excelentes ganhos!". Nas escadas que dão acesso à sobreloja, é possível observar as mesmas cores se repetindo em adesivos cuidadosamente colados a cada degrau. Letras em itálico sugerem às(aos) clientes um preparo lúdico para o que encontrarão logo a seguir: "Permita-se!", "Excite!", "Provoque!", "Seduza!", "Fascine!".

Os arredores da rua mais movimentada de uma das principais favelas do Complexo do Alemão[2] manifestam portas abertas a fregueses de bairros vizinhos. Na "Beverly Hills do Alemão", como costumou ser chamada esta área nobre da região localizada na parte baixa da favela, o cotidiano de vizinhança da loja esteve cercado por cinegrafistas, repórteres e artistas, protegidos com a escolta do maior contingente de policiamento destinado a esta área. Ao mesmo tempo, na parte alta, grupos de turistas faziam o popular passeio guiado de teleférico,[3] um dos símbolos da prosperidade social e econômica local após a instalação das Unidades de Polícia Pacificadora (UPPs).[4]

A fim de acompanhar as complexas negociações em fazer sobreviver um negócio voltado às experiências eróticas neste contexto, convido o(a) leitor(a) a um exercício antropológico de deslocamento, proposto a partir de uma frase dita pela locutora da propaganda que abre este artigo: "não é porque é na favela que eu vou chamar de *sex shop*". Junto à interlocutora, proprietária da loja em questão, vivenciei o cotidiano de uma "boutique sensual" por meio da análise dos sujeitos de pesquisa através de suas próprias categorias, suas próprias relações e as construções que fazem a partir das mesmas, conforme nos alerta Strathern.[5] A importância deste exercício, nos alerta a autora, serve para apostar nas relações e no consequente afastamento das *ficções persuasivas* que poderiam ser gerada do encontro de questões relacionadas ao erotismo nas favelas.

Assim como outros cenários urbanos multifacetados, as favelas também povoam imaginários que negligenciam suas diferenças. No campo dos estudos culturais e urbanos, a herança de um modelo político e econômico que associa as favelas a irremediáveis faltas e carências, como nos aponta Valladares,[6] resultou em homogeneizações que se empenharam em fabricar uma unidade a respeito das favelas cariocas. Segundo a autora, o título de "a" favela forjaria uma unidade que não existe entre as favelas, e no caso das maiores – como o Complexo do Alemão – nem mesmo dentro delas. Através do reducionismo de um universo plural a uma categoria única, muitas das teorias produzidas sobre favelas são capazes de reconhecê-las como "um universo muito variado geográfica e demo-

114

graficamente" mas, ao mesmo tempo, "negam as suas diferenças de natureza sociológica".[7] Nesse sentido, as abordagens sobre sexualidade nestes contextos estiveram pouco ou nada atentas a demandas que fugissem de problemas considerados mais centrais como educação sexual, violência de gênero e políticas de natalidade.

Por outro lado, abandonar simplificações em torno dos fenômenos que envolvem experiências eróticas também implica considerar as transformações ocorridas nos próprios estudos de sexualidade ao longo dos últimos dez anos. Os estudos sobre como as normas se conformam em constantes negociações entre prazeres e desprazeres[8] nos informam mudanças importantes em termos de novas normatividades nas dinâmicas relacionais entre os gêneros. Gregori[9] aponta para mudanças nos limites da sexualidade e nas convenções do erotismo, indicando que a produção de engajamentos sexuais femininos em torno dos artigos eróticos sugere um deslocamento da anterior clandestinidade associada à sua comercialização e consumo. O lugar dado à valorização desses bens, em especial entre as mulheres, adquirem significados de um *erotismo politicamente correto* que, segundo a autora, opõe este mercado a uma associação direta com a pornografia para se tornar sinônimo de saúde, bem-estar e qualidade de vida.

Ao longo deste artigo, exploro como os diálogos produzidos com este mercado a partir das interações no cotidiano da loja tencionam público e privado na gestão da intimidade desta favela. A análise das ambiguidades presentes no encontro é feita através de dois planos: de um lado, na relação da *sex shop* com a vizinhança e, do outro, nas relações internas estabelecidas na loja entre vendedoras e freguesas. As tentativas de alinhamento geradas com o conjunto de normativas comercializado pelo mercado erótico mais amplo possibilitaram, por sua vez, um debate mais próximo com as moralidades religiosas e (seus) erotismos.

Assim, proponho compreender como epistemologias feministas podem oferecer críticas aos modelos dualistas que não se atentam aos processos historicamente situados na constituição dos erotismos. Fazer etnografia na *sex shop* de uma favela carioca fez emergir temas espinhosos aos feminismos, sobretudo àqueles que se opõem ao reconhecimento de formas de prazer que escapam ao ideal emancipatório universalista centralizado no sujeito liberal autônomo. As reflexões aqui apresentadas articulam um esforço crítico de afastamento destes projetos excludentes para, assim, traçar linhas de fuga com projetos teórico-políticos sustentados no olhar antropológico sobre as tensões entre normas e prazeres, bem como suas agências e resistências.

GESTÃO DAS INTIMIDADES: O EROTISMO ENTRE JOCOSIDADES E VIGILÂNCIAS

> Achei que eu fosse ficar milionária, porque o povo
> da comunidade gosta muito de sexo... Mas o
> pessoal não entra na loja!
> Cíntia, proprietária da boutique erótica[10]

Os desafios para lidar com as possíveis controvérsias decorrentes da presença de uma "boutique sensual" no Complexo do Alemão procediam de fatores imprevisíveis a muitas(os) empresárias(os) na abertura de um novo comércio. Por mais que o casal de proprietários Cíntia e Alexandre[11] administrassem uma apurada leitura socioeconômica do contexto local, um trabalho contínuo de negociações para atrair clientes era realizado, na tentativa de reduzir riscos de rejeição da vizinhança com a loja. Ao confessar seu desapontamento com a receptividade do público, Cíntia também reconhece ter empreendido um diagnóstico apressado a respeito das experiências eróticas naquela favela.

Aos poucos, o casal passou a investir cada vez mais em um espaço que pudesse comunicar visualmente um convite que se tornou central nas dinâmicas internas do mercado de artigos eróticos: ser um espaço que promove acolhimento para mulheres.[12] No interior da loja, a disposição dos objetos apresenta um arranjo similar ao já anunciado na placa localizada na porta de entrada. As diferenças no tamanho do corpo das manequins apontam para a erotização de corpos gordos, representados por um manequim *plus size*[13] vestindo uma camisola preta em tecido transparente. A grande quantidade de lingeries femininas coloridas e dobradas organizadamente nos balcões de vidro resultavam de transformações ocorridas na loja durante seu primeiro ano de funcionamento. O maior investimento nas peças femininas foi concomitante à gradual retirada de peças masculinas e infantis que já compuseram a identidade visual e comercial da loja em seu início. No discurso institucional, a justificativa é de que as peças haviam sido retiradas para compor um cenário mais afinado com um padrão que, no Brasil, tem na figura da Associação Brasileira das Empresas do Mercado Erótico e Sensual (Abeme) seu principal divulgador.[14]

A sugestão aos novos erotismos não se voltava somente ao público feminino. Os casais heterossexuais também eram alvo da contínua elaboração de estratégias de visibilidade para tornar a loja mais aderente às referências locais e, nesse sentido, suas escolhas pelo posicionamento no mercado de bens eróticos mais amplo davam uma particular atenção ao casal cristão, formado por marido e esposa evangélicos. Com o passar do tempo, um diálogo mais afinado sobre a configuração de um "erotismo gospel"[15] foi se construindo tanto com o mercado mais amplo como com as lideranças de igrejas pentecostais na região, as quais também tinham nos casais heterossexuais cristãos seu público alvo.[16]

Desse modo, as moralidades religiosas se impuseram como fator fundamental nas definições de um erotismo que pudesse suscitar práticas de boa convivência naquela favela. Para driblar outras recusas que envolviam público e privado na gestão da intimidade das(os) freguesas(es), também era relevante a presença de jogos identitários entre a loja e seu pertencimento local. Cíntia era nascida e criada no Complexo do Alemão, sua familiaridade com boa parte da vizinhança possibilitava um trânsito do conteúdo erótico da loja entre diversos espaços para os quais o formato dos convites chegava sempre em tom diminutivo: "passa na minha lojinha lá em cima", "vem conhecer uns produtinhos e brinquedinhos pra apimentar a relação!".

As estratégias para garantir a sobrevivência de um comércio de base individualista e íntima enunciavam problemas enfrentados no corpo a corpo, no cotidiano da favela. As tensões provocadas pelos impasses entre público e privado ganhavam forma através de relatos de moradores(as), preocupados(as) em serem vistos(as) comprando um artigo erótico. A vergonha de entrar na loja experimentada por muitas(os) fregueses(as) e curiosos(as) era reverberada jocosamente pelo casal de proprietários através de denúncias do preconceito que haveria por parte de alguns moradores(as) e comerciantes locais. As sensações ambíguas que iam do escárnio ao estorvo eram despertadas especialmente pela vigilância de um funcionário do açougue em frente ao estabelecimento que, no período inaugural da loja, zombava em voz alta ao citar o nome de conhecidos(as) que entravam e saíam: "Aê, fulano!"

Os jogos de poder contidos na relação entre riso e vergonha denotam o uso da ironia e paródia como recursos utilizados para diminuir o desconforto causado pela vigilância voyeurística denotada pelo comércio de bens eróticos. Os vínculos entre jocosidade e erotismo aqui exibidos dialogam com uma aposta no humor e nos recursos lúdicos para possibilitar uma inserção mais ampla na arena pública e midiática. Tal conexão não está apartada de outros elementos incorporados à loja, fazendo com que o riso e a vergonha ganhem a dimensão ambígua exibida com humor, tanto pelos(as) interlocutores(as) como pela vizinhança. Entre os elementos que ganham vida própria neste cenário, vale citar a referência ao filme *De pernas pro ar*,[17] cujos elementos acionados para fazer rir tornam inteligíveis uma fusão necessária entre os marcadores sociais de gênero, raça e classe social no mercado consumidor de artigos eróticos.

Imagem 1: Objetos eróticos escolhidos para o chá de lingerie de uma cliente evangélica.
Fonte: Arquivo de pesquisa da autora.

A disposição dos objetos organizados pela proprietária, tanto na mesa da cliente quanto na loja, visava contar uma história que utilizava recursos de uma receita com sucesso de bilheteria de público. A protagonista do filme – personagem branca, heterossexual, casada, com filhos, "um bom carro, apartamento próprio e uma empregada de confiança"[18] – traz como mascote um animal conhecido por sua capacidade reprodutiva e tradicionalmente visto como símbolo de apetite sexual. O coelho, que guarda um compartimento secreto em seu interior e faz referência ao potente vibrador *rabbit*, popularizado pela série norte-americana *Sex and the city*, era também símbolo de um mercado ascendente que já trazia suas próprias referências ao chegar naquela favela. Tais referências, no entanto, foram ressignificadas pela loja através de um "conceito" que propunha uma fusão com lógicas particulares daquele contexto: "sensualidade sem vulgaridade".

A proposta de levar este "conceito" não só para a loja, mas "pra dentro da comunidade" estava fundamentada não só no esforço de pensar as favelas como lugares plurais, dialogando com as críticas feitas por Valladares,[19] como também acionava um imaginário de categorias classificatórias contextualmente situadas sobre as sexualidades naquela favela. No manejo dos impasses com a vizinhança, o casal de proprietários enfrenta espaços preenchidos por outras narrativas para dar visibilidade aos prazeres do erotismo. Assim, o trabalho cotidiano de evitar transformar o "sensual" em "vulgar" aciona a fantasia da elegância para conotar refinamento e, por sua vez, evoca o significado de não chocar.

A combinação de valores que tencionavam público e privado dentro e fora da loja estava nos produtos, nas vendas e nas corporalidades que configuravam a sofisticação de uma "boutique". Ao mesmo tempo, a preocupação constante em não distanciar a freguesia mobilizava a reinvenção cotidiana através de detalhes que davam ao estabelecimento aparência semelhante a uma típica loja de bairro. Além de parcerias com comerciantes locais, como encomendas de chocolates em formato de bundas, seios e pênis, feitos pela vizinha e amiga doceira, a proposta de expansão local com consultoras que residiam na favela indicava um atravessamento complexo e eficiente na gestão das intimidades.

"APIMENTANDO O CASAMENTO": NARRATIVAS ERÓTICAS E RELIGIOSAS

Se do lado de fora da loja o casal de interlocutores buscava diminuir a recusa de uma vizinhança que expressava jocosamente seus prazeres e pudores, do lado de dentro a fidelização do público foi intensificada por meio de diferentes estratégias. A ressignificação das referências situadas no mercado erótico mais amplo ganhou, nas interações cotidianas entre vendedoras e clientes, formatos em que o cruzamento de narrativas eróticas e religiosas com discursos sobre a saúde se tornou fundamental para a solidificação das relações estabelecidas no interior da loja. Esta particular configuração foi possibilitada não somente pelas afinidades morais repetidamente anunciadas do próprio casal de proprietários com valores cristãos, mas também pela concretude de uma inesperada demanda de clientes que se denominavam evangélicas.

Uma vez que este pertencimento religioso não era verbalmente apresentado, mas corporificado em gestos e "jeitos de falar" que permitiam tal interpretação, as vendedoras partiam de um mesmo protocolo para atender todas(os) as(os) clientes. Pequenos ajustes eram dados a cada modalidade e arranjo exibido na clientela local que, embora refletisse o esforço de ajustamento com o mercado mais amplo de bens eróticos para aumentar a adesão feminina, tinha nos homens um público igualmente numeroso na frequência à loja.

Para cada novo atendimento, havia um protocolo usual de apresentação no qual as vendedoras[20] indicavam primeiro os "cosméticos" considerados mais "leves", chegando, gradativamente, aos mais "pesados". A ordem buscava contemplar as fases da simulação de um "sexo coreográfico":[21] para o beijo, produtos *beijáveis* (*gloss* labial, spray bucal, lâminas para refrescar o hálito); para as preliminares, os *comestíveis* (tapa-sexo de gelatina, calcinha comestível, géis aromatizados para o sexo oral); para a penetração, os *funcionais* (óleos que esquentam e/ou esfriam, géis adstringentes, "retardantes" da ereção, anestésicos anais e bolinhas explosivas[22]).

Uma grande variedade de "cosméticos eróticos" eram, sem exceção, sempre os primeiros a serem oferecidos aos(às) clientes. De pé e de frente para os(as) clientes, as vendedoras se situavam de modo a sugerir que haveria objetos por trás de seus próprios corpos e discursos. Eram acessórios, todos embalados em caixas ou plásticos transparentes, presos a uma estrutura fixa à parede: "próteses" e estimuladores em diversos formatos e tamanhos, *plugs* anais,[23] capas penianas,[24] bolas de pompoarismo, cintas, algemas, acessórios em couro que sugerem práticas sadomasoquistas, bombas de extensão peniana, estimuladores clitorianos em diversos formatos, chaveiros e miniaturas de velas que imitavam pênis, seios e bundas. Logo ao lado, fantasias femininas como colegial, bombeira, tigresa e empregada doméstica.

A sutileza da gradação de sentidos de objetos coloridos e lingeries com rendas e transparências deixava entrever ambiguidades que não escapavam a um manejo cotidiano do vocabulário e do vestuário mais adequado para realizar os atendimentos. A roupa não deveria ser curta nem ter decotes ousados, enquanto a modulação no vocabulário de vendas seria necessária para impor respeito ao cliente e evitar possíveis assédios – sobretudo quando se tratassem de homens desacompanhados de mulheres ou em grupo com outros homens. Assim, no momento da interação, o repertório verbal das vendedoras também contava com estratégias de adesão que sugeriam complementariedade entre performances da masculinidade e feminilidade que pudessem indicar não haver ofensas para as mulheres nem ameaças aos homens: "É só um brinquedinho"; "É para a saúde do casal".

A afiliação dos discursos eróticos com uma proposta que apresentasse centralidade na saúde indica um lugar ocupado pela sexualidade como domínio articulado na produção de "verdades" sobre a especialização e tecnicização dos discursos.[25] A associação com a sexologia medicalizada, psicologizada e focada na fisiologia corporal[26] que fazia parte da interação cotidiana na loja e que organizava "novas" etiquetas sexuais femininas e suas pedagogias sexuais encontra ecos ideológicos no conceito de "saúde sexual" difundido a partir dos anos 1960.[27] No vocabulário, as regulações de termos que poderiam ser erotizados pelas(os) clientes ganhavam contornos de gênero que organizavam a divisão dos atendimentos.

Com os homens, configurava-se uma lógica em que imperava o controle feminino no domínio do conhecimento sobre o que deveria servir para o casal. Quando acompanhados de suas namoradas ou esposas, eles pouco falavam e costumavam colocar o poder de decisão sobre a venda para as mulheres, indicando que, naquele espaço, estas informações pertenciam a um domínio discursivo feminino. A incidência deste comportamento aumentava quanto mais novos (em idade) fossem os clientes. Remetendo ao imaginário encontrado em propagandas de disfunção erétil,[28] aqui a relação com o "bom" desempenho sexual, do ponto de vista masculino, estaria orientada para maximizar o prazer da mulher.

Este conhecimento compartilhado sustentava a costura cotidiana de intimidades entre as interlocutoras, através da qual os saberes sobre como utilizar os produtos ganhavam forma através de narrativas em primeira pessoa. Por outro lado, as modulações vocabulares generificadas apontavam caminhos mais ponderados nas abordagens com o público masculino. Em vez de "eu gosto de usar com o meu marido", as vendedoras utilizavam generalizações como "todo mundo gosta", "o pessoal costuma elogiar" etc.

Havia, no entanto, um artigo específico que também ganhava modulações cotidianas no vocabulário da loja em torno de seu uso. De forma emblemática, o gel anestésico, indicado para uso anal, finalizava os atendimentos como "a última coisa que se mostra às clientes". Indicado para dar "mais conforto na relação", o "cosmético" mais vendido na loja apontava para um particular acionamento em torno da combinação de pedagogias eróticas entre tecnologias discursivas da saúde e narrativas religiosas. A utilização do termo "esfíncter" para se referir ao ânus, indicando o diálogo estabelecido com o discurso médico era reflexo de treinamentos de venda dedicados especialmente ao tema do sexo anal. Entre as clientes, uma articulação entre prazer e dever se anunciava em comentários como "faço só porque ele gosta" ou "tive que me acostumar".

Por outro lado, a interação também remetia à prática do sexo anal como possibilidade de salvação do casamento. Ganhar o "troféu máster", como costumavam se referir à moeda de troca mais importante para manter uma relação monogâmica estável, possibilitava um alívio em relação ao fator competitivo intragênero: mulheres que "não fazem" se encontrariam em possível desvantagem com relação às que "fazem".[29]

A partir do incentivo à solidificação do casamento, religiosidades e erotismos encontram terreno fértil nas sugestões à prática do sexo anal neste contexto. Dialogando com propostas para casais oferecidas pelas igrejas,[30] a boutique erótica compartilhava saberes para salvar o casamento afastando-se, no entanto, de uma associação com o "pornográfico", que poderia estar sugerido por se tratar de um estabelecimento comercial, para, então, investir no prazer erótico, este mais voltado para as fruições da sensualidade.

Imagem 2: Arte de divulgação de evento ocorrido no Complexo do Alemão.
Fonte: Endereço virtual Abeme (desativado).

Dias Duarte[31] chama atenção para a construção de um tipo específico de sensibilidade moderna, caracterizada pela ascensão dos valores individualistas regidos pelo papel da sexualidade em uma articulação similar, que ocorre entre os fenômenos ligados à sexualidade, sensualidade e sensibilidade. Nesse sentido, há uma valorização das experiências de refinamento e intensificação do prazer que envolvem a exploração dos meios de sensibilização do corpo e excitação dos sentidos, centralizando as pedagogias eróticas nas relações contemporâneas. Entre algumas das interlocutoras evangélicas clientes da loja, o sexo anal[32] se situava nesta exploração ativa dos prazeres corporais. Além do fortalecimento do vínculo entre o casal, a prática era descrita como "empoderadora" para si.

FEMINISMOS SECULARES, AGÊNCIAS RELIGIOSAS

> Quão formosa, e quão aprazível és, ó amor em delícias! Essa tua estatura é semelhante à palmeira, e os teus seios aos cachos de uvas. Disse eu: Subirei à palmeira, pegarei em seus ramos; então sejam os teus seios como os cachos da vide, e o cheiro do teu fôlego como o das maçãs. E os teus beijos como o bom vinho para o meu amado, que se bebe suavemente, e se escoa pelos lábios e dentes. Eu sou do meu amado, e o seu amor é por mim.
> Cantares de Salomão 7:6-10

Dividido em oito capítulos, o livro bíblico *Cantares de Salomão* apresenta o encontro de um casal apaixonado: o Rei Salomão e Sulamita. Os diálogos entre ambos destacam trocas de sensações eróticas em que o rei exalta detalhes do corpo da amada, comparando-os aos efeitos provocados por sabores de vinhos e aromas campestres. Ela, por sua vez, convoca o amante a deitar a cabeça sobre seus seios e a fazer da grama uma cama na qual se deitarão para conceber o ato sexual. No livro, também chamado de *Cântico dos cânticos*, os atos de Sulamita são ecoados pelas vozes das filhas de Jerusalém. Estas entoam coros para a confirmação de um desejo mutuamente correspondido que se amplifica através das diversas vozes femininas atuantes na cena.

Acompanhando citações de diferentes trechos do livro de *Cantares*, o protagonismo de Sulamita se tornou o principal fio em comum das narrativas que compõem esta pesquisa. As primeiras referências à história bíblica foram ouvidas entre as interlocutoras da boutique erótica no Complexo do Alemão, vendedoras e clientes. Simultaneamente, a grande frequência de freguesas que se denominavam "evangélicas" à loja naquela ocasião informava as contingências causadas pelas ambiguidades eróticas e religiosas presentes no percurso etnográfico. Em vez de um trânsito de influências entre religioso e secular, as reflexões de Talal Asad[33] chamam a atenção para as formações do secular, concebendo este como instância da vida social que se constitui em relação dialética com o religioso e conforma ambos como categorias produzidas no processo desta relação.

Ao mesmo tempo, o erotismo sagrado, no sentido trabalhado por Bataille,[34] nos informa uma ambiguidade característica de ambos os fenômenos, tanto erotismo como religião. Erótico e sagrado coexistiriam a partir de uma inclinação religiosa ocidental, pois desenvolvem-se através de uma busca que transcende o mundo imediato e está representada pelo amor transcendental. O trajeto etnográfico proposto nesta pesquisa nos informa, de maneira semelhante ao que Bataille propõe em sua análise em caminho filosófico, que a oposição secular entre erótico e sagrado não se coloca nos discursos aqui presentes. Em vez disso, os muitos enredamentos possíveis são indicados através de mobilizações em torno das intimidades públicas, privadas e das materializações destas dinâmicas, por fim, na prática do sexo anal.

A reflexão epistemológica que busco empreender nesse sentido está situada em reverberações produzidas em diversos momentos sobre os quais precisei perguntar: estas interlocutoras se definem como feministas? Esta não era uma pergunta que elas se faziam ou, pelo menos, isto não apareceu como um dado analítico substancial. No entanto, o exercício de considerar a possibilidade de fazer outros tipos de pergunta revelam um profundo imbricamento anunciado como uma das principais críticas presentes no trabalho de Mahmood[35] quando nos propõe uma historicização da verdade contida na "razão secular". Afinal, que normas regem os valores seculares? Como os feminismos seculares pensam a respeito de suas próprias sensibilidades e formas de governo?

As críticas de Butler[36] já apontavam para um horizonte de que os discursos pretensamente igualitários sustentados pelos feminismos ocidentais não consideram as relações interseccionais de poder envolvidas nos dispositivos da sexualidade, como classe, raça, etnia etc. Assim, o determinismo social engajado pelos "sujeitos do feminismo" excluiria, segundo a autora, outras possibilidades de agência que fogem às construções salvacionistas do feminismo ocidental.

Ao reconhecer formas distintas de incorporação das normas, Butler nos propõe a reflexão de que há projetos liberais incrustrados nas categorias analíticas que reproduzem estes feminismos. A missão civilizatória está vivificada nos pensamentos que consideram a liberdade como valor universal, e não normativo, conduzido por mecanismos específicos de poder. A oposição entre liberdade e submissão ganha, neste modelo, contornos que obliteram nossa compreensão de que a própria liberdade seria normativa.

O distanciamento do feminismo[37] deve procurar outras maneiras que não se encaixam nesse ideal liberatório, pois seu arsenal conceitual é incapaz de conceber outras formas de vida. São estas outras experiências que nos ensinam sobre os limites dos pressupostos teóricos e políticos condensados na cultura. A análise da experiência etnográfica apresentada neste trabalho propõe, nesse sentido, ampliar lugares dentro do debate feminista para discutir sobre o reconhecimento de agências que foram historicamente subalternizadas neste processo. Num contexto no qual o divórcio representa um fracasso e resistir é manter e salvar o casamento, o feminismo deve estar sempre interrogando para pensar na visão hegemônica e colonialista dos processos seculares a partir dos quais foram construídos seus sujeitos de fala.

A relação incômoda entre feminismo secular e agências religiosas devem, portanto, despertar para ferramentas analíticas alternativas na discussão sobre os desafios conceituais advindos desse processo. Os caminhos possibilitados pelo estreitamento das relações entre moralidades sexuais e religiosas suscitam reflexões fundamentais, sobretudo num cenário de estudos feministas repleto de análises espinhosas sobre este "encontro". A presença de elementos religiosos nesse contexto iluminou para outros aspectos, frequentemente obliterados nas análises sobre as dinâmicas relacionais do erotismo e dos feminismos seculares que vinculam agência e resistência.

Considerar que estas mulheres sejam vítimas de seus próprios conservadorismos patriarcais e subordinadas às vontades masculinas é uma mirada colonial que as subalterniza e hierarquiza seus desejos. Nas palavras de Mahmood,[38] "a agência não é simplesmente um sinônimo de resistência a relações de subordinação, mas também uma capacidade para a ação facultada por relações de subordinação historicamente configuradas". O movimento da autora nos convida a explorar os desafios conceituais que mobilizações de mulheres islâmicas, no caso de sua pesquisa, ou mulheres evangélicas que consomem artigos eróticos, no caso deste trabalho, colocam às teorias feministas e ao pensamento liberal-secular.

Estas mulheres, segundo a autora, desenvolvem projetos associados a uma tradição que historicamente atribuiu um estatuto de passividade e subordinação feminina através do ensinamento de virtudes como a vergonha, a modéstia, a perseverança e a humildade. Sua crítica mais importante esteve direcionada a uma questão raramente problematizada nas análises feministas sobre a agência feminina: a universalidade do desejo de ser livre das relações de subordinação.

Observar o cotidiano das interlocutoras que consomem distintas formas de prazer na *sex shop* de uma favela carioca também implica compreender mecanismos de poder que fazem referência a um ideal emancipatório que não é o mesmo compartilhado pelo chamado "feminismo da libertação". Para não obliterar os efeitos das condições sociais da produção do desejo, o deslocamento estratégico proposto pelas interlocutoras desta pesquisa se faz importante para fornecer lugar a agências femininas que chamavam a atenção para uma capacidade de agência implicada "não na resistência às normas, mas nas múltiplas formas em que alguém habita as normas".[39]

CONSIDERAÇÕES FINAIS

Partindo de leituras que apontavam para como os diferentes processos históricos e culturais *produzem* categorias analíticas,[40] este trabalho buscou refletir sobre caminhos adotados para pensar a respeito dos desafios propostos pela gestão da intimidade entre sujeitos que constroem práticas eróticas e religiosas. Ao propor deslocamentos da percepção ocidental concebida a partir dos ideais de autonomia e liberdade,[41] as interlocutoras da boutique erótica informam outros lugares nos quais experiências religiosas são vividas para além dos espaços institucionalmente percebidos como religiosos. No interior da boutique, pude contemplar a multiplicidade de práticas que extrapolavam a noção de religião como essência reificada pela tradição cristã, que Asad[42] afirma ter se colocado sobre as análises antropológicas da religião.

Dessa maneira, partindo das críticas propostas por projetos teórico-políticos preocupados em compreender agenciamentos que fogem à lógica voluntarista do sujeito liberal autônomo, o caminho analítico aqui proposto provoca a entender como podemos construir trajetos alternativos em que a resistência, por sua vez, não assuma a forma de imposição de projetos políticos excludentes. Sua violência epistêmica é notada a cada vez que naturaliza a liberdade como se esta fosse um ideal universal e não fruto de realidades situadas.

Trata-se, assim, de pensar sobre a relação interdependente que fazemos entre agência e resistência, e também sobre o porquê de estarmos sempre buscando resistências a uma suposta dominação masculina quando a agência feminina sobre os corpos e sexualidades, nesse contexto, nem sempre foi resistência. Agência nem sempre é resistência, mas isto não pode obliterar a resistência nos casos em que ela de fato existe. É urgente que as experiências etnográficas que busquem refletir sobre os feminismos contemporâneos possam se dar conta de que a linguagem da vitimização que passa pela ideia de liberdade salvacionista já é, por si só, um projeto de dominação que ameaça a existência de outros sujeitos do feminismo.

TEXTO SELECIONADO POR MEIO DE CONVOCATÓRIA ABERTA PARA O LIVRO. PARTICIPARAM DO COMITÊ DE SELEÇÃO HELOISA BUARQUE DE HOLLANDA, LARISSA PELÚCIO E RICHARD MISKOLCI.

NOTAS

1   Este trabalho decorre de reflexões desenvolvidas a partir de 2011 e contou com o financiamento de bolsa CAPES entre os anos de 2012 a 2014 e bolsa FAPEMA no período

entre 2016 e 2020. Parte desses esforços estão registrados em Lorena Mochel, *Prazeres, pudores e poderes: a invenção do erotismo nos bastidores de um sex shop*. Dissertação de Mestrado – Programa de Pós-Graduação em Comunicação Social da PUC-Rio, 2014; Erotismo gospel: mercados e limites da sexualidade entre evangélicas(os) no Complexo do Alemão. Relig. soc. [online]. 2017, v. 37, n° 1, p. 65-84. Disponível em <https://doi.org/10.1590/0100-85872017v37n11cap04.> Acesso em 20 ago 2020; *"Eu sou a mulher de cantares de Salomão": mídias, conjugalidades e construções da vida material erótica entre mulheres pentecostais*. Texto de qualificação de projeto de Tese – Doutorado em Antropologia Social, Programa de Pós-Graduação em Antropologia Social – PPGAS/Museu Nacional/UFRJ, 2019. Para a realização deste capítulo, contei com o apoio de Maria Elvira Díaz-Benítez e Juliana Farias nas leituras e sugestões, a quem deixo registrado meu agradecimento.

2   Apesar das controvérsias indicadas pelos depoimentos de muitos(as) moradores(as), o mapeamento oficial apresenta um total de quinze comunidades no Complexo do Alemão. As dimensões de cidade desta favela são confirmadas pelo número de habitantes, contabilizados em 60.555 no último Censo (2010), e também por sua relativa autonomia em relação a outros bairros próximos.

3   Meio de transporte inaugurado em junho de 2011, a partir de um investimento de R$210 milhões durante o Programa de Aceleração do Crescimento (PAC). Apesar de transportar diariamente mais de oito mil passageiros, o serviço foi desativado em setembro de 2016 em função do não cumprimento do acordo entre a Secretaria de Estado de Transportes com a concessionária que administrava o teleférico.

4   O projeto das UPPs começou a ser implementado pela Secretaria Estadual de Segurança do Rio de Janeiro no ano de 2008, com o objetivo inicial de instituir um "policiamento de proximidade" nas favelas, como forma de enfrentamento ao tráfico. Configurando o que passou a ser denominado no campo de estudos da segurança pública como "cinturão de segurança" para a realização dos megaeventos (MENEZES, 2015), as quatro unidades instaladas em 2012 no Complexo do Alemão – 20ª UPP (Fazendinha), 21ª UPP (Nova Brasília), 22ª UPP (Morro do Adeus/ Baiana) e 23ª UPP (Morro do Alemão/ Pedra do Sapo) – estavam em pleno funcionamento durante o período no qual realizei meu trabalho de campo naquela região. (Palloma Menezes, Entre o "fogo cruzado" e o "campo minado": uma etnografia do processo de "pacificação" de favelas cariocas. Tese de Doutorado em Sociologia – Instituto de Estudos Sociais e Políticos, Universidade do Estado do Rio de Janeiro, 2015, p. 23 e 59.)

5   Ann Marilyn Strathern, *O efeito etnográfico e outros ensaios*. São Paulo: Cosac Naify, 2014.

6   Lícia do Prado Valladares, *A invenção da favela: do mito de origem à favela.com*, Rio de Janeiro: Editora FGV, 2005.

7   Ibid., p. 151.

8   O conjunto de trabalhos organizado na coletânea *(Des)Prazer da norma* apresenta um mapeamento contemporâneo dessas dinâmicas presentes em negociações entre norma e transgressão CF. , Everton Rangel; Camila Fernandes; Fátima Lima, *(Des)prazer da norma*, Rio de Janeiro: Papéis Selvagens, 2018.

9   Maria Filomena Gregori, *Prazeres perigosos: erotismo, gênero e limites da sexualidade*, Tese (Concurso de Livre Docência) – Departamento de Antropologia, Instituto de Filosofia e Ciências Humanas, Universidade Estadual de Campinas, Campinas, 2010.

10 Entrevista realizada em 28 de maio de 2013.

11 Os nomes aqui utilizados são fictícios.

12 Gregori observou em sua pesquisa que as mulheres compõem a maior parte do público das "boutiques" (eróticas, sensuais, femininas) em cidades como Rio de Janeiro e São Paulo. Segundo a autora, estas lojas também costumam contar com mulheres em seus comandos, marcando uma produção e distribuição destes bens de consumo em torno de novas etiquetas sexuais femininas. Cf. Maria Filomena Gregori, op. cit.

13 Este termo é utilizado pelo mercado de vestuário feminino para se referir a modelos que vestem tamanhos a partir do 46, mas não há consenso sobre quais seriam os números limites que agrupariam este nicho de consumidoras.

14 A entidade, fundada em 2002, produz eventos e manuais no estilo "guias de negócio", direcionados a empresárias(os) do mercado de artigos eróticos.

15 Lorena Mochel, "Erotismo gospel: mercados e limites da sexualidade entre evangélicas(os) no Complexo do Alemão", *Religião e Sociedade* [online], v. 37, nº 1, p.65-84, 2017. Disponível em <https://doi.org/10.1590/0100-85872017v37n1cap04>. Acesso em 20 ago 2020.

16 Os programas de evangelização para casais configuram um dos serviços mais antigos das igrejas católicas e evangélicas de diversas denominações. De modo geral, os trabalhos de "edificação familiar" oferecem uma ampla gama de cursos voltados para performances de masculinidades e feminilidades (sobre isto, ver Jacqueline Moraes Teixeira, *Da controvérsia às práticas: conjugalidade, corpo e prosperidade como razões pedagógicas da Igreja Universal*. Dissertação de Mestrado em Antropologia. São Paulo: Universidade de São Paulo, 2012. Uma das referências mais citadas pelos(as) interlocutores(as) evangélicos(as) foi o curso "Casados para sempre", nomeação presente em muitas das igrejas pentecostais nas quais congregam.

17 Comercializado pela Globo Filmes, contou com três versões exibidas respectivamente em 2010, 2012 e 2018.

18 Trechos entre aspas retirados na íntegra do roteiro do filme.

19 Lícia do Prado Valladares, op. cit.

20 A loja contava com duas vendedoras, sendo uma delas a proprietária da loja. O marido da proprietária também realizava atendimentos de modo esporádico e pontual. Em determinado momento da pesquisa, eu também era convocada a realizar atendimentos, principalmente em ocasiões em que a loja se encontrava mais cheia.

21 Maria Elvira Díaz-Benítez, *Nas redes do sexo: os bastidores do pornô brasileiro*, Rio de Janeiro: Zahar, 2010.

22 Cápsulas em formato redondo ou oval que contêm óleos de consistência gelatinosa, na maioria perfumados e indicados para inserção na vagina ou ânus antes da penetração. Inicialmente concebido para uso sobre a pele após o banho, elas acabaram sendo incorporadas pelo mercado erótico por seu efeito lubrificante na região genital.

23 Estimuladores em formato cônico com a parte central mais fina e a base mais larga para prevenir que adentre mais fundo no orifício anal. Podem ser feitos em silicone, látex ou vinil.

24 Com formato similar ao de um preservativo masculino em diâmetro maior e mais espesso, podem ser feitos em borracha ou silicone. Seu material é elástico e texturizado com pequenos nódulos massageadores em toda a sua extensão.

25 Michel Foucault, *A história da sexualidade*: a vontade de saber. Rio de Janeiro: Graal, 1988.

26 Jane Russo, "A terceira onda sexológica: medicina sexual e farmacologização da sexualidade", *Revista Latinoamericana Sexualidad, Salud y Sociedad*, nº 14, p. 172-194, 2013.

27 Jane Russo afirma que esta difusão se deu através do casal americano William Masters e Virginia Johnson, modificando o foco de vigilância passa as sexualidades "normais" ou *mainstream* (Jane Russo, "A terceira onda sexológica: medicina sexual e farmacologização da sexualidade", Revista Latinoamericana Sexualidad, Salud y Sociedad, nº 14, p. 172-194, 2013.)

28 José Carlos Rodrigues; Maria Luiza Toledo; Sacha Leite, "Disfunção erétil: comunicação e significação", *Revista Alceu*, v. 8, nº 16, p. 86-107, jan / jun 2008.

29 A temática anal também esteve presente na narrativa de vendedoras de lojas de produtos eróticos entrevistadas em Curitiba para a pesquisa de Anelise Montañes Alcântara. Discursos semelhantes aos significados sobre a barganha, recompensa e merecimento dos companheiros foram destacados pela autora, reafirmando a apropriação desta prática ao repertório cultural de consumo feminino em outros mercados deste ramo. (Anelise Montañes. Chupa que é de uva: subjetividades instituídas com o uso de produtos eróticos. Dissertação de Mestrado. Programa de Pós- graduação em Sociologia, Setor de Ciências Humanas, Letras e Artes: Universidade Federal do Paraná, 2013, p. 60.)

30 Uma descrição mais detalhada do "projeto gospel para *sex shops*", estabelecido através da parceria entre a loja, empresários(as) do mercado de artigos eróticos e lideranças religiosas locais foi trabalhada por mim no artigo "Erotismo gospel: mercados e limites da sexualidade entre evangélicas(os) no Complexo do Alemão, *Religião e sociedade* [online], 2017, v. 37, nº 1, p. 65-84. Disponível em < https://doi.org/10.1590/0100-85872017v37n1cap04 >. Acesso em 20 ago 2020.

31 Luís Fernando Dias Duarte, "O império dos sentidos: sensibilidade, sensualidade e sexualidade na cultura ocidental moderna", in Maria Luiza Heilborn (Org.), *Sexualidade: o olhar das ciências sociais*, Rio de Janeiro: Jorge Zahar, 1999.

32 A prática sexual anal, no entanto, segue como alvo de controvérsias por parte daqueles que possibilitavam diálogos promissores entre a religião e o mercado de artigos eróticos. O pastor carioca Cláudio Duarte, conhecido no meio evangélico por suas palestras bem-humoradas para casais, ganhou a simpatia do mercado quando passou a sugerir que os fiéis usassem produtos de *sex shop* para manter casamentos e tratar problemas hormonais decorrentes da menopausa feminina, como o ressecamento vaginal, ou ejaculação precoce masculina. Suas recomendações, no entanto, não incluíam os objetos "fálicos". Dentre as proibições, também estavam a prática de sexo anal, considerada desviante pela conotação homoerótica e biblicamente considerada como "sodomia", e a proibição da ida a motéis.

33 Talal Asad, *Formations of the secular. Christianity, Islam, modernity*, Stanford: Standford University Press, 2003.

34 Georges Bataille, *O erotismo*, Tradução de Fernando Scheibe. Belo Horizonte: Autêntica, 2013.

35 Saba Mahmood, "Razão religiosa e afeto secular: uma barreira incomensurável?", *Debates do NER*, ano 19, nº 36, p. 17-56, ago /dez 2019.

36 Judith Butler, *Problemas de gênero: feminismo e subversão da identidade*, Rio de Janeiro: Civilização Brasileira, 2010.

37 Refiro-me aqui diretamente às incursões feministas que se vinculam a determinados projetos de liberdade, conforme descrito por Saba Mahmood. Agradeço a Everton Rangel pela sugestão mais ajustada da expressão "projetos de liberdade", buscando afastar-me de possíveis simplificações nos usos do termo "liberal" a partir da obra da autora. Vale ressaltar, ainda, que a aproximação feita entre Judith Butler e Saba Mahmood nesse momento não explorou as críticas elaboradas pela última a respeito da teoria da performatividade. Para abordagem deste tópico, recomendo a leitura do prefácio do livro *(Des)prazer da norma*, escrito por Maria Elvíra Díaz-Benítez, Everton Rangel e Camila Fernandes (Rio de Janeiro: Editora Papeis Selvagens, 2018).

38 Saba Mahmood, "Teoria feminista, agência e sujeito liberatório: algumas reflexões sobre o revivalismo islâmico no Egito, *Etnográfica*, v. X, nº 1, p. 123, 2006.

39 Saba Mahmood, *The politics of piety: the Islamic revival and the feminist subject*, Princeton: Princeton University Press, 2005, p. 15.

40 Talal Assad, op. cit.; Saba Mahmood, op. cit.

41 Saba Mahmood, op. cit.

42 Talal Asad, op. cit.

O CUIR SITUADO

As *locas* me interessam porque eu, ainda que me adeque muito facilmente à "boa" cidadã, também fui marginalizada e quero entender como funciona o poder e a marginalização como caminhos para imaginar outras possibilidades. Para minha visão política e meu projeto artístico/cultural, me interessam as barraqueiras, as divas, as *locas* e as putas. Em minha comunidade, elas são as atrevidas, as que sempre se arriscam. As divas me interessam especialmente porque são elas que complexificam o projeto político – são as que envergonham.

Marcia Ochoa

Cidadania perversa: divas, marginalização e participação na "localização"

Marcia Ochoa

UMAS DAS DIVAS SUBLIMES QUE mais me inspiraram é Holly Woodlawn, uma personagem do panteão de Warhol, nos anos 1960, em Nova York.[1] Ela teve seus quinze minutos de fama e logo publicou uma autobiografia na qual relata a seguinte conversa, parte de uma entrevista com Geraldo Rivera, o então rei da TV piegas nos Estados Unidos:

– Holly, como é isso de ser uma mulher presa no corpo de um homem?

– Não estou presa no corpo de um homem, estou presa em Nova York – respondi.

– Mas o que você é? É homem ou é mulher?

– Meu bem – retruquei –, eu sou sublime, então, que diferença faz?![2]

> **Portaria de Convivência Cidadã e Sanção de Menores Infrações**
> **Artigo 1.** Objeto. A presente Portaria tem por objeto a consolidação das bases para a convivência cidadã no Distrito Metropolitano e a preservação da segurança, da ordem pública, do ambiente e da decoração da cidade, (...) e a utilização pacífica e harmônica das vias e espaços públicos do Distrito Metropolitano de Caracas.

Capítulo I

Das infrações relativas a determinadas condutas em lugares públicos.

Artigo 13. Oferecimento de serviços sexuais. Aqueles que ofereçam serviços de caráter sexual na via pública serão sancionados com multa de vinte (20) unidades tributárias, ou a realização de algum dos trabalhos comunitários estabelecidos no Artigo 38 da presente Portaria, por um período de quarenta e oito horas.

Ainda que o trabalho sexual não seja um crime para o Código Penal da Venezuela, nas ruas de Caracas, quem manda é a Portaria de Convivência Cidadã. Estas poucas palavras, que alegremente proclamam os termos da convivência entre cidadãos, também condenam muitas mulheres, travestis[3] e homens a viverem em uma negociação diária, custosa e às vezes violenta com os agentes do Estado – neste caso, a Polícia Metropolitana (PM). A convivência cidadã implica uma harmonia social que respeita todos os cidadãos, enquanto eles respeitam as normas estabelecidas. Mas alguns "convivem" melhor que outros, e as normas sempre valorizam certas existências e marginalizam outras.

Tive que conhecer a Portaria de Convivência Cidadã, e a definição de cidadania que a acompanha, para entender a região da avenida Libertador, em Caracas, onde dezenas de travestis realizam seu trabalho sexual.[4] Tive que conhecê-la porque, assim, entendi melhor os fatores estruturais que levam à violência e à marginalização que rotineiramente são produzidas nessas ruas e sobre esses corpos. Mas a verdade é que a Portaria funciona apenas como uma ferramenta para a PM; antes da Portaria existia a Lei de Vadios e Maliciosos, e antes havia outra, e sempre evocando a "moral", a "ordem", os "bons costumes". Se amanhã a Portaria for anulada, eles rapidamente encontrarão outra maneira de garantir a ordem.

Durante o período de elaboração deste ensaio, contribuí com a produção de um informe sobre a problemática da impunidade na Venezuela e seu impacto na "comunidade GLBT".[5,6] Identificamos problemas no relacionamento entre PM e as pessoas LGBT que responderam à pesquisa. Os entrevistados, além de manifestarem opiniões negativas a respeito da polícia, também relataram experiências de caráter negativo e os motivos pelos quais não as denunciam (87% da amostragem não havia feito uma denúncia formal). Quando perguntei a uma travesti o que deveria ser feito com a PM e se ela se interessaria em participar de uma mesa de negociação, ela me respondeu: "Com a PM? Ai, não. Porque depois, quando eles te virem na rua, já sabe, né?". Estas relações funcionam num regime de silêncio, em que a denúncia não serve para mudar o comportamento da polícia, mas para dar nome ao denunciante e marcá-lo para outras possíveis agressões. A intervenção teria que ser muito profunda para evitar estas agressões. O tipo de transformação que Antonio Gramsci chamou de "guerra de posição", uma mudança profunda e a longo prazo na hegemonia.

Neste artigo, quero investigar o processo de marginalização e como ele afeta a formação de nossos projetos políticos, nosso imaginário sobre cidadania e as relações entre a "sociedade civil" e as pessoas que se pretende representar com este termo. Me envolvi com essas questões por acaso. Ainda que eu circule em alguns setores da chamada "sociedade civil" (especialmente entre organizações não governamentais – ONGs e ativistas cujas práticas são respostas ao HIV/aids, assim como em movimentos culturais de minorias étnicas nos Estados Unidos), a incapacidade de responder às necessidades das pessoas que me interessam sempre gerou, em mim, uma crítica à institucionalização e profissionalização que encontrei em campo. Meu interesse principal de pesquisa é estudar as respostas corporais e imaginativas à marginalização nos meios de comunicação, e dedico meu trabalho de campo atual a estes temas e não ao que vou chamar de "sociedade civil LGBT". Entretanto, me parece importante entender a diferença entre aqueles que se reconhecem como "atores políticos" da comunidade e os que são automaticamente excluídos – ou se autoexcluem – de qualquer possibilidade política. Este artigo é baseado em meu trabalho de campo com as travestis da avenida Libertador, em Caracas, minhas experiências com uma ONG nos Estados Unidos chamada Proyecto ContraSida Por Vida, e entrevistas com representantes de três organizações LGBT em Caracas (Alianza Lambda de Venezuela, Unión Afirmativa de Venezuela e Divas de Venezuela). Com base nestas observações, aponto na direção de uma política *antinormativa*, que privilegia as estratégias locais e a política do desejo para realizar transformações sociais que resistem à marginalização.

PRIMEIRO A *LOCA*-LIZAÇÃO[7]

Com a ideia de *loca*-lização quero fazer várias coisas: quero me *loca*-lizar, ou seja, quero explicar como e a partir de onde chego a este questionamento; quero trazer as trajetórias entrecruzadas e transnacionais subjacentes ao atual cenário político e social no qual se encontram "as *locas*"; quero destacar que a chamada "globalização" é um processo muito local e contingente – que existe uma negociação entre elementos estrangeiros e realidades locais; e, finalmente, quero privilegiar, em minha análise, estas cidadãs (boas, más ou sem documentação) que chamamos de *locas* e que se excluem do imaginário político, na tentativa de negociar algumas maneiras de tornar a política mais *loca* e de fazer mais políticas para as *locas*.

Muito antes, havia me concentrado em processos e atores sociais relacionados a minha existência como filha sapatão do êxodo de mentes colombianas tentando existir nos Estados Unidos. Nessa negociação da diferença, encontrei meu lugar na *jotería*[8] – pessoas (principalmente, mas não exclusivamente) latinas LGBT – em São Francisco, Califórnia. A *jotería* é uma ideia baseada no movimento chicano e seus integrantes LGBT. Ela vem se articulando desde os anos 1990 com uma política chamada queer e seus participantes *of color*, ou seja, de minorias étnicas racializadas, nos Estados Unidos. Teoricamente, o *queer people of color* desenvolveu-se majoritariamente no campo das "identidades e diferenças sociais". Este artigo é uma tentativa de acessar discursos fora do eixo "identidade e diferença", porque há outros discursos muito potentes que nos afetam cotidianamente e que se articulam nos termos da economia, da cidadania, da política, da saúde, entre outros.

Sempre me inspirei nas estratégias de sobrevivência diversificadas e imaginativas que criamos, entre elas, o talento para sermos "sublimes". Acredito ser interessante entender como as pessoas se tornam "sublimes", apesar das realidades materiais que as limitam, o que, nos melodramas, é chamado de "rejeição da cotidianidade".[9] As "sublimes", às vezes, também são chamadas de divas ou *locas*.[10] Na Venezuela, entre outras coisas, elas são travestis e transformaram meus conceitos de feminilidade, poder e marginalização. Não pretendo romantizá-las: fique claro que elas vivem vidas muito complicadas, como a maioria da humanidade, têm seus problemas particulares e sociais, e, às vezes, como todo mundo, são preconceituosas, grosseiras, sexistas, desrespeitosas e mais.

As *locas* me interessam porque eu, ainda que me adeque muito facilmente à "boa" cidadã, também fui marginalizada e quero entender como funciona o poder e a marginalização como caminhos para imaginar outras possibilidades. Para minha visão política e meu projeto artístico/cultural, me interessam as barraqueiras, as divas, as *locas* e as putas. Em minha comunidade, elas são as atrevidas, as que sempre se arriscam. As divas me interessam especialmente porque são elas que complexificam o projeto político – são as que envergonham. Defendo que, para elaborar projetos de sociedade verdadeiramente inclusivos, é necessário imaginar que nem todos os cidadãos serão bons cidadãos e se adequarão às expectativas de participação social (educados, interessados, racionais, não frívolos). É vital para qualquer projeto de transformação social se aliar à complexidade e aos sujeitos frustrantes.

O que me chama atenção é uma questão de poder: a sociedade se impõe violentamente, sobre os corpos dessas divas, para marcar o território do gênero. Esta demarcação tem como resultado sua exclusão social, econômica, jurídica, política e interpessoal. A "cidadania" é um mecanismo para excluí-las. A participação social lhes é negada, seus direitos (como cidadãs ou seres humanos) são violados, e, muitas vezes, elas mesmas se negam a participar socialmente dos moldes do que se espera de um bom cidadão.[11] Dessa forma, os conceitos "cidadania" e "sociedade civil" não são muito centrais na constituição do meu trabalho, não obstante, me interessam porque são mecanismos usados para o exercício de certo poder social. Estou buscando uma maneira de entender o poder, a periferia e o centro; uma que seja suficientemente complexa para:

a. Contemplar as múltiplas modalidades do poder – suas imposições, subversões, inversões e perversões, que são sempre e necessariamente imprevisíveis e ásperas.

b. Respeitar a criatividade e a força de vontade das pessoas marginalizadas (sem romantizá-las).

c. Contemplar a força com a qual o centro é imposto na vida cotidiana.

A respeito da marginalização e participação, a pergunta chave para mim é se podemos usar as micropolíticas do corpo e do desejo, partes da vida cotidiana das travestis – por exemplo, o escândalo –, como estratégia para a articulação de outras cidadanias.[12] Em vez de buscar formas de discipliná-las para a participação, prefiro pensar em como seria um projeto político baseado no desejo e na corporalidade. Para pensar essa questão, primeiro quero explicar um pouco o que entendo por "cidadania" e "sociedade civil". Em seguida, tratarei das diferentes organizações. Depois, proponho três marcos referenciais para uma política antinormativa.

A CIDADANIA

Entendo por cidadania os processos que produzem uma pessoa como parte de um grupo social, as coisas que a fazem sentir parte de tal grupo, e as que fazem a sociedade vê-la como parte desse grupo. Muitas vezes, hoje em dia, o grupo social é tomado como um Estado-nação, mas a cidadania não é exclusiva para os sujeitos dos Estados-nações. Dessa maneira, para ter uma cidadania, precisamos de mais que um passaporte ou uma carteira de identidade, precisamos da sensação de pertencimento.

Mas nada é tão fácil. Por mais documentos e sensações de pertencimento que um estadunidense de descendência árabe tenha, ele sempre vai ser um forasteiro e suspeito de terrorismo. Por mais que participe da economia dos Estados Unidos, ainda que tenha adotado costumes do país, uma mexicana não naturalizada sempre estará ameaçada pelo serviço de imigração dos Estados Unidos. E, evidentemente, a "cidadania", numa dinâmica em que pode haver cidadãos bons, maus e não naturalizados, tem seus processos de inclusão e exclusão. Mas ainda que sirva como ferramenta para a exclusão, a cidadania também pode ser usada estrategicamente para se "fazer exigências". Especialmente a fim de exigir o cumprimento dos direitos dos cidadãos e dos seres humanos. Dessa forma, por vezes, convém às *locas* cultivar uma cidadania.

A cidadania pode ser uma estrutura disciplinadora,[13] que cristaliza identidades mediante o controle do Estado e da ideologia, ou uma estrutura política onde se reconhecem sujeitos de direitos e atores políticos capazes de intervir no governo (como é definida no Dicionário da Real Academia da Língua Espanhola). A cidadania tem uma dimensão afetiva e outra estrutural; ambas marginalizam as travestis. A cidadania interessa ao meu trabalho porque ela facilita lógicas, estéticas, práticas e estruturas de "participação". Para que ela seja útil às travestis, é necessário transformarmos a noção de política e ao mesmo tempo a noção de cidadão. Ou seja, para que uma pessoa se imagine "sujeito de direitos" e relevante na garantia desses direitos, é preciso que exista um processo de "produção de subjetividade", ao mesmo tempo que se luta por um reconhecimento estrutural.

Assim, se definimos como cidadão o sujeito de direitos ativo, e se os direitos e o reconhecimento realmente combatem a dinâmica da marginalização social, estamos sugerindo que cultivar a cidadania entre as travestis pode servir como intervenção em suas problemáticas. Interessam-me as estratégias para materializar esta transformação social. Porque ela parece um projeto a prazo muito longo e talvez não tão útil para enfrentar necessidades urgentes (por exemplo, na hora que a polícia aparece para te prender, é muito mais útil tirar os saltos e correr!), mas que pode servir como um referencial para se desenhar intervenções pontuais.

Horacio Roque Ramírez, que tem trabalhado extensamente com o projeto ContraSIDA Por Vida, aponta uma diferença pedagógica que existe entre as intervenções do projeto e as intervenções de outros prestadores de serviço na cidade de São Francisco. Ele fala da distinção freireana entre uma pedagogia "bancária" e uma pedagogia "dialógica". A intervenção dialógica prevê a criação de um diálogo entre "sujeitos", que podem estar ocupando diferentes funções e ter responsabilidades variadas.[14] A visão disciplinadora da cidadania é útil para mostrarmos a profundidade da transformação necessária, já que o processo de produzir cidadania é um processo de enculturação:

> O projeto fundante da nação é civilizatório, no sentido de, por um lado, fornecer ao registro um poder legalizador e normativo das práticas e sujeitos cujas identidades ficam circunscritas ao espaço burocrático; e, por outro, organizar um *poder* múltiplo, automático e anônimo, que controle incessante e discretamente os indivíduos: para torná-los cidadãos da pólis (...).[15]

Precisamos olhar para o problema da cidadania das travestis de duas formas: a partir da integração das travestis ao conceito de cidadania e também da transformação do conceito de cidadania. É isso que sugere Rummie Quintero, uma ativista das causas trans e comunitária, da paróquia 23 de Janeiro, em Caracas, que atualmente elabora a proposta do projeto "Divas de Venezuela", uma ONG dirigida a pessoas transgênero, transexuais e travestis:[16]

(...) desde que comecei minha projeção como pessoa e como bailarina, essa parte social começou também. Sempre trabalhando com as comunidades, porque sempre vi que o respeito também se conquista com a adaptação, e muitas vezes é necessário se adaptar à sociedade para depois adaptar a sociedade a você. Que é o que estou fazendo agora. Agorinha estou adaptando a sociedade. Primeiro, eu me adaptei a ela, agora estou adaptando ela a mim.[17]

É possível tentar "polir" as travestis para que sejam cidadãs exemplares (o projeto normativo), para que convivam, por exemplo, com os moradores da avenida Libertador que sempre chamam a polícia para botá-las para correr, ou que passem a fazer denúncias quando tiverem seus direitos violados. Mas não é possível esperar que abrir as portas para o diálogo, ou pedir que denunciem essas violências, gere alguma resposta. Os anos de repressão ativa têm de ser neutralizados por algum outro tipo de intervenção. Rummie adota uma posição que reconhece a legitimidade da sociedade e de sua comunidade, o que não é comum na maioria das travestis que acompanhei e entrevistei, e que definitivamente encontrei mais entre pessoas que se identificam não como travestis, mas como "transgênero" ou "transexual".[18]

Rummie reconhece que uma estratégia para transformar a forma como a sociedade olha para as pessoas transgênero é respeitar as normas dessa sociedade e, em sua experiência, destacar-se artisticamente para ser respeitada. Esta estratégia funciona bem para ela, e, segundo minhas observações, é muito eficiente para projetar uma imagem positiva das pessoas transgênero. Mas ela não funciona em um espaço criminalizado e estigmatizado como o do trabalho sexual nas vias públicas. Aí, encontramos uma estética chocante e por vezes abjeta, e comportamentos escandalosos como o trabalho sexual, a agressão, a nudez pública, o roubo, o consumo de drogas etc.[19] Nas palavras de um trabalhador sexual da avenida Solano, falando do trato da polícia: "Eu sei que isso é ilegal e tudo mais, mas pelo fato de sermos seres humanos não deveriam nos maltratar".[20] Ser um sujeito de direitos está condicionado ao cumprimento de uma estética e um conjunto de comportamentos do bom cidadão. Este trabalhador sexual se entende como um sujeito de direitos "pela sua condição de ser humano", não de cidadão. Evelina Dagnino identifica essa luta não como a luta pelos direitos, mas pelo "direito de ter direitos":

(...) a pobreza é uma marca de inferioridade, uma maneira de ser em que os indivíduos perdem a habilidade de acessar seus direitos. Esta privação cultural imposta pela ausência absoluta de direitos, que por fim se expressa como uma supressão da dignidade humana, chega a ser constitutiva da privação material e a exclusão política.[21]

Dagnino identifica dois tipos de direitos: o direito à igualdade e o direito à diferença. O direito à igualdade corresponde à definição liberal de cidadania, enquanto o direito à diferença faz referência ao que ela chama de "nova cidadania", uma que se define fora da relação entre Estado e indivíduo. Isto quer dizer não apenas "acesso, inclusão, filiação e pertencimento a um sistema político", mas também "o direito de participar na definição desse sistema".[22] A redefinição da cidadania aparece não apenas como uma estratégia política, mas principalmente como uma política cultural.

O que Dagnino chama de "nova cidadania" parece estar ligado ao conceito de "democracia radical" proposto por Laclau e Mouffe – usado por Cristina Bloj em seu artigo presente no mesmo livro. Ambos se baseiam nas "lutas contra as diferentes formas de subordinação – de classe, de sexo, de raça, assim como aquelas às quais se opõem os movimentos ecológicos, antinucleares e anti-institucionais".[23] Dagnino também inclui o movimento LGBT nestas lutas.

Questiono-me sobre o tanto que sentidos liberais de cidadania são reproduzidos nestas lutas. Falando a partir da minha experiência com o "movimento LGBT" nos Estados Unidos e agora na Venezuela, me parece que a categorização destes atores como participantes na criação da "nova cidadania" oculta as práticas de exclusão e as limitações dos imaginários políticos que cultivamos dentro do próprio movimento.

Existem dois tipos de igualdade: uma em que eu sou igual a você, outra em que você é igual a mim. Partindo de uma posição de abjeção ou de completa rejeição social, esta diferença implica estratégias diferentes. Se eu sou igual a você, eu me adequo à tua estética para me tornar um sujeito de direitos; se você é igual a mim, e eu sou uma pessoa rejeitada pela sociedade, então você, no momento em que me torno equivalente a você, também se suja.

Kulick e Klein[24] analisam o escândalo travesti para entender suas possibilidades políticas. Eles se baseiam na diferenciação proposta por Nancy Fraser entre projetos de "redistribuição afirmativa" e projetos de "redistribuição transformadora". A redistribuição afirmativa busca reparar "padrões de distribuição sem atrapalhar os mecanismos subjacentes que os produzem", prática que "marca os beneficiários como 'diferentes' e subvalorizados, destacando divisões no grupo".[25] De acordo com Fraser, a redistribuição *transformadora* é uma estratégia para

> reparar padrões de injustiça, precisamente, através da modificação do quadro referencial subjacente que os produzem. Reestruturando as relações de produção, a redistribuição transformadora modificaria a divisão social do trabalho, abaixando os níveis de desigualdade social sem criar camadas estigmatizadas de pessoas vulneráveis que se entendem como beneficiárias de uma benevolência especial.[26]

Os projetos de redistribuição transformadora se baseiam em uma política de igualdade, mas não igualdade no sentido de que os desfavorecidos dizem ser iguais aos privilegiados (uma política normativa ou conformadora), e sim uma igualdade em que os desfavorecidos consideram os privilegiados seus iguais (partindo da abjeção). Nas palavras de Kulick e Klein, o escândalo travesti "reterritorializa a vergonha", ou seja, a travesti usa seu poder de contaminação para produzir uma impressão no Outro e transformar o "campo de guerra" – a cidadania, a masculinidade, ou outro. Esta estratégia funciona para conseguir o efeito desejado, que no caso relatado no artigo é o de tirar mais dinheiro do cliente.

O escândalo travesti é uma estratégia de ressemantização: as travestis transgridem os bons costumes e a sociedade civil não por recusar a vergonha (e promover algo como um "orgulho travesti"), mas por habitar a vergonha como um espaço para questionar os outros e incriminá-los.[27] Ao ser incriminado, o privilegiado se envergonha e cede às demandas colocadas para calar o escândalo. Os autores sugerem que o escândalo, como política, poderia ser estendido de um nível interpessoal a uma esfera coletiva mais organizada. Como seria uma cidadania travesti? Ainda é apenas para ser sonhada, e depende delas, mas há um princípio fundamental a ser levado em conta: "a constituição de sujeitos sociais ativos (agentes políticos), defendendo o que consideram como seus direitos e lutando para o seu reconhecimento".[28] Mas se a sociedade civil é fundamental para a definição de uma "nova cidadania", é necessário redefinir a noção de política no que chamo "sociedade civil LGBT" da Venezuela.[29]

SOCIEDADE CIVIL

Pensava que conhecia a ideia de "sociedade civil" porque, em minha busca de um lugar onde me sentir confortável como sapatona colombiana estrangeira, acabei me aproximando de muitas ONGs. A pandemia do HIV/aids ironicamente abriu espaço para organizações comunitárias que ofereciam serviços de prevenção e saúde aos G [gays] e a nós, LBT [lésbicas, bissexuais, travestis]. Fomos nos metendo nelas. Se você quiser encontrar pessoas LGBT em qualquer lugar, primeiro busque por boates, depois ONGs, e se não há nenhuma que seja explicitamente LGBT, procure as ONGs especializadas em HIV/aids. Lá você acha.

Então, é simples: a sociedade civil é um código para dizer ONG. Nos Estados Unidos, elas são organizações registradas no Estado, sem fins lucrativos e com metas sociais. Não são nem o "setor público" (o Estado), nem o "setor privado" (o mercado), nem as pessoas comuns. Você poderia perguntar "mas e os partidos políticos?". As comunidades de que faço parte, nos Estados Unidos, têm alergia a eles. Não nos metemos ali. "E as organizações transnacionais (de desenvolvimento, de direitos humanos etc)?" Bem... a verdade é que eu trabalho com minha comunidade local, não me meto em assuntos internacionais. "E o exército?" Parece que nos Estado Unidos trabalhamos com a ideia de que as forças armadas estão completamente fora do nosso alcance. Agora posso confessar que meu olhar sobre a sociedade civil está completamente marcado por minha cidadania estadunidense. Parece, a partir desse ponto de vista, que a "sociedade civil" é simplesmente um mecanismo legal para garantir acesso a fundos monetários, porque sem o "501 (c) 3"[30] não é possível receber dinheiro de fundações. No caso das pessoas que me interessam, a sociedade civil é a possibilidade de se organizar formalmente para exigir direitos e receber apoio. Muito concretamente, isto significa a formação de uma ONG, mas entendo que essa manifestação é apenas um elemento na chamada "sociedade civil".

Mas me pergunto: se limitamos nossa imaginação sobre quais são os espaços de força política, não estamos perdendo a oportunidade de sonhar, ou até mesmo alucinar, com outras possibilidades de resistência coletiva? O que temos chamado de "sociedade civil" às vezes não se vincula ao que chamamos de "base", especialmente porque esta base não está de acordo com o imaginário hegemônico de força política.

145

Vários autores (Daniel Mato, Mario Roitter, Afef Benessaieh e, em especial, Eveline Dagnino) se ocupam de analisar o universo da sociedade civil, e as suas definições são numerosas. Roitter fala da noção de "Terceiro Setor", ou seja, um espaço nem-Estado nem-mercado, e da genealogia do conceito de sociedade civil até chegar, como também fazem Dagnino[31] e Reygadas,[32] a uma distinção entre as noções de sociedade civil de Antonio Gramsci e Jürgen Habermas; por fim, demarcando a importância da noção gramsciana na América Latina. A preocupação de Mato está voltada para a produção de representações da sociedade civil e com os atores "globais" e "locais" que influenciam esta produção.[33] Isso, sempre destacando as relações estruturais que determinam a distribuição de recursos internacionais e, portanto, a priorização das atividades de certas organizações da sociedade civil, em particular as ONGs.[34] Dagnino estuda a resistência da esquerda ao autoritarismo no quadro da "democracia", e a ideia de que fortalecendo a "sociedade civil" se fortaleceria a democracia,[35] e como nos últimos anos acontece uma "confluência perversa entre o projeto político participativo e o projeto neoliberal".[36] Ou seja, que a sociedade civil também pode ser entendida como "todo mundo exceto os militares" em uma luta contra um Estado autoritário.

Robles Gil também critica a confluência da ideia de sociedade civil com democracia: "o desenvolvimento da sociedade civil não é idêntico, e não equivale, de nenhuma maneira, à democratização da sociedade".[37] Ele usa a noção gramsciana de sociedade civil para se distanciar da ideia estadunidense de Terceiro Setor: "a sociedade civil aparece [em Gramsci] como um campo de elaboração e difusão das ideologias, onde se constrói, se recupera e se reproduz o consenso e o reconhecimento sobre o rumo econômico e político da sociedade".[38]

Em uma de minhas saídas a "campo" (a avenida Libertador em Caracas, onde trabalham diversas travestis), minha acompanhante e eu vimos cinco guardas nacionais com metralhadoras escoltando duas travestis para baixo de uma ponte. A escolta seguiu em silêncio: nem nós, os civis, nem os militares, nem as travestis que eram escoltadas falavam durante a caminhada pela rua. Quando passaram por mim, troquei olhares com uma das meninas que parecia me dizer "agora sim estamos bem fodidas", com um meio sorriso irreverente e a sobrancelha levantada. Os militares as levaram para debaixo da ponte. Nós continuamos em cima. Nos aproximamos muito cuidadosamente da tal ponte e comecei a registrar a experiência. Passaram cinco minutos – não se via nada do que acontecia lá embaixo. O militar que tinha ficado do lado de cima nos viu e decidimos, nesse momento, que não havia nada que pudéssemos fazer diante das metralhadoras dos guardas. Vai saber o que aconteceu com aquelas meninas; nós fomos embora de táxi.

Coisas como essa acontecem cotidianamente, não tanto com a guarda nacional (foi a primeira vez que os vi detendo travestis), mas sempre com a PM. Essas cenas acontecem porque existem silêncios que as autorizam – as vítimas da violência são pessoas que não podem denunciar, ou não denunciarão, porque a denúncia não serve para nada. No momento, estão fodidas. Militares com metralhadoras podem fazer, a qualquer hora, o que tiverem vontade, e se não há consequências, podem seguir fazendo. E isso depende de onde e quando se produz um discurso que traz consequências – em que o pronunciamento da sociedade mude, ou a denúncia valha de algo. Enquanto esse tipo de discurso não existir, as partes coexistem em uma negociação cotidiana lubrificada pelo silêncio. Às vezes não coexistem, e elas terminam assassinadas embaixo da ponte.

Se é possível dizer que o "rumo econômico e político da sociedade" pode ser construído diante de um consenso,[39] então a sociedade civil se apresenta como o campo para esta construção, negociação e reelaboração. Reygadas opõe esse sentido gramsciano de sociedade civil com o sentido habermasiano: a sociedade civil como o "nível institucional do mundo vivido, no qual a prática associativa se desenvolve e a cultura se forma".[40] O sentido habermasiano, diz ele, não nos ajuda a "compreender as complexas articulações entre o mundo cultural, por um lado, e o mundo econômico e político, por outro".[41] Assim, para o desenho de intervenções, mais vale entender os contornos simbólicos, econômicos, políticos e interpessoais relevantes.

Assim, várias vezes durante o processo de escrever este ensaio, me perguntei: para que serve a ideia de "sociedade civil"? Por vezes me frustro e me lembro que é mais importante saber como imaginar e promover intervenções do que relacioná-las com essa história de "sociedade civil". Roitter apresenta uma maneira de pensar a operabilidade da ideia de sociedade civil:

> (...) acreditamos que a reintrodução deste tema nas ciências sociais significa também uma oportunidade para prestarmos atenção em

como as pessoas se organizam de forma autônoma na tentativa de influenciar o Estado e o mercado e enfrentar os crescentes níveis de exclusão e fragmentação na sociedade.[42]

Parece útil pensar maneiras de organização para se fazer presente nesse âmbito, mas fico pensando nos elementos sociais que não são nem de Estado nem do mercado: por exemplo, a violência doméstica, a proibição religiosa da sexualidade ou o conjunto cultural que impõe o racismo e a xenofobia, para além do Estado, com consequências no mercado. O Estado e o mercado são os únicos espaços para a transformação? Onde se encontram as transformações internas, as transformações que mudam a maneira de se olhar para um problema, o lugar da fé, da criatividade, do orgulho, da vergonha? Como abordamos a dimensão afetiva e imaginativa da transformação?

Então, como vamos da festa, o lugar do prazer, ao foco, o lugar da determinação? Nas minhas entrevistas com representantes de ONGs direcionadas a pessoas LGBT,[43] percebi uma separação entre o espaço "social" e o espaço legal ou jurídico. No discurso de Jesús Medina, diretor executivo da Lambda, os dois espaços são parte de uma abordagem "integral" do projeto de defender os direitos LGBT:

> (...) é possível combater a violação dos direitos a partir de um ponto de vista jurídico, mas também de um educativo. A área da saúde também é relevante, e logo ali está a parte social. Você pode fazer um evento esportivo na intenção de unir um grupo de pessoas, para que elas se conheçam, interajam. E isso vai permitir que você crie um grupo forte que, quando for necessário combater um problema de discriminação, esse grupo forte criado a partir do encontro esportivo, estará presente.[44]

Jesús Ravelo, da Unión Afirmativa, com base em sua experiência com as reuniões da Lambda, identifica nessas reuniões uma proposta mais de "encontro social" ou "comunitário", e fala da diferença entre os dois grupos:

> (...) víamos na prática que (...) a Lambda, nas vezes que os visitei, tinham um grupo de filmes às terças-feiras, e era bacana porque as

vezes que fui senti que (...) havia uma comunidade, ou pelo menos uma parte da comunidade que se forma ali. Mas então, nessas coisas, sinto que é importante (...) educar.[45]

Esta diferença é reafirmada pelo trabalho da Lambda na organização da Marcha do Orgulho LGBT em Caracas, um evento que reúne a "comunidade" para promover visibilidade, orgulho e direitos dos LGBT. Não estou dizendo que as pessoas da Unión Afirmativa recusavam o projeto comunitário, e sim que se desenhou uma diferença, talvez estética e política, no foco de cada grupo. No fim das contas, a Unión Afirmativa também participou da organização da Marcha do Orgulho nos anos anteriores. O que interessa aqui é que os campos de atuação de ambos são concebidos como campos "separados". Nesta divisão, a Lambda se vê como organização com uma atividade mais "social", e a Unión Afirmativa, com atividade mais "legal". A divisão está relacionada também a uma distinção segundo a qual a Unión Afirmativa, em razão de seu foco e seus membros, é tida como uma organização de profissionais e intelectuais (professores universitários, advogados, cientistas políticos etc.). É importante destacar que a Lambda também tem integrantes "profissionais" e desenvolve pesquisas – o que estou apontando aqui é a diferença nas "percepções" dos vários projetos. Ravelo diz que essa é uma diferença entre pensar e fazer:

(...) quando começamos a nos reunir (...), começamos a ver as diferenças de estilo entre as diferentes ONGs. E alguns grupos estavam mais preocupados em fazer. "Vamos fazer isso, vamos fazer aquilo". E nós estávamos um pouco mais inclinados a pensar sobre as coisas antes de fazer. Talvez muitas vezes ficávamos só pensando e, no final das contas, não fazíamos nada.[46]

Medina compartilha da crítica interna de Ravelo sobre a Unión Afirmativa e a diferença entre os dois grupos:

(...) desde que conheço a Unión Afirmativa sei que eles se dedicam exclusivamente ao que é, é... a parte legal, sabe? De fato, sempre nos disseram isso, que eles se ocupam da parte legal, que isso está dentro dos seus objetivos. E (...) acredito que isso seja muito importante, porque (...) depois que conquistarmos essa parte legal vamos dar um salto bem importante no que diz respeito aos nossos direitos. Porque eles serão alcançados. Mas eu, se fosse eles, colocaria um pouco mais de força. Talvez eles precisem ser um pouco mais agressivos.[47]

Esta separação entre o espaço social e o espaço político, o fazer e o pensar, é uma distinção estética, na qual o discurso do espaço social é agradável e o discurso político soa pesado. Isso de ser "sério" é como fazer as sobrancelhas. Uma das primeiras coisas que muitas travestis fazem quando começam a se definir como tal é se olhar no espelho e encontrar os traços que lhes agradam e trabalhá-los até chegar à "perfeição". Das sobrancelhas – e isso é verdade para quase todas as travestis que entrevistei – tiram-se pelos com pinças até que o olho chegue ao formato desejado, com a sobrancelha levantada como se fosse uma provocação. Quando ficamos "sérios" para participar de articulações políticas, cultivamos certa estética e vamos tirando os pelinhos que não convêm. Mas, nesse refinamento da estética política, corremos o risco de nos tornarmos pesados. Ravelo relata uma experiência pela qual a Unión Afirmativa passou no republicagay.com, um website venezuelano:

> (...) por mais ou menos um ano tivemos uma coluna no *Republica Gay* (...), com publicações duas vezes ao mês. Mas, aparentemente, essa era a coluna menos visitada da página [A, a o quê? A menos visitada (risos)] Sim, sim, a menos visitada. Lá tinham todas as festas e todas as notícias interessantes, (...) e a Galería, e o Cuarto Oscuro. Ninguém queria saber de política (... risos), nem nada desse tipo.[48]

Resumidamente, um dos comentários que mais se faz na "sociedade civil LGBT" é sobre a falta de "participação" dos integrantes da comunidade. A experiência de Ravelo indica que os leitores do republicagay.com têm muitas opções mais chamativas que "a política" e decidem participar apenas delas.

Rummie Quintero, da Divas de Venezuela, como vimos anteriormente, também trabalha com a parte "social" e compartilha da visão de Medina, que entende o social como parte integrante de um projeto para fazer valer os direitos dos LGBT. As razões pelas quais Rummie deixou de participar de ONGs LGBT apontam tanto para o problema estético (a diferença de "perfil" que teve com a Unión Afirmativa) quanto para o problema de participação, em especial a frustração que sentiu com a receptividade de outras ONGs, onde sentia que não era levada a serio, apesar de sua extensa experiência com a organização comunitária no 23 de Janeiro:

> Estive em muitíssimas organizações esportivas, e em outras, e no entanto (...), aconteceu isso (...) de não escutarem, sabe? Porque sem motivo aparente pode-se exercer esse desrespeito com as pessoas transgênero, ou (...) essa desvalorização. Também me deparei com (...) "choques" com pessoas que não estavam tão preparadas como eu, ou como outra pessoa, para desempenhar um cargo, e isso causava um choque. Ou seja, por isso decidir fundar essa ONG [Divas]. Nas organizações onde tinham pessoas heterossexuais fui muito bem recebida. As áreas que me diziam respeito ficavam sob minha responsabilidade, e eu as direcionava como achasse melhor. E, bem, sempre que as dirigi, graças a Deus, me saí bem.[49]

Rummie sente que tem suas habilidades organizacionais mais respeitadas em espaços não LGBT. Ainda que teoricamente seja possível dizer que a Lambda e a Unión Afirmativa aceitem ou incentivem a participação de pessoas transgênero (e ambas tiveram um ou outro membro trans), existem frustrações e autoexclusões:

> (...) era mais ou menos um "bom, não vamos excluir você porque também faz parte do GLB (...) pertence ao T", ou seja, à comunidade gay. Mas não (...) recebi um cargo de fato; no Lambda de Venezuela fui coordenadora cultural e esportiva, cargo que nunca ocupei, quer dizer (...) era algo muito fictício, e essa foi uma das minhas decepções de verdade porque, quer dizer, se te dão um cargo, também devem te dar a importância desse cargo.[50]

Mas Rummie, e também eu, temos enfrentado problemas de participação, tentando convocar mulheres trans e travestis, e me parece que o ato de "convocar" é justamente onde está o problema. Por mais que Rummie consiga funcionar em um modelo político mais ou menos normativo ("me adequar à sociedade"), muitas mulheres trans e especialmente travestis não conseguem.

A festa, assim como a locura e o escândalo, nem sempre são lugares produtivos para se promover intervenções. Quando digo que é preciso imaginar uma política a partir da festa, não quero dizer que a política deve ser produzida única e exclusivamente a partir da festa, ou de uma maneira *loca*, e sim que é preciso transcender essas distinções estéticas que marginalizam ou fazem com que certos atores sociais se autoexcluam. Se a ideia é intervir nos momentos e nos silêncios graves onde direitos são violados, temos que transformar a política para que ela se faça sentir nesses espaços e nos sujeitos que os habitam.

A estratégia do projeto ContraSIDA Por Vida é uma dialética entre a festa e o foco, através da formação de uma sensação de "comunidade" e reflexão. Criativamente, usando os recursos estatais, o projeto teve que fazer um "trabalho adicional para explicar como um espaço aberto para reflexão criativa usando a produção cultural era importante para a sobrevivência de latinos queer na [epidemia da] aids".[51]

RUMO A UMA POLÍTICA ANTINORMATIVA

Assim, para promover uma política antinormativa, acredito serem úteis três quadros referenciais: primeiro, levar em conta o propósito da "*queer theory*"; segundo, usar estratégias e categorias locais; e, terceiro, articular uma política do desejo.

a) A *queer theory*

A *queer theory*[52] é uma produção intelectual, inicialmente norte-americana, que surge nos anos 1980, baseada em uma crítica à *heteronormatividade*. A *queer theory* tenta entender os processos e atores sociais fora de um quadro normativo – imaginar o sujeito teórico sem uma trajetória reprodutiva, moral ou econômica fixa. Ainda que me incomode a linguagem sumariamente teórica e inacessível da *queer theory*, a crítica fundamental à normatividade me parece muito útil para elaborarmos uma resposta cultural à marginalização.

Acredito, em especial, que a estratégia de "ressemantização" proposta pela *queer theory* seja produtiva nesses projetos. A ideia de ressemantização é abordada na análise de Kulick e Klein[53] sobre o escândalo travesti como estratégia para exigir o direito à igualdade. Mas é preciso ter muito cuidado: a palavra queer é uma categoria *local* estadunidense (é como te chamavam na escola quando implicavam com você), que, através da hegemonia teórica que permite a publicação e circulação de textos estadunidenses por todo o mundo, viajou muito, mas não tem a mesma ressonância em outros lugares. A Venezuela tem suas próprias categorias – algumas das que vi: *de ambiente, entendido, marica, parguito, cachapera, camionera* etc.[54] – e seus próprios tipos de escândalo.

b) Usar estratégias e categorias locais

Ao planejar uma intervenção (ou mesmo um projeto de sociedade civil), é necessário entender primeiro como identificar o problema localmente e quais têm sido as respostas e soluções adotadas pelas pessoas afetadas. Às vezes, elas são boas, outras vezes não servem, mas é preciso olhar para elas. Quando se pretende introduzir um conceito externo à situação, é preciso pensar para que serve essa referência estrangeira – e de que forma ela muda a maneira como imaginamos o problema. Um exemplo pode ser o uso de símbolos LGBT "globalizados" vindos de outras localidades: o triângulo rosa usado para identificar homossexuais no regime nazista alemão; ou o arco-íris que se popularizou em São Francisco nos anos 1980 para representar o orgulho gay; ou a própria Marcha do Orgulho Gay celebrada na última semana de junho em diferentes partes do mundo. Já nem lembramos que a data celebra uma revolta urbana que aconteceu em 1969, quando invadiram uma boate LGBT chamada Stonewall Inn no bairro gay de Nova York. As manifestações feitas pela classe trabalhadora novaiorquina e pelas *locas* travestis porto-riquenhas protagonizaram essa revolta. Estes símbolos certamente mobilizam discursos produtivos, mas, ao mesmo tempo, ocultam discursos locais.

c) Articular uma política do desejo

Embaso a ideia de uma política do desejo na pedagogia dialógica do projeto ContraSIDA Por Vida e na necessidade de privilegiar a construção de "subjetividades" em uma proposta de cidadania. Isso significa que é necessário usar as lógicas locais e as epistemologias dos afetados (as *locas*) para desenharmos intervenções. Na prática do projeto ContraSIDA, isto significou a transformação dos discursos estatais e médicos para a prevenção do HIV em espaços onde "eram privilegiadas as narrativas dos participantes [das oficinas] sobre como interpretar e, se necessário, acomodar suas vidas sexuais".⁵⁵ Ou seja, no projeto eram realizadas oficinas de criação literária, de vídeo ou fotografia, em vez de palestras sobre como usar a camisinha – sempre contando com a presença de um representante do grupo que estava capacitado/a para informar sobre o tema, caso fosse necessário.

No que diz respeito ao movimento LGBT na Venezuela, acredito, muito concretamente, que isso significa resistir à tendência de privilegiar representações médicas, psicológicas ou sexológicas da vida na comunidade, representações que determinam o discurso e se propõem a "ensinar" aos próprios LGBT como é ser da comunidade LGBT, e significa também incentivar possibilidades de participação em equipes esportivas, reuniões sociais, além de oportunidades para expressões coletivas.

Com estas observações e propostas estratégicas, espero ter aberto alguns diálogos mutuamente construtivos entre diferentes intervenções locais sobre a problemática da marginalização.

TEXTO ORIGINALMENTE PUBLICADO SOB O TÍTULO "CIUDADANÍA PERVERSA: DIVAS, MARGINACIÓN Y PARTICIPACIÓN EN LA 'LOCA-LIZACIÓN'", NO LIVRO *POLÍTICAS DE CIUDADANÍA Y SOCIEDAD CIVIL EN TIEMPOS DE GLOBALIZACIÓN*, DANIEL MATO (ORG.). CARACAS: FACES, UNIVERSIDAD CENTRAL DE VENEZUELA, 2004, P. 239-256. TRADUÇÃO DE PÊ MOREIRA.

NOTAS

1 Este artigo se baseia em uma pesquisa financiada por um Dissertation Fieldwork Grant da The Wenner-Gren Foundation for Anthropological Research para o projeto "Queer for a day: transformistas, misses and mass media in Venezuela", 2003-2004. Agradeço a Afef Benessaieh e Judith Halberstam por suas contribuições para a elaboração do título.
2 Holly Woodlawn, *A low life in high heels: the Holly Woodlawn story*, Nova York: St. Martin's Press, 1991, p. 278.
3 N.T.: A palavra do texto original é "transformista", que, no Brasil, é usada para identificar homens cis que se montam de personagens femininas para fins de entretenimento – também os conhecemos por *drag queens*. Optamos por traduzir a palavra como "travesti", que no nosso contexto é entendida como uma pessoa trans e se aproxima do que a autora define como a "transformista" venezuelana.
4 *Travesti* [*Tranformista*, no original] é usado, na Venezuela, para se referir às pessoas que nascem com uma biologia "masculina" e se apresentam como mulher na vida cotidiana. A palavra tem associações com o trabalho sexual que muitas travestis realizam e é considerada um termo pejorativo, ainda que seja usada como autoidentificação. *Transgênero* é uma pessoa

que faz esforços identitários, físicos e sociais para viver como um membro do gênero que a sociedade diz que não pertence à sua biologia, nesta definição cabem as travestis, mas nem todos os transgêneros são travestis (nem a maior parte). *Transexual* é uma categoria clínica. Entende-se por transexual o ser humano que nasceu com o sexo discordante da sua identidade. Como condição médica, é tratada com intervenções psiquiátricas, endocrinológicas e cirúrgicas para se alcançar a "mudança de sexo". Fundamentalmente, no diagnóstico do transexualismo está a rejeição das genitais com as quais nasceu.

5   A sigla GLBT é para "gays, lésbicas, bissexuais e transgêneros". Atualmente, em Caracas, as siglas se transformaram em uma palavra que se pronúncia de maneira corrida "gelebetê", o que produz uma fluidez na maneira como ela é falada, coisa que não está presente na pronúncia comum em inglês, onde a sigla é soletrada. Seu uso está ligado, assim como em outras partes do mundo, a uma tentativa de validação das identidades locais e imaginação de uma luta comum. A categoria tem sido criticada nos Estados Unidos por ser excessivamente normativa, por estar presa à articulação das diferenças e não remeter à promoção da ambiguidade, o que aconteceria no movimento queer. Como veremos a seguir, queer é uma categoria local estadunidense, que não tem tradução adequada para o espanhol. É necessário questionar-se sobre as categorias e articulações que servem para ser usadas em espanhol, de acordo com seus usos locais. (N.E: Por LGBT ser a forma corrente no Brasil, alteramos as próximas aparições do termo GLBT para LGBT.)

6   Edgar Carrasco; Marcia Ochoa, "Informe sobre impunidad: Venezuela", Proyecto Ilgalac – Oasis – Unión Europea, Caracas: Acción Ciudadana Contra el Sida, 2003.

7   N.T.: A palavra *loca* tem uma tradução difícil para o português. Uma das mais correntes seria "bicha", que é ainda incompleta, porque, nos países de fala castelhana, *loca* também pode ser usada para mulheres trans e travestis. A próxima nota, da própria autora, explica melhor o uso. Decidimos manter a palavra em espanhol também pelo jogo na construção do conceito "loca-lização".

8   N.T.: Sem tradução para o português, *jotería* é um equivalente de queer em alguns países de fala castelhana, como o México. Refere-se a pessoas ou ações entendidas como dissidentes sexuais ou de gênero.

9   Ian Ang, *Watching Dallas: soap opera and the melodramatic imagination*, Traducción de Della Couling, Nova York: Routledge, 1989.

10 Esclarecimento: uso a palavra *locas* em seu sentido mais generoso e amplo, como uma categoria usada em muitos espaços da "comunidade" – o mundo GLBT latino-americano – para me referir a suas agentes mais atrevidas. A palavra é usada para se referir aos homens homossexuais afeminados e também às mulheres trans. Para ser mais precisa, essas mulheres trans são pessoas que nascem com um corpo "masculino" e fazem esforços para viver suas vidas de acordo com o gênero que a sociedade lhes diz que não lhes cabe (feminino).

11 José Esteban Muñoz chama essa atitude contrária e debochada de "desidentificação". Ela também tem seus aspectos "automarginalizantes", que limitam possibilidades sociais, econômicas ou educacionais, por exemplo. Cf. José Esteban Muñoz, *Disidentifications: queers of color and the performance of politics*. Minneapolis: University of Minnesota Press, 1999.

12 Para uma excelente elaboração sobre uma destas "micropolíticas", o escândalo, ver Don Kulick; Charles Klein, "Scandalous Acts: the politics of shame among Brazilian travesti prostitutes", in Barbara Hobson, *The struggle for recognition*, Oxford: Blackwell, 2003. Disponível em <http://www.sociology.su.se/cgs/Conference/ Klein%20and%20Kulick2001. pdf>. Acesso em 20 ago 2020.

13 Beatriz González-Stephan, "Economías fundacionales: diseño del cuerpo ciudadano", in Beatriz González-Stephan (Comp.), *Cultura y Tercer Mundo 2. Nuevas identidades y ciudadanías*, Serie Nubes y Tierra, Caracas: Editorial Nueva Sociedad, 1996, p. 19-20.

14 Horacio Roque Ramírez, "Praxes of desire: remaking queer latino geographies and communities through San Francisco's Proyecto ContraSIDA Por Vida", in Matt García; MarieLeger; Angharad Valdivia (Eds.), *Geographies of latinidad: latina/o studies into the Twenty-First Century*, Durham: Duke University Press, 2003.

15 Beatriz González-Stephan, op. cit.

16 É importante deixar claro que Rummie Quintero é uma mulher trans que se propõe a trabalhar também com travestis. Ela mesma não se identifica como tal.

17 Entrevista com Rummie Quintero, fundadora da Divas de Venezuela, realizada em 5 de maio de 2003.

18 Ver nota 4.

19 Patricia Márquez descreve o cultivo e uso de uma estética abjeta entre os *chupapegas* [delinquentes ou viciados] de Sabana Grande, a região de Caracas onde também trabalham as travestis e outros trabalhadores sexuais masculinos e femininos. Cf. Patricia Márquez, *The street is my home: youth and violence in Caracas*, Stanford: Stanford University Press, 1999, p. 46-47.

20 Edgar Carrasco; Marcia Ochoa, op. cit.

21 Evelina Dagnino, "Culture, citizenship and democracy: changing discourses and practices of the Latin American left", in Sonia Alvarez; Evelina Dagnino; Arturo Escobar (Eds.), *Culture of politics/politics of culture: revisioning Latin American social movements.*, Boulder, CO: Westview Press, 1998, p. 48, tradução livre.

22 Ibid., p. 50-51.

23 Ernesto Laclau; Chantall Moufee, *Hegemonía y estrategia socialista. Hacia una radicalización de la democracia*, México, Madrid: Siglo XXI, 1989, p. IX.

24 Don Kulick; Charles Klein, "Scandalous Acts: the politics of shame among Brazilian travesti prostitutes", in Barbara Hobson, *The Struggle for Recognition*, Oxford: Blackwell. Disponível em < http://www.sociology.su.se/cgs/Conference/ > Klein%20and%20Kulick2001.pdf. Acesso em 16 abr 2003.

25 Parece que esta última observação de Fraser não leva em conta os padrões de menosprezo social que não têm nada a ver com a aquisição de direitos "especiais", e que vêm de padrões culturais e econômicos que marginalizaram e menosprezaram diferentes atores sociais por séculos antes de surgirem tentativas de reparação. Por exemplo, Fraser aponta que a discriminação positiva nos Estados Unidos é um projeto de redistribuição afirmativa, mas não reconhece que esta discriminação, por envolver atores antes rejeitados, "transforma" o campo de trabalho. O melhor exemplo disto são as mudanças que vêm acontecendo nas universidades e na produção intelectual desde o início da prática dessa discriminação positiva, que abriu espaço para as produções intelectuais e culturais de muitas mulheres e minorias étnicas no âmbito das universidades. Antes dessas mudanças, a hegemonia universitária ativamente excluía e calava a participação de mulheres e minorias étnicas.

26 Nancy Fraser, "Social justice in the age of identity politics: redistribution, recognition, and participation. The Tanner Lectures on Human Values", Conferência na Stanford University, 30 abr – 2 mai 1996, p. 45-46, tradução livre.

27 Don Kulick; Charles Klein, op. cit.

28 Evelina Dagnino, op. cit.

29 No curso das aulas para preparar este artigo, o conceito de "sociedade civil GLBT" foi fortemente questionado. Se consegui entender, esse questionamento respondia à proposta de que era possível fragmentar a ideia de sociedade civil para falar de um grupo específico. Mantenho a ideia porque me parece importante para marcar um ponto de referência. Se a ideia de "sociedade civil" tem a sociedade em geral como referente, a "sociedade civil GLBT" se apoia em duas referências: a sociedade em geral e o que podemos chamar de "sociedade GLBT". Uso essa ideia para me referir a políticas e práticas que tomam forma "dentro" da sociedade GLBT, quando esta elabora seu posicionamento em relação à sociedade em geral – observações focadas no comportamento de membros do grupo e não no tratamento da sociedade em geral.

30 A seção da lei de impostos nos Estados Unidos que define uma *"Non-profit Organization"*, ou organização sem fins lucrativos. Ela é necessária para que os patrocinadores possam descontar as doações que fazem de seus impostos de renda (*income tax*) a serem pagos anualmente, e também um requisito para se receber financiamento de uma fundação.

31 Eveline Dagnino, op. cit.

32 Rafael Reygadas Robles Gil, *Abriendo veredas: iniciativas públicas y sociales de las redes de organizaciones civiles*, México: Convergencia de Organismos Civiles por la Democracia, 1998.

33 Daniel Mato, "Desfetichizar la 'globalización': basta de reduccionismos, apologías y demonizaciones, mostrar la complejidad y las prácticas de los actores", in Daniel Mato (Comp.), *Estudios latinoamericanos sobre cultura y transformaciones sociales en tiempos de globalización 2*, Caracas: Clacso – Unesco, 2001.

34 Ibid., p. 164-170.

35 Eveline Dagnino, op. cit., p. 21.

36 Ibid., p. 143.

37 Rafael Reygadas Robles Gil, op. cit., p. 121.

38 Ibid., op. cit., p. 117.

39 Idem.

40 Ibid., p. 120.

41 Ibid., p. 121.

42 Mario Roitter, "El tercer sector como representación topográfica de la sociedad civil", trabalho apresentado no Coloquio Internacional Políticas de Ciudadanía y Sociedad Civil en Tiempos de Globalización. Más Allá de los Debates sobre la Coyuntura en Venezuela, realizado em Caracas, 23-24 mai 2004, p. 7.

43 Consultar o artigo de Carlos Muñoz (2003) para uma perspectiva acerca do Movimiento Ambiente de Venezuela (MAV), que inclui uma análise do conteúdo da revista da organização *Igual Género*, comentários da imprensa nacional e websites; o autor fez entrevistas com Jesús Medina (identificado como "Jesús Rovelo") da Lambda e José Ramón Merentes da Unión Afirmativa. Muñoz localiza o MAV em uma etapa anterior à atual, da qual surgem as presentes organizações. O campo das ONGs direcionadas aos LGBT em Caracas foi profundamente afetado e definido pelo trabalho do MAV. Todos os entrevistados para o meu trabalho fazem alusão às acusações de desvios de fundos da União Europeia em 1997.

44 Entrevista com Jesús Medina, diretor executivo da Alianza Lambda de Venezuela, realizada em 6 de maio de 2003.

45 Entrevista com Jesús Ravelo, coordenador geral da Unión Afirmativa, realizada em 8 de maio de 2003.

46 Idem.

47 Enrevista com Jesús Medina, cit.

48 Entrevista com Jesús Ravelo, cit.

49 Entrevista com Rummie Quintero, cit.

50 Idem.

51 Horacio Roque Ramírez, op. cit.

52 Por motivos que explicarei adiante, prefiro não traduzir esta ideia. Ah! E a *queer theory* é definitivamente feminina.

53 Don Kulick; Charles Klein, op cit.

54 N.T.: da comunidade, entendido, bicha, viadinho, sapatão, caminhoneira etc.

55 Horacio Roque Ramírez, "Praxes of Desire: Remaking Queer Latino Geographies and Communities through San Francisco's Proyecto ContraSIDA Por Vida", in Matt García, Marie; Leger y Angharad Valdivia (eds.), *Geographies of Latinidad: Latina/o Studies into the Twenty-First Century*. Durham: Duke University Press, 2003.

Como poderíamos pensar de modo diferente acerca da viralização do homonacionalismo, tendo em conta a sua intratabilidade com a modernidade? O que significa dizer que o homonacionalismo realmente viralizou — uma viralização de mutação e replicação, em vez da reprodução banal do seu quadro de análise em diferentes contextos nacionais, como aconteceu com algumas das suas utilizações identitárias?

Jasbir K. Puar

Homonacionalismo como mosaico: viagens virais, sexualidades afetivas

Jasbir K. Puar

NESTE ARTIGO, TENHO COMO OBJETIVO contextualizar a ascensão dos movimentos de gays e lésbicas no âmbito dos debates sobre direitos e o sujeito de direito, certamente o mais forte afrodisíaco do liberalismo.[1] As metas e o sucesso das organizações políticas de gays e lésbicas são, cada vez mais, definidas e mensuradas através do prisma da legalização, o que as leva a um romance palpável com a descriminalização da sodomia em diversos contextos nacionais. Embora o discurso da lei possa servir – inclusive, pode servir muito bem – para reparar injustiças sociais, e os sujeitos do discurso jurídico sejam informados e capazes de negociar sistemas jurídicos, mesmo quando submetidos às suas forças disciplinares, o meu interesse neste caso tem como objetivo desestabilizar a determinação da mudança social e do "progresso" em termos de legalização. "A lei" limita-se aquilo que ela pode transmitir e criar; os limites com os quais devemos nos preocupar não são os instrumentos legais propriamente ditos, mas o fato de que a lei está comprometida com uma linguagem performativa que produz aquilo que, teoricamente, ela apenas regula – produz, inclusive, quem são os sujeitos da lei.[2] Ainda que estas limitações não impliquem, obrigatoriamente, uma necessidade de abandonar as intervenções legais apoiadas no discurso de direitos, elas destacam a urgência de avaliarmos as consequências não progressistas das legislações progressistas, bem como os modos de comportamento corporal que desafiam os parâmetros identitários.

Começo por apresentar um panorama do projeto *Terrorist Assemblages* [Mosaicos Terroristas], dando especial atenção à utilização do termo "homonacionalismo". Em segundo lugar, discuto o homonacionalismo no contexto da Palestina/Israel, com o objetivo de demonstrar a relevância, para a ocupação israelense, dos discursos sobre direitos sexuais e da narrativa da "lavagem cor-de-rosa". Termino com uma reflexão acerca do potencial que se apresenta ao pensarmos a sexualidade, não como uma identidade, mas como mosaicos de sensações, afetos e forças. Esta viralidade da sexualidade desestabiliza produtivamente as noções humanistas dos sujeitos da sexualidade, assim como a organização política que procura resistir aos discursos jurídicos que buscam nomear e controlar estes sujeitos da sexualidade.

HOMONACIONALISMO E OS SEUS DESCONTENTAMENTOS

Na minha monografia *Terrorist Assemblages: homonationalism in queer times*[3] [Mosaicos Terroristas: homonacionalismo em tempos queer] (doravante referida como *TA*), de 2007, desenvolvo o quadro conceitual do "homonacionalismo", que significa, para mim, o uso da "aceitação" e da "tolerância" de gays e lésbicas como barômetro de avaliação da legitimidade e capacidade para a soberania nacional. Desde os anos 1990, tenho me preocupado cada vez mais com o coro, presente no discurso feminista transnacional e nas teorias queer, que anuncia a heteronormatividade da nação e falam de como o queer é inerentemente marginal ao Estado-nação.

Embora o projeto tenha surgido na era política estadunidense pós-11 de Setembro, a minha intenção em *TA* não era apenas demonstrar certa relacionalidade presente na instrumentalização dos corpos queer por aquele Estado, nem só falar da adoção de interesses nacionalistas e, muitas vezes, xenófobos e imperialistas dos Estados Unidos pelas comunidades queer. Em vez disso, trabalhando a partir das importantes contribuições de Lisa Duggan sobre "homonormatividade" — a sua teorização do

160

entroncamento da privatização das economias neoliberais e o crescimento da aceitação interna das comunidades queer[4] —, o homonacionalismo é fundamentalmente uma crítica à forma como os discursos de direitos liberais de lésbicas e gays produzem narrativas de progresso e modernidade que continuam a conceder apenas a determinadas parcelas da sociedade o acesso a formas culturais e legais de cidadania, às custas da impossibilidade parcial ou integral de acesso das demais camadas sociais a esses mesmos direitos.

Posto de uma forma simples, o homonacionalismo corresponde à ascensão em simultâneo do reconhecimento de direitos, poder de compra e representação dos sujeitos LGBTQ, e das restrições das prestações sociais, dos direitos dos imigrantes e da expansão do poder do Estado nas tarefas de vigilância, encarceramento e deportação. A narrativa do progresso dos direitos gays é construída, assim, pisando em cima do Outro racializado e sexualizado, para quem esse progresso foi alcançado em outro momento, mas agora está em retrocesso, ou para quem ele ainda está por vir. Este processo baseia-se no fato da respeitabilidade dos sujeitos homossexuais se apoiar na reiteração performativa da (homo e hetero)sexualidade perversa, de natureza patológica, dos Outros racializados – especificamente dos Outros muçulmanos, sobre quem recaem as projeções orientalistas e neo-orientalistas. Por conseguinte, o homonacionalismo não se apresenta simplesmente como um sinônimo de "racismo gay" ou como outra forma de crítica à "conservadorização" das identidades gays e lésbicas, e sim como uma forma analítica de apreender as consequências do sucesso dos movimentos liberais de direitos LGBT.

Nesta altura, preciso demarcar – coisa que irei desenvolver melhor mais adiante – que não penso o homonacionalismo como uma identidade ou como um posicionamento; não se trata de mais um marcador destinado a separar um queer "bom" (progressista/transgressor/politicamente de esquerda) de um queer "mau" (esgotado/conservador/politicamente falido). Pelo contrário, elaboro o homonacionalismo como um mosaico de forças, afetos, energias e movimentos de desterritorialização e reterritorialização. E os mosaicos não se associam a um tempo linear ou se produzem dentro de histórias, campos ou discursos discretos. Ao dar nome a um movimento presente nas políticas queer contemporâneas dos Estados Unidos, o homonacionalismo é útil apenas na medida em que proporciona um modo de registrar mudanças históricas na Modernidade, ainda que ele tenha sido mobilizado no contexto das próprias mudanças em que ele foi criado para nomear. Podemos discutir os prós e os contras da instrumentalização da identidade sexual nos termos dos direitos humanos, mas não podemos omitir aquilo que acredito ser o cerne do problema: a insistência na própria noção de identidade ou a sua utilização automática. Através de um mosaico deleuziano — originalmente designado, em francês, *agencement*, que significa, de maneira geral, padronização de arranjos —, o homonacionalismo é rearticulado como um campo de poder, e não como uma atividade ou propriedade de qualquer Estado-nação, organização ou indivíduo.[5]

O homonacionalismo também é um processo, e não um evento ou um atributo. Ele nomeia uma mudança histórica na produção dos Estados-nação: a passagem da insistência na heteronormatividade à crescente inclusão da homonormatividade. Este processo não aparece apenas com o 11 de Setembro, como momento temporal solitário: "isto" não começou com o 11 de Setembro. É preocupante, para mim, como esta data parece funcionar como o primeiro gatilho, que favorece uma perigosa reificação histórica (o que, por vezes, é, cinicamente denominado "indústria do 11 de Setembro", nos Estados Unidos).[6] Olhando retrospectivamente, a partir do 11 de setembro, o meu interesse centrava-se no período de quarenta anos desde as vitórias dos movimentos por direitos civis que, por meio de uma política de inclusão liberal, continua a produzir o Outro sexual como branco e o Outro racializado como heterossexual. E, muito embora as formas violentas e explícitas de islamofobia e a sensação crescente de fracasso do momento "pós-racial" do presidente Obama tenham permitido expressões racistas mais explícitas, estas modalidades conservadoras podem, hoje, ser diretamente questionadas melhor do que nunca. Sigo cada vez mais convencida de que a crítica central do homonacionalismo reside em apontar a trama insidiosa entre o racismo e o liberalismo.

Esta convergência do racismo e da progressiva instrumentalização liberal de identidades sexuais outrora marginalizadas abriu caminho para a elaboração de posições liberais pautadas pelo senso comum, tais quais: é claro que somos contra a guerra, contra o terrorismo, mas e a homofobia dos muçulmanos? É claro que somos contra a ocupação do Oriente Médio pelos Estados Unidos, mas os iranianos continuam enforcando homens gays inocentes. É claro que apoiamos a revolução no Egito

162

e a Primavera Árabe, mas a violência sexual contra mulheres naquela região prova que os egípcios são uns monstros. Essa produção binária entre os secularistas liberais iluminados e aqueles Outros, aqueles fanáticos religiosos racializados, não é apenas intelectualmente redutora e politicamente ingênua; é inaceitável.[7]

Acredito, porém, que tal discurso foi amplamente aceito nos círculos de gays, lésbicas, feministas e pessoas de esquerda nos Estados Unidos e na Europa.[8] O único posicionamento liberal que parece merecer atenção, e ao qual voltarei quando falarmos sobre lavagem cor-de-rosa, é: claro que apoiamos os palestinos na sua luta por autodeterminação, mas eles são tão sexistas e homofóbicos! Contudo, em *TA*, observo, não apenas a proliferação de um queer normatizado pela branquitude, o cristianismo e o secularismo, mas também o crescimento do homonacionalismo nas comunidades queer árabes muçulmanas e sul-asiáticas[9] nos Estados Unidos; esta não é simplesmente uma crítica das exclusões raciais e da predominância branca nas comunidades LGBT mais conhecidas.[10]

Dois exemplos recentes de homonacionalismo nos Estados Unidos são dolorosamente ilustrativos das violências assimétricas dos discursos sobre direitos. A proibição de homossexuais nas forças armadas dos Estados Unidos — a política *"Don't ask don't tell"* — foi revogada no dia 18 de dezembro de 2010, o mesmo dia em que o Senado suspendeu a lei DREAM (Development, Relief, and Education for Alien Minors [Desenvolvimento, Ajuda e Educação para Menores Imigrantes]), uma legislação que teria assimilado milhões de estudantes ilegais, permitindo-lhes acessar maiores níveis de escolaridade e, ironicamente, alistar-se nas forças armadas. No segundo semestre de 2009, foi aprovada a lei Mathew Shepard James Byrd Hate Crimes Prevention [lei Mathew Shepard James Byrd de Prevenção à Crimes de Ódio], a primeira legislação federal reconhecendo crimes de ódio contra pessoas gays, lésbicas e transexuais. Aprovada, ironicamente, em grande medida, por estar associada a um projeto de recursos militares.[11] Esse, teoricamente, é o progresso queer que não apoia a guerra contra o terrorismo.

Mas mesmo antes de se saber que a proposta estava sendo manipulada para reforçar fundos militares, organizações queer geridas por pessoas racializadas, como a Audre Lorde Project [Projeto Audre Lorde] e vários membros de grupos relacionados a elas, como a Queers for Economic Justice [Pessoas Queer pela Justiça Econômica], emitiram um comunicado manifestando-se contra a dita "histórica" aprovação da legislação contra crimes de ódio, alegando que uma intervenção jurídica seria tão nociva que era melhor não criminalizar estes crimes de ódio específicos.[12] Estas organizações defendiam que a legislação conferia mais recursos para a "militarização" das forças policiais e para a perseguição e vigilância administrativa de pessoas racializadas (sobretudo a juventude não branca, considerada *a priori* mais homofóbica do que os jovens brancos), sobretudo latino-americanos e afro-americanos, cujos números desproporcionais de encarceramento nos Estados Unidos são conhecidos.[13]

Historicamente, nos Estados Unidos, estas populações não puderam confiar na proteção do Estado e da polícia contra a violência; em vez disso, são alvos da violência destes sistemas supostamente de proteção. E mais: novos grupos unem-se através do recolhimento de dados estatísticos, demográficos e financeiros e informações pessoais, com o objetivo de deslocarem aqueles que são vistos como alvos dos crimes de ódio para o âmbito da produção de conhecimento, de modo a tornarem-se "objetos" da vigilância do Estado sob o suposto pretexto de serem "sujeitos" de sua proteção. As preocupações com relação à eficácia limitada da intervenção jurídica foram totalmente ignoradas pelas principais organizações nacionais de gays e lésbicas; estas organizações também não criticaram nem comentaram a legislação e as graves concessões realizadas para permitir a sua aprovação.[14]

Uma vez que o *TA* não tinha objetivos corretivos, e em vez disso pretendia incentivar um debate produtivo e construtivo, tem sido arrebatador e inspirador ver como o "homonacionalismo", como conceito, vem sendo desenvolvido, adaptado, rearticulado e criticado em diversos contextos nacionais, ativistas e acadêmicos na América do Norte, na Europa, no Oriente Médio e na Índia. Um grupo sediado em Paris, chamado Não ao Homonacionalismo (*Non a l'homonationalisme*), está contestando o uso do símbolo nacional do galo branco na campanha de divulgação da Parada Gay da capital francesa.[15] Uma conferência sobre Democracia Sexual em Roma pôs em pauta a organização do *World Pride*[16] na zona da cidade com mais imigrantes, reivindicando uma política queer secular que desafia o Vaticano, bem como o homonacionalismo das entidades organizadoras europeias.[17] Em abril de 2013, o Center for Lesbian and Gay Studies (CLAGS) [Centro de Estudos Gays e Lésbicos] do Cuny Graduate

Center, em Nova York, organizou uma conferência internacional de dois dias sobre "Homonacionalismo e Lavagem Cor-de-rosa".[18]

Apesar de trabalhar sobretudo nos Estados Unidos, em *TA* também me baseei em exemplos da Grã-Bretanha e da Holanda para ilustrar o funcionamento das narrativas de progresso liberal, exemplos esses que vão além das figuras políticas anti-imigração gays de direita, que vem ganhando uma relevância cada vez maior em vários países europeus. Na Europa, só aumentam as tensões entre as organizações liberais e seus discursos de direitos e os grupos queer formados por pessoas racializadas, organizações antirracistas e estudiosos queer não brancos. Em junho de 2010, Judith Butler recusou o Civil Courage Award [Prêmio Coragem Civil] que lhe foi atribuído pela Christopher Street Day Parade, em Berlim, devido ao histórico de posicionamentos anti-imigração da organização.[19] O controverso incidente revelou a incapacidade das organizações queer liberais de questionarem as suas práticas de discriminação racial e as suas crenças enraizadas nas normas seculares brancas da homossexualidade. Também realçou a tendência difundida de celebrar quem está "no alto", em vez de quem está "por baixo" ou abordar o tema de maneira expansiva, lateral, eclética; o estatuto de celebridade de Butler interessava mais do que o trabalho dos grupos queer antirracistas que ela destacou ao rejeitar publicamente o prêmio, interessava mais do que o trabalho dos acadêmicos que apoiaram sua crítica.[20]

Já houve duas tentativas (relativamente bem-sucedidas) do autoproclamado principal ativista de direitos humanos de gays e lésbicas britânico, Peter Tatchell, do grupo queer OutRage!, de reprimir críticas legítimas ao seu trabalho e à sua política. Os artigos "Gay Imperialism" [Imperialismo Gay], de Jin Haritaworn, Tamsila Tauqir e Esra Erdem,[21] e "Unbearable Witness" [Testemunha Insuportável], de Scott Long,[22] anteriormente membros da Human Rights Watch [Observatório dos Direitos Humanos], foram retirados de circulação ou nem publicados depois de ameaças jurídicas implícitas e explícitas feitas por Tatchell, que, infelizmente, é protegido pela arcaica legislação sobre difamação do Reino Unido, segundo a qual o acusado é culpado, até que se prove o contrário.[23]

Pouco tempo antes de regressar à Índia, tive oportunidade de ver *I Am*,[24] um belo documentário filmado em Nova Déli e que estava fazendo carreira no circuito global de festivais de cinema gay e lésbico. O argumento de *I am* é ao mesmo tempo profundamente pessoal e político. A cineasta Sonali Gulati (de Nova Déli, atualmente vivendo nos Estados Unidos) vive o luto pelo falecimento de sua mãe, para quem nunca teve oportunidade de "sair do armário" com seu desejo de "casar com uma mulher". O filme termina com cenas das comemorações em Déli após a leitura da Seção 377.[25] O filme aborda as duas questões mais centrais daquilo que é conhecido nos Estados Unidos como "agenda da igualdade gay": a descriminalização da sodomia e o casamento homossexual.

A narrativa que orienta a história é codificada através do tropo "sair do armário" como um desejo estável e não irônico, ainda que ele tenha sido amplamente criticado por teóricos e ativistas queer do sul asiático em razão de sua episteme ocidental.[26] O filme retrata, sobretudo, várias mulheres lésbicas que são percebidas como masculinas, e muitas delas são parte de uma "classe ativista transnacional" de trabalhadoras envolvidas na luta pelos direitos de gays e lésbicas. Gulati registra os conflitos que surgem na procura de aceitação familiar. No final das contas, os pais indianos se mostram, em sua maioria, apoiadores, liberais e tolerantes com seus filhos e filhas homossexuais.

O filme *I am* está agora sendo utilizado em Nova York pela South Asian Lesbian and Gay Association (Salga) [Associação de Gays e Lésbicas do Sul Asiático] para promover a tolerância e a aceitação de filhos e filhas homossexuais de pais sul-asiáticos. Não há dúvida de que a adoção de *I am* nos Estados Unidos como modelo de aceitação familiar foi, em parte, motivada pela série de "suicídios de jovens gays" que ocorreu no segundo semestre de 2010.[27] Porém, para promovermos uma agenda queer verdadeiramente não nacional, devemos ser críticos não apenas no que se refere à homofobia familiar, como também ao próprio modelo de família — inclusive famílias queer. A noção de famílias queer — "famílias que escolhemos"[28] — pode muito bem abrir portas para novos olhares e validar visões e dinâmicas diferentes no âmbito dos discursos sobre família, mas o caminho traçado para o afeto familiar e a reprodução de padrões psicológicos pode perfeitamente ser o mesmo. Ou seja, os objetos e os sujeitos da família podem mudar, mas os problemas inerentes à reprodução da heteronormatividade — e, nestes casos, à reprodução da homonormatividade — não se dissipará simplesmente com a alteração da escolha do objeto, como vimos inúmeras vezes nos limites impostos pelas agendas da igualdade gay.

Assim como acontece nos Estados Unidos, o casamento homossexual é a próxima pauta na lista de prioridades da agenda da igualdade gay na Índia? Quem se beneficia de uma agenda para a igualdade dos direitos homossexuais centrada no casamento? Existe alguma relação entre a leitura da Seção 377, que assinala um movimento LGBT de classe média cada vez mais visível na Índia, e a natureza e visibilidade da violação sexual de mulheres, como é o caso do recente estupro coletivo e assassinato que ocorreu em Nova Déli, em dezembro de 2012? Estarão as mulheres que transgridem as posições que lhes são destinadas em termos binários de gênero sendo violentamente punidas por sua luta pela libertação sexual?

A respeito da Seção 377, Oishik Sircar diz:

> A descriminalização das relações entre pessoas do mesmo sexo é claramente um resultado do aumento gradual da aceitação cultural de diferentes sexualidades decorrente da liberalização e da globalização, como evidenciam as alusões constantes do tribunal à legislação internacional de direitos humanos e à jurisprudência, e a precedentes legais sobretudo nos Estados Unidos. Estas referências revelaram a lógica cultural por detrás do julgamento do tribunal: a Índia precisa acompanhar os desenvolvimentos progressistas de outras partes do mundo (ocidental), descriminalizando a sodomia. Como disse Anjali Gopalan, fundadora da ONG Naz Foundation, após o desfecho do julgamento: "Meus Deus, entramos finalmente no século XXI". Esta declaração surge como um apagamento da história, em que o presente ostensivamente progressista contribui para a emancipação queer, ao mesmo tempo que nos torna cegas à um compreensão historicizada das genealogias cruelmente liberais da Índia contemporânea.[29]

Em vez de sugerir que esse desejo de entrar no século XXI, mencionado por Gopalan,[30] simplesmente constitui uma versão de homonacionalismo aplicada ao caso indiano, é mais prudente notar as divergências e as diferenças que suscitam tipos variados de homonacionalismo. O que é crucial para uma/a atual luta política de diversas regiões não é criticar um tão esperado filme feito para a comunidade LGBT, ou os esforços de ativistas gays e lésbicas em qualquer local do território nacional, mas sim insistir na reflexão acerca do homonacionalismo como um processo desequilibrado e imprevisível. Em que medida a história do colonialismo britânico, a periodicidade específica da liberalização na Índia e a aceitação da estratificação de classes neoliberal, produtora de redes transnacionais privilegiadas, dão forma a um mosaico homonacionalista?

"LAVAGEM COR-DE-ROSA" ISRAELENSE EM UM MUNDO CADA VEZ MAIS HOMONACIONALISTA

Acompanhando o movimento do mosaico homonacionalista no seu questionamento da periodização e do progresso, esta seção apresenta uma discussão daquilo que ficou conhecido como lavagem cor-de-rosa, ou a prática de encobrimento ou distração das políticas de discriminação de determinados grupos populacionais de um país através de uma divulgação massiva dos seus "direitos gays" – que só atingem um grupo restrito de cidadãos.[31] Foco, aqui, em Palestina/Israel por duas razões: em primeiro lugar, porque, depois dos Estados Unidos, Israel é, em minha opinião, o maior beneficiário do homonacionalismo, por motivos que se ligam, em parte, ao seu entrosamento com os Estados Unidos, mas não apenas; e, em segundo lugar, porque o Estado de Israel foi acusado de fazer uma inédita lavagem cor-de-rosa, e não acredito que essa seja uma prática exclusiva do Estado israelense. De maneira simples, a lavagem cor-de-rosa foi definida como a utilização, pelo Estado de Israel, do seu excelente histórico de direitos LGBT como forma de desviar as atenções e, em alguns casos, justificar ou legitimar a sua ocupação da Palestina. Desenvolvendo-se num campo receptivo de islamofobia globalizada – significativamente ampliada desde o 11 de Setembro – e apoiando-se numa narrativa civilizatória acerca da modernidade dos israelenses, em contraste com a homofobia retrógrada dos palestinos, a lavagem cor-de--rosa tornou-se um rótulo utilizado com frequência para se referir à promoção cínica dos organismos LGBT como representativos da democracia de Israel. Dessa maneira, se torna uma forma de titularização preventiva discursiva.

Por que a lavagem cor-de-rosa é legível e persuasiva como discurso político? Em primeiro lugar, uma estrutura econômica neoliberal acomodacionista cria um marketing de nicho para diversos grupos éticos e minoritários, possibilitando e normalizando a produção de uma indústria do turismo gay e lésbico, baseada na distinção discursiva entre destinos receptivos aos gays e destinos não receptivos. A maior parte dos países que aspira a formas de modernidade ocidental ou europeia possui, atualmente, campanhas de marketing voltadas para o turismo gay e lésbico. Neste sentido, Israel faz o mesmo que outros países, e aquilo que é pedido pela indústria do turismo gay e lésbico: promover-se a si mesmo. Podemos, entretanto, notar que os efeitos dessa promoção são profundamente prejudiciais, no caso da ocupação na Palestina. Mas talvez devêssemos elaborar algumas questões acerca das especificidades da "Brand Israel Campaign" [Campanha da Marca Israel], a campanha identificada como a fonte da lavagem cor-de-rosa israelense. Em que medida a Brand Israel Campaign diverge de uma campanha publicitária convencional patrocinada pelo Estado e destinada a turistas gays e lésbicas?[32]

Além disso, de certa forma, Israel é um pioneiro do homonacionalismo, uma vez que a sua posição particular no cruzamento do colonialismo, da ocupação e do acomodacionismo neoliberal cria as condições perfeitas para a normalização da homossexualidade. A história homonacionalista de Israel — a ascensão dos direitos LGBT no país e o aumento da mobilidade para gays e lésbicas — desenvolve-se em paralelo ao aumento simultâneo da segregação e à diminuição da mobilidade das populações palestinas, sobretudo pós-Oslo.[33] Descrevi este aspecto de maneira mais detalhada em outro estudo, mas, resumindo rapidamente: o surgimento dos direitos gays em Israel teve início mais ou menos ao mesmo tempo que a primeira Intifada, e os anos 1990 ficaram conhecidos como a "década gay" de Israel, momento em que acontece a legalização da homossexualidade nas forças armadas do país, são redigidas disposições legais antidiscriminação no local de trabalho e muitas outras alterações legislativas são levadas a cabo.[34]

A lavagem cor-de-rosa funciona por meio de uma supressão da lógica espacial do controle da ocupação israelense e do complexo – e até mesmo íntimo – sistema de apartheid, repleto de uma vertiginosa série de obstáculos geográficos à mobilidade palestina. O fato de ativistas palestinos queer em Ramallah não poderem viajar para Haifa, Jerusalém, ou para Gaza para se encontrarem com seus colegas ativistas também palestinos ilustra uma das formas mais óbvias de como a ocupação israelense circunscreve (na realidade, proíbe) as possibilidades de florescimento de organizações e comunidades queer das quais os próprios israelenses desfrutam sem quaisquer problemas.

Em vez de compreender o acesso à mobilidade e a congregação como parte integrante da comunidade e da identidade queer e de reconhecer os limitadores e sufocantes efeitos espaciais e econômicos do apartheid, a lavagem cor-de-rosa reforça as ideologias de choque de culturas e a "diferença cultural" da homofobia palestina. As questões acerca do tratamento de homossexuais na Cisjordânia ou na Faixa de Gaza não levam em conta as constantes e onipresentes restrições à mobilidade, ao contato e à organização necessárias à construção de qualquer tipo de presença e política queer. O que se torna claro é que a suposta preocupação com o estatuto dos homossexuais na Cisjordânia e na Faixa de Gaza existe apenas como forma de proteger a ocupação israelense de ser diretamente responsabilizada pelo sufocamento desses mesmos homossexuais, colocando-os, na realidade, em perigo. Além disso, o próprio projeto dos direitos LGBT é baseado na impossibilidade/ausência/não reconhecimento de um sujeito queer palestino propriamente dito, exceto no âmbito do próprio Estado de Israel. Este projeto apresenta o "paraíso gay" de Tel Aviv[35] como representativo de todo o país, e isento de qualquer escrutínio relativo à limpeza árabe que promove, ao mesmo tempo que mantém Jerusalém como salvaguarda religiosa.

Uma vez que seu uso abreviado começa a se espalhar pelos fóruns de organizações anti-ocupação internacionais, a lavagem cor-de-rosa deve ser situada no seu contexto geopolítico homonacionalizador mais abrangante. Ou seja, se a lavagem cor-de-rosa é eficaz, não é graças a um trabalho exímio e excepcional por parte do governo israelense, mas antes porque a história e as relações internacionais globais contribuem para esse quadro. Portanto, embora seja crucial questionar o Estado israelense, isso deve ser feito de uma maneira que reconheça a extensão do mosaico do homonacionalismo – que vai além das atividades explícitas de qualquer Estado-nação, incluindo Israel. Trabalhando a partir de aspectos teóricos articulados inicialmente em *TA*, defendo que é fundamental termos em mente que a lavagem cor-de-rosa se mostra uma estratégia eficaz, não necessariamente devido a quaisquer atividades excepcionais por parte do Estado israelense, mas por causa da história de violência dos colonizadores, da indústria do turismo LGBT internacional, da indústria dos direitos humanos de gays e lésbicas e, finalmente, do papel dos Estados Unidos.

A lavagem cor-de-rosa é apenas mais uma justificativa para a violência imperial/racial/nacional que é precedida de uma longa história. De que modo "a questão homossexual" veio complementar "a questão da mulher" da era colonial, para modular as convenções entre a modernidade e a tradição, entre o cidadão e o terrorista, entre o homonacionalista e o queer? Conforme descrito por Partha Chatterjee, esta questão surgiu com certa força nos movimentos de descolonização no Sul da Ásia e em outros locais, através da qual a capacidade de um governo pós-colonial emergente de proteger as mulheres nativas das práticas culturais patriarcais opressivas, assinaladas como tradição, tornou-se o barômetro pelo qual o domínio colonial determinou as concessões políticas feitas aos colonizados.[36] Em outras palavras, ecoamos aqui a famosa frase de Gayatri Spivak, "homens brancos salvando mulheres marrons dos homens marrons".[37]

Desta maneira, essa triangulação abriu caminho para um drama duradouro entre feministas que protestam contra os regimes coloniais e neocoloniais e nacionalistas que ignoram a presença e a política dessas feministas em sua própria busca pela descolonização. Também podemos dizer que, embora a questão da mulher não tenha desaparecido, ela é agora acompanhada por aquilo que poderíamos chamar de questão homossexual – mais uma variante ou operação de homonacionalismo. Os termos da questão da mulher foram reformulados, à medida que as estudiosas feministas foram se tornando árbitros das modernidades de outras mulheres, ou das modernidades da Outra Mulher. Dando uma leitura de século XXI à Spivak: (homens) queer brancos salvando homossexuais marrons de heterossexuais marrons.

Podemos ver como acontece uma passagem da questão da mulher para a questão homossexual, faltando ainda localizá-la nos diferentes contextos em que essas trajetórias fazem mais ou menos sentido. Em primeiro lugar, a complementaridade presente entre as questões da homossexualidade e das mulheres resulta da fusão de dois processos: o reforço por parte do estado pós-colonial de ideais de respeitabilidade e legitimidade como forma de provar, ao pai colonial, o seu direito à soberania,[38] e a introdução lenta ou a aceitação dos sujeitos homossexuais na legitimidade jurídica e de consumo através das economias neoliberais – os homossexuais, que antes estavam do lado da morte (aids), encontram-se agora do lado da vida ou são produtivos na construção na nação. Em segundo lugar, a questão homossexual constitui, de fato, uma reiteração da questão da mulher, na medida em que reproduz uma demanda por certo excepcionalismo de gênero e que se baseia na reprodução continuada dos gêneros binários. Os homossexuais que são apresentados como tendo sua cidadania devidamente reconhecida pelo Estado-nação não são os queer, não são aqueles que apresentam performances de gênero desviantes. São, na verdade, aqueles que recriam normas de gênero através da identidade homossexual, e não apesar dela. Ao serem encobertas pela lavagem cor-de-rosa, as pessoas trans e queers que não se adequam à certa ideia de gênero não são bem-vindas nesta nova versão do cidadão "homonacionalista" israelita pleno.[39]

Também abafada pela lavagem cor-de-rosa encontra-se a constante minimização da questão da mulher diante da questão homossexual, sobretudo pela última estar, majoritariamente, associada a corpos masculinos, brancos, do Primeiro Mundo, como é o caso de Israel (por exemplo, os debates sobre a segregação de gênero nas comunidades ultraortodoxas de Israel ainda são correntes). Outro exemplo de como a questão homossexual fere a questão da mulher: no dia 11 de janeiro de 2011, no mesmo dia em que foi anunciada a dúbia menção honrosa de Tel Aviv como "melhor cidade gay do mundo", foi aprovada, pelo Supremo Tribunal de Justiça, a alteração da legislação de cidadania de Israel que proíbe a união entre palestinos da Cisjordânia e seus cônjuges em Israel.[40] Quando juntamos a isso a aprovação de uma legislação de "adequação social"[41], as tentativas de regulação das atividades sexuais entre trabalhadores estrangeiros e judeus israelenses, grupos de "vigilantes" e organizações sociais que supervisionam e agem contra as relações sexuais entre mulheres judias israelenses e homens palestinos, torna-se evidente que a libertação LGBT também é uma forma de desviar as atenções das intensas formas de regulação (heteros)sexual, regulação essa que procura restringir as atividades sexuais, reprodutoras e familiares de todos os corpos que não são considerados adequados à política corporal israelense. A lavagem cor-de-rosa não opera apenas através de uma representação ativa da população palestina como sendo homofóbica ou anti-homofóbica, mesmo porque o alvo biopolítico consiste, sem dúvida, no controle da reprodução heterossexual, sobretudo entre palestinos e judeus israelenses.[42]

Ativistas queer palestinos argumentam que o fato de a sociedade palestina ser ou não ser homofóbica é irrelevante, e que a questão da homofobia na sociedade palestina não está relacionada com o fato de que a ocupação israelense precisa acabar. Para a pujante plataforma política do grupo Palestinian Queers for Boycott, Divestment and Sanctions

[Queers Palestinos pelo Boicote, Desinvestimento e Sanções] (doravante referida como PQBDS) e do Al-Qaws for Sexual and Gender Diversity in Palestinian Society [Al-Qaws pela Diversidade Sexual e de Gênero na Sociedade Palestina] (doravante referida como Al-Qaws), a organização queer é uma organização anti-ocupação, tal como o trabalho anti-ocupação se configura como uma organização queer. O Palestinian Queers for BDS não é um projeto liberal que exige aceitação, tolerância ou inclusão num movimento "nacionalista"; em vez disso, ao destacar a ocupação como seu principal local de luta, a PQBDS, lenta, estratégica e cuidadosamente, apresenta e introduz mudanças sistêmicas e profundas nos termos da própria sociedade palestina. A Al-Qaws defende que a vertente principal do seu trabalho consiste em acabar com a ocupação, e não em reificar uma identidade homossexual que reflete uma forma oportunista de liberdade sexual "israelense" ou "ocidental".[43]

Esta é uma tática importante no contexto de uma indústria dos direitos humanos de gays e lésbicas que faz proliferar constructos de identidade euro-estadunidenses (para não falar da suposição de uma ligação universal à própria ideia de identidade sexual), que privilegia a política de identidade, a "saída do armário", a visibilidade pública, as medidas legislativas como barômetros dominantes do progresso social, e apresenta uma proposta linear da "homofobia" como um enquadramento automático, unificador, experiencial. Neste sentido, embora se possa discordar da crítica negativa de Joseph Massad ao "gay internacional", é interessante que nos perguntemos exatamente em que medida o "*queer* internacional*", proposto por Sarah Schulman, constitui uma alternativa ou um antídoto para o gay internacional.[44] O simples fato de algo ser articulado através da ideia de queer, em vez da ideia de gay, e através de um movimento global de solidariedade, faz com que se evitem efetivamente as armadilhas do gay internacional? Como se apresenta, no fim das contas, um posicionamento queer, um que se supõe transgressivo, moral e politicamente imaculado, e fora dos círculos de poder?

A lavagem cor-de-rosa é, assim, aquilo que Michel Foucault chamou de "incitamento ao discurso",[45] um modelo que encaminha o sujeito à confissão – confissão esta que instaura um circuito responsivo que convoca ao centro das atenções a própria identidade acusada de ser impossível. Uma rejeição da resposta liberal a este incitamento ao discurso — uma versão contemporânea do mote "estamos aqui, somos queer, acostumem-se" —

sugere que possamos não querer responder à lavagem cor-de-rosa como (sobretudo ou apenas) pessoas queer, uma vez que essa resposta reforça a lógica identitária de eixo único constitutiva da lavagem cor-de-rosa que isola a identidade queer das demais identidades. A lavagem cor-de-rosa não é uma questão intrinsecamente queer, nem é, necessariamente, uma ação que utiliza as pessoas queer especificamente para procurar atingir os objetivos do Estado. A lavagem cor-de-rosa não é, de forma alguma, neste sentido, uma questão de identidade sexual; ela é, sobretudo, uma manifestação potente da regulação da identidade num mundo cada vez mais homonacionalista — um mundo que avalia a pertença nacional com base na maneira como o país trata seus homossexuais. O desafio, por conseguinte, consiste em não permitir que os gays liberais ou das altas classes sociais, no eixo Europa-EUA (que são os principais destinatários da lavagem cor-de-rosa), reescrevam o roteiro do ativismo anti-lavagem cor-de-rosa da abordagem radical não liberal da PQBDS e da Al-Qaws.

Em caso de fracasso desta abordagem, como explicou de forma brilhante Maya Mikdashi, a reelaboração de uma política queer palestina radical pela política queer euro-estadunidense liberal representaria, de fato, um entrincheiramento ainda mais profundo do homonacionalismo.[46] A organização contra a lavagem cor-de-rosa através de uma plataforma queer internacional pode conduzir inadvertidamente a uma afirmação dos termos em que o discurso da lavagem cor-de-rosa articula as suas pretensões - ou seja, corre-se o risco de reforçar a ideia de que uma identidade queer que se determina através do discurso de direitos constitui o modo predominante pelo qual as subjetividades sexuais devem ser vividas.

Em última instância, a interligação financeira, militar, afetiva e ideológica dos colonialismos dos Estados Unidos e de Israel, e o papel dos Estados Unidos, em geral, não devem ser esquecidos ao estudarmos os motivos pelos quais a lavagem cor-de-rosa parece ser uma estratégia discursiva eficaz. Os Estados Unidos e Israel são, acredito eu, os principais beneficiários do homonacionalismo na ordem geopolítica global atual, uma vez que este produz regimes de exceção nos contextos interno, territorial e global. Além disso, a lavagem cor-de-rosa é, em grande medida, dirigida aos gays dos Estados Unidos — o maior apoiador financeiro internacional de Israel — e, de maneira mais geral, aos gays do eixo Europa-EUA que possuem o capital político e os recursos financeiros para investir em Israel. As pretensões da lavagem cor-de-rosa são vistas, muitas vezes, como plausíveis quando enunciadas através de um discurso dos direitos LGBT, que reverbera na América do Norte e na Europa como forma dominante de medir o progresso teleológico. Essa ideia faz muito menos sentido na região do Oriente Médio e do Norte de África, por exemplo, onde existe um ceticismo saudável em relação aos discursos dos direitos LGBT e onde um entendimento sobre as complexidades das sexualidades na região é muito mais matizado. Assim, o apelo da lavagem cor-de-rosa aos gays dos Estados Unidos é feito inconscientemente através do apagamento do colonialismo dos Estados Unidos representado através do endosso tácito da ocupação israelense da Palestina.

SEXUALIDADE, AFETO, VIRALIDADE

Esta última seção é experimental e especulativa. O meu objetivo, aqui, é indicar a importância de nos afastarmos do processo responsivo que continua a se basear na oposição entre um "queer dominante/global" e um "queer racializado/queer não ocidental". Até o momento, apresentei uma discussão sobre as viagens do conceito de homonacionalismo e dos modos que este foi adotado e, de certa maneira, reduzido a uma plataforma de organização ativista semelhante a uma crítica política do racismo e do nacionalismo em comunidades queer. Também procurei identificar as implicações de se entender o homonacionalismo como mosaico: como uma estrutura da modernidade, uma convergência de forças geopolíticas e históricas, de interesses neoliberais sobre uma acumulação capitalista cultural ou material, de práticas estatais biopolíticas de controle da população e de investimentos afetivos em discursos de liberdade, libertação e direitos. Busquei, ainda, esquematizar provisoriamente de que modo o homonacionalismo como mosaico cria um campo global através do qual se desenvolve o discurso da lavagem cor-de-rosa presente na dinâmica Israel/Palestina. A questão não é simplesmente colocar Israel como um Estado homonacionalista ao qual aqueles que são anti-lavagem cor-de-rosa devem resistir, mas demonstrar o complexo mecanismo global e histórico que produz a percepção das atividades do Estado israelense como legítimas e progressistas. Nesta última seção, discuto a sexualidade como afeto, como sensação e como parte de um mosaico de controle biopolítico que foge a qualquer aplicação fechada do homonacionalismo como conceito.

A sexualidade como rede afetiva comporta um eixo de significação e um eixo de forças que não são coerentes com as chamadas configurações materiais da região, configurações essas que produzem expressões monolíticas como "o/a israelense (e a sua sexualidade modernista)" e "o/a palestino/a (e a sua sexualidade patológica)" como complementares de um humanismo liberal e brutal. Pensar tanto o homonacionalismo quanto a sexualidade através de mosaicos abre caminho para um plano ou uma trajetória de territorialização diferente. Ainda que a seriedade da política do reconhecimento seja mobilizada por Israel e pelos discursos gays globais através da lavagem cor-de-rosa, a materialidade das práticas sexuais e da própria sexualidade é muito mais complexa, mediada e contingente do que a estagnação da política de controle e resistência lhe permite ser.

Essa compreensão da sexualidade exige uma teorização não só de locais disciplinares específicos, mas também de técnicas mais abrangentes de controle social, tendo em vista que o "feminismo" e o "movimento queer", e a morte ou os potenciais de vida dos seus sujeitos, estão comprometidos com a produtividade governamental desde o seu surgimento. O debate sobre disciplina e controle assinala uma mudança parcial da regulação da normatividade (a internalização da formação do sujeito pela dinâmica eu/outro), para o que Foucault chama de regularização dos corpos. Foram propostas muitas relações entre disciplina (exclusão e inclusão) e controle (modulação, afinação): como várias fases sobrepostas, ainda que progressistas, de um capitalismo de mercado e de governamentalidade; como modelos e exercícios de poder coexistentes; como um efeito de mecanismos disciplinares – controle como a epítome de uma sociedade disciplinar por excelência (na medida em que as formas de poder disciplinares extravasam seus limites geográficos, reproduzindo-se por todo o lado); e, finalmente, a disciplina como uma forma de controle e como resposta à proliferação do controle.

Nesta oscilação entre sociedades disciplinares e sociedades de controle, a sexualidade não está apenas contida nos corpos, mas também dispersa pelo próprio espaço. A sexualidade como modalidade afetiva é, por definição, não representacionalista, uma outra versão daquilo que Davide Panagia diz serem "as formas como a sensação interrompe o senso comum".[47]

Na esteira dos "regimes de segurança" de Michel Foucault e da "sociedade de controle" de Gilles Deleuze,[48] as tensões foram traçadas como uma passagem do normal/anormal (o binário homo/hétero) para a diversificação, modulação e afinação (sexualidade como sensação); de locais discretos de punição (a prisão, o hospital psiquiátrico, a escola e, na Palestina, os postos de controle que mudam de lugar e surgem aleatoriamente, e o muro de "segurança" que parece servir mais como forma de impedir que os palestinos cheguem às suas aldeias, às suas terras e a outros palestinos) para regimes preventivos de titularização (podemos ver a lavagem cor-de-rosa como uma forma desta titularização preventiva); da inclusão/exclusão para a ideia de que todos estão incluídos – mas como? (Ao contrário das alegações de que o projeto do Estado israelense se preocupa apenas com a limpeza étnica e com a expropriação da terra, também estão em operação, neste caso, formas de introdução e inclusão sutis, mas incisivas: apenas a título de exemplo, existem pelo menos cem tipos diferentes de carteira de identidade que um palestino pode ter, existindo apenas microvariações entre eles, o que trabalha para aquilo que Helga Tawil-Souri descreve como "meio de poder de baixa tecnologia, visível, tátil que inclui e exclui simultaneamente os palestinos do Estado israelense.");[49] das construções do eu/outro, sujeito/objeto para microestados de diferenciação; do policiamento de perfis para o patrulhamento dos afetos.

Esse último ponto sobre afetos é crucial porque, enquanto a disciplina opera no âmbito da identidade, o controle opera no da intensificação afetiva. Aqui sou motivada pelo trabalho de Amit Rai que reformula o conceito de sexualidade em termos de "ecologias de sensações" — sexualidade como energias afetivas em vez de uma identidade – que transcende as designações humanistas de hétero e gay, queer e não queer, moderno e patológico. Sobre isso, escreve Rai:

> "as ecologias de sensações modulam e potencializam os prazeres do corpo, e os distribuem de maneira contagiosa entre populações segmentadas, não como roteiros finais que normalizam, mas como modos de auto-organização que modulam e afinam".[50]

Podemos pensar a identidade (sexual) e as nossas ligações à ideia de identidade como um processo que envolve uma intensificação do hábito. Ou seja, a identidade é a intensificação do hábito corporal, um "retorno para frente" das vibrações e dos ritmos sensoriais afetivos cotidianos do corpo em direção a um modelo disciplinar do sujeito, através do qual a sexualidade é apenas uma forma de capacidade corporal cooptada pelo capital neoliberal. Do mesmo modo, a campanha Brand Israel que é atualmente associada, de maneira inexata, à lavagem cor-de-rosa constitui apenas uma entre uma série de formas de "lavagem" que compõem esta campanha. O esvaziamento da intensidade afetiva para caber no quadro da identidade — uma relação da disciplina com o controle, ou, na realidade, de disciplinamento do controle — envolve certa interferência sobre o lugar onde o corpo estava, na intenção de redirecioná-lo ao lugar para onde ele, corpo, deve ir. Esse é um processo que também exige a adoção de determinadas políticas e exclui a possibilidade de se habitar outras.

Nesse sentido, as sensações estão sempre sob coação, nos termos de Panagia, para "dar sentido" à submissão a esses roteiros finais, seja como uma derivação que responde à multiplicidade, seja como um acolhimento de certa exigência de inclusão no roteiro final e exclusão dessa multiplicidade. Estes diferentes modos de sexualidade estão refletidos em duas correntes da teoria queer. A primeira possui uma ênfase desconstrutiva e encontra-se focada na construção social da diferença sexual, onde a linguagem controla o domínio político através de uma insistência no interminável adiamento de significados.[51] O outro modo de compreender a sexualidade pode, de maneira geral, ser definido como a multiplicação e a proliferação da diferença, de fazer a diferença e de fazer proliferar a diferenciação criativa: tornar-se diferente da diferença. Neste caso, o próprio "local" da linguagem é ressignificado; a linguagem não apenas acompanha a matéria, como é matéria.[52] As desconstruções da sexualidade deslocam-se para uma produção de pensamento que se faz contra e através de binários, na esperança de os debilitar e dissolver; já os segundos, como processos afirmativos, têm como proposta ler e incentivar uma multiplicidade e diferenciação intermináveis, na esperança de sobrecarregar esses binários. As capacidades de duração no tempo de cada uma destas estratégias são diferentes e estão dispersas em variadas escalas. A primeira talvez esteja concentrada em dar sentido ou dar um sentido diferente a um formato ou fórum representacional; a segunda pede um sentido, convida à criação de potencialidades de florescimento, em vez de um reinvestimento da forma. Ao contrário, esta última encontra-se mais afinada com a diferenciação perpétua de variação para variação e com a multiplicidade de devires afirmativos.[53]

Indo mais fundo nesta segunda vertente da sexualidade como mosaico e não como identidade – uma vertente investida no pensamento sobre mosaicos e replicação viral, mais do que em um futurismo reprodutivo – ela pode realçar a importância de nos afastarmos da já mencionada retransmissão responsiva, que continua a dominar a lógica de argumentação "queer dominante/global" vs. "queer racializado/queer não ocidental", uma retransmissão que, normalmente, não consegue questionar o complexo campo social no qual o queer é produzido como um significante privilegiado dentro destas fronteiras.

Um dos motivos desta importância pode ser notado nas viagens "virais" do conceito de homonacionalismo, tal como foi adotado na América do Norte, em vários países europeus, na Palestina/Israel e na Índia. Nesta aplicação reprodutora, a ideia de homonacionalismo foi reduzida, muitas vezes, a uma plataforma de organização ativista acusatória e a uma análise aplicada à medição do nível ou da qualidade do Estado "homonacionalista", o que termina por reificar o Estado como agente dominante e, muitas vezes, único. Ou seja, em vez de teorizar o homonacionalismo como um posicionamento da identidade ou como uma adjetivação denunciadora de um Estado ou de outra entidade, tenho pensado o homonacionalismo como um modo de análise para apreender a formação do Estado conforme uma estrutura da modernidade. Tendo em conta este entendimento do homonacionalismo como mosaico, o significado da viralização do homonacionalismo como conceito é consideravelmente distinto da sua aplicação reprodutora. Seguindo, então, esta segunda corrente da teoria queer, é interessante pensar de que maneira homonacionalismo como conceito já está integrado e faz parte do mosaico que é o homonacionalismo – as "viagens" discursivas do conceito se replicam viralmente e, assim, operam a mutação do mosaico.

O homonacionalismo viralizado e adotado pela sociedade de controle já não é um espelho de si, já não é um conceito holístico que reproduz apenas a si mesmo. Na maior parte das vezes, a viralidade é invocada, na linguagem contemporânea, para enunciar o alcance e a velocidade intensificadas da circulação de informações, sobretudo no âmbito da internet. Ela também faz referência a trocas indiscriminadas, muitas vezes associadas a noções de contaminação corporal, incontrolabilidade, transgressão indesejada da fronteira e dos limites, indicando, simultaneamente e de modo mais positivo, a porosidade – na verdade, a convivência –, de partes que têm sido tratadas como opostas.[54]

Para concluir, como poderíamos pensar de modo diferente acerca da viralização do homonacionalismo, tendo em conta a sua intratabilidade com a modernidade? O que significa dizer que o homonacionalismo realmente viralizou — uma viralização de mutação e replicação, em vez da reprodução banal do seu quadro de análise em diferentes contextos nacionais, como aconteceu com algumas das suas utilizações identitárias? O melhor da viralidade, evidentemente, é que ela produz a sua própria crítica, transformando o circuito responsivo do incitamento ao discurso de Foucault. Mas, ao contrário deste circuito, que consiste sempre na acusação de que adotamos uma posição do lado de fora, a crítica de uma forma viral parte do seu próprio estado incipiente. Torna-se mais difícil atribuir culpa ao produto ofensivo supostamente original, uma vez que ele suscitou a sua própria crítica, e é, assim, alterado através desse encontro.

A reprodução viral não diz respeito ao excesso nem aos complementos; ela é, na verdade, uma capacidade pós-humana; aquilo que é reproduzido não é o sujeito humano, a identidade ou o corpo, e sim as tendências afetivas, as ecologias de sensações e as diferentes ontologias que criam novas epistemologias de afetos. Quando dizemos que alguma coisa viralizou, é outra forma de reconhecer que tudo aquilo que é oposto ao vírus, ou ao evento da viralização, pode ser explorado. A teoria viral, então, como intervenção pós-humanista, também começa antes da comum separação do binário ativismo/teoria, uma oposição que fundamenta a produção nos campos dos estudos feministas e dos estudos gays e lésbicos. A teoria viral é imune a essas separações e divisões. A viralidade indica não tanto a portabilidade de um conceito, mas uma medida da sua repercussão. Assim, a viralidade pode constituir também uma forma inovadora de pensar a transversalidade geopolítica, uma que não seja insistentemente delineada através ou em referência ao Estado-nação, proporcionando uma alternativa às noções de transnacionalismo e complexificando a aplicação do conceito de homonacionalismo em diferentes contextos nacionais. Evidentemente, o homonacionalismo como mosaico constitui uma alternativa à dialética reativa da casa-diáspora que dá base ao filme *I am* ou à interminável retransmissão responsiva do paradigma "o Ocidente e o resto".

TEXTO ORIGINALMENTE PUBLICADO NA *REVISTA LUSÓFONA DE ESTUDOS CULTURAIS*, V. 3, Nº 1, P. 297-318, 2015. REVISÃO DA TRADUÇÃO POR PÊ MOREIRA.

NOTAS

1 A ideia dos direitos humanos como o mais forte afrodisíaco foi retirada do convite à apresentação de trabalhos para a oficina "Human Rights Beyond the Law" [Direitos Humanos para Além da Lei]. Disponível em <http://www.h- net.org/announce/show.cgi?ID=182227>.
2 Os discursos de direitos humanos reiteram um "antropocentrismo biopolítico" que exige uma reprodução de um excepcionalismo humano. Cf. Julie Livingston; Jasbir K. Puar, "Introduction: interspecies", *Social Text*, v. 29, nº 1106, p. 3-14, 2011.
3 Jasbir K. Puar, *Terrorist assemblages: homonationalism in queer times*, Durham: Duke University Press, 2007.
4 Lisa Duggan, *The twilight of equality: neoliberalism, cultural politics, and the attack on democracy*, BostonL Beacon Press, 2003.
5 Para uma explicação mais detalhada da teoria do mosaico, ver J. Puar, "I'd rather be a cyborg than a goddess", *PhiloSOPHIA*, v. 2, nº 1, p. 49-66, 2012.
6 É interessante observar, aqui, as diferentes periodizações da islamofobia. Certamente, podemos apontar para o aumento das formas de islamofobia global que coincidiram com a era de descolonização, a Revolução Iraniana de 1978-1979 e o fim da Guerra Fria. Minha própria investigação (*Terrorist assemblages*, Capítulo 1) acerca da produção de Estudos Terroristas nos Estados Unidos revela uma consolidação da figura do terrorista muçulmano durante a Guerra Fria.
7 Janet Jakobsen e Ann Pellegrini também me chamaram a atenção para o fato daquilo que é entendido no "Ocidente" como secularismo ser inerentemente informado pelos condicionamentos ideológicos cristãos. Ou seja, aquilo que é definido como secular decorre da absorção das normas cristãs como seculares, desde a contagem do tempo até a economia consumista dos feriados, passando pelos fundamentos teológicos implícitos da moralidade sexual. O que Jakobsen e Pellegrini sugerem, então, é que não existe um posicionamento secular puro, pelo menos não nos Estados Unidos; o secularismo já é contraindicado pela orientação religiosa que procura repudiar. Devo, ainda, acrescentar que a reivindicação de um posicionamento puro a este modo, neste momento político específico, parece ser mais perturbadoramente aplicado às expressões públicas da crença islâmica. O que deveria levar-nos à pergunta: é secular ou é racista? Onde e quando é que os termos do secularismo são tomados e ativados como forma dissimulada de racismo cultural? Ver Janet Jakobsen; Ann Pellegrini, *Love the sin: sexual regulation and the limits of religious tolerance*, Boston: Beacon Press, 2003.
8 Ver Lilian Faderman; Ross Rothstein, "A new state for homophobia", *The advocate*, 12 out 2011. Disponível em <http:// www.advocate.com/politics/commentary/2011/10/12/op-ed-new-state-homophobia>. Acesso em 20 ago 2020; e "Palestine: Lillian Faderman Responds to Alex Blaze", *The Bilerico Project*, 12 out 2011. Disponível em <http://www.bilerico.com/2011/10/palestine_lillian_faderman_ responds_to_alex_blaze.php>. Acesso em 20 ago 2020.
9 É aqui que o secularismo hindu e o nacionalismo indiano convergem violentamente.
10 O meu interesse no entrosamento biopolítico do queer e do nacionalismo teve início na elaboração da minha tese em Trindade, nos anos 1990, onde estudei as tensões entre afro e indo-trindadianos no movimento gay e lésbico, e continuou com a minha investigação sobre

turismo gay e lésbico, entendendo a produção da diferença entre países receptivos aos gays e lésbicas e aqueles não receptivos como um dado endêmico da integração neoliberal dos consumidores queer.

11 Ver *SRLP Sylvia Rivera Law Project. On hate crime laws.* Disponível em <http://srlp.org/our-strategy/policy-advocacy/hate-crimes/>. Acesso em 15 mai 2013. ("Esta lei em particular estava associada a uma medida de 680 bilhões de dólares para o orçamento do Pentágono, incluindo 130 bilhões de dólares para a continuação de operações militares no Iraque e no Afeganistão").

12 Ver "A compilation of critiques on hate crimes legislation", blackandPink.org. Disponível em <http://www.blackandpink.org/ revolt/a-compilation-of-critiques-on-hate-crimes-legislation>. Acesso em 20 ago 2020.

13 Ver Ruth Wilson Gilmore, *The golden gulag: prisons, surplus, crisis, and opposition in globalizing California.* Berkeley: University of California Press, 2007.

14 Para ler na íntegra as negociações legislativas realizadas e conhecer os pormenores do projeto de lei, ver Chandan Reddy, *Freedom with violence: race, sexuality and the US state*, Durham: Duke Universiy Press, , 2007.

15 Ver *Liberation of Homosexual Muslims of France, Beyond Islamophobia and anti-Semitism*, Homonationalism. Disponível em http://www.homosexuels-musulmans. org/__HOMONATIONALISM__Liberation-of-homosexual-Muslims-of-France-beyond-Islamophobia-and-anti-Semitism.html.

16 N.E.: A "World Pride" é uma espécie de versão internacional das Paradas LGBT (que, de maneira independente, são organizadas localmente, em diversas cidades do mundo). Na World Pride, um comitê que reúne representantes de organizações LGBT de diversos países decide a cidade que receberá as atividades que compõem o evento. Atualmente, a World Pride acontece a cada dois anos.

17 "In and out of sexual democracies", *Facciamo Breccia*, 23 mar 2011. Disponível em <http://www. facciamobreccia. org/content/view/516/>.

18 "Homonationalism and Pinkwashing Conference", The Centre for Lesbian and Gay Studies, CUNY, Nova York, 10-11 abr de 2013. Disponível em <http://homonationalism.org/>.

19 Jasbir K. Puar, *Celebrating refusal: the complexities of saying no, bully bloggers*, 2010. Disponível em: <http:// bullybloggers.wordpress.com/2010/06/23/celebrating-refusal-the-complexities-of-saying-no/#comments>. Acesso em 20 ago 2020.

20 Idem. Também gostaria de indicar o website da "No Homonationalisms" (nohomonationalism. org) para uma explicação mais detalhada sobre a apropriação e exploração de estudiosos racializados em práticas acadêmicas de citação. Devo acrescentar que a decisão de Butler de recusar o prêmio foi igualmente repudiada por muitas pessoas que se pensaria serem "aliados naturais". Ou seja, várias organizações queer mais conhecidas se mostraram indiferentes às suas críticas.

21 Jin Haritaworn et al., "Gay imperialism: gender and sexuality discourse in the 'War on Terror'", in Adi Kuntsman; Esperanza Miyake (Eds.), *Out of place: interrogating silences in* queerness/raciality, Heslington: Raw Nerve Books, 2008, p. 9-33. O pedido de desculpas a Peter Tatchell encontra-se disponível em <http://www. rawnervebooks.co.uk/outofplace.html>. Ver também S. Ahmed, "Problematic proximities: or why critiques of gay imperialism matter", *Fem. Legal Studies*, v. 19, nº 2, p. 119-132, 2011.

22 S. Long, "Unbearable witness: how western activists (mis)recognize sexuality in Iran", Contemp. Pol., v. 15, nº 1, p. 119-136, 2009.

23 Estas práticas de citação violentas e de censura de análises discordantes ou "desagradáveis" são extraordinária e incrivelmente danosas para as comunidades positivas, construtivas, intelectuais, sociais e políticas que estamos tentando construir. Não só corremos o risco de reproduzir um cânone (queer) defensivamente branco, como também, mais proativamente, as práticas de citação podem constituir uma forma de redistribuição de recursos que permite questionar a lógica neoliberal de compartimentalização e hierarquia, e disciplinaridade, ao desviarem a nossa atenção para um outro lugar. Mas de forma mais violenta, estas práticas continuam a reiterar o binário descomplicado de queers, feministas e outros liberais seculares brancos – e mais uma vez seculares cristãos –, que continuam

a agir com impunidade nas formas liberais de racismo que autorizam, ao mesmo tempo que exigem a responsabilização desses Outros racializados e religiosos pela homofobia e sexismo que, teoricamente, correm desenfreados nas suas comunidades de origem. Deste modo, os binários nunca dizem respeito a uma relação entre dois atores em situação de igualdade, como sabemos. Mesmo que citássemos quem está "por baixo" (como forma de expor as realidades hierárquicas) ou fizéssemos uma "citação lateral", ou seja, mesmo que uma expansão dos grupos de pessoas ou indivíduos que citamos fosse aplicada de maneira mais integral no nosso trabalho, ainda poderíamos constatar que a prática de apontar a homofobia nas comunidades religiosas e raciais continua inalterada. Seria extremamente útil ir além desta questão para obtermos mais informações sobre a maneira que este trabalho é realizado, porque, caso contrário, nunca conseguiremos superar um modelo reativo de ação. O que ocorre é simplesmente — como presenciei no congresso "Sexual Nationalisms" [Nacionalismos Sexuais], em Amsterdã — um recentramento dos traços queer seculares brancos e das suas ansiedades a respeito dos Outros racializados, a maior parte dos quais estava presente in absentia. Esta infinita auto-referenciação da crítica pós-estruturalista é aquilo que Rey Chow chama de "encarceramento significativo pós-estruturalista". Cf. Ray Chow, The age of the world target: self- referentiality in war, theory, and comparative work, Durham: Duke University Press, 2006, p. 53.

24 I am, filme de Sonali Gulati, 2011. Disponível em < https://www.sonalifilm.com/#/i-am/>.

25 N.E.: A seção 377 do capítulo XVI do Código Penal Indiano é um fragmento da legislação indiana utilizado para criminalizar as relações homossexuais. Introduzido durante o domínio colonial da Inglaterra na Índia, a Seção 377 foi redigida 1860 como parte de um projeto para regulação e controle do povo indiano. Nela, lê-se que "Qualquer pessoa que mantenha uma relação carnal contra a ordem da natureza com qualquer homem, mulher ou animal, será punido com prisão que pode se estender por 10 anos e também estará sujeito à multa". Em 2009, a Alta Corte da capital da índia, Nova Déli, anula a Seção 377 do Código Penal Indiano que previa penalidades de até dez anos de prisão para quem mantivesse uma relação homossexual.

26 Ver Rakesh Ratti (Ed.), A lotus of another color: an unfolding of the south asian gay and lesbian experience, Boston: Alyson Publications, 1993; Nayan Shah, "Sexuality, identity, and history", in David L. Eng; Alice Y. Hom (Eds.). Q&A: Queer in Asian America, Philadelphia: Temple University Press, 1998, p. 147-177; Jabir K. Puar, "Transnational sexualities: South Asian (trans)nation(alism)s and queer diasporas", in David L. Eng; Alice Y. Hom (Eds.), op. cit., p. 405-422.

27 Ver Jasbir K. Puar, "The cost of getting better: suicide, sensation, switchpoints", GLQ: J. of Lesbian & Gay Studies, v. 18, nº 1, p. 149-158, 2012.

28 Ver Kath Weston, Families we choose: lesbians, gays, kinship, Nova York: Columbia University Press, 1997.

29 Oishik Sircar, "Spectacles of emancipation: reading rights differently in India's legal discourse", Osgoode Hall l. J., v. 49, n° 3, p. 563, 2012.

30 Elizabeth Flock, "The law breaker", Forbes India, 26 dez 2009. Disponível em <http://business. in.com/printcontent/8082>.

31 Em 11 de janeiro de 2011, Tel Aviv foi eleita a "melhor cidade gay do mundo", numa pesquisa da gaycities.com, ultrapassando Londres, Toronto e Nova York, entre outras cidades cosmopolitas. Nesse mesmo dia, a nossa delegação de solidariedade LGBTIQ na Palestina – a primeira do gênero – reunia-se com várias organizações ativistas contra a ocupação israelense, incluindo a Boycott from Within, a Anarchists Against the Wall e a Zocheot, um projeto em memória de Nakba. Um dos nossos porta-vozes levantou as complexidades que encontramos ao fazer com que a pauta da desocupação, boicotes em forma de desinvestimentos e sanções funcionem quando se está na boca do lobo, ou seja, em Israel, e disse: "Então, agora Tel Aviv é a melhor cidade gay. E também é a cidade menos árabe do mundo. É extraordinariamente raro ouvir alguém falando árabe nas ruas de Tel Aviv."

32 Para a descrição da Brand Israel, ver Sarah Schulman, A documentary guide to pinkwashing, prettyqueer. Disponível em <http://www.prettyqueer.com/2011/11/29/a-documentary-guide-to-pinkwashing-sarah-schulman-new- york-times-oped/>. Acesso em 20 ago 2020.

33 Ver Rebecca L. Stein, "Explosive: scenes from Israeli queer occupation", *GlQ: J. Lesbian & Gay Studies*, v. 16, n° 4, p. 517-536, 2010.

34 Ver Jasbir K. Puar, "Citation and censorship: the politics of talking about the sexual politics of Israel". *Fem. Legal stud*, v. 19, n° 2, p. 133-142, 2011.

35 Ben Hartman, "Tel Aviv named 'world's best gay city' for 2011", *Jerusalem Post*, 1 nov 2011. Disponível em <http://www.jpost. com/LifeStyle/Article.aspx?id=253121>. Acesso em 20 ago 2020.

36 Partha Chatterjee, "The nationalist resolution of the women's question", in Kumkum Sangari; Sudesh Vaid (Eds.), *Recasting women: essays in colonial history*, Calcutá: Centre for Studies in Social Sciences, 1990, p. 233-253.

37 Gayatri C. Spivak, "Can the subaltern speak?", in Lawrence Gossberg; Cary Nelson (Eds.), *Marxism and the interpretation of culture*, Champaign, Illinois: University of Illinois Press, 1998, p. 271-313.

38 Ver M. Jacqui Alexander, "Not just (any) body can be a citizen: the politics of law, sexuality and postcoloniality in Trinidad and Tobago and the Bahamas", *Feminist Review*, v. 48, p. 5-23, 1994.

39 Ver Alisa Solomon, "Viva la diva citizenship: post-zionism and gay rights", in Daniel Boyarin et. al. (Eds.), Queer *theory and the Jewish question*, Nova York: Columbia University Press, 2003, p. 149-165.

40 Jasbir K. Puar, "The golden handcuffs of gay rights: how pinkwashing distorts both lgbt and anti-occupation activism", *Fem. Wire*, 30 jan. 2012. Disponível em <http://thefeministwire. com/2012/01/the-golden-handcuffs-of-gay-rights-how-pinkwashing-distorts-both-lgbtiq-and-anti-occupation-activism/>; Ben Hartman, op. cit.; D. Izenberg; R. Stoil, "High Court rejects petition against citizenship law", *Jerusalem Post*. Disponível em <http://www. jpost. com/Diplomacy-and-Politics/High-Court-rejects-petition-against-citizenship-law>, última atualização em 1 nov 2012.

41 E. Sanders, "New israeli laws will increase discrimination against arabs, critics say", *L.A. Times*, 24 mar 2011. Disponível em <http://articles.latimes.com/2011/mar/24/world/la- fg-israel-arab-laws-20110324>; "Social suitability' nears ok as israeli housing criterion", Israel Religious Action Center. Disponível em <http://www.irac.org/NewsDetailes.aspx?ID=846>. Acesso em 15 set 2013.

42 Jasbir K. Puar, *Affective politics: states of debility and capacity* Durham: Duke University Press, 2014. (Esta linha de argumento serve de prefácio a um capítulo sobre sexo, direitos de reprodução e deficiência na Palestina/Israel no meu livro.)

43 Ver <http://www.alqaws.org/q/en/content/signposts-al-qaws-decade-building-queer-palestinian-discourse>. Acesso em 20 ago 2020.

44 Entrevista de Félix Boggio Éwanjé-Épée e Stella Magliani-Belkacem a Joseph Massad, Associate Professor, Columbia University. Disponível em <http://www.jadaliyya.com/pages/index/10461/the-empire-of-sexuality_an-interview-with-Joseph>. Acesso em 20 ago 2020; Sarah Schulman, *Israel/ Palestine and the* queer *international*, Durham: Duke University Press, 2012.

45 Michel Foucault, *The will to knowledge: History of sexuality*, v. 1, Londres: Penguin Books, 1998.

46 Maya Mikdashi, *Gay rights as human rights: pinkwashing homonationalism, jadaliyya*, 16 dez 2011. Disponível em <http://www.jadaliyya.com/pages/index/3560/gay-rights-as-human-rights_pinkwashing-homonationa>. Acesso em 20 ago 2020.

47 Davide Panagia, *The political life of sensation*, Durham: Duke University Press, 2009, p. 2.

48 Michel. Foucault, *Security, territory, population: lectures at the collège de France-1978*, Londres: Picador, 1977; Gilles Deleuze, *Negotiations 1972-1990*, Nova York: Columbia University Press, 1997.

49 Helga Tawil-Souri, "Colored identity: the politics and materiality of id cards in Palestine/Israel", *Social Text*, v. 29, n° 2, n° 107, p. 68-69, Duke University Press, 2011. (Souri afirma: "[...] o Estado israelense é acusado de tentar erradicar palestinos e, no entanto, o mesmo Estado institui uma infraestrutura de controle impressionante baseada na presença contínua dos palestinos na região da Palestina/Israel. Diante da dinâmica de transferência, fragmentação e eliminação, existe um sistema burocrático que mantém os palestinos onde estão: sujeitos

a formas continuadas, e talvez mutáveis, de colonialismo, ocupação e opressão... é bem provável que exista uma prática de fragmentação, isolamento, transferência e apagamento de palestinos, mas antes eles precisam ser contados, documentados, monitorizados e controlados.")

50 Amit Rai, *Untimely bollywood: globalization and India's new media assemblage*, Durham: Duke University Press, 2009, p. 9.

51 Para uma explicação destas duas correntes, ver Noreen Giffney; Myra J Hird (Eds.), Queering *the non/human*, Farnham: Ashgate Publishing, 2008, p. 1-12.

52 Ver Viki Kirby, *Quantum anthropologies: life at large*, Durham: Duke University Press, 2011; Mel Chen, *Animacies: biopolitics, racial mattering, and queer affect*, Durham: Duke University Press, 2012.

53 Ver Claire Colebrook, *Deleuze and the meaning of life*, Londres: A&C Black, 2010, cujo trabalho é representativo desta segunda abordagem.

54 Para mais discussões sobre o viral, ver Patricia Clough; Jasbir K. Puar, Introduction, *Women's studies*, v. 40, n° 1, 2, Q. 9, 2012.

Na medida em que queer sinaliza para o estranho, para a contestação, para o que está fora do centro, seria incoerente supor que a teoria se reduzisse a uma "aplicação" ou a uma extensão de ideias fundadoras. Os teóricos e teóricas queer fazem um uso próprio e transgressivo das proposições das quais se utilizam, geralmente para desarranjar e subverter noções e expectativas.

Guacira Lopes Louro

Teoria queer: uma política pós-identitária para a educação

Guacira Lopes Louro

NOS DOIS ÚLTIMOS SÉCULOS, a sexualidade tornou-se objeto privilegiado do olhar de cientistas, religiosos, psiquiatras, antropólogos, educadores, passando a se constituir, efetivamente, numa "questão". Desde então, ela vem sendo descrita, compreendida, explicada, regulada, saneada, educada, normatizada, a partir das mais diversas perspectivas. Se, nos dias de hoje, ela continua alvo da vigilância e do controle, agora ampliaram-se e diversificaram-se suas formas de regulação, multiplicaram-se as instâncias e as instituições que se autorizam a ditar-lhe as normas, a definir-lhe os padrões de pureza, sanidade ou insanidade, a delimitar-lhe os saberes e as práticas pertinentes, adequados ou infames. Ao lado de instituições tradicionais, como o Estado, as igrejas ou a ciência, agora outras instâncias e outros grupos organizados reivindicam, sobre ela, suas verdades e sua ética. Foucault certamente diria que, contemporaneamente, proliferam cada vez mais os discursos sobre o sexo e que as sociedades continuam produzindo, avidamente, um "saber sobre o prazer" ao mesmo tempo que experimentam o "prazer de saber".[1]

Hoje, as chamadas "minorias" sexuais estão muito mais visíveis e, consequentemente, torna-se mais explícita e acirrada a luta entre elas e os grupos conservadores. A denominação que lhes é atribuída parece, contudo, bastante imprópria. Como afirma a revista *La Gandhi Argen-*

tina em seu editorial,[2] "as minorias nunca poderiam se traduzir como uma inferioridade numérica mas sim como maiorias silenciosas que, ao se politizar, convertem o gueto em território e o estigma em orgulho – gay, étnico, de gênero". Sua visibilidade tem efeitos contraditórios: por um lado, alguns setores sociais passam a demonstrar uma crescente aceitação da pluralidade sexual e passam, até mesmo, a consumir alguns de seus produtos culturais; por outro lado, setores tradicionais renovam (e recrudescem) seus ataques, realizando desde campanhas de retomada dos valores tradicionais da família até manifestações de extrema agressão e violência física.

O embate por si só merece especial atenção de estudiosos/as culturais e educadores/as. Mas o que o torna ainda mais complexo é sua contínua transformação e instabilidade. O grande desafio não é apenas assumir que as posições de gênero e sexuais se multiplicaram, sendo, então, impossível lidar com elas apoiadas em esquemas binários; mas também admitir que as fronteiras são constantemente atravessadas e – o que é ainda mais complicado – que o lugar social no qual alguns sujeitos vivem é exatamente a fronteira.

Escola, currículos, educadoras e educadores não conseguem se situar fora dessa história. Mostram-se, quase sempre, perplexos, desafiados por questões para as quais pareciam ter, até pouco tempo atrás, respostas seguras e estáveis. Agora, as certezas escapam, os modelos mostram-se inúteis, as fórmulas são inoperantes. Mas é impossível estancar as questões. Não há como ignorar as "novas" práticas, os "novos" sujeitos, suas contestações ao estabelecido. A vocação normalizadora da educação vê-se ameaçada. O anseio pelo cânone e pelas metas confiáveis é abalado. A tradição pragmática leva a perguntar: o que fazer? A aparente urgência das questões não permite que se antecipe qualquer resposta; antes é preciso conhecer as condições que possibilitaram a emergência desses sujeitos e dessas práticas.

CONSTRUINDO UMA POLÍTICA DE IDENTIDADE

A homossexualidade e o sujeito homossexual são invenções do século XIX. Se antes as relações amorosas e sexuais entre pessoas do mesmo sexo eram consideradas como sodomia (uma atividade indesejável ou pecaminosa à qual qualquer um poderia sucumbir), tudo mudaria a partir da segunda metade daquele século: a prática passava a definir um tipo especial de sujeito que viria a ser assim marcado e reconhecido. Categorizado e nomeado como desvio da norma, seu destino só poderia ser o segredo ou a segregação – um lugar incômodo para permanecer. Ousando se expor a todas as formas de violência e rejeição social, alguns homens e mulheres contestam a sexualidade legitimada e se arriscam a viver fora de seus limites. A ciência, a justiça, as igrejas, os grupos conservadores e os grupos emergentes irão atribuir a esses sujeitos e a suas práticas distintos sentidos. A homossexualidade, discursivamente produzida, transforma-se em questão social relevante. A disputa centra-se fundamentalmente em seu significado moral. Enquanto alguns assinalam o caráter desviante, a anormalidade ou a inferioridade do homossexual, outros proclamam sua normalidade e naturalidade – mas todos parecem estar de acordo de que se trata de um "tipo" humano distintivo.

Esses são os discursos mais expressivos que circulam nas sociedades ocidentais, pelo menos até o início dos anos 1970. O movimento de organização dos grupos homossexuais é, ainda, tímido; suas associações e reuniões suportam, quase sempre, a clandestinidade. Aos poucos, especialmente em países como os Estados Unidos e a Inglaterra, um aparato cultural começa a surgir: revistas, artigos isolados em jornais, panfletos, teatro, arte. No Brasil, por essa época, a homossexualidade também começa a aparecer nas artes, na publicidade e no teatro. Alguns artistas[3] apostam na ambiguidade sexual, tornando-a sua marca e, desta forma, perturbando, com suas performances, não apenas as plateias, mas toda a sociedade. A partir de 1975, emerge o Movimento de Libertação Homossexual no Brasil, do qual participam, entre outros, intelectuais exilados/as durante a ditadura militar e que traziam, de sua experiência no exterior, inquietações políticas feministas, sexuais, ecológicas e raciais que então circulavam internacionalmente.

Nos grandes centros, os termos do debate e da luta parecem se modificar. A homossexualidade deixa de ser vista (pelo menos por alguns setores) como uma condição uniforme e universal e passa a ser compreendida como atravessada por dimensões de classe, etnicidade, raça, nacionalidade etc. A ação política empreendida por militantes e apoiadores torna-se mais visível e assume um caráter libertador. Suas críticas voltam-se contra a heterossexualização da sociedade. A agenda da luta também se pluraliza: para alguns, o alvo é a integração social – a integração numa sociedade múltipla, talvez andrógina e polimorfa; para outros (especialmente para as feministas lésbicas), o caminho é a separação – a construção de uma comunidade e de uma cultura próprias. Intelectuais, espalhados em algumas instituições internacionais, mostram sua afinidade com o movimento, publicam ensaios em jornais e revistas e revelam sua estreita ligação com os grupos militantes.

Pouco a pouco constrói-se a ideia de uma comunidade homossexual. Conforme Spargo,[4] no fim dos anos 1970, a política gay e lésbica abandonava o modelo que pretendia a libertação através da transformação do sistema e se encaminhava para um modelo que poderia ser chamado de "étnico". Gays e lésbicas eram representados como "um grupo minoritário, igual mas diferente"; um grupo que buscava alcançar igualdade de direitos no interior da ordem social existente. Afirmava-se, discursiva e praticamente, uma identidade homossexual.

A afirmação da identidade supunha demarcar suas fronteiras e implicava uma disputa quanto às formas de representá-la. Imagens homofóbicas e personagens estereotipados exibidos na mídia e nos filmes são contrapostos por representações "positivas" de homossexuais. Reconhecer-se nessa identidade torna-se questão pessoal e política. O dilema entre "assumir-se" ou 'permanecer enrustido" (no armário – *closet*) passa a ser considerado um divisor fundamental e um elemento indispensável para a comunidade. Na construção da identidade, a comunidade funciona como o lugar da acolhida e do suporte – uma espécie de lar. Portanto, haveria apenas uma resposta aceitável para o dilema (repetindo uma frase de Spargo, "to come home, of course, you first had to 'come out'"):[5] para fazer parte da comunidade homossexual, seria indispensável, antes de tudo, que o indivíduo se "assumisse", isto é, revelasse seu "segredo", tornando pública sua condição.

Também no Brasil, ao fim dos anos 1970, o movimento homossexual ganha mais força: surgem jornais ligados aos grupos organizados, promovem-se reuniões de discussão e de ativismo, as quais, segundo conta João Silvério Trevisan, se faziam ao "estilo do *gay conscious raising group* americano", buscando "tomar consciência de seu próprio corpo/sexualidade" e construir "uma identidade enquanto grupo social".[6]

Em conexão com o movimento político (não apenas como seu efeito, mas também como sua parte integrante), cresce, internacionalmente, o número de trabalhadores/as culturais e intelectuais que se assumem na mídia, na imprensa, nas artes e nas universidades. Entre esses, alguns passam a "fazer da homossexualidade um tópico de suas pesquisas e teorizações".[7] Sem romper com a política de identidade, colocam em discussão sua concepção como um fenômeno fixo, trans-histórico e universal e voltam suas análises para as condições históricas e sociais do seu surgimento na sociedade ocidental. No Brasil (de forma mais visível a partir de 1980), a temática também passa a se constituir como questão acadêmica, na medida em que, em algumas universidades e grupos de pesquisa, vem a ser discutida, especialmente com apoio nas teorizações de Michel Foucault.

O discurso político e teórico que produz a representação "positiva" da homossexualidade também exerce, é claro, um efeito regulador e disciplinador. Ao afirmar uma dada posição de sujeito, supõe-se, necessariamente, o estabelecimento de seus contornos, seus limites, suas possibilidades e restrições. Nesse discurso, é a escolha do objeto amoroso que define a identidade sexual e, sendo assim, a identidade gay ou lésbica assenta-se na preferência em manter relações sexuais com alguém do mesmo sexo. Contudo, essa definição de identidade sexual, aparentemente indiscutível, poderia ser posta em questão:

> Como a *História da Sexualidade* de Foucault havia mostrado, tal escolha do objeto nem sempre tinha se constituído a base para uma identidade e, como muitas vozes discordantes sugeriam, esse não era, inevitavelmente, o fator crucial na percepção de toda e qualquer pessoa sobre sua sexualidade. Este modelo fazia, efetivamente, com que os bissexuais parecessem ter uma identidade menos segura ou menos desenvolvida (assim como os modelos essencialistas de gênero fazem dos transsexuais sujeitos incompletos), e excluía grupos que definiam sua sexualidade através de atividades e prazeres mais do que através das preferências de gênero, tais como os/as sadomasoquistas.[8]

Com esses contornos, a política de identidade praticada durante os anos 1970 assumia um caráter unificador e assimilacionista, buscando a aceitação e a integração dos/das homossexuais no sistema social. A maior visibilidade de gays e lésbicas sugeria que o movimento já não perturbava o *status quo* como antes. No entanto, tensões e críticas internas já se faziam sentir. Para muitos (especialmente para os grupos negros, latinos e jovens), as campanhas políticas estavam marcadas pelos valores brancos e de classe média e adotavam, sem questionar, ideais convencionais, como o relacionamento comprometido e monogâmico; para algumas lésbicas, o movimento repetia o privilegiamento masculino evidente na sociedade mais ampla, o que fazia com que suas reivindicações e experiências continuassem secundárias comparadas às dos homens gays; para bissexuais, sadomasoquistas e transsexuais essa política de identidade era excludente e mantinha sua condição marginalizada. Mais do que diferentes prioridades políticas defendidas pelos vários "subgrupos", o que estava sendo posto em xeque, nesses debates, era a concepção da identidade homossexual unificada que vinha se constituindo na base de tal política de identidade. A comunidade apresentava importantes fraturas internas, e seria cada vez mais difícil silenciar as vozes discordantes.

No início dos anos 1980, o surgimento da aids agregaria novos elementos a este quadro. Apresentada, inicialmente, como o "câncer gay", a doença teve o efeito imediato de renovar a homofobia latente da sociedade, intensificando a discriminação já demonstrada por certos setores sociais. A intolerância, o desprezo e a exclusão – aparentemente abrandados pela ação da militância homossexual – mostravam-se mais uma vez intensos e exacerbados. Simultaneamente, a doença também teve um impacto que alguns denominaram de "positivo", na medida em que provocou o surgimento de redes de solidariedade. O resultado são alianças não necessariamente baseadas na identidade, mas num sentimento de afinidade que une tanto os sujeitos atingidos (muitos, certamente, não homossexuais) quanto seus familiares, amigos, trabalhadores e trabalhadoras da área da saúde etc. As redes escapam, portanto, dos contornos da comunidade homossexual tal como era definida até então. O combate à doença também acarreta um deslocamento nos discursos a respeito da sexualidade – agora os discursos se dirigem menos às identidades e se concentram mais nas práticas sexuais (ao enfatizar, por exemplo, a prática do sexo seguro).

Especificamente em relação à sociedade brasileira, João Silvério Trevisan comenta que, devido à aids, foi ampliada a discussão a respeito da homossexualidade. Diante da expansão da doença e de sua associação com a homossexualidade, "a metáfora – tantas vezes empregada nas entrelinhas – de que a homossexualidade pega quase deixou de ser metáfora".[9] A homofobia mostrava-se em toda a sua crueza. A partir desse momento, segundo ele, além de se tornar mais evidente o desejo homossexual, ocorreu uma espécie de "efeito colateral da epidemia sexualizada": a deflagração de uma "epidemia de informação".[10] Para ele,

> o vírus da aids realizou em alguns anos uma proeza que nem o mais bem-intencionado movimento pelos direitos homossexuais teria conseguido, em muitas décadas: deixar evidente à sociedade que homossexual existe e não é o outro, no sentido de um continente à parte, mas está muito próximo de qualquer cidadão comum, talvez ao meu lado e – isto é importante! – dentro de cada um de nós, pelo menos enquanto virtualidade.[11]

O número de grupos ativistas no Brasil já estava, então, consideravelmente ampliado; não apenas de gays, mas também de lésbicas. Pelas características políticas que o país vivia, o movimento homossexual brasileiro via-se dividido entre a possibilidade de se integrar aos partidos políticos ou de continuar sua luta de forma independente – e isso se constituía em mais uma de suas tensões internas.

Em termos globais, multiplicam-se os movimentos e os seus propósitos: alguns grupos homossexuais permanecem lutando por reconhecimento e por legitimação, buscando sua inclusão, em termos igualitários, ao conjunto da sociedade; outros estão preocupados em desafiar as fronteiras tradicionais de gênero e sexuais, pondo em xeque as dicotomias masculino/feminino, homem/mulher, heterossexual/homossexual; e ainda outros não se contentam em atravessar as divisões, mas decidem viver a ambiguidade da própria fronteira. A nova dinâmica dos movimentos sexuais e de gênero provoca mudanças nas teorias e, ao mesmo tempo, é alimentada por elas.

> A agenda teórica moveu-se da análise das desigualdades e das relações de poder entre categorias sociais relativamente dadas ou fixas (homens e mulheres, gays e heterossexuais) para o questionamento das próprias categorias – sua fixidez, separação ou limites – e para ver o jogo do poder ao redor delas como menos binário e menos unidirecional.[12]

A política de identidade homossexual estava em crise e revelava suas fraturas e insuficiências. Gradativamente, surgiriam, pois, proposições e formulações teóricas pós-identitárias. É precisamente nesse quadro que a afirmação de uma política e de uma teoria queer precisa ser compreendida.

UMA TEORIA E UMA POLÍTICA PÓS-IDENTITÁRIA

Queer pode ser traduzido por estranho, talvez ridículo, excêntrico, raro, extraordinário. Mas a expressão também se constitui na forma pejorativa com que são designados homens e mulheres homossexuais. Um insulto que tem, para usar o argumento de Judith Butler,[13] a força de uma invocação sempre repetida, um insulto que ecoa e reitera os gritos de muitos grupos homófobos, ao longo do tempo, e que, por isso, adquire força, conferindo um lugar discriminado e abjeto àqueles a quem é dirigido. Este termo, com toda a sua carga de estranheza e de deboche, é assumido por uma vertente dos movimentos homossexuais precisamente para caracterizar sua perspectiva de oposição e de contestação. Para esse grupo, queer significa colocar-se contra a normalização – venha ela de onde vier. Seu alvo mais imediato de oposição é, certamente, a heteronormatividade compulsória da sociedade; mas não escaparia de sua crítica a normalização e a estabilidade propostas pela política de identidade do movimento homossexual dominante. Queer representa claramente a diferença que não quer ser assimilada ou tolerada e, portanto, a sua forma de ação é muito mais transgressiva e perturbadora.[14]

A política queer está estreitamente articulada à produção de um grupo de intelectuais que, ao redor dos anos 1990, passa a utilizar esse termo para descrever seu trabalho e sua perspectiva teórica. Ainda que esse seja um grupo internamente bastante diversificado, capaz de expressar divergências e de manter debates acalorados, há entre seus integrantes algumas aproximações significativas. Diz Seidman:

> Os/as teóricos/as queer constituem um agrupamento diverso que mostra importantes desacordos e divergências. Não obstante, eles/elas compartilham alguns compromissos amplos – em particular, apoiam-se fortemente na teoria pós-estruturalista francesa e na des-

construção como um método de crítica literária e social; põem em ação, de forma decisiva, categorias e perspectivas psicanalíticas; são favoráveis a uma estratégia descentradora ou desconstrutiva que escapa das proposições sociais e políticas programáticas positivas; imaginam o social como um texto a ser interpretado e criticado com o propósito de contestar os conhecimentos e as hierarquias sociais dominantes.[15]

As condições que possibilitam a emergência do movimento queer ultrapassam, pois, questões pontuais da política e da teorização gay e lésbica e precisam ser compreendidas no quadro mais amplo do pós-estruturalismo. Efetivamente, a teoria queer pode ser vinculada às vertentes do pensamento ocidental contemporâneo que, ao longo do século XX, problematizaram noções clássicas de sujeito, de identidade, de agência, de identificação.

Já no início do século XX, o sujeito racional, coerente e unificado, é abalado por Freud com suas formulações sobre o inconsciente e a vida psíquica. A existência de desejos e ideias ignorados pelo próprio indivíduo e sobre os quais ele não tem controle é devastadora para o pensamento racional vigente: ao ignorar seus desejos mais profundos, ao se mostrar incapaz de controlar suas lembranças, o sujeito se "desconhece" e, portanto, deixa de ser "senhor de si". Mais tarde, Lacan perturba qualquer certeza sobre o processo de identificação e de agência ao afirmar que o sujeito nasce e cresce sob o olhar do outro, que ele só pode saber de si através do outro, ou melhor, que ele sempre se percebe e se constitui nos termos do outro. Longe de ser estável e coeso, esse é um sujeito dividido, que vive constantemente a inútil busca da completude. As possibilidades de autodeterminação e de agência também são postas em xeque pela teorização de Althusser, quando este demonstra como os sujeitos são interpelados e capturados pela ideologia. Conforme Althusser, ao se entregar à ideologia, o sujeito realiza, de forma aparentemente livre, seu próprio processo de sujeição.

Ao lado dessas teorizações que problematizaram de forma radical a racionalidade moderna, destacam-se os *insights* de Michel Foucault sobre a sexualidade, diretamente relevantes para a formulação da teoria queer. Conforme Foucault, vivemos, já há mais de um século, numa sociedade que "fala prolixamente de seu próprio silêncio, obstina-se em detalhar o que não diz, denuncia os poderes que exerce e promete liberar-se das leis que a fazem funcionar."[16] Ele desconfia desse alegado silêncio e, contrariando tal hipótese, afirma que o sexo foi, na verdade, "colocado em discurso": temos vivido mergulhados em múltiplos discursos sobre a sexualidade, pronunciados pela Igreja, pela Psiquiatria, pela Sexologia, pelo Direito... Empenha-se em descrever esses discursos e seus efeitos, analisando não apenas como, através deles, se produziram e se multiplicaram as classificações sobre as "espécies" ou "tipos" de sexualidade, mas também como se ampliaram os modos de controlá-la. Tal processo tornou possível, segundo ele, a formação de um "discurso reverso", isto é, um discurso produzido a partir do lugar que tinha sido apontado como a sede da perversidade, como o lugar do desvio e da patologia: a homossexualidade. Mas Foucault ultrapassa amplamente o esquema binário de oposição entre dois tipos de discursos, acentuando que vivemos uma proliferação e uma dispersão de discursos, bem como uma dispersão de sexualidades. Diz ele:

> assistimos a uma explosão visível das sexualidades heréticas, mas sobretudo – e é esse o ponto importante – a um dispositivo bem diferente da lei: mesmo que se apoie localmente em procedimentos de interdição, ele assegura, através de uma rede de mecanismos entrecruzados, a proliferação de prazeres específicos e a multiplicação de sexualidades disparatadas.[17]

A construção discursiva das sexualidades, exposta por Foucault, vai se mostrar fundamental para a teoria queer. Da mesma forma, a operação de desconstrução, proposta por Jacques Derrida, parecerá, para muitos teóricos e teóricas, o procedimento metodológico mais produtivo. Conforme Derrida, a lógica ocidental opera, tradicionalmente, através de binarismos: este é um pensamento que elege e fixa como fundante ou como central uma ideia, uma entidade ou um sujeito, determinando, a partir desse lugar, a posição do "outro", o seu oposto subordinado. O termo inicial é compreendido sempre como superior, enquanto o outro é o seu derivado, inferior. Derrida afirma que essa lógica poderia ser abalada por um processo desconstrutivo que estrategicamente revertesse, desestabilizasse e desordenasse esses pares. Desconstruir um discurso implicaria minar, escavar, perturbar e subverter os termos que afirma e sobre os quais o próprio discurso se afirma. Desconstruir não significa destruir, como lembra Barbara Johnson,[18] mas "está muito mais perto do significado original da palavra análise, que, etimologicamente, significa desfazer". Portanto, ao se eleger a desconstrução como procedimento metodológico, está se indicando um modo de questionar ou de analisar e está se apostando que esse modo de análise pode ser útil para desestabilizar binarismos linguísticos e conceituais (ainda que se trate de binarismos tão seguros como homem/mulher, masculinidade/feminilidade). A desconstrução das oposições binárias tornaria manifesta a interdependência e a fragmentação de cada um dos polos. Trabalhando para mostrar que cada polo contém o outro, de forma desviada ou negada, a desconstrução indica que cada polo carrega vestígios do outro e depende desse outro para adquirir sentido. A operação sugere também o quanto cada polo é, em si mesmo, fragmentado e plural. Para os teóricos/as queer, a oposição heterossexualidade/ homossexualidade – onipresente na cultura ocidental moderna – poderia ser efetivamente criticada e abalada por meio de procedimentos desconstrutivos.

Na medida em que queer sinaliza para o estranho, para a contestação, para o que está fora do centro, seria incoerente supor que a teoria se reduzisse a uma "aplicação" ou a uma extensão de ideias fundadoras. Os teóricos e as teóricas queer fazem um uso próprio e transgressivo das proposições das quais se utilizam, geralmente para desarranjar e subverter noções e expectativas. É o caso de Judith Butler, uma das mais destacadas teóricas queer. Ao mesmo tempo que reafirma o caráter discursivo da sexualidade, ela produz novas concepções a respeito de sexo, sexualidade, gênero. Butler afirma que as sociedades constroem normas que regulam e materializam o sexo dos sujeitos e que essas "normas regulatórias" precisam ser constantemente repetidas e reiteradas para que tal materialização se concretize. Contudo, ela acentua que "os corpos não se conformam, nunca, completamente, às normas pelas quais sua materialização é imposta",[19] daí que essas normas precisam ser constantemente citadas, reconhecidas em sua autoridade, para que possam exercer seus efeitos. As normas regulatórias do sexo têm, portanto, um caráter performativo, isto é, têm um poder continuado e repetido de produzir aquilo que nomeiam e, sendo assim, elas repetem e reiteram, constantemente, as normas dos gêneros na ótica heterossexual.

Judith Butler toma emprestado da linguística o conceito de performatividade para afirmar que a linguagem que se refere aos corpos ou ao sexo não faz apenas uma constatação ou uma descrição desses corpos, mas, no instante mesmo da nomeação, constrói, "faz" aquilo que nomeia, isto é, produz os corpos e os sujeitos. Esse é um processo constrangido e limitado desde seu início, pois o sujeito não decide sobre o sexo que irá ou não assumir; na verdade, as normas regulatórias de uma sociedade abrem possibilidades que ele assume, apropria e materializa. Ainda que essas normas reiterem sempre, de forma compulsória, a heterossexualidade, paradoxalmente, elas também dão espaço para a produção dos corpos que a elas não se ajustam. Esses serão constituídos como sujeitos "abjetos" – aqueles que escapam da norma. Mas, precisamente por isso, esses sujeitos são socialmente indispensáveis, já que fornecem o limite e a fronteira, isto é, fornecem "o exterior " para os corpos que "materializam a norma", os corpos que efetivamente "importam".[20]

Butler, como outros teóricos queer, volta sua crítica e sua argumentação para a oposição binária heterossexual/homossexual. Esses teóricos e essas teóricas afirmam que a oposição preside não apenas os discursos homofóbicos, mas continua presente, também, nos discursos favoráveis à homossexualidade. Seja para defender a integração dos/as homossexuais ou para reivindicar uma espécie ou uma comunidade em separado; seja para considerar a sexualidade como originariamente "natural" ou para considerá-la como socialmente construída, esses discursos não escapam da referência à heterossexualidade como norma. Conforme Seidman, "permanece intocado o binarismo heterossexual/homossexual como a referência mestra para a construção do eu, do conhecimento sexual e das instituições sociais".[21] Esse posicionamento parece insuficiente, uma vez que não abala, de fato, o regime vigente. Segundo os teóricos e as teóricas queer, é necessário empreender uma mudança epistemológica que efetivamente rompa com a lógica binária e com seus efeitos: a hierarquia, a classificação, a dominação e a exclusão. Uma abordagem desconstrutiva permitiria compreender a heterossexualidade e a homossexualidade como interdependentes, como mutuamente necessárias e como integrantes de um mesmo quadro de referências. A afirmação da identidade implica sempre a demarcação e a negação do seu oposto, que é constituído como sua diferença. Esse "outro" permanece, contudo, indispensável. A identidade negada é constitutiva do sujeito, fornece-lhe o limite e a coerência e, ao mesmo tempo, assombra-o com a instabilidade. Numa ótica desconstrutiva, seria demonstrada a mútua implicação/constituição dos opostos e se passaria a questionar os processos pelos quais uma forma de sexualidade (a heterossexualidade) acabou por se tornar a norma, ou, mais do que isso, passou a ser concebida como "natural".

Ao alertar para o fato de que uma política de identidade pode se tornar cúmplice do sistema contra o qual ela pretende se insurgir, os teóricos e as teóricas queer sugerem uma teoria e uma política pós-identitárias. O alvo dessa política e dessa teoria não seriam propriamente as vidas ou os destinos de homens e mulheres homossexuais, mas sim a crítica à oposição heterossexual/homossexual, compreendida como a categoria central que organiza as práticas sociais, o conhecimento e as relações entre os sujeitos. Trata-se, portanto, de uma mudança no foco e nas estratégias de análise; trata-se de uma outra perspectiva epistemológica que está voltada, como diz Seidman, para a cultura, para as "estruturas linguísticas ou discursivas" e para seus "contextos institucionais":

> A teoria queer constitui-se menos numa questão de explicar a repressão ou a expressão de uma minoria homossexual do que numa análise da figura hetero/homossexual como um regime de poder/saber que molda a ordenação dos desejos, dos comportamentos e das instituições sociais, das relações sociais – numa palavra, a constituição do self e da sociedade.[22]

UMA PEDAGOGIA E UM CURRÍCULO QUEER

Como um movimento que se remete ao estranho e ao excêntrico pode se articular com a educação, tradicionalmente o espaço da normalização e do ajustamento? Como uma teoria não propositiva pode "falar" a um campo que vive de projetos e de programas, de intenções, objetivos e planos de ação? Qual o espaço, nesse campo usualmente voltado ao disciplinamento e à regra, para a transgressão e para a contestação? Como romper com binarismos e pensar a sexualidade, os gêneros e os corpos de uma forma plural, múltipla e cambiante? Como traduzir a teoria queer para a prática pedagógica?

Para ensaiar respostas a tais questões é preciso ter em mente não apenas o alvo mais imediato e direto da teoria queer – o regime de poder-saber que, assentado na oposição heterossexualidade/homossexualidade, dá sentido às sociedades contemporâneas – mas também considerar as estratégias, os procedimentos e as atitudes nela implicados. A teoria queer permite pensar a ambiguidade, a multiplicidade e a fluidez das identidades sexuais e de gênero mas, além disso, também sugere novas formas de pensar a cultura, o conhecimento, o poder e a educação.

Tomaz Tadeu da Silva argumenta que,

> tal como o feminismo, a teoria queer efetua uma verdadeira reviravolta epistemológica. A teoria queer quer nos fazer pensar queer (homossexual, mas também "diferente") e não *straight* (heterossexual, mas também "quadrado"): ela nos obriga a considerar o impensável, o que é proibido pensar, em vez de simplesmente considerar o pensável, o que é permitido pensar. (...) O queer se torna, assim, uma atitude epistemológica que não se restringe à identidade e ao conhecimento sexuais, mas que se estende para o conhecimento e a identidade de modo geral. Pensar queer significa questionar, problematizar, contestar, todas as formas bem-comportadas de conhecimento e de identidade. A epistemologia queer é, neste sentido, perversa, subversiva, impertinente, irreverente, profana, desrespeitosa.[23]

Uma pedagogia e um currículo queer se distinguiriam de programas multiculturais bem-intencionados, em que as diferenças (de gênero, sexuais ou étnicas) são toleradas ou apreciadas como curiosidades exóticas. Uma pedagogia e um currículo queer estariam voltados para o processo de produção das diferenças e trabalhariam, centralmente, com a instabilidade e a precariedade de todas as identidades. Ao colocar em discussão as formas como o "outro" é constituído, levariam a questionar as estreitas relações do eu com o outro. A diferença deixaria de estar lá fora, do outro lado, alheia ao sujeito, e seria compreendida como indispensável para a existência do próprio sujeito: ela estaria dentro, integrando e constituindo o eu. A diferença deixaria de estar ausente para estar presente: fazendo sentido, assombrando e desestabilizando o sujeito. Ao se dirigir para os processos que produzem as diferenças, o currículo passaria a exigir que se prestasse atenção ao jogo político aí implicado: em vez de meramente contemplar uma sociedade plural, seria imprescindível dar-se conta das disputas, dos conflitos e das negociações constitutivos das posições que os sujeitos ocupam.

Dentro desse quadro, a polarização heterossexual/homossexual seria questionada. Analisada a mútua dependência dos polos, estariam colocadas em xeque a naturalização e a superioridade da heterossexualidade. O combate à homofobia – uma meta ainda importante – precisaria avançar. Para uma pedagogia e um currículo queer, não seria suficiente denunciar a negação e o submetimento dos/as homossexuais, e sim desconstruir o processo pelo qual alguns sujeitos se tornam normalizados e outros marginalizados. Tornar evidente a heteronormatividade, demonstrando o quanto é necessária a constante reiteração das normas sociais regulatórias, a fim de garantir a identidade sexual legitimada. Analisar as estratégias – públicas e privadas, dramáticas ou discretas – que são mobilizadas, coletiva e individualmente, para vencer o medo e a atração das identidades desviantes e para recuperar uma suposta estabilidade no interior da identidade-padrão.

Problematizar também as estratégias normalizadoras que, no quadro de outras identidades sexuais (assim como no contexto de outros grupos identitários, como os de raça, nacionalidade ou classe),[24] pretendem ditar e restringir as formas de viver e de ser. Pôr em questão as classificações e os enquadramentos. Apreciar a transgressão e o atravessamento das fronteiras (de toda ordem), explorar a ambiguidade e a fluidez. Reinventar e reconstruir, como prática pedagógica, estratégias e procedimentos acionados pelos ativistas queer, como, por exemplo, a estratégia de "mostrar o queer naquilo que é pensado como normal e o normal no queer".[25]

Transferir a outras polaridades esse mecanismo desconstrutivo, perturbando até mesmo o mais caro binarismo do campo educacional, aquele que opõe o conhecimento à ignorância. Seguindo o pensamento de Eve Sedgwick, demonstrar, como sugerem teóricas/os queer, que a ignorância não é "neutra", nem é um "estado original", mas, em vez disso, que ela "é um efeito – não uma ausência – de conhecimento".[26] Admitir que a ignorância pode ser compreendida como algo produzido por um tipo particular de conhecimento ou por um modo de conhecer. Assim, a ignorância da homossexualidade poderia ser lida como constitutiva de um modo particular de conhecer a sexualidade. Deborah Britzman afirma:

> O velho dualismo binário da ignorância e do conhecimento não pode lidar com o fato de que qualquer conhecimento já contém suas pró-

prias ignorâncias. Se, por exemplo, os/as jovens e os/as educadores/as são ignorantes sobre a homossexualidade, é quase certo que eles/elas também sabem pouco sobre a heterossexualidade. O que, pois, é exigido do conhecedor, para que compreenda a ignorância não como um acidente do destino, mas como um resíduo do conhecimento? Em outras palavras, o que ocorrerá se lermos a ignorância sobre a homossexualidade não apenas como efeito de não se conhecer os homossexuais ou como um outro caso de homofobia, mas como ignorância sobre a forma como a sexualidade é moldada?[27]

A "reviravolta epistemológica" provocada pela teoria queer transborda, pois, o terreno da sexualidade. Ela provoca e perturba as formas convencionais de pensar e de conhecer. A sexualidade, polimorfa e perversa, é ligada à curiosidade e ao conhecimento. O erotismo pode ser traduzido no prazer e na energia dirigidos a múltiplas dimensões da existência. Uma pedagogia e um currículo conectados à teoria queer teriam de ser, portanto, tal como ela, subversivos e provocadores. Teriam de fazer mais do que incluir temas ou conteúdos queer; ou mais do que se preocupar em construir um ensino para sujeitos queer. Como afirma William Pinar,[28] "uma pedagogia queer desloca e descentra; um currículo queer é não-canônico". As classificações são improváveis. Tal pedagogia não pode ser reconhecida como uma pedagogia do oprimido, como libertadora ou libertária. Ela escapa de enquadramentos. Evita operar com os dualismos que acabam por manter a lógica da subordinação. Contrapõe-se, seguramente, à segregação e ao segredo experimentados pelos sujeitos "diferentes", mas não propõe atividades para seu fortalecimento nem prescreve ações corretivas para aqueles que os hostilizam. Antes de pretender ter a resposta apaziguadora ou a solução que encerra os conflitos, quer discutir (e desmantelar) a lógica que construiu esse regime, a lógica que justifica a dissimulação, que mantém e fixa as posições de legitimidade e ilegitimidade. "Em vez de colocar o conhecimento (certo) como resposta ou solução, a teoria e a pedagogia queer (...) colocam o conhecimento como uma questão interminável."[29]

Vistos sob essa perspectiva, uma pedagogia e um currículo queer "falam" a todos e não se dirigem apenas àqueles ou àquelas que se reconhecem nessa posição de sujeito, isto é, como sujeitos queer. Uma tal pedagogia sugere o questionamento, a desnaturalização e a incerteza como estratégias férteis e criativas para pensar qualquer dimensão da existência. A dúvida deixa de ser desconfortável e nociva para se tornar estimulante e produtiva. As questões insolúveis não cessam as discussões, mas, em vez disso, sugerem a busca de outras perspectivas, incitam a formulação de outras perguntas, provocam o posicionamento a partir de outro lugar. Certamente, essas estratégias também acabam por contribuir com a produção de um determinado "tipo" de sujeito. Mas, neste caso, longe de pretender atingir, finalmente, um modelo ideal, esse sujeito e essa pedagogia assumem seu caráter intencionalmente inconcluso e incompleto.

Efetivamente, os contornos de uma pedagogia ou de um currículo queer não são os usuais: faltam-lhes as proposições e os objetivos definidos, as indicações precisas do modo de agir, as sugestões sobre as formas adequadas para "conduzir" os/as estudantes, a determinação do que "transmitir". A teoria que lhes serve de referência é desconcertante e provocativa. Tal como os sujeitos de que fala, a teoria queer é, ao mesmo tempo, perturbadora, estranha e fascinante. Por tudo isso, ela parece arriscada. E talvez seja mesmo... mas, seguramente, ela também faz pensar.

TEXTO ORIGINALMENTE PUBLICADO NA *REVISTA ESTUDOS FEMINISTAS*, FLORIANÓPOLIS, V. 9, Nº 2, P. 541-552, 2001.

NOTAS

1. Michel Foucault, *A história da sexualidade: a vontade de saber*, 11. ed., Rio de Janeiro: Graal, 1993.
2. *La Gandhi Argentina*, Editorial, ano 2, nº 3, nov 1998, tradução livre.
3. Nos anos 1970, o cantor Ney Matogrosso e o grupo Dzi Croquetes embaralham propositalmente as referências femininas e masculinas em suas performances e, segundo José Silvério Trevisan, acabam por desempenhar um papel importante e provocador no debate sobre política sexual no país. Trevisan afirma que os Dzi Croquetes "trouxeram para o Brasil o que de mais contemporâneo e questionador havia no movimento homossexual internacional, sobretudo americano". Cf. João Silvério Trevisan, *Devassos no paraíso: a homossexualidade no Brasil, da colônia à atualidade*, 3. ed., Rio de Janeiro, São Paulo: Editora Record, 2000, p. 288.
4. Tamsin Spargo, *Foucault and* queer *theory*, Nova York: Totem Books, 1999, p. 29.
5. Ibid., p. 30.
6. João Silvério Trevisan, op. cit., p. 339.
7. Steven Seidman, "Deconstructing queer theory or the under-theorization of the social and the ethical", in Linda Nicholson; Steven Seidman (Org.), *Social postmodernism beyond identity politics*. Cambridge: Cambridge University Press, 1995, p. 121.

8   Tamsin Sparco, op. cit., p. 34, tradução livre.

9   João Silvério Trevisan, op. cit., p. 462.

10 Idem. De fato, a partir da segunda metade dos anos 1980, no Brasil, passou-se a discutir muito mais a sexualidade (e a homossexualidade) em várias instâncias sociais, inclusive nas escolas. A preocupação em engajar-se no combate à doença fez com que organismos oficiais, tais como o Ministério de Educação e Cultura (MEC), passassem a estimular projetos de educação sexual e, em 1996, o MEC incluiu a temática, como tema transversal, nos seus Parâmetros Curriculares Nacionais (os PCNs, a nova diretriz para educação do país). Vale notar, contudo, que as condições que possibilitaram a ampliação da discussão sobre a sexualidade também tiveram o efeito de aproximá-la das ideias de risco e de ameaça, colocando em segundo plano sua associação ao prazer e à vida.

11 João Silvério Trevisan, op. cit., p. 462.

12 Debbie Epstein; Richard Johnson, *Schooling sexualities*, Buckinghan: Open University Press, 1998, p. 37-38.

13 Judith Butler, "Corpos que pesam: sobre os limites discursivos do 'sexo'", in Guacira Lopes Louro (Org.), *O corpo educado: pedagogias da sexualidade*, Belo Horizonte: Autêntica, 1999, p. 151-172.

14 Algumas vezes, queer é utilizado como um termo síntese para se referir, de forma conjunta, a gays e lésbicas. Esse uso é, no entanto, pouco sugestivo das implicações políticas envolvidas na eleição do termo, feita por parte do movimento homossexual, exatamente para marcar (e distinguir) sua posição não assimilacionista e não normativa. Deve ser registrado, ainda, que a preferência por queer também representa, pelo menos na ótica de alguns, uma rejeição ao caráter médico que estaria implícito na expressão "homossexual".

15 Steven Seidman, op. cit., p. 125.

16 Michel Foucault, op. cit., p. 14.

17 Ibid., p. 48.

18 Barbara Johnson, excerto de *The critical difference*, 1981. Disponível em <http://prelectur. stanford.edu/lecturers/derrida/deconstruction.html>. Acesso em 20 ago 2020.

19 Judith Butler, op. cit., p. 154.

20 Idem.

21 Ibid., p. 126.

22 Steven Seidman, op. cit., p. 128.

23 Tomaz Tadeu da Silva, *Documentos de identidade: uma introdução às teorias do currículo*, Belo Horizonte: Autêntica, 1999, p. 107.

24 Eve Sedgwick afirma que "queer tem se estendido ao longo de dimensões que não podem ser subsumidas, inteiramente, ao gênero e à sexualidade: por exemplo, aos modos pelos quais raça, etnicidade, nacionalidade pós-colonial entrecruzam-se com esses e com outros discursos de constituição-de-identidade, de fratura-de-identidade", apud Annamarie Jagose, *Queer Theory: an introduction*, Nova York: New York University Press, 1996, p. 99.

25 William Tierney; Patrick Dilley, "Constructing knowledge: educational research and gay and lesbian studies", in William Pinar (Org.), Queer *theory in education*, New Jersey, Londres: Lawrence Erlabaum Associates Publishers, 1998, p. 60.

26 Deborah Britzman, "O que é esta coisa chamada amor – identidade homossexual, educação e currículo", *Educação e Realidade*, v. 21, n° 1, p. 71-96, jan-jun 1996, p. 91.

27 Deborah Britzman, op. cit., p. 91.

28 William Pinar "Introduction", in William Pinnar (Org.), Queer *Theory in Education*, Nova Jersey e Londres: Lawrence Erlabaum Associates Publishers, 1998, p. 1-47.

29 Suzanne Luhmann, "Queering/Querying Pedagogy? Or, Pedagogy is a pretty queer thing, in Wiliam Pinar, op. cit., p. 151.

A teologia queer da libertação busca desestabilizar a forma como a fé foi construída, recorrendo ao amor e à solidariedade, através de um conceito chave, presente desde o desenvolvimento das teologias gay e lésbica: a amizade. A amizade é a alternativa teopolítica em que apostam as teologias que partem das dissidências sexuais, e que também participam de outras lutas em suas comunidades de origem, como as lutas raciais, de classe, e, no caso latino-americano, apostam na decolonialidade, ainda que isso pareça contraditório especialmente levando em conta sua posição cristã.

Gabriela González Ortuño

Como viver uma fé queer? Os desafios das teologias da libertação, as tensões entre o exercício da fé e as dissidências sexuais

Gabriela González Ortuño

Imagem 1. Anônimo, *Favores insólitos*, 1970. [Oferta votiva contemporânea]. Disponível em <http://www.cultura.gob.mx>.

POR QUE É IMPORTANTE FALAR DO EXERCÍCIO DA FÉ DOS DISSIDENTES SEXUAIS?

> Não passamos pela psicanálise. Deus sabe mais e analisa menos.
> Pedro Lemebel

As subjetividades são formadas a partir de diversos elementos presentes nas posições que as pessoas ocupam nas comunidades em que nascem. Os processos de performatividade das diversas identidades se relacionam com os parâmetros de gênero e com outras formas de relações estabelecidas ao nosso redor. Dessa forma, ter nascido em uma comunidade negra ou indígena na América Latina é diferente de ser parte de um subúrbio branco nos Estados Unidos. Os fluxos de poder que atravessam o ser humano desde a infância são determinantes para a configuração das subjetividades.[1] Um dos elementos que acreditamos ser capaz de exercer grande influência na construção destas subjetividades são as crenças religiosas. Tanto alguém que é praticante de alguma religião quanto aqueles que negam a existência de Deus constroem, a partir desses lugares, certa postura acerca de diversas questões presentes no mundo que habitamos. E precisamos nos relacionar com a diferença como a própria conformação de comunidade ou a prática cotidiana de ritualidades diversas.

A teóloga feminista da libertação Elisabeth Shüssler-Fiorenza afirma: "acredito que as feministas precisam desenvolver uma interpretação crítica sobre a libertação, não para manter as mulheres nas religiões bíblicas, mas porque os textos bíblicos afetam todas as mulheres em sociedades ocidentais."[2] Essa afirmação pode ser estendida para as sociedades ocidentalizadas, ou seja, sociedades que não fazem parte do chamado Primeiro Mundo, mas foram colonizadas e influenciadas por suas culturas. Também é preciso dizer que não foram afetadas apenas as vidas das mulheres, mas as vidas de milhões de seres humanos ao longo da história – não apenas pelo cristianismo, mas pelo exercício de diversas religiões. Entretanto, são as mulheres, os dissidentes sexuais, as populações colonizadas e empobrecidas que encontram em muitos dos preceitos religiosos justificações para sua condição de exclusão. Apesar disso, como veremos adiante, a religião também levou elementos de esperança para essas mesmas populações.

Para falar da importância das religiões na vida das pessoas e de comunidades inteiras nos lugares menos privilegiados, queremos lembrar das palavras de Ivone Gebara, teóloga feminista da libertação, que, quando questionada se deixaria ou não de ser freira da Igreja católica, diz:

> Não... Porque ir embora significa também me desconectar das mulheres, das que mais sofrem, todas elas são crentes. Acredito que as feministas não trabalharam ainda o suficiente as correntes religiosas das camadas populares; correntes que consolam e oprimem ao mesmo tempo. Não se pode ser feminista e ignorar o pertencimento religioso das mulheres; se não são católicas, são da Assembleia de Deus, ou da Igreja Universal, ou do Candomblé ou do Espiritismo. E em cada um desses lugares há alguma dominação dos corpos femininos. A religião é um componente importantíssimo na construção da cultura latino-americana.[3,4]

As mulheres empobrecidas e racializadas, assim como as e os dissidentes sexuais e de gênero, encontraram formas de construir religiosidades que expressassem sua fé, melhor do que fazem as igrejas já estabelecidas. Muitas vezes, isso foi feito de forma clandestina; em outros casos, por derivações dentro da religião que praticam. Além das intervenções das alas progressistas das igrejas, as religiosidades populares têm assumido um papel importante na desestabilização dos parâmetros ortodoxos de gênero e sexualidade. Para Marcella Althaus-Reid,[5] o exemplo de Santa Librada é uma demonstração das formas que as dissidências podem assumir no interior da fé. Esta santa é representada como uma mulher barbuda ou como uma santa anoréxica. Em ambos os casos, a lenda conta que ela estava tentando fugir de um casamento forçado. Além de se tratar de uma figura feminina desobediente, a santa não se encaixa nas formas usuais de se construir feminilidade e, por isso, tem sido considerada uma santa queer, cultuada ao redor do mundo, especialmente nas camadas populares.

Do lado oposto às religiosidades alternativas, marginais e populares, encontramos, nas religiões das escrituras, com suas posições ortodoxas, uma aversão às dissidências sexuais ao longo de toda sua história. No caso do cristianismo, as diferentes vertentes católicas e protestantes, justificadas na passagem de Sodoma e Gomorra, deixam de lado outros ensinamentos de suas escrituras, como o de amar a Deus e ao próximo como a si mesmo – o que evitaria a aversão às diferenças. Nos dias de hoje, a abertura de algumas igrejas para grupos de homossexuais ou lésbicas é bastante limitada. Apesar do número crescente de grupos dissidentes nos Estados Unidos, sobretudo de vertente protestante, que defendem o exercício da sua fé, muitas igrejas do país e ao redor do mundo ainda negam que as pessoas cujas preferências sexuais não se encaixam em sua ideia de "natureza" participem das suas atividades, e até promovem formas de "cura" da homossexualidade. Os discursos cristãos não deixaram para trás, na maioria dos casos, as ideias de que as dissidências sexuais são aberrações que desafiam a ordem natural divina.

É importante destacar que muitas das igrejas que se erguem como igrejas gays ou lésbicas, especialmente as primeiras, tendem a adotar outras pautas de normalização para serem aceitas como membros do modelo vigente de sociedade. Como sabemos, se considerar gay não equivale a uma intenção de modificar as relações desiguais da sociedade em que vivemos. Também sabemos que buscar aceitação nada mais é que lutar por um espaço na ordem social existente, sem questionar outros fatores de poder e privilégio, como aqueles atravessados por classe, raça, etnia, idade ou estatura. Muitos homossexuais, homens brancos de classe média ou alta, buscam levar uma vida normal, frequentar suas igrejas, pagar impostos, estar na moda, fazer exercícios para se encaixar nos padrões de beleza vigentes, ter um emprego socialmente reconhecido. Em suma, alcançar a ideia de sucesso exigida e, evidentemente, a população descrita é capaz disso graças às suas posições históricas de privilégio – com a exceção de que precisam legalizar e institucionalizar sua forma de vida através de lutas pelo matrimônio igualitário, pelo direito de formarem uma família no modelo tradicional, para terem associações e festividades, entre outras coisas. Entretanto, o exercício da fé através das práticas religiosas escolhidas é uma decisão pessoal, e estas práticas podem acabar sendo diferentes das hegemônicas. Como foi com as beguinas na Idade Média, os grupos valentes no cristianismo primitivo, que aceitavam a homossexualidade, e, inclusive, os franciscanos antes de serem aceitos como uma ordem dentro da Igreja católica.

O modelo moderno patriarcal capitalista não foi modificado com o reconhecimento de direitos para pessoas homossexuais, tampouco as dissidências sexuais desapareceram com a homofobia formulada a partir de hermenêuticas cristãs do ódio. O exercício da fé se complexifica no seguinte contexto: pessoas formadas no exercício de diversas religiões também são dissidentes sexuais, ou dissidentes sexuais podem passar a fazer parte de alguma religião que, em suas ortodoxias, os rejeitam; ainda que todos esses, na religiosidade cotidiana, façam parte de uma comunidade de fé. É neste contexto que surgem várias propostas como a teologia queer na América Latina, sobre a qual este trabalho se ocupará após uma revisão dos usos do queer na América Latina.

Imagem 2. Anônimo, *Santa Librada*, s.d.

O QUEER, EXPECTATIVAS E LIMITAÇÕES

As hierarquias de gênero não são interrompidas se alguns espaços de normalização forem ampliados, nem se algumas igrejas de pessoas que se denominam homossexuais forem instituídas. Muitos elaboram uma crítica à normalização da homossexualidade, onde as lésbicas são as mais atacadas. Nesta seção, analisaremos como o queer é abordado na América Latina.

Julieta Paredes, feminista comunitária boliviana, tem uma frase para falar do seu desacordo com a teoria queer – ou, pelo menos, desacordo com o que conhece dela. Ela diz que, na sua opinião, colocar bigodes não derruba o patriarcado. Embora aceitemos que essa é uma caricatura do ativismo político e da teoria queer, a intenção de começar com esta crítica, vinda de um ponto de enunciação de um feminismo do Sul, é estabelecer que, apesar de o queer ter sido acolhido em muitos espaços políticos e acadêmicos no mundo, suas propostas muitas vezes acabam sendo simplificadas por alguns setores do ativismo LGTTB e também em movimentos com os quais poderíamos pensar que existem maiores semelhanças, pelas condições de classe, raça e etnia que compartilham e pelas formas com que ambos os movimentos projetam suas identidades como rupturas dos padrões estéticos suscitados pela modernidade patriarcal capitalista.

As questões no uso do termo queer também aparecem nos desvios que o conceito toma. O mais conhecido, por sua estética chamativa, é a *drag queen*, que encontrou espaços no mundo do espetáculo comercial dos *reality shows* como *Ru Paul's Drag Race*, e também *I am Caty*, que mostra a vida de uma mulher transexual branca e rica. Isto trouxe críticas a estas feminilidades empenhadas em se apresentarem como parte de um setor de consumo de produtos estéticos: maquiagem, unhas, roupas. Por outro lado, como outras autoras, Itziar Zigar defende, em seu livro *Devenir perra* [Devir cadela], a estética *drag* como forma de empoderar as mulheres a partir de uma estética hiperfeminina influenciada por essa corrente e que também apresenta reivindicações de classe. Isso nos dá uma ideia da dificuldade de pensar em uma forma única para o queer. Em cada território e em cada setor desses territórios, o queer é misturado com outras propostas, é usado, é desintegrado e, em alguns casos, é descartado. A desestabilização dos binários de gênero serviu também para percebermos que um corpo feminilizado se torna alvo de violência. O queer, ainda que desafie e tensione o binário de gênero, se expande em direção ao feminino. O *drag king* é menos aclamado, e as lésbicas *butch*[6] são questionadas e agredidas, por terem ousado manchar o "sagrado masculino". O uso de roupas consideradas femininas em corpos marcados como masculinos, barbas e bigodes em combinação com perucas estabelecem um jogo que busca desafiar as fronteiras fechadas do binário de gênero. Apesar dos riscos que essa performance carrega, a homofobia e a transfobia são riscos corridos por pessoas ou grupos que se assumam queer.

O queer passou por processos de despolitização ou, como na América Latina, não conseguiu ultrapassar as fronteiras de classe e raça, como era previsto em sua proposta original – mas não podemos ignorar que na América Latina o queer foi apropriado e abordado de diversas formas. As obras de Judith Butler são muito mais citadas que as de Paul B. Preciado. Entre os grupos feministas, a teoria queer não é tão usada quanto as de autores decoloniais da Ásia. Para Francesca Gargallo,[7] os movimentos queer na América Latina estão afastados, em sua maioria, do ativismo feminista. Busca-se encaixar pensadoras feministas como queer, ainda que, por exemplo, Yuderkys Espinosa prefira se chamar de feminista lésbica antirracista. Outras, como a mexicana Sayak Valencia, optam por hispanizar o termo e dizer *cuir*, como uma espécie de aliança. É esta abordagem do queer e a ideia de multidões queer que mais se aproximam da ideia que tem sido desenvolvida pelos teólogos queer da libertação latino-americanos:

> As multidões queer são todos aqueles devires minoritários, a raça, a classe, a preferência sexual, a diversidade funcional, a patologização, a precarização econômica, a etnia, o espaço geográfico, a nacionalidade, se é um imigrante ou não, ou seja, toda essa gente que vem a ser minoria através de determinados espaços ou certa interseccionalidade e certos deslocamentos, sobretudo trânsitos em suas vidas cotidianas. As multidões queer poderiam ser identificadas como um espaço de autocrítica radical aos privilégios de gênero, raça ou classe, e também são úteis para colocar mais uma vez a ideia da transformação no horizonte, no sentido da possibilidade como um horizonte político e não partidário.[8]

Antes de falar das propostas da teologia queer latino-americana, realizaremos uma cartografia geral das teologias da libertação para localizarmos da melhor forma as propostas realizadas pela primeira.

A TEOLOGIA DA LIBERTAÇÃO E DA DIFERENÇA

A teologia da libertação é um movimento das igrejas cristãs na América Latina, centrado na busca do reino de Deus na terra através de processos de libertação dos oprimidos. Trata-se de um movimento influenciado pela teoria marxista e a teoria da dependência, e por outras teologias, como a teologia da esperança ou a teologia em revolução. Trata-se de uma corrente desqualificada pelos teólogos europeus, muito mais próximos à doxa, e silenciada pelo Vaticano. Com o tempo, a teologia da libertação retoma a preocupação com os pobres e se converte em uma opção no interior da Igreja católica. Entre os teólogos da libertação existe uma diversidade de focos e temas. Há quem tenha trabalhado, como Jon Sobrino, com temas relativos à cristologia a partir da libertação, ou com ferramentas hermenêuticas ecologistas, como fez Leonardo Boff. É importante ainda mencionar a historiografia das igrejas cristãs na América Latina a partir de pontos de vista libertadores, coordenada por Enrique Dussel, ou abordagens econômicas, como as de Jung Mo Sung. Esses trabalhos têm em comum dois aspectos gerais: primeiro, o pobre é o sujeito a ser libertado e, por sua vez, é libertador (da mão de Deus); e, em segundo lugar, não se fala de ética sexual,[9] o que mantém suas posturas a respeito de temas diretamente ligados ao corpo das mulheres e ao exercício da sexualidade humana muito próximas às posturas dos setores mais radicais das igrejas a que eles pertenciam.[10] O pobre, na teologia da libertação, é um sujeito abstrato, sem gênero, vítima das desigualdades da modernidade liberal capitalista.

Diante deste panorama, as teólogas da libertação latino-americanas buscam romper com o paradigma do sujeito pobre e mostram sua insuficiência para falar dos problemas das mulheres, em especial das mulheres pobres latino-americanas, que mesmo no interior de suas igrejas se equilibram entre a violência e a desigualdade de poder na tomada de decisões – os papéis a que são submetidas por serem mulheres vão desde o excessivo controle sobre sua forma de vestir até restrições na forma de exercerem sua sexualidade. A teologia da libertação feminista surge como uma forma de pensar Deus e o divino, em geral, a partir das situações enfrentadas pelas mulheres, de tal forma que, lançando mão do método da teologia da libertação – ver, julgar, agir –, elas fazem interpretações de textos sagrados partindo do ponto de vista hermenêutico das mulheres pobres. Sua proximidade com o trabalho das comunidades menos favorecidas na América Latina, como os povos indígenas e as comunidades afrodescendentes, assim como dos bairros mais pobres das cidades, lugar de origem de algumas delas, permitem que a experiência interseccional das mulheres, em suas múltiplas formas de devir, desde as margens da ordem moderna capitalista liberal patriarcal, seja o lugar a partir do qual o divino é interpretado. Isto permite que os textos sagrados sejam abordados de forma distinta. Se os teólogos da libertação davam destaque ao êxodo, as teólogas feministas da libertação resgatavam as histórias das mulheres bíblicas como Ruth ou Maria Madalena. Da mesma forma, a ideia de Deus Pai era repensada; começaram a ser resgatadas as ideias e formas de culto da Deusa Mãe.[11]

As teologias da libertação feministas se desenvolveram junto a um resgate do feminino. Ainda assim, as mais conhecidas teólogas feministas da libertação latino-americanas, como Elsa Tamez e Ivone Gebara, criticam seus primeiros trabalhos por considerarem que são teologias patriarcais feitas por mulheres a partir de sua aproximação das teorias feministas. No entanto, as questões relativas à autonomia das mulheres para decidir sobre seu corpo e o exercício de seus direitos reprodutivos não são unânimes. Enquanto poucas, como Elina Vuola e Ivone Gebara, reivindicam o direito ao livre-arbítrio e defendem a vida das mulheres pobres que morrem em decorrência de abortos mal realizados, outras simplesmente se calam. As teologias feministas produziram reflexões sobre temas como a violência contra a mulher e as interpretações dos devir-mulher feitas a partir de pensamentos localizados, como o pertencimento a algum povo indígena ou afrodescendente. Cada uma dessas teologias traz problemáticas específicas: ambas as religiões cristãs estão envolvidas em um processo de colonização, e as teologias feministas afrodescendentes trazem consigo elementos que podem ser mais complexos por sua relação com religiões ancestrais africanas. As teólogas feministas produziram interpretações a partir do que chamam de experiência das mulheres e entendem o corpo como lugar hermenêutico privilegiado.

Por outro lado, as teologias da dissidência sexual têm como antecedente as teologias surgidas nos Estados Unidos depois das revoltas de Stonewall [1969]. As primeiras foram teologias gays que, ainda que defendessem os direitos dos homossexuais de viver sua fé livremente, sem serem perseguidos ou expulsos das diversas religiões a que pertenciam, não realizavam uma crítica ao *status quo*. Sua busca era por aceitação, mais que por modificação da ordem. Elizabeth Stuart[12] classifica estas teologias como liberais, uma vez que tendem a centrar-se numa posição individual e a analisar as virtudes e bondades que Deus outorgou às pessoas homossexuais. Mais adiante, surgiram outras propostas em que aspectos da modernidade capitalista eram questionados – como os danos ao meio ambiente, nas teologias da libertação homossexual e ecologista.[13] Estas propostas surgiram como parte das teologias do Primeiro Mundo e apenas alguns teólogos, como Michael Clark, se diziam teólogos da libertação. É importante destacar que as teologias gays se desenvolveram, sobretudo, entre cristãos protestantes, o que talvez se deva aos castigos que a Igreja católica infringiu sobre aqueles que se declararam abertamente homossexuais ao longo da história. Estas teologias realizaram interpretações de passagens da Bíblia que podem ser lidas como relações homoeróticas, caso da relação de Jesus com os apóstolos ou a amizade de Davi e Jônatas: "E Saul naquele dia o tomou, e não lhe permitiu que voltasse para casa de seu pai. E Jônatas e Davi fizeram aliança; porque Jônatas o amava como à sua própria alma. E Jônatas se despojou da capa que trazia sobre si, e a deu a Davi, como também as suas vestes, até a sua espada, e o seu arco, e o seu cinto".[14] Mas, como vimos, os temas variavam da expiação até uma visão mais próxima do ecofeminismo.

É importante destacar que as teologias lésbicas tiveram menos visibilidade e, ainda que no mundo anglo-saxão seja mais fácil encontrar obras de teólogas e de ministras de igrejas protestantes, assim como entre os homens e dentro de uma estrutura fortemente patriarcal, as teólogas feministas latino-americanas católicas se abstiveram de desenvolver uma teologia lésbica. As pouquíssimas latino-americanas que falaram de dissidências sexuais inscrevem-se no queer, como veremos mais adiante. Isso não quer dizer que as mulheres lésbicas ou as dissidentes sexuais não sejam partícipes ativas de suas igrejas – as que se recusaram a renunciar ou as que construíram grupos de dissidentes sexuais religioso –, e sim que o cristianismo construiu hierarquias patriarcais, inclusive entre grupos protestantes.[15] Na próxima seção, falaremos das posturas teológicas libertárias que se desenvolveram ao redor das dissidências sexuais, isto é, longe dos parâmetros heteronormativos, assim como a partir da interseccionalidade com a raça e os padrões normativos de gênero.

DEUS DE-GENERADO, A PERFORMATIVIDADE QUEER

Ao longo da história, teólogos de diversas religiões têm se esforçado para mostrar que encaixar Deus em um gênero é uma iniciativa humana e, portanto, uma iniciativa política – uma vez que Deus não tem gênero,

216

estabelecê-lo como homem, para alguns, é uma forma de "aproximar" os fiéis à ideia de Deus. Entretanto, é possível encontrar representações da Deusa Mãe tão antigas quanto, ou muito mais antigas que, as do Deus Pai – tais representações foram destruídas em nome de um Deus patriarcal único. E isso não é inofensivo, uma vez que a ideia de Deus e as formas de viver as diversas religiosidades formam as maneiras dos seres humanos performarem suas subjetividades. Ao sustentar a ideia de um Deus masculino, representa-se uma hierarquia, uma vez que a coisa mais próxima do divino é o homem, e não o ser humano. Isso reflete nas hierarquias das diferentes igrejas que se continuem ao redor de certa fé e também nas ritualidades, ou seja, nas práticas cotidianas daqueles que seguem determinada religião. Küng[16] mostra que a ideia da superioridade dos homens no cristianismo não tem a ver com os preceitos cristãos nem com as práticas do cristianismo primitivo, no qual as mulheres ocupavam lugares de liderança; entretanto, o cristianismo do império e o posterior desenvolvimento de sua teologia converteram o corpo e o exercício da sexualidade em inimigos da santidade e, com isso, converteram as mulheres no objeto que incita o pecado. Dessa maneira, o celibato passou a fazer parte das hierarquias eclesiais, o que expulsou os homens casados do sacerdócio e estabeleceu um controle sobre os corpos das e dos fiéis.

Diferentes religiões, como o judaísmo, também falam das características "femininas" de Deus, ou seja, ainda que o representem como masculino, dotam-no de características usualmente atribuídas às mulheres, como a capacidade de alimentar, de nutrir, de carregar no útero ou de amamentar.[17] No entanto, os atributos considerados femininos em Deus são os que têm a ver com o cuidado e a piedade, o que produz um efeito performático entre o Deus feminilizado e as características tomadas como naturais para as mulheres – ainda que seja sabido que, em diferentes culturas ou momentos da história, mulheres tenham exibido atributos e valores contrários: de guerreiras, de líderes, de força. Os atributos femininos na tradição judaico-cristã foram separados de Deus, que se liga à masculinidade hegemônica. O divino feminino é transferido para a figura da virgem Maria ou, em alguns casos, como para as mulheres místicas e as místicas beguinas, para o Espírito Santo, como sujeito distinto de Deus Pai e Cristo.

Para a teologia queer da libertação, esta tensão entre as representações masculinas e femininas não deveria existir, já que Deus é queer, ou seja, não tem gênero, é de-generado. Essa virada almeja que a performatividade da fé desmonte a hierarquia de gênero do cristianismo. A teologia queer da libertação latino-americana tem como principal expoente Marcella Althaus-Reid, uma argentina que propõe uma aproximação do Deus de-generado através de perversões ou caminhos diferentes. Com isso, refere-se a uma busca pessoal de Cristo, que deve ser separado das formas em que é normalmente representado, para pensá-lo como bicha, e não só isso, mas como bicha pobre, como companheiro daqueles que creem nele a partir das próprias práticas dissidentes. Isto constitui uma proposta de amor radical, baseada na ideia de uma teologia sexual. Sua proposta é julgada de forma negativa por camadas conservadoras e por algumas outras que acreditam que a teologia de Marcella deixa de lado a questão fundamental da teologia da libertação, que é a questão de classe.[18] No entanto, esta teóloga tem como ponto de vista hermenêutico as dissidências sexuais, as pessoas excluídas por amar de forma "antinatural", segundo as autoridades eclesiais e os teólogos tradicionais, enquanto propõe uma intersecção com reivindicações de outra ordem, como a de classe e do status colonial do continente americano.

A teologia queer tem como antecedentes as teologias feministas e as teologias gay e lésbicas, especificamente as de Elizabeth Stuart, Virginia Ramey Mollenkott e Robert Goss,[19] a partir das quais o sagrado e suas interpretações são abordados desde a sensualidade, o erótico e o corporal. Estas teologias deram ênfase à dimensão política das hermenêuticas teológicas em relação às dissidências sexuais. A teologia queer latino-americana de Althaus-Reid, por sua vez, nos confronta com a ideia de um Deus sem gênero, além de ser uma teologia da sensualidade. Ela parte das sensações e da ideia popular da divindade que rompe as amarras do que é ditado pelas instituições religiosas, levando sua fé para diversas formas de religiosidade que podem ser consideradas eróticas. Do sadomasoquismo ao pagamento de penitências, o corpo aparece como o lugar da divindade, onde o desejo, tão claro entre as pessoas místicas, é ocultado ou escondido através da penitência, nas igrejas cristãs. Através de exemplos cotidianos e do testemunho de si, a teologia queer da libertação inicialmente busca cruzar a dimensão sexual com a classe e sua relação com o divino, uma vez que o fazer teológico é uma tarefa política.

A teologia queer teve apenas suas primeiras representações. No entanto, é possível observar que o alcance de sua capacidade interseccional ajuda a desenvolver, por exemplo, uma teologia mulherista[20] queer (*Womanist* Queer *Theology*), pelas mãos de Pamela Lightsey, uma ativista afro-americana participante, no interior de sua igreja, do movimento *Black Lives Matter*. Elleke Boehmer e André Musskopf, que dão seguimento aos ensinamentos de Althaus-Reid, partindo do continente americano e contribuindo com suas teologias da libertação, buscam desenvolver teologias que levem em conta diversos aspectos do ser humano, na intenção de libertá-los dos limites sexuais e de gênero, para que possam conceber a si mesmos como parte do divino e para exercerem sua fé de forma livre. A teologia queer da libertação busca desestabilizar a forma como a fé foi construída, recorrendo ao amor e à solidariedade, através de um conceito chave, presente desde o desenvolvimento das teologias gay e lésbica: a amizade. A amizade é a alternativa teopolítica em que apostam as teologias que partem das dissidências sexuais, e que também participam de outras lutas em suas comunidades de origem, como as lutas raciais, de classe, e, no caso latino-americano, apostam na decolonialidade, ainda que isso pareça contraditório especialmente levando em conta sua posição cristã. A amizade pela qual lutam é entre Deus e as pessoas que acreditam nele, e entre as comunidades de fé que se reúnem ao redor dessa e de suas questões em comum.

Embora as apostas destas teólogas pareçam menores, trata-se de propostas que tocam as vidas cotidianas das pessoas que compõem comunidades religiosas e modificam os elementos da fé por meio daqueles que constroem suas subjetividades ao colocar o divino – também político, cotidiano, que realiza suas ritualidades – como algo próximo, que não os prejudica ou julga por práticas determinadas por parâmetros normativos de gênero e heteronormativos.

TEXTO ORIGINALMENTE PUBLICADO NA *REVISTA ÚLTIMO ANDAR*, N° 29, 2016, P. 208-294. TRADUÇÃO DE PÊ MOREIRA.

NOTAS

1   Judith Butler, *Lenguaje, poder e identidad*, Espanha: Síntesis, 1997.
2   Elizabeth Schüssler-Fiorenza, *Pero ella dijo*, Madrid: Trotta, 1996, p. 22.

3 Ivone Gebara viveu nos bairros mais pobres do Brasil, onde realizou muitos trabalhos de assistência social, primordialmente com mulheres. Foi a única teóloga da libertação que falou abertamente em favor do aborto, o que a obrigou a se isolar da vida pública por anos. Durante este período, fez seu segundo doutorado, onde realizou uma investigação sobre o mal e as mulheres.

4 Ivone Gebara, "Ivone Gebara, brasileña, monja y feminista", Entrevista dada a Mariana Carbajal em 8 ago 2012, tradução livre.

5 Marcella Althaus-Reid, *La teología indecente Pervesiones teológicas en sexo, género y política*, Barcelona: Bella Tierra, 2005.

6 Termo oriundo da comunidade lésbica que designa uma mulher cuja aparência, comportamento, autopercepção e expressão de gênero são percebidas como masculinas.

7 Francesca Gargallo, "O pensamento queer existe ou se manifesta de alguma maneira na América Latina?". Neste livro, p. 59-67.

8 Sayak Valencia, "Violencia: eje estructural para la construcción de la masculinidad: Sayak Valencia", Entrevisa dada a I. D. Cielo em mai 2013, tradução livre.

9 Elina Vuola, "El derecho a la vida y el sujeto femenino", *Pasos*, nº 88, , p. 2-17, 2000.

10 As teologias da libertação se desenvolveram, com maior força, no catolicismo, mas também surgiram diversas correntes a partir do protestantismo.

11 Elina Vuola, op. cit., nos diz que as teólogas de alguns países nórdicos, que muitas vezes eram mais academicistas que as teólogas latino-americanas, fundaram religiões com seus próprios cultos, apontando que as vertentes do cristianismo respondiam apenas a estruturas patriarcais.

12 Elizabeth Stuart, *Teologías gay y lesbiana*, España: Melusina, 2005.

13 Ibid.

14 Bília, livro 1, capítulo 18, versículo 1-4.

15 Hans Küng, *La mujer en el cristianismo*, Espanha: Trotta, 2011.

16 Ibid.

17 Ethel Barylka, "Hablando de Dios en femenino", *Revista del Centro de Estudios sobre la Mujer de la Universidad de Alicante Feminismo/s*, nº 20, dez 2012, p. 241-257, dez 2012.

18 Martín Cremonte, "Objeciones a la teología indecente de Marcella Althaus-Reid y Paula Moles", *El títere y el enano*, v. 1, nº 1, 2010.

19 Elizabeth Stuart, op. cit.

20 Mulherista ou *womanist* é um termo que alguns movimentos de mulheres afro-americanas usaram nos Estados Unidos da América do Norte para se diferenciarem do feminismo branco de classe média.

221

Nomeação, designação: quando se designa, cria-se uma identidade material em torno da sexualidade e, em seguida, ela é nomeada: heterossexual, gay, lesbiana, travesti, transexual etc. Mas a norma, o paradigma de referência é sempre a heterossexualidade. E cada tipo de sexualidade, assim narrado e analisado tornar-se-á um todo identitário, dotado de uma coesão intrínseca, essencial, porque não "natural", de uma natureza boa ou má, segundo o caso.

Tânia Navarro Swain

Para além do binário:
os queer e o heterogênero

Tânia Navarro Swain

NO QUADRO EPISTEMOLÓGICO DA ATUALIDADE, questionar, ampliar os horizontes de um mundo cercado por "certezas" revela-se mais importante que buscar respostas; inverter as evidências, como propunha Foucault,[1] sacudir as verdades que nos definem e nos limitam revela-se um caminho para o desvelamento de uma realidade múltipla.

Os problemas que aqui nos interessam referem-se à vida que nos interpela com seus contornos plurais, construídos a cada instante; nesta ótica, os paradigmas, os estereótipos, chocam-se constantemente com o dinamismo e as nuances de um quotidiano feito em matizes diversos. As questões levantadas por esta realidade que nos interpela exigem um olhar voltado para o novo, o criativo, o contraditório, o paradoxal, ali mesmo onde se pensava haver encontrado um caminho.

Neste sentido, a categoria identidade concentra parte do debate acadêmico feminista de forma transdisciplinar, ligado aos problemas de ordem política, étnica e sexual. Onde estão as "certezas" de antigamente, que definiam o verdadeiro e o falso, o real e o ilusório, que designavam as raças e os sexos, "sem sombra de dúvida"? Onde se encontra a evidência da identidade sexual do sexo biológico demarcador do feminino e do masculino como divisão maior do social?

Num passado não muito longínquo, as mulheres eram representadas como menores de idade por toda sua vida, e a frase tantas vezes repetida – "Os adultos, as mulheres e as crianças" – exprime uma realidade construída, mas instituída e instituidora de práticas sociais que resultam na interiorização das mulheres na sociedade. Homem, mulher, criança, divisões bem estabelecidas, representações sociais que criam o verdadeiro e o "natural" na ordem do discurso, onde a família é o eixo em torno do qual giram as pesadas engrenagens das relações sociais. Classificação tão "evidente" do humano, representações tão ancoradas no senso comum, que é difícil visualizar sua construção, sua historicidade. Como sublinha Denise Jodelet:

> Estas representações formam sistema e dão lugar à "teorias" espontâneas, versões da realidade encarnadas por imagens ou condensadas por palavras, umas e outras carregadas de significação (...) estas definições partilhadas pelos membros de um mesmo grupo constroem uma visão consensual da realidade para este grupo.[2]

O desafio hoje é auscultar as zonas obscuras que acompanham os nódulos "naturais" de inteligibilidade do humano, onde aparecem, com força e visibilidade, grupos e indivíduos que reivindicam uma identidade específica fora do esquema binário. Quem são elas/eles que vêm quebrar meu Eu, o Nós, esta identidade tão laboriosamente estabelecida, defendida, cujo custo não ousamos avaliar? Quem são elas/eles, que pronome devo utilizar para nomeá-los, para ancorá-los no meu universo do familiar e do quotidiano?

A difusão de imagens andróginas na mídia, na publicidade, no cinema é extremamente comum. Seres imaginários ou vizinhos do andar de cima, estes seres que vêm perturbar os esquemas delimitados e tradicionais das identidades sexuais? Mulheres ou Homens? Boa pergunta. Quantas vezes não a fizemos olhando jovens e menos jovens que andam de mãos dadas ou abraçados? Meu olhar seria condescendente, acusador, cúmplice?

Seriam eles os queers? Que relação teriam e que problemas apresentariam ao feminismo? Pode-se, hoje, afirmar uma identidade nuclear ou essencial? Gostaria de trabalhar esta questão sob dois ângulos: o epistemológico e o político, separados unicamente por uma preocupação

224

de clareza, pois todos estamos conscientes da imbricação destas duas dimensões.

Já anunciei algumas categorias como realidade, representações sociais, identidade. Outras farão parte de meu discurso, tais como imaginário, gênero, sexualidade, homossexualidade, heterossexualidade.

Mas, inicialmente, finco alguns marcos teóricos: entendemos aqui o imaginário tal como proposto por Castoriadis[3] ou Baczko,[4] como uma função instituinte da sociedade. Ou seja, a sociedade que cria os sentidos circulantes como verdades, normas, valores, regras de comportamento, que instaura paradigmas e modelos, que decide o que é a realidade, que define a ordem e a desordem, o natural e a aberração, o normal e o patológico, a significação e o nonsense.

Os sistemas de interpretação constituem de fato as redes de construção do mundo, pois as coisas tornam-se tais coisas em quadros precisos de interpretação. Assim, é a instituição da sociedade, de suas relações, de suas significações em limites exatos de interpretação que determina o que é real ou ilusório, o que é natural ou contra a natureza, o que é dotado de sentido ou se encontra em um lugar de não significação. Castoriadis afirma que:

> (...) toda sociedade é uma construção, uma constituição, uma criação de um mundo, de seu próprio mundo. Sua própria identidade não é nada mais que este 'sistema de interpretação', este mundo que ela cria. (...)
> E é por isso (...) que ela percebe como um perigo mortal todo ataque contra este sistema de interpretação; ela o percebe como um ataque contra sua identidade, contra ela mesma.[5]

Em uma formação social, assim, nada é dotado do selo da verdade, do legítimo, do universal, nada é um dado natural e inquestionável, e a ciência crítica de seus próprios instrumentos conceituais o afirma hoje em todos os domínios.

A heteronomia das sociedades está diante de nossos olhos, mas que olhar pode enxergar? Os fantasmas do *déjà là*, da razão que imprime em sua lógica seus próprios limites, estão a nos assombrar, e mesmo na crítica radical feminista quanto à construção social dos gêneros encontramos a presença de poderosos quadros de interpretação, já cristalizados em formatos definidos.

Estou falando da interpretação binária do mundo, não somente em relação aos sexos, homem/mulher (na ordem), mas igualmente quanto à visão dualista do que compõe a inteligibilidade da vida: o bem e o mal, o bom e o mau, o real e o imaginário, o puro e o impuro, o claro e o obscuro, o verdadeiro e o falso, o belo e o feio, o espírito e a matéria, a vida e a morte. As filigranas, as nuances que fazem o maravilhoso no desabrochar da vida são assim reduzidas ao silêncio e à monotonia de mais uma conexão binária: eu e o outro.

Os quadros de interpretação constitutivos das condições de produção de nosso discurso se escondem de nossos olhos, as significações arbitrárias que alimentam nossos valores e tecem nossos caminhos desaparecem diante do perfil imutável da Verdade, do natural. A autoconstituição da sociedade se aninha no seio da evidência, do inquestionável.

Gostaria, entretanto, de pôr em questão estas evidências e colocar como problemas a heterossexualidade, a família, a homossexualidade, a identidade e, por que não, a própria sexualidade. Fazendo isto, não tenho a pretensão de um discurso inaugural, pois estas categorias foram e são ainda analisadas e discutidas por muitas autoras, desde a denúncia da heterossexualidade compulsória até a queer *theory*. Ao contrário, quero invocar seus argumentos para dar apoio a meu discurso.

IDENTIDADE E SEXUALIDADE

Comecemos pelo fim: identidade e sexualidade.

Não é preciso mais provar, atualmente, as diversas manifestações da sexualidade no espaço e no tempo, isto é, que o conceito e a prática da sexualidade manifestam-se diferentemente, seja ela centrada sobre o ato sexual, a procriação, o prazer, a sensualidade, o erotismo, o sadomasoquismo etc. A sexualidade, exercida igualmente como um dos atos do humano, ou o ato humano, que faz parte do ser, ou/o próprio ser, de acordo com o sistema de representações que ordena a configuração social analisada.

No Ocidente, há muitos séculos, a sexualidade foi apanágio do masculino como ato e do feminino como *locus*: a mulher era o sexo – substantivo – sobre o qual se estendia a sexualidade masculina – o verbo, a ação. Mas estamos em pleno domínio do binário. E as práticas sexuais que não pertencem à ordem da sexualidade dual? Desvio, perversão, desregramento: estas práticas vão ser categorizadas para serem assim melhor excluídas da norma, do "normal". A sexualidade vai constituir, aos poucos, o *locus* de domesticação e de controle social, *locus* também de fixação do afeto e da emoção, cadinho de todas as significações, chave de uma ordem que se alega divina, racional, biológica.

A Psicanálise reafirma esta ordem, na medida em que a sexualidade torna-se a verdade do ser, dita, explicada, narrada, analisada, entre mãe devoradora e pai desejado; falar do sexo, finalmente, é falar de ego, de superego, de id, de mim, e quem sabe, de nós. Quem sou eu, que falo de um sexo, a partir de um sexo, de que sexualidade somos o produto? E que sexualidade produzimos em nossas respostas às interpelações do social?

Foucault denomina "dispositivo da sexualidade" este conjunto de investimentos sociais que a constrói como centro do discurso contemporâneo, centro igualmente de nossas vidas e de nossos pensamentos. Segundo Foucault,[6] é

> um conjunto decididamente heterogêneo que compreende discursos, instituições, organizações arquiteturais, regulamentos, leis, medidas administrativas, enunciados científicos, proposições filosóficas, morais, filantrópicas. Em suma, o dito e o não dito são os elementos do dispositivo.

Mesmo negando-a, coloco-me diante da sexualidade, onipresente, deusa à qual todas as oferendas são devidas, eixo de exercício do poder, lugar de produção de verdade sobre os corpos e sobre as identidades.[7] Mas com que direito a sexualidade erige-se em rainha, centro do ser, fonte de todas as inquietações, de todas as preocupações, senão devido à importância que lhe é dada. Senão pela produção da verdade sobre o corpo e sobre o exercício correto da sexualidade?

Theresa de Lauretis[8] retoma esta ideia e indica as "tecnologias", os procedimentos e as técnicas sociais que produzem a sexualidade tal como a vivemos, em um mundo de representações urdido pelos discursos, imagens, saberes, críticas, práticas cotidianas, senso comum, artes, medicina, legislação.

Como esquecer os investimentos econômicos e midiáticos em torno do sexo, das imagens que nos assaltam a todo o momento, das mensagens explícitas e implícitas que ativam um campo conotativo em torno da sexualidade, da juventude, da beleza, do prazer e da emoção? O indivíduo, assim interpelado, aceita e incorpora a imagem que lhe é oferecida e as opções que lhe são reservadas como sua própria representação; tornase assim a encarnação da representação social, autorrepresentação de uma identidade que lhe é conferida. Bakzco[9] observa que a produção dessas imagens e representações no quadro de um imaginário específico a certa coletividade "designa sua identidade elaborando uma representação de si; marca a distribuição dos papéis e posições sociais; exprime e impõe certas crenças comuns implantando principalmente modelos formadores (...)".

Nomeação, designação: quando se designa, cria-se uma identidade material em torno da sexualidade e, em seguida, ela é nomeada: heterossexual, gay, lesbiana, travesti, transexual etc. Mas a norma, o paradigma de referência é sempre a heterossexualidade. E cada tipo de sexualidade, assim narrado e analisado, torna-se um todo identitário, dotado de uma coesão intrínseca, essencial, porque "não natural", de uma natureza boa ou má, segundo o caso. Theresa de Lauretis, neste sentido, indica a representação como o local da construção do gênero sexuado:

> O gênero é a representação da qual não se pode negar as implicações reais e concretas no social e o subjetivo compondo a vida material dos indivíduos. Ao contrário. A representação de gênero é sua construção e em um certo sentido pode-se dizer que a cultura e a arte no Ocidente são as marcas da história desta construção.[10]

Um nome, um perfil, uma classificação, uma tipologia nos é dada? Dizem: os/as homossexuais. Nós o adotamos e deste lugar de fala iremos reivindicar a existência social. Em que medida, entretanto, esta adoção não irá reproduzir o esquema binário do casal, da monossexualidade, da moral corrente, das relações de poder e de dominação?

Por que devemos aceitar que nossa identidade seja ligada à sexualidade? Em que medida o "sexual" é pertinente para classificar as relações entre as pessoas? No assujeitamento à sexualidade podemos identificar a ação do "dispositivo" ao qual se refere Foucault:

> Muito mais que um mecanismo negativo de exclusão e rejeição, trata-se de criar uma rede sutil de discursos, de saberes, de prazeres,

de poderes (...) de processos que disseminam (o sexo) na superfície das coisas e dos corpos, que o excitam, manifestam e fazemno falar, implantando-o no real e conjurando-o a dizer a verdade.[11]

As evidências ligadas à sexualidade abrigam uma pluralidade de sentidos, cuja cooptação pelo *sex-gender-system*[12] tende a reduzir a polissemia. Apelando à intensificação da atividade sexual, chega-se à proliferação de formas de sexualidade em seguida trazidas à ordem de um imaginário normativo, que reduz sua força de transformação de um sexual binário.

Neste sentido, as relações homossexuais perdem seu poder de inserir o novo, de quebrar as normas das relações estabelecidas no quadro do gênero binário, quando se instalam no "casal" partilhando os valores morais dominantes, assim como suas ambiguidades. Mas a evidência da noção de "casal" se estilhaça logo que começamos a interrogar com maior acuidade sua constituição: com efeito, o que é um casal? Duas pessoas que se amam? Que vivem juntas? Que dormem na mesma cama? Sua formação está baseada em uma relação sexual? Ou quando há uma emoção partilhada? Que gênero de emoção? Física? Todas as opções? Uma só dentre elas? Quantas duplas heterossexuais ou homossexuais não dormem mais junto, não "fazem mais amor" e são vistas sempre como um casal? E todas estas questões não se colocam no vórtice de um imaginário social que se constrói no momento de sua enunciação? A evidência da noção de "casal" se esconde no esforço mesmo de sua definição.

E os queers? Queer, em um primeiro momento, foi o nome dado aos homossexuais, os "bizarros"; em seguida, um novo fenômeno se introduz no discurso, e a prática correspondente se revela, tomando para si esta denominação: o bissexualismo.[13]

Este seria um movimento para ultrapassar os limites, quebrar as barreiras impostas pela domesticação de sexualidades diversas, seria finalmente, em sua ambiguidade, a resposta à emoção marcada incontornavelmente pelo binário?

Mas qual o desafio, em relação ao feminismo? De fato, o quadro conceitual vai além de uma prática sexual ambígua: a heterossexualidade compulsória, "natural", é posta em questão em uma nova política da sexualidade, onde o binário obrigatório vê-se contestado. A heterossexualidade compulsória já vinha sendo denunciada pelas feministas desde os anos 1970, Gayle Rubin,[14] Adrienne Rich[15] e Monique Wittig[16], entre outras; mas, na prática, o homossexualismo reproduzia em parte o binarismo social.

Chrys lngraham[17] enfatiza a importância da imaginação heterossexual particularmente presente na estruturação da noção de gênero, binária, que bloqueia toda análise crítica da heterossexualidade como instituição organizada e culturalmente construída.

Desta forma, os estudos sobre o gênero, durante longo tempo, viram a heterossexualidade como uma realidade dada, natural, sem questionamento, ligada ao sexo biológico, enquanto o gênero, o papel social, era concebido como construto social e organização primária das relações humanas. Era preciso, entretanto, levar o raciocínio às suas últimas consequências, a seus últimos bastiões, ou seja, pensar igualmente o sexo biológico como fazendo parte de uma representação social. Para isto, lngraham propõe a noção de heterogênero.

E se tentássemos aprofundar o que de fato dá à heterossexualidade o selo da normalidade? O sexo biológico determina verdadeiramente uma "relação natural"?

Elisabeth Daumer[18] tenta responder esta questão com outra interrogação: a heterossexualidade é uma relação de penetração? E eu acrescento: que tipo de penetração? Se não há penetração vaginal, mesmo entre homem e mulher; sua relação é ainda uma relação heterossexual?

A heterossexualidade tem por fim a procriação, é centrada na perspectiva reprodutiva? Se não, porque o heterossexual seria "normal"? Em caso afirmativo, um casal que não pode ter filhos seria heterossexual?

Com efeito, o "natural" do sexo biológico reside, sobretudo, na possibilidade de procriação, e esta perspectiva está na ordem de valores, da moral, logo, construída social e historicamente em uma rede de sentidos que faz circular as normas datadas como sendo verdades universais, "naturais". Instinto, diriam alguns? O instinto evocado pela procriação não é senão um fator de exclusão para os que não o percebem assim: por exemplo, a mulher que não é mãe, nem quer sê-lo, não é uma "verdadeira" mulher. É uma forma de se fundamentar em uma pretensa "natureza" dos seres, que os estudos sobre o gênero vêm desconstruindo.

O estado civil naturalmente simplifica as coisas no que se refere à noção de casal, mas como classificá-los quando, como no Canadá, muitos direitos são concedidos aos casais do mesmo sexo?

A noção de heterogênero adotada por lngraham leva-nos à equação: heterossexualidade "natural" e gênero "cultural", ou seja, a prática da sexualidade ligada ao sexo biológico remete à construção social, da mesma forma que os papéis sociais do feminino e do masculino.[19] Evidentemente, a sexualidade foi trabalhada nos estudos sobre o gênero, tendo em vista a divisão binária do humano, a partir das construções baseadas sobre o sexo; a prática heterossexual, entretanto, subentende-se nestas análises em torno dos grandes esquemas de poder social: casamento, família, maternidade, contracepção, violência, abuso, prostituição etc. Assim, para Ingraham,[20] a noção de heterogênero é mais central que a de gênero apenas, pois esta lhe é subordinada.

O que a autora insiste em sublinhar é o fato de que, apesar de sua extrema importância na análise das relações sociais, a categoria gênero elide a instituição da heterossexualidade e contribui, assim, com a manutenção da ordem que critica. Segundo a autora, " esta participação ao imaginário heterossexual não faz senão reproduzir as condições sociais que elas querem interromper".[21]

Isto significa que a ordem hegemônica dos valores se rearticula na afirmação da atração "natural" entre dois opostos, à parte de toda produção social. Para De Lauretis, o *sex-gender-system* apresenta uma oposição conceitual rígida e estrutural dos dois sexos biológicos; sublinha, entretanto, seu caráter de construto sociocultural, aparelho semiótico e sistema de representação que dão uma significação-identidade, valores, prestígio, status etc. Assim, para esta autora, "a construção do gênero é ao mesmo tempo o produto e o processo de sua representação".[22]

Com efeito, a apreensão do sexo biológico não é necessariamente realizada da mesma maneira, na imensa pluralidade das formações sociais: assim, os hermafroditas, por exemplo, poderiam ser considerados como os seres existentes mais perfeitos. No imaginário social, o Um, neste caso, seria muito mais importante que o Dois, na relação binária entre os sexos.

Neste sentido, analisar o gênero na representação binária não é suficiente, pois o processo não está interrompido; enquanto a diferença seria colocada entre mulher e homem no cultural e no biológico, o referente será inevitavelmente o masculino, e a cadeia de representações continuará a se desenvolver. Certo feminismo se esfalfa assim em um imaginário social que muda as posições das cartas, mas mantém seu valor intrínseco.

No quadro teórico proposto, de um imaginário instituindo as relações sociais a partir de representações generizadas, chega-se à mesma conclusão que Monique Wittig:[23] a heterossexualidade se funda na ordem do político, na fundamentação do poder. Com efeito, no sistema classificatório que marca as práticas e as identidades sexuais, existe uma imensa confusão entre zonas erógenas, órgãos de reprodução e determinação sexual.

Assim, se o binário não é senão uma construção social erigida sobre um saber inquestionável, sobre um fato biológico, é preciso entender qual é a significação atribuída ao conceito de "natural" aplicado ao sexo. Quais os efeitos de poder que fundamentam a naturalização do sexo biológico? Que força poderosa é tirada da domesticação do múltiplo, da repetição do mesmo identitário?

A noção de heterogênero propõe, na nova ordem epistemológica, um questionamento tão radical das relações sociais quanto o da teoria da construção dos gêneros, em sua época.

Nesta perspectiva, para De Lauretis,[24] o sujeito do feminismo torna-se um construto teórico que se encontra no interior e no exterior do gênero, "consciente que assim é, consciente desta dupla impressão, desta dupla visão, desta divisão".

Isto nos leva a outra dimensão, da identidade fluida nas práticas sociais, a que se afirma como ambiguidade assumida. A mídia se apodera do tema, o V Congresso de Bissexuais ocorreu em Boston entre os dias 3 e 5 de abril de 1998, na Internet, os chats bissexuais se multiplicam, o mundo do espetáculo se descobre e se revela enquanto tal. Mas seria uma identidade, dizer-se bissexual?

Um princípio positivista identitário muito simples pode ser assim enunciado: "O que é, é; o que não é, não é". Esta fórmula ingênua e totalitária é ao mesmo tempo negada pela multiplicidade do real e reivindicada por todos os movimentos de identificação.

De um lado, como sublinha Jean Carabine,[25] os indivíduos têm identidades múltiplas, não apenas determinadas pela personalidade ou pela sexualidade, mas que se manifestam pelas necessidades ou por expressões diversas, segundo os contextos e os momentos. As performances sociais adequadas, segundo as normas, resultam em uma identidade que nos torna visíveis ou que nos permite ser reconhecidos por aqueles que chamo "os meus". Os movimentos homossexuais, adotando a diferença que lhes é imposta, constroem igualmente um núcleo identitário – ser lesbiana ou gay no sentido ontológico – e criam assim um novo espaço de exclusão: os bissexuais seriam, então, assim os queers dos homossexuais, da mesma maneira que estes últimos seriam os queers dos heterossexuais. A bissexualidade seria esta nova forma de amor que "não ousa dizer seu nome"?[26] E por que devo dizer "amor" quando falo de sexualidade senão para acentuar os valores culturais ligados ao sexo?

Elisabeth Daumer[27] criou um personagem bissexual, Cloé, que sonhava com pessoas sem gênero ou sem sexo, ou mesmo andróginas, apenas humanos com os quais ela não seria "mulher" ou "lésbica"; não imaginava uma instabilidade ou uma indecidibilidade, mas uma intimidade não normatizada em quadros ostensivos de identidade sexual que se tornaria, assim, uma criação contínua. Uma liberação, enfim, dos limites identitários e da identidade ligada ao sexo. Esta autora considera, entretanto, os aspectos positivos e negativos da bissexualidade queer. Por um lado, o risco de uma falsa unidade na qual todos os queers estariam contidos: o deslizamento para o sentido de uma comunidade, de uma identidade alternativa, de uma terceira opção que apagaria as diferenças e o poder que delas advém.

Por outro lado, a denominação bissexual ou transexual pode ainda ser uma identificação no quadro binário de gênero, pois aí permanece a noção que divide a pessoa, homo ou heterossexual, segundo as polaridades do momento. É uma mudança de identidade sem efeito transformador na medida em que os papéis de gênero podem se reproduzir em uma relação homossexual. Enquanto a bissexualidade e a transexualidade serão colocadas como escolha entre dois polos baseados sobre o sexo biológico e o gênero cultural, seu potencial subversivo, no âmbito epistemológico ou moral, será reduzido.

No que diz respeito ao homossexualismo, esta escolha aparece como uma expressão oportunista das vantagens de ambos. De forma global, a bissexualidade tende a obscurecer a opressão das mulheres demonstrada pela categoria do gênero e de tornar ainda mais invisível o mundo gay. Aliás, a apropriação da palavra gay para indicar os homens homossexuais é também sinal de uma divisão generizada e talvez valorativa. A palavra gay desloca os termos pejorativos usados para designar a pederastia, enquanto "lésbica" destila conotações negativas.

Mas tendo em vista que a ambiguidade e o paradoxo fazem parte integrante do mundo, a bissexualidade queer, por um lado, acentua a descontinuidade entre os atos sexuais e as escolhas afetivas, mas, por outro, reafirma a política de identidade, como sublinha Daumer,[28] no artigo mencionado. Mas esta ambiguidade mesma contribui para aprofundar a percepção das diferenças culturais, sexuais, generizadas, abrindo o caminho à multiplicidade.[29] A sexualidade como verdade intrínseca do ser fica assim desestabilizada para realçar as escolhas pessoais da experiência no sentido apontado por De Lauretis: "(...) o conjunto de efeitos de significação, de hábitos, de disposições, de associações e de percepções que resultam da interação semiótica de si e do mundo exterior."[30]

Daumer[31] propõe a bissexualidade não como um movimento de integração do heterossexual e do homossexual, mas como ponto epistemológico e ético a partir do qual pode-se examinar e desconstruir o quadro binário do gênero e da sexualidade. Integra assim bissexualidade e queerness, na medida em que sugere a abertura de um novo universo de percepção – sexual, emocional, erótica – contemplado na multiplicidade de suas escolhas tópicas. A ética queer seria assim a articulação das diferenças individuais, colocando em causa toda identidade fixa, imutável,[32] desestruturando, de fato, a categorização do mundo em masculino e feminino.

Finalmente, qual a significação dada a palavra queer? Quais são as representações que a compõem?

Queer, no sentido aqui proposto, não é somente uma sexualidade alternativa, mas um caminho para exprimir os diferentes aspectos de uma pessoa, um espaço também para a criação e a manutenção de uma polimorfia de discurso que desafia e interroga a heterossexualidade.

A queerness desafia igualmente a noção de identidade, nega o essencialismo generalizado ou homossexual, na medida em que se organiza na performance de identidades plurais, que se constroem a cada dia. A identidade seria, assim, uma construção em permanência, um processo sem margens e sem limites.[33] Neste sentido, a identidade não é o sexo, não é a sexualidade, eu não sou um ser generizado ou desviante da norma, EU SOU EU.

No mundo das representações sociais, como mudar a imagem do corpo, a imagem do outro, referente a minha própria imagem, como quebrar a norma que cristaliza o comportamento? Como iniciar um contraimaginário que abre os horizontes das relações humanas, além dos papéis preestabelecidos, do poder maciço que investe as polarizações de gênero, como criar o novo nas redes de sentido atravessadas de tradições, de marcas, de escansões que acompanham nossas vidas?

A teoria introduz as questões, mas a prática social já está presente em uma política que atravessa com seu poder o domínio estereotipado do imaginário social: pouco importam os lados negativos da bissexualidade, pouco importam as atitudes individuais, o paradigma está quebrado, a coragem de assumir as emoções se propaga. Paradoxalmente, a bissexualidade poderá talvez quebrar os grilhões da prisão da sexualidade generizada, da identidade sexual, armadura invisível que nos entrava os passos no momento em que nos julgávamos livres.

Uma percepção do corpo como um todo de sensibilidade e de sensualidade, uma desestabilização da sexualidade centrada nos órgãos genitais, uma abertura para a emoção que atravessa os olhares, seria uma nova erótica social? Identidade sem limites e sem definições. A âncora está partida, o apelo do largo nos traz o gosto da descoberta.

O princípio é: no universo queer, todo o mundo não é queer da mesma maneira.[34] Somos sempre o queer de alguém, a diferença sem fundo, o simulacro apontado por Deleuze. O Universo Queer é o da diferença, desafio para os próximos anos do feminismo.

TEXTO ORIGINALMENTE PUBLICADO NA *REVISTA GÊNERO* (REVISTA DO NÚCLEO TRANSDISCIPLINAR DE ESTUDOS DE GÊNERO –NUTEG), V. 2, Nº 1, P. 87-98, 2º SEMESTRE DE 2001.

NOTAS

1 Michel Foucault, *L'ordre du discours*, Paris: Gallimard, 1971, p. 53.
2 Denise Jodelet, "Les representations sociales, un domaine en expansion", in *Représentations sociales*, Paris: PUF, 1989, p. 35.
3 Cornelius Castoriadis, *Domaines de l'homme*, Paris: Seuil, 1986.
4 Bronislaw Baczko, *Les imaginaires sociaux, mémoires et espoirs collectifs*, Paris: Payot, 1984.
5 Cornelius Castoriadis, op. cit., p. 226-227.
6 Michel Foucault, *Microfísica do poder*, Rio de Janeiro: Graal, 1988, p. 244.
7 Ibid., p. 236.
8 Teresa de Lauretis, *Technologies of gender, essays on theory, film and fiction*, Bloomington: Indiana University Press, 1987, p. 12.
9 Bronislaw Baczko, op. cit., p. 32.
10 Teresa de Lauretis, op cit., p. 3.

11 Michel Foucault, *Histoire de la sexualité I: la volonté de savoir*, Paris: Gallimard, 1976, p. 97, tradução livre.
12 Teresa de Lauretis, op. cit., p. 5.
13 Elisabeth Reba Weise (Ed.), *Closer to home, bisexuality and feminism*, Nova York: Seal Press, 1992.
14 Gayle Rubin, "The Traffic in Women: Notes on the 'Political Economy' of Sex", in Rayna Reiter, (ed.) *Toward an Anthropology of Women*, Nova York: Monthly, 1975.
15 Adrienne Rich, "La contreinte à l'hétérosexualité et l'existence lesbienne", *Nouvelles questions feministes*, n° 1, p 15-43, mar 1981.
16 Monique Wittig, *The straight mind and other essays*, Boston: Beacon Press, 1992.
17 Crys Ingraham, "The heterosexual imaginary: feminist sociology and theories of gender", in Steven Seidman (Dir.), Queer *theory/sociology*, Cambridge, Mass.: Black.well Publishers, 1996, p. 169.
18 Elisabeth Daumer, "Queer ethics or The challenge of bissexuality to lesbian ethics", *Hypatia*, v. 7, n. 2, p. 96, 1992.
19 Crys Ingraham, op. cit., p. 169.
20 Idem.
21 Ibid., p. 179, tradução livre.
22 Teresa de Lauretis, op. cit., p. 5.
23 Monique Wittig, op. cit., p. xiii.
24 Teresa de Lauretis, op. cit., p. 10.
25 Jean Carabine, "A straight playing field or queering the pitch?: centring sexuality in social policy", *Feminist Review*, n° 54, p. 50, 1996.
26 Ruth Goldman, "Who is that queer queer?: exploring norms around the sexuality, race and class", in Brett Beemyn; Mikley Eliason (Ed.), Queer *studies*, Nova York: New York University Press, 1996, p. 175, tradução livre.
27 Elisabeth Daumer, op. cit., p. 90-95.
28 Idem.
29 Ruth Goldman, op. cit., p. 176.
30 Teresa de Lauretis, op. cit., p. 18.
31 Elisabeth Daumer, op. cit., p. 98.
32 Ibid., p.103.
33 Ruth Goldman, op. cit., p. 173.
34 Elisabeth Daumer, op. cit., p. 100.

237

Frankenstein é uma das primeiras obras sobre o que hoje compreendemos como paranoia masculina ou pânico homossexual, a expressão subjetiva de forças sociais que operam a partir do medo intenso acerca de uma possível conspiração contra seu bom funcionamento. Trata-se, portanto, de uma experiência pessoal causada pela exposição a mensagens a respeito de supostos perigos do desejo, o qual, desde quando passou a ser considerado socialmente relevante, foi também confundido com a expressão de forças antissociais.

Richard Miskolci

Frankenstein e o espectro do desejo[1]

Richard Miskolci

CONTA-SE QUE, NA SUÍÇA, em meados da década de 1810, um grupo de amigos que contava com Lord Byron e o casal Mary e Percy Shelley teve que ficar recluso por causa de um verão atípico, marcado pela erupção de um vulcão cujas cinzas tornaram os dias mais escuros e frios. Buscando distração, começaram a ler contos de terror alemães até decidirem criar um concurso sobre quem escreveria a história mais assustadora. Nascia *Frankenstein*, exemplar do Romantismo e, talvez, primeiro do gênero que denominariam mais tarde de ficção científica.

A primeira edição da obra foi publicada anonimamente em 1818, mas desde a segunda edição (1823), a autoria foi atribuída a Mary Shelley, filha da feminista Mary Wollstonecraft e do filósofo James Godwin. A jovem, cujos pais justificavam expectativas de genialidade, se casou com um dos maiores poetas de seu tempo, Percy Bysshe Shelley. Em uma época em que poucas mulheres eram letradas e um número ainda menor se dedicava à literatura, sua origem e meio social privilegiados ajudam a compreender a criação de uma obra de impacto cultural amplo e duradouro.

Frankenstein é um sucesso literário dos mais adaptados para a esfera do entretenimento, tendo gerado peças de teatro, filmes de terror e até desenhos animados. A maioria dessas criações é sofrível e foca em versões simplistas do monstro que, nessas adaptações, herdou o nome de seu criador, eclipsando o protagonista do romance, o jovem cientista guiado pela ambição de criar um ser vivo.

Não é mero acaso que isso tenha se passado e Frankenstein, cujo subtítulo da obra o define como o moderno Prometeu, tenha sido deixado em segundo plano nas adaptações, perdendo atenção para a sua criatura que, na interpretação hegemônica do romance, seria a encarnação dos medos contemporâneos sobre as consequências do desenvolvimento da ciência. Temores que auxiliaram essas versões populares a transformarem a figura original do monstro – um ser sofisticado que reflete sobre dilemas existenciais em francês – em um ser perigoso e irracional que se comunica por grunhidos.

A despeito de sua popularidade, o romance não chegou a ser reconhecido como grande obra, injustiça contra a qual se voltou o historiador e polemista John Lauritsen. Em 2007, o pesquisador independente – e ativista gay de longa data – publicou uma análise da obra com o título *The man who wrote Frankenstein*, na qual defende três teses: a de que o livro é uma grande obra da literatura inglesa, a de que foi escrito por Percy Shelley e não sua esposa e, por fim, que o romance tem como tema não reconhecido o amor entre homens.

A análise de Lauritsen se insere em uma profícua linhagem de polêmicas sobre o cânone literário inglês, como a criada por Oscar Wilde quando propôs que os sonetos de Shakespeare tinham sido escritos para um rapaz por quem o escritor se apaixonara. Ou mesmo a discussão de Virginia Woolf do que teria se passado se Shakespeare tivesse tido uma irmã igualmente talentosa. Verdadeiras ou não, tais interpretações inseriram ruído e dúvida sobre obras e autores que foram alçados ao topo da representatividade da nação e da própria cultura inglesa. O feito dessas polêmicas, para uma perspectiva cultural alternativa, foi criar provocações em relação a obras hegemônicas.

A obra de Lauritsen atraiu a crítica de feministas como Germaine Greer[2] em uma excelente resenha na qual busca refutar todas as teses do historiador, realçando os componentes "femininos" da ansiedade sobre a "maternidade" de um filho que se revela monstruoso e assassino. Camille Paglia,[3] por sua vez, em um texto curto e pouco elaborado, concordou com a tese da autoria masculina do livro. Qualquer que seja a posição, a favor ou contra, a polêmica se deu a partir da dúvida sobre se *Frankens-*

tein seria produto de uma escrita "feminista' ou 'homossexual", tropo que pretendo refinar.

A edição de 1818 é um empreendimento literário e intelectual respeitável[4] e traduz ansiedades do século que assistiu à aceleração da decadência da religião associada a um progressivo avanço da ciência. O livro apresenta a troca da gênese religiosa pela humana, quarenta anos antes da publicação de *A origem das espécies* (1859), de Charles Darwin, obra científica que substituiria deus pela "natureza", inaugurando uma nova ontologia humana. Ao mesmo tempo, *Frankenstein* introduz incerteza tanto sobre o que motiva essa tomada do poder criativo pelas mãos humanas quanto sobre suas consequências para a sociedade.

A obra é narrada em primeira pessoa por três vozes. Inicia-se como uma carta do navegador inglês Walton, em que conta para a irmã a ambição de alcançar o Polo Norte e o anseio de dividir sua conquista "com a companhia de um homem que simpatizasse comigo; cujos olhos respondessem aos meus. Você pode me chamar de romântico, minha irmã, mas eu amargamente sinto o desejo de um amigo".[5]

Em outra carta, anuncia que talvez tenha encontrado o "irmão de seu coração"[6] no rapaz que resgatara em seu navio – um jovem doente que seguia, em meio ao gelo, uma criatura desconhecida. Ao se recuperar, Frankenstein tenta dissuadir Walton de suas esperanças devido ao seu malfadado destino, não sem afirmar que compreendia seu desejo porque já tivera tal amigo ansiado, mas o perdera para sempre.

Frankenstein toma a palavra e passa a narrar sua vida: desde a infância idílica na Suíça, marcada pela curiosidade científica precoce, até a sua partida para a universidade, na cidade alemã de Ingolstadt. A solidão e o sofrimento moldam seus estudos e a decisão de criar um ser. Frankenstein cria o monstro com partes de corpos abandonados, usados em autópsias, frequentemente restos de pessoas marginais e, sobretudo, criminosos. Criado a partir de restos humanos, partes rejeitadas da própria sociedade, sua "feiura" revela a expressão encarnada da abjeção, somatória disforme dos restos mortais de vidas desqualificadas e desprezadas.[7] Segundo Francisco Ortega,[8] a partir do *Murder Act*, de 1752, os corpos usados para dissecações foram os de condenados à morte, portanto o monstro une em si os socialmente culpados e que não conheceram perdão.[9]

O monstro descobre, por meio de sua rejeição, o que o romance apresenta como o principal problema da vida em sociedade: a intolerância e o preconceito. Um dos pontos altos da obra é o diálogo entre o jovem e sua criatura, momento em que o monstro toma a palavra e conta sua versão da história desde quando foi abandonado no laboratório e fugiu, buscando esconderijo na floresta. Lá encontrou uma casa em que vivia uma família de refugiados políticos, em torno da qual passou a viver observando com admiração seu cotidiano e aspirando crescentemente por compartilhar sua afeição e amizade. Suas esperanças se revelaram absurdas quando se apresentou à família e foi maltratado e expulso, o que o tornou um ser amargurado e assassino. O relato, sintomaticamente feito na língua de Rousseau, termina com o pedido desesperado de que Frankenstein crie para ele uma parceira, com quem embarcaria para as florestas da América do Sul.

O modelo de uma vida perfeita dentro dos padrões do casal heteros-sexual-reprodutivo seduz a criatura, mas não parece ter o mesmo apelo para seu criador. O pai de Frankenstein, que casara com a filha de seu mais querido amigo para salvá-la da pobreza e do abandono, propõe ao jovem médico que aceite como esposa – também motivado pelo compromisso e a solidariedade – sua irmã adotiva, Elizabeth. Relações motivadas por solidariedade entre um aristocrata e uma mulher dependente sugerem a frequência com que se forjavam casamentos de conveniência e, como o romance insinua, se associavam a uma relação afetiva profunda com outro homem. As mulheres viviam em uma condição terrível de dependência da (boa) vontade masculina para não serem relegadas à miséria e ao ostracismo moral, o que, mesmo evitado, ainda as mantinha reféns de alianças entre homens.

O jovem aceita a proposta de se casar com Elizabeth, mas, aparentemente, temendo a ameaça do monstro de que mataria sua futura mulher caso não criasse sua companheira, pede tempo ao pai para uma longa viagem com seu amigo mais querido desde a infância. Juntos em uma viagem que parece substituir a de núpcias, os inseparáveis Frankenstein e Clerval conhecem vários países e vão parar na Inglaterra, onde o cientista resolve realizar a promessa de criar uma parceira para o monstro. Atormentado pelas consequências incertas de sua criação, termina por destruir o laboratório, atraindo a fúria de sua criatura na promessa de que mataria todos que ama.

Fugindo do laboratório em chamas, Frankenstein entra em um barco e vai parar, inconsciente, em um vilarejo na costa da Irlanda. Tratado como um criminoso, descobre que haviam encontrado o corpo de um jovem. Ao se aproximar dele, reconhece seu querido Clerval, cuja morte lhe é imputada. É preso e enviado para um hospício. Depois de algum tempo, seu pai o resgata e leva-o de volta à Suíça, onde é preparado o casamento com Elizabeth. Na noite de núpcias, enquanto busca se proteger do monstro, ouve um grito vindo do quarto, onde encontra, já sem vida, a esposa ainda em seu vestido de noiva. Pouco tempo depois, morre seu pai. Sem mais ninguém, Frankenstein decide procurar o monstro até o fim do mundo e matá-lo com as próprias mãos que o criaram.

O que jaz por trás da fábula sobre o jovem cientista que consegue o impensável, criar um outro homem, mas é progressivamente atormentado e destruído por sua criação? A análise mais corrente vê no livro a necessidade de limites à ambição científica, enquanto Lauritsen afirma que *Frankenstein* é um romance psicológico de ideias, sobretudo, uma alegoria moral sobre os efeitos malignos da intolerância e do preconceito, o ostracismo e a alienação, tanto das vítimas de intolerância quanto da sociedade como um todo.[10]

Dessa forma, reconhece na obra um exemplar do gótico e esclarece o terror que assim o caracteriza:

> Na época da vida de Shelley, homens e rapazes na Inglaterra eram enforcados por fazerem sexo um com o outro. A sexualidade entre homens não podia ser discutida aberta e racionalmente, mas era obrigada ao silêncio: *peccatum illud horribile inter christinos non nominandum* [o pecado tão horrível que não deve ser nomeado entre os cristãos].[11]

Nesse contexto, nada menos surpreendente que o interesse amoroso entre homens constituísse uma ameaça social e gerasse ansiedade e medo naqueles que o sentiam. Sua análise do caráter erótico da criação do monstro é corroborada pela forma como Frankenstein foge, tomado de pânico homossexual, quando vê a criatura ganhar vida. Fugindo do laboratório, o médico encontra inesperadamente seu amigo Clerval, que fora visitá-lo em Ingolstadt. Seu maior temor é o de que o amigo veja o "monstro", ou seja, tome conhecimento de seu desejo.[12]

A atração de Frankenstein pela ciência é apresentada pelo historiador em seus contornos eróticos em uma relação tensa com as mulheres e o feminino. Algo perceptível no primeiro assassinato do monstro, o do menino William, irmão do médico, cuja morte é atribuída a uma jovem amiga de sua família que é, por fim, condenada injustamente à morte.[13] Pouco depois desse episódio dramático, Frankenstein encontra o monstro no *Mont Blanc*, onde eles têm o diálogo central da história. O monstro demanda que seu criador compense seu abandono com a criação de uma parceira mulher, proposta diante da qual o médico titubeia.

A recusa de Frankenstein de criar uma parceira para a criatura provoca sua ira e a promessa de que matará todos aqueles que ele ama, o que – um por vez – começa pelo amado Clerval. A seguir, as mortes são dos que "prendiam" o jovem às convenções sociais. Nota-se o tom aterrorizante da ameaça do monstro: *"I shall be with you on your wedding night"* [Estarei com você em sua noite de núpcias]. O médico teme o "desejo fora do lugar", o que hoje compreendemos como homossexualidade, a assombrar sua primeira noite com a mulher que tomara como esposa. Lauritsen, quase no fim de sua análise, apresenta uma interpretação psicanalítica:

> Muito bem, então, o que o monstro representa? A associação mais óbvia, para leitores contemporâneos, é com o Id freudiano (em alemão, *das Es*): uma coleção de memórias escondidas, desejos e pulsões primitivas que não são conhecidos para a mente consciente, o Ego (em alemão, *das Ich*). De acordo com a teoria freudiana, o ego – policiado por sua consciência, o Superego (em alemão, *das Über-ich*) – considera as pulsões do Id ameaçadoras e as reprime, causando o conflito psicológico.
>
> Em termos freudianos, o monstro representa o Id de Victor Frankenstein: aspectos demoníacos e horrorosos de sua personalidade que seu Ego recusa reconhecer. E ainda, como duplo de Frankenstein, o monstro existe independentemente dele (a não ser que tenha sido Frankenstein ele próprio, possuído por seu subconsciente monstruoso, quem cometeu os assassinatos).[14]

Lauritsen afirma que o monstro – feito de pedaços humanos – também representa muitas coisas em diferentes episódios, mas, em sua visão, em especial, o elemento sexual no desejo entre homens. Coerente com análises históricas do período, como as de David M. Halperin e Alan Bray, aponta a forma de amor dominante no romance como a mais comum entre os homens da elite de então: a "amizade apaixonada".[15] Lauritsen afirma que a amizade romântica era vivida como algo intenso e apaixonado que podia incluir ou não um componente sexual, mas, no romance em discussão, jamais se apresenta de forma explícita; antes, como algo latente e temeroso.

Frankenstein revela-se um dos primeiros romances sobre subjetividade descentrada e, provavelmente, é o primeiro exemplar do gótico com a marca da paranoia homossexual, a qual encontraria seu estudo clássico apenas no início do século XX. A análise de Freud sobre o livro *Memórias de um doente dos nervos* (1903), a autobiografia do juiz Daniel Paul Schreber, compreende a paranoia como a manifestação neurótica – ou mesmo psicótica – do recalcamento do "componente homossexual" da sexualidade infantil que pode mais tarde se manifestar de forma reativa, ou seja, pelo sentimento de um homem ser perseguido ou estar sob domínio de outro.[16]

Eve Kosofsky Sedgwick, em seu clássico *Between men: English literature and male homosocial desire* (1985), afirma que o gótico é um gênero literário que se desenvolveu lentamente até adquirir seus contornos mais conhecidos no período vitoriano. No gótico inicial, em que se insere *Frankenstein*, predominou uma compreensão aristocrática da homossexualidade masculina e a emergência de *leitmotive* como o terror do "indizível" e do "segredo" cujo conhecimento ameaça com algo trágico, possivelmente a própria morte. Sedgwick, por meio de suas análises de romances góticos, expõe a emergência histórica da paranoia homossexual, a qual apresenta como homofobia e define como mecanismo psicossocial de controle da sociabilidade masculina e, ao mesmo tempo, do domínio dos homens sobre as mulheres.[17]

Em *Frankenstein*, a paranoia se vincula à figura do pai e sua maior demanda ao filho: a de que se case com sua irmã adotiva. A morte do pai não extingue a censura de Frankenstein ao seu desejo; antes, cria um ponto de viragem na história: o médico deixa de ser o perseguido e passa a caçar o monstro, possível alegoria de seu inconsciente "monstruoso", socialmente recusado e pessoalmente temido. Sintomaticamente, a morte do pai leva Frankenstein a trocar o medo de que descubram o monstro pelo desejo de eliminá-lo.

Quanto mais o romance avança, mais o criador se parece com sua criatura em sofrimento e melancolia. Sem o amigo, a família ou o pai,

Frankenstein passa dois anos viajando à procura do monstro. A caçada justifica sua não fixação em uma vida convencional, mas mantém o médico sob o domínio de seu próprio segredo, o qual persegue, incansável, exaurido e já doente, até próximo do Polo Norte, onde é resgatado pelo navegante Walton.

A análise de Lauritsen termina sublinhando a necessária relação entre a autoria masculina do romance e a intolerância da época às relações amorosas entre homens, particularmente com relação ao seu elemento (homos)sexual.[18] Sem refutar um vínculo importante entre experiência subjetiva e criação artística, mas atentando para a necessidade de historicizar as condições sociais dessas experiências, é possível reconhecer como *Frankenstein* retrata – e se origina – não exatamente da experiência homossexual, mas sim do temor social sobre os limites incertos das relações entre homens e suas consequências para as mulheres.[19]

Uma análise mais criteriosa em termos históricos exigiria levar a sério a definição que Michel Foucault fez da sexualidade como um dispositivo histórico do poder que emerge a partir do século XVII. Também exigiria lidar com o caráter social do desejo, o qual é criado e agenciado socialmente. Sedgwick, por exemplo, foge de reducionismos totalizantes, que restringem o social a um sistema sem dinamismos ou divergências, e historiciza a constituição de um desejo homossexual por meio de uma cuidadosa releitura da obra do historiador Alan Bray.[20] Ela explora como, no início do século XIX, as relações entre homens se davam em um enquadramento que define como de ambivalência coercitiva (*coercive double bind*): os laços com outros homens constituíam o cerne da vida social, assim como o que mais evocava ansiedade devido à tênue distância entre estar com outro homem e se envolver sexualmente com ele.[21]

Sem querer resolver a polêmica sobre a "real" autoria do romance, que pode ter sido escrito por Mary, Percy ou mesmo pelo grupo de amigos, a seguir ensaio uma interpretação de *Frankenstein* como um romance que lida com as ansiedades sobre o papel do desejo para a coesão social. Em outras palavras, buscarei apresentar alguns apontamentos sobre a emergência de uma forma de terror cultural que, ao menos desde o século XIX, regula o desejo direcionando-o para relações com pessoas do sexo oposto, sancionadas pelo casamento e visando à reprodução.

NO RASTRO DO DESEJO

Frankenstein é uma das primeiras obras sobre o que hoje compreendemos como paranoia masculina ou pânico homossexual, a expressão subjetiva de forças sociais que operam a partir do medo intenso acerca de uma possível conspiração contra seu bom funcionamento. Trata-se, portanto, de uma experiência pessoal causada pela exposição a mensagens a respeito de supostos perigos do desejo, o qual, desde quando passou a ser considerado socialmente relevante, foi também confundido com a expressão de forças antissociais.[22]

Em inícios do século XIX, período em que as transformações econômicas, políticas e nos costumes se aceleraram como nunca antes na história, é compreensível que vigorasse um medo generalizado de "contaminação moral" devido à ampliação do contato entre as classes sociais. O contato mais temido era, sem dúvida, o erótico. A cruzada antimasturbatória da segunda metade do século XVIII mostra a progressiva tentativa de controle do desejo nas classes altas, mas como controlar o que não tem direção certa ou objeto definido?[23]

A perseguição à sexualidade infantil tinha como inimigo não declarado a fantasia sexual ou o que hoje compreendemos como desejo. O objetivo da crescente preocupação médica e pedagógica com a masturbação parecia ser o de retardar a sexualidade para a vida adulta, faixa etária em que as pessoas teriam aprendido a controlar o desejo, direcioná-lo para relações dentro dos padrões coletivamente incentivados, no modelo familiar-reprodutivo. Apenas a criação de uma forma astuciosa de controle baseada em uma ameaça constante pôde surtir efeito: um verdadeiro regime de terror em que o medo se revelou a forma mais eficiente de agenciamento do desejo.[24]

Apontar a emergência de um regime erótico marcado pelo terror implica reconhecê-lo como parte da esfera da violência, um fenômeno mais amplo do que suas expressões físicas e vinculado a objetivos coletivos de controle social.[25] Nos últimos dois séculos, uma forma mais sofisticada e eficiente de controle emergiu, quando a violência deixou de ser aplicada direta e exemplarmente a alguns indivíduos e passou a constituir uma ameaça que todos devem evitar. Seu espectro é mais poderoso, por isso leva ao terror, ao medo extremo de se tornar vítima. Isso é visível em diversos contextos históricos e relacionado a formas diversas de dominação social.[26]

No que se refere à ansiedade social com relação ao desejo homossocial masculino, Alan Bray[27] buscou analisar historicamente a rejeição social às relações entre homens a partir de fins do século XVII. O pesquisador inglês termina surpreso por elas não terem gerado uma reação mais eficiente quer na perseguição aos locais de encontro ou mesmo por meio de maior número de locais de internação ou aprisionamento dos envolvidos. Sedgwick ressalta que a reação social à visibilidade dessas relações podia seguir, esquematicamente, três vias: a tentativa de erradicá-las (claramente impraticável), de suprimi-las (o que seria contraprodutivo, pois poderia até fortalecê-las) ou sua regulação (relativamente efetiva). Historicamente, foi a terceira via a que se desenvolveu e que a teórica queer seguiu por meio da análise de romances góticos, fontes para compreender ansiedades como o risco de sofrer violência pela transgressão de fronteiras sexuais. Nesse gênero literário, o terror se constrói pelo medo extremo da violência, frequentemente evocada por meio de um espectro, uma memória ou um monstro.

Além de ser um exemplar do gótico, *Frankenstein* se insere em uma vertente de romances que lida com uma experiência pouco explorada nas ciências sociais, a de ser assombrado. Segundo a socióloga norte-americana Avery F. Gordon,[28] a literatura que lida com espectros constitui fonte quase inexplorada que permitiria uma melhor compreensão da relação entre história, subjetividade e vida social. Para explorar essa interseção, seria necessário romper criticamente com uma epistemologia que considera o empírico como apenas o material, o evidente e o real, desenvolvendo uma sociologia mais atenta ao afetivo, ao cultural e à experiência. Gordon propõe investigar assuntos fantasmáticos (*ghostly matters*), fenômenos que assombram a vida social contemporânea como forças subversivas que foram reprimidas com maior ou menor violência: "A assombração é uma experiência assustadora. Ela sempre registra o dano infligido ou a perda mantida por uma violência social no passado ou no presente."[29]

Em sintonia com Sedgwick e Gordon, é possível ver no monstro que assombra Frankenstein uma espécie de fantasma corporificado, a versão antropomórfica de um conjunto de temores sociais de seu tempo. O fantasma é uma figura social de violência e dano, o que fica mais evidente na criatura feita com partes dos corpos de condenados que assombram os vivos com a demanda de reconhecimento das injustiças que lhes foram infligidas.

248

Uma análise sociológica de *Frankenstein* pode contribuir para o projeto de desenvolvimento de uma contra-história, na reconstituição daquilo que autores como Adorno, Horkheimer e Marcuse definiram como alternativas históricas que assombram a sociedade estabelecida como forças e tendências subversivas.[30] A possibilidade do rompimento de normas ou convenções culturais é reconhecível nessas forças sem nome ou materialidade documental, mas cuja existência moldou a constituição do que somos.[31] Tal contra-história poderia ser melhor compreendida como uma contramemória, na qual a fantasia e o fantasmático não são desqualificados como superstição.

No caso de *Frankenstein*, escrito em meio à industrialização, urbanização e formação da família nuclear que marcariam o que conhecemos como sociedade burguesa, o romance permite reconhecer a emergência de um temor coletivo do rompimento com a tradição. Seu enredo – sem nomear[32] – mostra eventos que configuram uma transgressão dos laços familiares, a recusa do casamento e uma forma inusitada de procriação.

A narrativa tem como fio condutor o medo que se cristaliza em terror em alguns episódios explicitamente violentos, como os assassinatos de inocentes, de forma geral, a família estendida do protagonista. Criado em um período em que o dispositivo de aliança se associava, não sem ambiguidades ou tensões, com o de sexualidade, o monstro vive ameaçando binários como visível/invisível, real/imaginário, vivo/morto, presente/passado e, assim, segue assombrando Frankenstein e quem acompanha sua história.

Ser assombrado equivale a entrar em um estado animado em que uma violência social reprimida ou irresolvida se faz conhecer, mesmo que de forma oblíqua. O caráter múltiplo do monstro, deste um constituído de muitos, lembra a ideia inicial de Freud sobre o inconsciente como um lugar onde todos os Outros vivem dentro de nós mesmos. Outros sociais, portanto, todos os condenados, marginais, excluídos ou reprimidos, os que cruzaram a linha da transgressão-subversão da ordem, dos valores ou da moral vigentes.

No século XVIII, portanto pouco antes da criação deste romance, Lynn Hunt[33] explica como a compreensão do "humano" nasceu com os romances escritos por homens, mas com protagonistas femininas como *Clarissa*,[34] de Samuel Richardson, ou *Júlia*,[35] de Rousseau. Estes romances teriam, na visão da historiadora, criado a habilidade do público de se "identificar" com personagens fictícias em histórias sobre aspirações de autonomia. Em outras palavras, radicalizando o argumento da historiadora, estes livros escritos por homens teriam criado a subjetividade feminina como o próprio "humano".

No Romantismo, personagens homens como Werther foram capazes de causar empatia e até obsessão a despeito de viverem em desacordo com normas sociais. *Frankenstein* aparece em uma vertente já gótica e que inaugura certo "descentramento do sujeito" que renderia, em fins do século XIX, criações como *Strange case of Dr. Jekyll and Mr. Hyde*, de Robert Louis Stevenson.[36] Enquanto em *Frankenstein* a subjetividade cindida aparece em dois personagens distintos, ainda que paralelos em seu caráter de criador e criatura, no romance de Stevenson, médico e monstro são duas faces da mesma mente.[37]

Se a subjetividade humana se constituiu como socialmente compreensível por meio dos romances de heroínas do século XVIII, é no seguinte que essa mesma subjetividade se apresentou cindida em obras com heróis masculinos atormentados. Talvez seja possível conciliar a análise dominante sobre o romance como uma crítica da ambição da ciência com esta que o insere em uma história da subjetividade, e *Frankenstein* possa ser compreendido como uma obra em que as esperanças na racionalidade científica são frustradas pela descoberta do inconsciente.

Assim, por meio de uma história dos romances, forma-se uma compreensão da subjetividade humana, primeiro como feminina em seu desacordo com as normas e aspiração de autonomia e, mais tarde, como cindida em homens que vivem entre as obrigações racionais (sociais) e os desejos do inconsciente. Chegaríamos, portanto, a aventar a existência de um processo cultural ignorado de generificação da psique, em que o ego tendeu a ser associado ao masculino e o Id ao feminino e, indo mais longe, a de outro binarismo que se impôs na emergência de um saber especializado sobre a subjetividade.

Na visão de David M. Halperin,[38] a invenção da Psicanálise se relaciona com o estabelecimento da homossexualidade como princípio da diferença sexual e social, o fundamento de uma compreensão da sexualidade fundada na individualização do desejo que, no século XX, terminaria com a atribuição a cada indivíduo de uma orientação e identidade sexuais. Coerente com sua análise, o monstro de *Frankenstein* precede e auxilia a reflexão sobre um dos aspectos que comporia uma futura compreensão da sexualidade humana como dividida em hétero ou homo.

Escrito em período muito anterior à emergência dessa divisão clara, que se inicia em 1870 e se conclui apenas no século XX, com a consolidação da moderna identidade homossexual,[39] *Frankenstein* se insere em um contexto cultural em que ainda vigorava temor generalizado sobre os limites "seguros" nas relações entre homens. No início do século XIX, o "perigo" de ultrapassar o permitido fazia parte da experiência subjetiva de todos os homens e, talvez, fosse até mesmo motivo de atenção ou suspeita por parte de mulheres.[40]

A emergente compreensão do desejo como a base da coesão social se associava a incertezas sobre sua natureza. Seria o desejo guiado pelo inconsciente ou pela razão? O que aconteceria se ele deixasse de ser regulado pela tradição, ou seja, o casamento e a constituição de família? O cientista cria um homem, portanto, transgride a expectativa da relação homem-mulher como necessária para reproduzir. Além disso, ao optar por dar vida a um homem adulto, evoca as ansiedades coletivas sobre as consequências do desejo pelo mesmo sexo.[41]

No início do século XIX emergia o que hoje denominaríamos heterossexualidade compulsória, mas cujo caráter obrigatório se exprimia menos por uma norma claramente imposta, antes pela ameaça de punição de seu rompimento. Por isso o apelo quase universal do terror presente na obra e a forma de ela exemplificar como temores coletivos são subjetivamente incorporados. Provavelmente por isso, nas representações mais populares, o monstro assume a identidade de seu criador e ganha protagonismo, pois o verdadeiro fio condutor da narrativa é o medo que ele evoca.

Segundo Donna Haraway,[42] "Os monstros sempre definiram, na imaginação ocidental, os limites da comunidade". Mas quais seriam os limites em *Frankenstein*? A lista parece infinita. A começar pela transgressão do natural pelo humanamente inventado, há também indicações de que, entre os limites rompidos, há os de classe e raça, já que o monstro é criado a partir de órgãos de corpos de condenados à morte, em geral, pessoas das classes populares. O monstro também almeja uma companheira com a qual seguiria para a América do Sul, área então compreendida como uma grande floresta habitada por povos bárbaros. Quer por origem ou destino, o monstro se insinua para fora do contexto aristocrático, "civilizado" e europeu de seu criador.

O que unifica essa lista é o vínculo do cientista com o monstro, ou melhor, a relação ambígua e contraditória de Frankenstein com seu desejo. Fugindo ou perseguindo o monstro, vive preso a ele e incapaz de se envolver e cuidar daqueles que ama.[43] A começar pela própria criatura que abandona após a criação, passando pelo irmão que é assassinado pelo monstro, pelo drama da jovem injustamente condenada à morte, a morte de seu melhor amigo e de seus familiares. Frankenstein assiste a tudo sem conseguir impedir nenhuma das tragédias.

O cientista consegue apenas transformar seu temor paralisante, ou terror, em vontade de vingança. A partir da compreensão freudiana da paranoia, é possível dizer que essa inversão do desejo em medo se fundamenta em uma ação projetiva de conteúdos do inconsciente sobre o outro (eu te desejo = você me persegue). Essa ação pode ser qualificada como defesa do eu contra conteúdos inconscientes inconciliáveis (Id) com a representação que o eu faz de si. O que resiste à integração, no eu de Frankenstein, volta-se, projetivamente, para o monstro: a encarnação de aspectos abjetos de seu criador.

Quer como criatura que persegue seus parentes e amigos, quer como a que decide perseguir até a destruição, Frankenstein lida com o monstro, buscando sempre se defender de aspectos não integráveis em sua autorrepresentação consciente. Passa de um temor-cúmplice da violência para a tentativa fracassada de transferi-la à sua criação, de forma que sua narrativa paranoica revela-se uma mescla tensa e aterrorizante de repressão sexual e dano infligido a outros e a si mesmo.

Coerente com a ansiedade sexual que caracteriza o gótico, a obra termina com uma afirmação da amizade apaixonada que moldava relações entre homens da aristocracia. Assim, mesmo recusando reciprocidade, Frankenstein é amado e acolhido por Walton até morrer com sua mão entre as dele.

ESTE TEXTO É UMA VERSÃO REVISADA DO ARTIGO PUBLICADO ORIGINALMENTE NA REVISTA *CADERNOS PAGU*, CAMPINAS: UNICAMP, N° 37, JUL-DEZ, 2011.

NOTAS

1 Dedico este artigo, *in memoriam*, a Mariza Corrêa e Márcia Arán.

2 Germaine Greer, "Yes, Frankenstein was written by Mary Shelley. It's obvious because the book is so bad", *The Guardian*, 9 abr 2007. Disponível em <https://www.theguardian.com/world/2007/apr/09/gender.books>. Acesso em jul 2020.

3 Camille Paglia, Resenha sem título, *Salon.com*, 14 mar 2007. Disponível em <http://salon.com/opinion/paglia/2007/03/14/coulter>. Acesso em 20 ago 2020.

4 As edições seguintes foram modificadas de forma a tornar o romance mais aceitável para o grande público. Segundo Lauritsen, as modificações e cortes retiraram do enredo original componentes eróticos entre os personagens homens.

5 Mary Shelley, *Frankenstein or The modern Prometheus*, Londres: Collector's Library, 2004, p. 20.

6 Ibid., p. 30.

7 Em termos psicanalíticos, a abjeção descreve um sentimento de atração e repulsa, que faz parte de nós, mas que – recusado – causa temor e nojo a ponto de querermos nos distanciar e nos livrar dele. Não por acaso, os fluídos e as excreções – como o sangue, as lágrimas e as fezes – são a mais óbvia materialização do abjeto em nós. Em termos sociais, elementos culturais como os monstros revelam o fascínio e o temor pelo que se aproxima e se distancia da imagem coerente que criamos de nós mesmos. Julia Kristeva e Mary Douglas são as principais criadoras da concepção corrente de abjeção, a qual tem se tornado mais popular, no presente, a partir de seu uso em estudos queer como os de Judith Butler.

8 Francisco Ortega, *O corpo incerto: corporeidade, tecnologias médicas e cultura contemporânea*, Rio de Janeiro: Garamond, 2008.

9 Ortega observa que essa lei foi substituída pelo *Anatomy Act* em 1832, que definia que os corpos usados nas dissecações seriam os dos pobres e vagabundos, os que morriam em hospitais, asilos e instituições de caridade.

10 John Lauritsen, *The man who wrote Frankenstein: Percy Bysshe Shelley*, Nova York: Pagan Press, 2007, p. 80.

11 Ibid., p. 91, tradução livre.

12 Ibid., p. 101.

13 As análises que buscam paralelos entre o enredo do romance a vida de Mary Shelley costumam apontar o caráter biográfico dessa primeira morte, já que William era o nome de seu primeiro filho, que morreu na época de redação da obra.

14 Ibid., p. 161, tradução livre.

15 David Halperin (*How to do the history of homosexuality*, Chicago: Chicago University Press, 2002) volta-se contra a leitura mais comum de *História da Sexualidade I: a vontade de saber*, de Michel Foucault, e afirma que há ao menos quatro tipos de relações amorosas e/ou sexuais entre homens encontradas em diferentes momentos históricos. Entre elas, destaca a amizade ou amor masculino, a pederastia ou sodomia ativa, o "efeminamento" e a passividade ou inversão sexual. A homossexualidade, segundo ele, foi uma invenção psiquiátrica de fins do século XIX que reinterpretou e rearranjou modelos de organização erótica anteriores.

16 Freud não analisou Schreber, mas sim sua autobiografia, na qual o juiz descreve seus delírios de emasculação, segundo os quais teria que se transformar em mulher para se unir a Deus. As relações entre Schreber e seu pai eram complicadas e delimitam a análise freudiana. Schreber pai reprimia sexualmente o filho a ponto de inventar mecanismos para impedir que ele se masturbasse durante o sono. Freud interpreta os delírios de perseguição do juiz como expressão de seus desejos homossexuais reprimidos pelo pai e pelo irmão. Outros, como Lacan e Deleuze e Guattari, criaram análises diversas sobre o conhecido "caso Schreber".

17 Apesar de listar *Frankenstein* entre os exemplares do gótico, curiosamente, Sedgwick não o analisa.

18 A associação biográfica entre autoria e tema do amor entre homens é clara no argumento de Lauritsen de que Percy Shelley lera *O banquete*, de Platão, na época de criação do romance e o traduziu para o inglês no mesmo ano de publicação da obra (cf. John Lauritsen, op. cit., p. 120).

19 A análise de Lauritsen tem claras limitações, sobretudo por transferir concepções

contemporâneas do que é ser homossexual para a época de redação do romance, dois séculos atrás e, também, por se apoiar unicamente na hipótese repressiva, ou seja, a de que a sexualidade seria reprimida socialmente. Para uma crítica da hipótese repressiva, consulte Michel Foucault, *História da sexualidade I: a vontade de saber*, Rio de Janeiro: Graal, 2005.

20 O historiador inglês Alan Bray (*Homosexuality in Renaissance England*, Londres: Gay Men's Press, 1982.) explorou a emergência de uma experiência homossexual em fins do século XVII, a qual se tornou visível na sociabilidade masculina em *molly houses* e tavernas e em algumas reações sociais a ela.

21 Sobretudo no magistral capítulo "Toward the Gothic: terrorism and homossexual panic" de Eve Kosofsky Sedgwick, *Between Men: English literature and male homosocial desire*, Nova York: Columbia Universiy Press, 1985, p. 83-96.

22 O estudo contemporâneo mais importante e influente sobre a relação entre o pânico homossexual e o que compreendemos como sociedade é a obra de Guy Hocquenghem, *O desejo homossexual*, publicada originalmente no início da década de 1970. (Guy Hocquemghen, *El Deseo Homosexual*, Madrid: Melusina, 2009.)

23 Foucault aborda a cruzada antimasturbatória em seu curso *Os anormais*. Tal "cruzada" foi fundamental no processo de transformação da sexualidade de questão religiosa a assunto médico. Fato visível no famoso tratado sobre a masturbação de Tissot, publicado na Suíca em 1758. Sobre a questão, consulte a aula de 12 de março de 1975 de Michel Foucault, *Os anormais*, São Paulo: Martins Fontes, 2001, p. 335-369.

24 Já no século XX, essa gramática do terror adquiriu feições de pânicos sexuais como os que miraram na homossexualidade como ameaça à coletividade nos Estados Unidos da década de 1950 ou, de forma global, na epidemia de HIV-aids nas décadas de 1980 e 1990. Sobre esses pânicos sexuais, consulte Gayle Rubin, "Thinking Sex", in Henry Abelove et alii. The Lesbian and Gay Studies Reader, Nova York: Routledge, 1992.

25 Autores como Norbert Elias (1994) e Michel Foucault (1998) mostraram como o suplício público, o castigo assistido pela comunidade, era parte da vida cotidiana europeia até o século XVIII. Basta evocar a tortura dos presos e o açoite dos escravos africanos, que na América se estendeu até a segunda metade do século XIX, para recordar como já vigorou e foi aceita a violência física hoje considerada crime e socialmente perseguida. (Norbert Elias, *O processo civilizador*, Rio de Janeiro: Zahar, 1994; Michel Foucault, *Vigiar e punir*, Petrópolis: Vozes, 1998.)

26 Por exemplo, Sedgwick, op. cit., observa como o terror dos linchamentos no Sul dos Estados Unidos foi fundamental na manutenção de um regime de dominação racista até a década de 1960. Como uma espécie de terrorismo sancionado ou tolerado pelo Estado, ele estendia e tornava mais eficiente a dominação branca, permitindo a exploração do trabalho e a manutenção da subcidadania dos negros.

27 Alan Bray, *Homosexuality in Renaissance England*, Londres: Gay Men's Press, 1982.

28 Avery Gordon, *Ghostly matters: haunting and the sociological imagination*, Minneapolis: University of Minnesota Press, 2008.

29 Ibid., p. XVI.

30 Refiro-me aqui ao posfácio de Adorno e Horkheimer ao *Dialética do esclarecimento*, publicado em inglês como *On the Theory of Ghosts*, assim como a algumas reflexões pontuais de Herbert Marcuse em *O homem unidimensional*.

31 Uma história crítica das normas e convenções sociais exige atenção ao invisível, ao que não se manteve por meio de documentação oficial, conhecimento reconhecido ou materiais acessíveis, antes em ausências, formas alternativas de conhecimento e experiências não reconhecidas.

32 O monstro não tem nome porque é algo que não pode pertencer ao reino do familiar e conhecido, mesmo porque o ameaça. A criatura é a materialização de um segredo de Frankenstein, e o sucesso da narrativa reside na cumplicidade entre leitor e protagonista na manutenção desse segredo ou no temor de sua revelação. Até o fim, quando Walton observa o monstro lamentando a morte do criador, a criatura só é vista pelo jovem médico, por suas vítimas e por quem lê o romance, assim, sua existência vincula o destino trágico do cientista a quem se aventura a acompanhar sua história.

33 Lynn Hunt, *A invenção dos direitos humanos: uma história*, São Paulo: Companhia das Letras, 2009.

34 Samuel Richardson, *Clarissa. Or the history of a young lady*, 7 vols., Londres: Printed for S. Richardson, 1747-1748.

35 Jean-Jacques Rousseau, *Julie, ou la nouvelle Héloïse*, Amsterdam: Marc-Michel Rey, 1761.

36 Robert Louis Stevenson, *Strange case of Dr. Jekyll and Mr. Hyde*, Londres: Longman, 1886.

37 A obra de fins do século XIX já lida com o regime de controle da sexualidade entre homens que a aloca no segredo e que, no século XX, seria denominado de "armário" (*closet*). Para uma análise do romance de Stevenson como alegoria da emergência do armário, consulte o capítulo "O armário do Dr. Jekyll", em Elaine Showalter, *Sexual anarchy*, Londres: Virago, 1990. Sobre o armário, veja a obra de Sedgwick fundadora da teoria queer: *Epistemology of the closet* (1990), cujo capítulo principal foi publicado em português no *Cadernos* Pagu nº 28, Campinas, jan-jun 2007.

38 David M. Halperin, *How to do the history of homosexuality*, Chicago: Chicago University Press, 2002.

39 A criação do homossexual tem, como observou Jeffrey Weeks, dois efeitos: "ajuda a fornecer um corte claro entre comportamento permitido e proibido e, segundo, ajuda a segregar aqueles rotulados como 'desviantes' dos outros, assim contendo e limitando seu modelo de comportamento." Jeffrey Weeks, *Coming out: homosexual politics in Britain from the nineteenth century to the present*, London, Quartet Books, 1977, p. 3-4.

40 Estudos históricos recentes, como o de Chris Brickell, "Sexology, the homo/hetero binary, and the complexities of male sexual history", *Sexualities*, v. 9, n. 4, p. 423-477, Londres: Sage, 2006, apontam que, até fins do século XIX, ainda predominavam concepções de que a homossexualidade era algo "potencial" em todo homem, especialmente naqueles moralmente fracos, o que poderia levá-los a, nos termos da época, degenerarem. Para um estudo sobre essas ansiedades no contexto brasileiro de fins do século XIX, consulte Richard Miskolci; Fernando Baliero, "O Drama Público de Raul Pompeia: sexualidade e política no Brasil finissecular", Revista Brasileira de Ciências Sociais, v. 26, nº 75, São Paulo, ANPOCS, 2011, p. 73-88.

41 Fantasmas que, atualizados, continuam a rondar nosso presente e que, de forma cômica e iconoclasta, definiram uma das adaptações mais bem-sucedidas do romance, o musical britânico transformado em filme *cult* como *Rocky horror picture show* (1975). Nele, um criminologista narra a história de um casal recém-casado que se perde e vai parar na mansão de Dr. Frank-N-Furter, o qual se apresenta como "um doce travesti da Transilvânia transexual" que descobrira o segredo da vida criando Rocky Horror. O caráter sexualmente ambíguo e transgressor do cientista é revelador, assim como sua criatura encarna o homem-fetiche do universo homossexual de fins do século XX. A popularidade do filme é corroborada por fatos como o de ser o mais antigo a se manter em exibição desde o lançamento, ter criado a sessão da meia-noite nos cinemas norte-americanos, além de atrair um número incontável de fãs em exibições comemorativas anuais em que o público encena a história.

42 Donna Haraway, *Antropologia do ciborgue: as vertigens do pós-humano*, Belo Horizonte: Autêntica, 2009, p. 96.

43 Sobre essa incapacidade de se vincular emocional e afetivamente, vale destacar as observações de Sándor Ferenczi em conferência realizada em 1911: "De fato, é surpreendente ver a que ponto se perdem nos homens de hoje o dom e a capacidade de ternura e amabilidade recíprocas. Reinam abertamente em seu lugar, entre homens, a rudeza, o antagonismo e a rivalidade. Como é impensável que estes afetos ternos, ainda tão marcados na criança, tenham desaparecido sem deixar vestígios, cabe conceber estes sinais de resistência como formações reativas, como sintomas de uma defesa contra a ternura sentida por pessoa do seu próprio sexo." (Sándor Ferenczi, "O homoerotismo: nosologia da homossexualidade masculina", in Sándor Ferenczi, *Obras completas*, v. II, Rio de Janeiro: Martins Fontes, 1992, p. 127).

O QUEER
EM PAUTA

É essa pseudonaturalidade do alinhamento mesmo sexo / mesmo gênero que acaba por revelar e superexpor a *drag queen* – mas não se poderia dizer o mesmo do *drag king*. Com efeito, se a feminilidade não deve ser necessariamente e naturalmente a construção cultural de um corpo feminino (as masculinidades femininas, os *drag kings*, as *butch*, as transgêneros...), se a masculinidade não está anexada aos homens, se ela não é privilégio dos homens biologicamente definidos, é porque o sexo não limita o gênero e o gênero pode exceder os limites do binarismo sexo feminino/sexo masculino.

Sam Bourcier

O fim da dominação (masculina): poder dos gêneros, feminismos e pós-feminismos queer

Sam Bourcier

FALAR DE FIM DA "DOMINAÇÃO MASCULINA" é dizer que é possível romper com a descrição reificante da "dominação masculina" e sua instrumentalização, tanto aquela descrita por Bourdieu como a de certas abordagens feministas.[1] É afirmar que esses desenvolvimentos são demasiado dependentes de uma concepção dualista dos gêneros que leva, geralmente, a um enfraquecimento do poder dos gêneros. Que o poder da genderização[2] sobre os sujeitos e os corpos é descrito como fatal... em detrimento... das mulheres, é claro.

Mas para confrontar Bourdieu e as feministas renaturalizantes e reificantes às críticas e conceitualizações do feminismo e da teoria queer, começarei por reler *A dominação masculina*[3] e o que seu autor diz sobre a maneira como se impõe a hierarquia dos gêneros, o funcionamento da "força simbólica" na "incorporação da dominação masculina", em relação com a resposta de Judith Butler à mesma questão.[4]

HOMO BOURDICUS OU GENDER FUCKING? O PODER DOS GÊNEROS SEGUNDO BOURDIEU

À questão sobre como se instalam as normas de gênero, fonte de opressão na medida em que elas vão instaurar uma relação hierárquica entre o masculino e o feminino, Dominator[5] responde, como bom construtivista, que são os gêneros que produzem o sexo. Em Cabília, por exemplo, a percepção visual dos sexos – entenda: das ditas partes genitais – é informada pelos mitos cosmogônicos. Pensando que ele é o primeiro a ver a relação sexo/gênero sob este ângulo, Dominator, evidentemente, se engana: tanto que ele não tem nenhum mérito em concebê-la assim, visto a espessura mitológica que lhe assinala a que ponto o recorte corporal é função dela. Sem dúvida, é mais difícil não sucumbir à tentação de articular sexo/gênero fazendo do segundo o constructo social e cultural, e, do primeiro, um resíduo biológico – a famosa diferença sexual – em culturas como a nossa, que produzem tecnologias de visualização sempre mais realistas dos sexos, e nas quais não se percebe, na primeira abordagem, o potencial biopolítico (eu penso nas técnicas de visualização pré-natal, por exemplo, ou no mito do binarismo das sequências cromossômicas).

Todo o mérito de tornar porosa a fronteira entre sexo e gênero, e, quiçá, de apaga-lá, é, portanto, de epistemólogas como Evelyn Fox Keller ou Donna Haraway, ou ainda de historiadoras como Anne Fausto Sterling. A maioria das feministas construtivistas, Delphy[6], para tomarmos apenas esse exemplo francês, concorda ao dizer que não é o sexo que causa o gênero, como se um estranho determinismo natural o quisesse, para fazer corresponder o sexo definido como genital feminino com o gênero feminino e vice-versa. Onde Dominator se gaba de ter procedido a uma inversão da relação causal sexo/gênero, outros construtivistas mais radicais lhe responderiam que o gênero não é mais causa do sexo que aquilo que ele exprime. Na verdade, ele o produz.

DOMINATOR OU O RAPTO DA FORÇA PERFORMATIVA

A segunda questão concerne à perenização desse sistema binário e hierárquico dos gêneros: de que maneira ela se efetua? Dominator invoca então a "magia" da "força simbólica" que vai permitir "a incorporação da dominação masculina". As condições de eficácia da "força simbólica" em questão residiriam em sua anterioridade sob a forma de "disposições" gravadas nos corpos. Haveria uma disposição a se genderizar corretamente. O poder dessa violência simbólica é tal, sempre segundo Dominator, que ela provoca "a submissão encantada", quer dizer, torna possível ou leva à derrota, sabe-se pouco, da tomada de consciência. De todo modo, o que se pode entender como uma tomada de consciência não será senão o reconhecimento cúmplice da "força simbólica" que produz. Nada poderia opor-se à "constância do hábito" das dominadas.

Essa imagem engrossada e grosseira do funcionamento da dominação masculina que nos forneceram os cabilas[7] se mostraria paradigmática e catártica: ela permitiria uma rememoração da dominação masculina: uma forma de "anamnese" para os amnésicos da dominação masculina "que somos". E se sentíssemos acentos levemente foucaultianos na reivindicação de uma teoria disposicional das práticas como melhor maneira de se virar para agarrar não tanto a dominação (o que concerniria os dominados) quanto a impossível tomada de consciência das dominadas (o que concerne o teórico e o intelectual esclarecido), o recurso à anamnese permite impor um gênero de estruturalismo capitalizante sobre os efeitos do inconsciente "androcêntrico". É isso que permite endurecer a dominação a partir do momento em que, para além das mudanças de superfície perceptíveis na "condição das mulheres", é preciso sempre guardar para o espírito a "força da estrutura", desta vez, a "permanência na mudança". A lei estrutural, como de hábito, os afasta da história, sem falar da política: de fato, como fazer frente à "constância trans-histórica da relação de dominação masculina"?

Quanto aos fatores de mudança não superficiais, esses não são nem as mulheres, nem as feministas, nem os movimentos políticos sexuais. Uma pena, pois as feministas, de todo modo, foram as primeiras não mais apenas a descrever os efeitos de construção dos gêneros, mas a fazer compreender que a relação sexo/gênero tal como ela é imposta e regulada torna-se um jogo de poder. Mas não, o fator de mudança é o próprio Dominator e a teoria que falta, segundo ele, e que as feministas se mostrariam incapazes de pensar: justamente, a teoria das disposições.

Vê-se bem como se organiza a progressão no horror da dominação... mas sobretudo como Dominator se apropria da questão da dominação, despolitizando-a no processo e reduzindo a nada os diferentes atores dos movimentos político-sexuais. Tanto que reina um verdadeiro desfoque quanto ao funcionamento desta "força simbólica" que permite infalivelmente "a incorporação da dominação masculina". O que é incorporado? Gestos, atitudes, consignações, entre as quais algumas silenciosas, em direção às mulheres cabilas? De várias maneiras, temos o direito de nos perguntarmos se não deveríamos passar a uma demonstração de força... performativa, justamente, e todo o esquisito vocabulário, utilizado por Dominator para descrever os efeitos imediatos da violência simbólica, pulula aí: "a magia, o encantamento, o feitiço no sentido forte do termo" nos aproximando inegavelmente dessas palavras, desses dizeres, desse tipo de atos de linguagem que vêm ao caso.

Mas, curiosamente, lá onde o Dominator descreve – com admiração?! – a impecável magia da "força simbólica" que se impõe às mulheres dominadas e nos reapresenta a grandeza de sua teoria das disposições por vir, ele toma o cuidado de diferenciá-la muito claramente das feministas que se contentariam, segundo ele, com a invocação da magia "performativa". A palavra é largada, talvez contra Butler, uma vez que é uma questão de *drag queen* (difícil de saber, a referência a *Bodies that matter* não nos cabe). Em todo caso, Dominator estigmatiza

> a vaidade dos apelos ostentatórios das filosofias pós-modernas no ultrapassar dos dualismos; estes, profundamente enraizados nas coisas (as estruturas) e nos corpos, não nasceram de um simples efeito de nominação verbal e não podem ser abolidos por um ato de magia performativa, os gêneros, longe de serem simples 'papéis' que poderiam ser representados como bem se quisesse (à maneira das *drag queens*), estando inscritos nos corpos e num universo de onde eles tiram sua força. É a ordem dos gêneros que funda a eficácia performativa das palavras – e mais especialmente dos insultos –, é também ele que resiste às redefinições falsamente revolucionárias do voluntarismo subversivo.[8]

Seria preciso tomar o tempo de voltar a esta maneira de constranger a força performativa submetendo-a à ordem superior inconsciente que é a "ordem dos gêneros". De que maneira ele é feito? Mas no que concerne às diferenças de apreciação da força performativa entre Dominator e Butler, é preciso fazer o estudo do êxito de expressão performativa que encontramos na *Dominação masculina*: trata-se do poder performativo de Mr. Ramsay. Um dos recursos de Mr. Ramsay em matéria de dominação masculina consiste justamente em tornar as coisas verdadeiras porque ele as disse. Assim, quando ele decreta a toda sua família que quer ir passear no farol, que o dia não estará bonito, suas previsões têm o poder de se verificarem por si mesmas, no sentido forte de se tornarem verdadeiras: "elas atuam como ordens, bendições ou maldições que fazem advir magicamente o que enunciam", nos diz Dominator descrevendo Mr. Ramsay qual "o rei arcaico" evocado "pelo Benveniste do vocabulário das instituições europeias", aquele cujas palavras são vereditos. O poder dos gêneros, a genderização masculina, não é, portanto, sem relação com a força performativa, com a força da autoridade que é a da voz do pai, bem entendido. Essa teimosia em provar e em descrever, não sem complacência, até que ponto a dominação masculina não somente caminha mas é trancada posiciona Dominator ao lado de uma enunciação cúmplice masculinista.

OS HOMENS, AS MULHERES E... O RESTO DO MUNDO

Com Butler, as coisas são diferentes e menos controláveis. Interrogando-se sobre a produção e a reprodução regulada de um sistema sexo/gênero ao mesmo tempo normativo, restrito e binário, como boa construtivista, com um toque foucaultiano, mas também wittgiano, Butler não hesita em fazer a ligação com esta outra construção recente das identidades sexuais que é a heterossexualidade, compreendida como um regime de biopoder pressupondo uma continuidade sexo/gênero. Butler retoma a crítica do dualismo sexo/gênero com um raciocínio foucaultiano: da mesma maneira que o sexo, a sexualidade, não é a expressão de um si ou de uma identidade, o gênero não é a expressão do sexo.

Mas a inovação butleriana, que dificilmente poderia ignorar Dominator, vai consistir em deixar de lado a crítica do modelo da expressão (sistema causa sexo/gênero) para o modelo da performance/performatividade para se dar conta da produção regulada dos gêneros e das identidades de gênero. Segundo Butler, a produção dos gêneros é de ordem performativa no sentido de "performance" e de "performatividade". Do lado da performance, no sentido teatral, encontramos os gestos e códigos de incorporação que evoca Dominator; é lá que Butler toma efetivamente o exemplo da *drag queen* e também da cultura *butch/fem*, o que não chama a atenção de Dominator. A *drag queen* não prova que é possível mudar de papel de gênero como de camisa. Ela é um exemplo paradigmático de algo que não interessa a Dominator, a saber, a falibilidade intrínseca do sistema sexo/gênero dominante heterocentrado, que tem, incessantemente, necessidade de se reafirmar para existir – e não somente nas profundezas do inconsciente androcêntrico protofeminista. E o que haveria de melhor para existir e se impor como norma do que parecer natural?

É essa pseudonaturalidade do alinhamento mesmo sexo/mesmo gênero que acaba por revelar e superexpor a *drag queen* – mas não se poderia dizer o mesmo do *drag king*. Com efeito, se a feminilidade não deve ser necessariamente e naturalmente a construção cultural de um corpo feminino (as masculinidades femininas, os *drag kings*, as *butch*, as transgêneros...), se a masculinidade não está anexada aos homens, se ela não é privilégio dos homens biologicamente definidos,[9] é porque o sexo não limita o gênero e o gênero pode exceder os limites do binarismo sexo feminino/sexo masculino.

É assim que, longe de limitar a uma pálida ou extravagante imitação da mulher verdadeira ou da verdadeira feminilidade, a *drag queen* revela o modo de produção do gênero, que é também aquele da feminilidade heterossexual. Todo gênero, incluindo a masculinidade heterossexual, é uma performance de gênero, quer dizer, a masculinidade heterossexual é uma performance de gênero, ou seja, uma paródia sem original. É geralmente aí que trava o entendimento, como se vê na leitura pelos psicanalistas lacanianos da tradução francesa de um texto de Butler, *Imitation and gender insuburdination*,[10] onde abundam lapsos de tradução (por exemplo quando "heterossexual" é substituído por "homossexual"), permitindo proteger os gêneros e a heterossexualidade da contaminação pela performance. Por vias diferentes, Dominator e os psicanalistas lacanianos procuram atenuar num nível de desnaturalização que afetaria a norma heterossexual.

A performatividade vem complexificar essa redefinição do que não é mais o elo sexo/gênero, mas a produção dos gêneros, simplesmente. Como resume Preciado em uma fórmula esclarecedora,[11] em última instância, o gênero talvez definido como "um processo de repetição regulada de tipo performativo". Com seus enunciados performativos constantes:

não seria senão o "é uma menina" / "é um menino" que permitiria a assinatura de gênero. De fato, é preciso sempre lembrar de encarnar as leis dos gêneros para que isso funcione. O caso das crianças intersexo e do regime hiperviolento de convocação de gênero no qual os submetemos comprova-o suficientemente.[12] Não é a ordem dos gêneros que funda a eficácia performativa das palavras, a ordem dos gêneros não preexiste a nada, menos ainda aos atos de linguagem e aos discursos que fazem com que ela exista.

Com esta análise do funcionamento da matriz heterossexual a partir das "desviações" de gênero, das dissonâncias em relação ao sistema sexo/gênero dominante heteronormatizado, pode-se redefinir, para desespero de Dominator, o funcionamento daquilo que ele chama de "a força simbólica" que permite a incorporação dos gêneros em termos de performance e de performatividade. O *drag king*, a *drag queen*, a *butch*, as *fem*, as transgênero, as intersexo, esses "perdidos" exemplares são instâncias de performatividade queer. Se a força da performatividade que preside os gêneros é derivável, se os gêneros são ressignificáveis e não limitáveis a dois, como parece ser cada vez mais o caso,[13] então o encanto da força performativa não é o da força simbólica implacável e fechada descrita por Dominator. E pode-se agora interpretar toda a ambivalência de Dominator em relação à "magia" performativa como uma tentativa voltada ao fracasso em impor limites à força performativa. A única magia perfomativa que funciona com ele é a do Mr. Ramsay. A magia que ele diz falhar é a das mulheres cabilas: as estratégicas simbólicas das mulheres são nulas e sem êxito, elas são "insuficientes para subverter realmente a relação de dominação". Resta às mulheres dominadas, instaladas em seus corpos, e justamente, aliás, a força das "paixões", das emoções corporais. Ainda assim, nenhuma delas tem poder: a vergonha, mas sem raiva, nenhum orgulho perverso ou estigmatofilia eficaz. Eis o que reconduz à repartição corpo/espírito, o espírito em Mr. Ramsay, a "perspicácia toda feminina" para Ramsay, a quem Dominator nos faz acessar através do talento literário de Virginia Woolf.

É um pouco o inverso do que se produz com todos aqueles e aquelas que se inspiram, teoricamente ou não, pela ideia de que se é verdade que a força performativa é reversível, mascara sua historicidade mas depende dela, ela pode gerar uma multidão de lugares de resistência e de apropriação/derivação da construção das identidades, e não uma subversão em si do sistema sexo/gênero dominante. Lugares de resistência e não uma plataforma para um improvável horizonte revolucionário reforçado ou não por uma dialética que se resolveria numa improvável abolição dos gêneros (a utopia feminista radical e/ou materialista de Delphy ou de Wittig).

QUEERIZAR OS FEMINISMOS

A exclusão dos outros gêneros, que sedimentam justamente formulações como "a opressão das mulheres" ou "a dominação masculina", não é o apanágio de Bourdieu – mesmo se é preciso sempre lembrar que a teoria feminista não constitui, longe disso, um lugar de saber-poder equivalente àquele do qual dispôs Bourdieu. Nós a encontramos nos feminismos fundacionistas heterocentrados. Fundacionista porque se trata de um feminismo que coloca o "nós" mulheres como tema e objeto do feminismo. Isso pode parecer óbvio, mas não é, entretanto, necessário, talvez seja mesmo evitável numa perspectiva feminista queer. Com efeito, esta posição é traduzida por uma valorização monogenerada do tema mulher (em detrimento do sujeito homem, com certeza e outros ainda: as transexuais, por exemplo), que foi de par com uma renaturalização da mulher (por exemplo nos feminismos de obediência antipatriarcal). A localização da dominação entre os homens tem como contrapartida a emergência de um sujeito feminista puro. Temos aí outro efeito de reificação do par homem/mulher que se traduz, entre outras formas, por uma celebração das qualidades ditas femininas: em Nancy Hartstock, por exemplo, que se inscreve numa corrente marxista materialista, encontramos essa ideia segundo a qual, finalmente, não é errado dizer que as mulheres são mais "cooperativas", "*community oriented*", enquanto os homens são individualistas e conectados com a dominação. Este confisco pelo feminismo da enunciação sobre a dominação foi muito criticado pela teoria queer (Lauretis, Halberstan, Preciado).

POLÍTICA DA IDENTIDADE MULHER E PÓS-FEMINISMO QUEER

O pós-feminismo queer sublinha os malfeitos de uma abordagem heterocentrada, talvez mesmo eurocentrada, em todo caso totalizante e analógico da "dominação". Abordagem frequentemente renaturalizante, ao fim, mesmo se as premissas eram construtivistas no ponto de partida, com uma visão restritiva e binária dos gêneros. Encontramos certos elementos desta crítica no manifesto ciborgue[14] de Donna Haraway, que é também uma crítica ao feminismo materialista. Haraway lembra como, em sua vontade de impor que se levasse em conta a opressão sexual, a qual não levava em conta o marxismo, as feministas materialistas encontraram duas soluções: manter a entrada pela classe definindo a classe das mulheres como aquelas cuja alienação pelo trabalho é ligada ao trabalho da reprodução, ou optar por uma entrada pelo gênero, a mulher sendo então aquela que é objetificada pelo intermediário da apropriação sexual. O problema é que muitas vezes essa definição da opressão sexista acabou por fazer da mulher um não sujeito, em todo caso, um sujeito principalmente definido pela forma paradigmática da apropriação, que é o estupro.[15] Se era possível uma tomada de consciência, esta era principalmente a de não ser. Ontologia da falta que funcionava ainda melhor se alimentando do discurso psicanalítico lacaniano (para Lacan, a mulher não existe, a mulher é a falta). Discurso que atravessou várias camadas do feminismo:[16] uma boa parte da crítica fílmica feminista, por exemplo, interpretou a ausência, a invisibilidade, a invisibilização da protagonista de *Rebecca* – o filme de Hitchcock – como a figuração desta alienação que é a condenação à ausência.

Como bem aponta Haraway, é, portanto, a um apagamento consequente do sujeito mulher que se assistiu no feminismo radical de uma Catherine MacKinnon, para tomar apenas este exemplo, em guerra contra a dominação masculina assimilada ao estupro e à pornografia: "a mulher não está ali apenas alienada em relação ao produto de seu trabalho, mas mais profundamente, ela não existe enquanto sujeito ou mesmo enquanto sujeito potencial, uma vez que ela deve sua existência de mulher à apropriação sexual". Além disso – e aí está um dos cavalos de batalha do perspectivismo queer –, essa descrição da dominação (para além do fato de que, no caso de MacKinnon, ela é dessexualizante) pressupõe a existência d'A mulher, assim como d'A dominação. Isso apaga toda diferença entre as mulheres, fazendo da inexistência da mulher uma característica essencial, para não dizer universal. Ora, para retomar a análise do filme de Hitchcock, ninguém diz, sobretudo ao escutar o filme mais atentamente, que a ausente do buquê não é de fato lésbica, o que explicaria suficientemente o incômodo do Lord Manderley pelo fato de Rebecca ser esquisita: "*she was* queer". E se é verdade, para retomar a análise de Wittig, que as lésbicas não são mulheres, na medida em que elas escapam às obrigações desse regime político e econômico que é a heterossexualidade (leitura materialista de Wittig), ou então porque elas declinam identidades diferentes com as *butch, fem, zami* e outras sapatonas[17] (leitura queer de Wittig), não procederíamos a uma unificação abusiva com a categoria a-mulher? De fato, no mundo anglo-saxônico assim como na França, as feministas identificadas como mulheres excluíram as lésbicas e seus gêneros de seus projetos políticos para não contrariar a renaturalização e a pureza do sujeito mulher: difícil de aceitar formas de masculinidades femininas tais como as *butch*, por exemplo, que revestiam "a parafernalização do inimigo principal".

Os raciocínios totalizantes e analógicos seguem juntos a partir do momento em que essa visão completamente externalizada e simplificada da dominação implicou uma série de incorporações do "Outro", portanto, de outras formas de dominação. Assim, foi possível passar da dominação sexista à escravidão sem questionar os pressupostos coloniais de tal deslize. E por ter-se traduzido por um apagamento da questão do racismo entre as feministas, e por uma total ausência de feministas de cor nos postos teóricos, o "benefício" desta visão monolítica do poder e da dominação foi o de mascarar fenômenos de dominação cruzada: os efeitos de classe entre as mulheres, o fato de que o feminismo tenha sido ainda o apanágio das feministas brancas. Essas compactações sucessivas da questão das opressões sob o signo da "dominação masculina" não demonstra mero esquecimento. Podem-se detectar aí táticas de apropriação abusivas modernas, no que elas têm de função de um olhar moderno do sujeito e da política (sexual) em que o sujeito preexiste à lei.

A MULHER MORREU E MAIS VALE SER UM CIBORGUE OU MALINCHE DO QUE APENAS UMA DEUSA

Muitas estratégias foram propostas pelo pós-feminismo queer para contrariar esse confisco renaturalizante da "dominação masculina". Nem revolucionárias, nem abolicionistas, nem dialéticas, elas levantam micropolíticas modestas, mas múltiplas. Donna Harraway, por seu lado, empresta ao mesmo tempo a técnica da desidentificação com a mulher e a identificação queer marginal com o monstro ou o ciborgue, para desestabilizar o feminismo reificante e renaturalizante. Este que continua a reservar a tecnologia aos homens, que esquece que a masculinidade é também construída e, portanto, desconstrutível. Mais vale ser um ciborgue que uma deusa:[18] tal é a máxima do manifesto ciborgue para dizer que A mulher, assim como Deus, está morta. Trata-se, na verdade, de contrariar o sujeito mulher que se apropria da dominação masculina, endurecendo-a, e passando por aí outras formas de opressão silenciosa, ao propor uma renovação das formas de subjetivação. Estas se opõem às tentações retroutópicas de alguém como Mary Daly, ou à utopia do lugar fora de dominação dos grupos separatistas antipatriarcais, que se viram rapidamente minados pela persistência de formas de violência internas, tanto mais potentes quanto inconfessáveis.

O ciborgue não é essa figura um pouco robótica, puramente tecnicista ou futurista, veiculado por sua imagem popular. Na definição que lhe dá Haraway e que ela gostaria de ver substituída à de mulher – mas outras formas de subjetivação queer poderiam fazer o serviço –, o ciborgue é aquele que está em posição liminar, a cavalo nas fronteiras e nos binarismos do pensamento *straight*, heterossexual (homem/mulher, mas também animal/máquina, natureza/técnica e muitas outras ainda). Ele corresponde a uma subjetividade sempre bastarda, resultante de uma fusão não estabilizada de outros níveis de identidades. Exemplos de subjetivação ciborgue: as mulheres e as lésbicas de cor; os monstros despenteados na ficção científica feminista. À sororidade essencialista que marcou duravelmente o feminismo, ao mesmo tempo como utopia e como pressuposto (com a ideia de *continuum* entre mulheres ao mesmo tempo universal e trans-histórico), Haraway opõe a *sister outsider* de Audre Lorde ou ainda a conciência mestiça das lésbicas chicanas de Anzaldúa e Cherríe Moraga, para quem prevalece a capacidade de viver na interfronteira e não de se refugiar numa pureza.

A resistência aos efeitos de opressão conjugada (gênero, mas também "classe" e raça) passa mais por efeitos de derivação (como em Butler), de produção ilegítima de retorno das armas da opressão que por uma ambição revolucionária de erradicação. Daí a valorização do "*taking up the tool*" como estratégia que se encontra também em *Gender trouble*. Daí o destaque de Malinche,[19] a mulher asteca de Cortez que aprendeu a língua do colonizador para melhor sobreviver a ele e traí-lo, e que nada tem a ver com a visão colonial dos dominados(as) ou com a construção da mulher cabila por Bourdieu.

O objetivo é se opor a toda ideia de superioridade moral feminina, de inocência e de maior proximidade com a natureza, de não enraizar as políticas em "nossa" posição privilegiada de oprimida, incorporando as outras opressões, não impor um imperativo revolucionário que repouse sobre uma hierarquização das opressões (o gênero em primeiro lugar) e resultando num confisco e numa invisibilização dos sujeitos apropriados para deles falar. Uma das soluções queer é, então, a proliferação de identidades – dentre as quais as identidades de gênero não naturalizadas –, de maneira a tornar o par homem/mulher, senhora e senhor Ramsay suficientemente problemático para travar os modos de reprodução da identidade ocidental. Isso supõe também abandonar uma concepção do poder que esteja ligado às concepções unívocas e fixistas da dominação: a de um poder soberano que não se exerceria senão em um único lugar. É precisamente esta visão do poder que, por mais reconfortante ou intimidante que seja, impede de pensar a interconexão das formas de opressão e das resistências.

TEXTO ORIGINALMENTE PUBLICADO SOB O TÍTULO "LA FIN DE LA DOMINATION (MASCULINE): POUVOIR DES GENRES, FÉMINISMES ET POST-FÉMINISME QUEER", *REVISTA MULTITUDES*, Nº 12, 2003/2, P. 69-80.
TRADUÇÃO DE LEORNARDO GONÇALVES.

NOTAS

1. Incluindo, na França, feministas materialistas (de Christine Delphy a Nicole Claude Matthieu) e essencialistas (de Hélène Cixous a Antoinette Fouque, o mal nomeado "French feminism" além Atlântico).
2. N.T.: Anglicismo provavelmente proveniente de autoras como Judith Butler e livros como "Gender trouble", entre outros. Por entender esta como uma escolha translinguística do autor, escolhi respeitar.
3. Pierre Bourdieu, *La domination masculine*, Paris: Seuil, 1998.
4. Judith Butler, *Gender trouble, feminism and the subervsion of identity*, Londres/Nova York: Routledge, 1990; *Bodies that matter, on the discursive limits of "sex"*, Londres/Nova York: Routledge, 1993.
5. N.E.: Dominator é como Sam Bourcier nomeia a partir deste ponto Pierre Bourdieu.
6. Christine Delphy é socióloga francesa, nascida em 1941, e pioneira na elaboração teórica do chamado feminismo materialista.
7. É preciso, entretanto, lembrar que Bourdieu se deu ao luxo de falar da dominação masculina ("da nossa") apoiando-se numa análise etnológica dos berberes de Cabília ao mesmo tempo "exótica e íntima, estrangeira e familiar", uma operação heurística , "um analisador etnográfico" que mereceria receber os raios da crítica pós-colonial.

8   Pierre Bourdieu, op. cit., p. 110.
9   Cf. Jack Halberstam, *Female masculinity*, Durham: Duke University Press, 1998.
10   Judith Butler, "Imitation et insubordination du genre", in *Marché au sexe*, Paris: Epel, 2001, p. 143-165. O melhor é ler a versão original em Diana Fuss (Dir.), *Inside Out*, Nova York, Routledge, 1991, p. 13-31.
11   Remeto a suas análises da retomada da iterabilidade performativa de Derrida por Butler; Paul B. Preciado, "Performing the lesbian body: Butler and Derrida at the limits of the performative", manuscrito não publicado e "Le Queer savoir", comunicação no colóquio "Os estudos gays, lésbicos e queers: novos objetos, novos métodos; novas questões", Centro George Pompidou, 25 jun 1999, retomado em Queer *zones*, Paris: Balland, 2001, capítulo "Money makes sex".
12   Cf. Paul B. Preciado. *Manifeste contre-sexual*, Paris: Balland, 2001. Capítulo "Money make sex".
13   Sobre esse assunto, ver Sam Bourcier: "Freaks le retour, ou comment se faire desidentités et des post-identités à partir du système sexe genre dominant", *Cahiers de l'imaginaire. Penser le sexe. De l'utopie à la subversion?*, Montpellier: Presses Universitaires de Montpellier, 2003.
14   A crítica de Haraway vale para o feminismo materialista francês e a utilização que ali é feita da argumentação pelo estupro. Sobre esse assunto preciso, cf. Marie-Hélène Bourcier, "Material girls em guerra contra Madonna e "o queer": a "mulher identificada" lésbica radical na França de 1980 a 2002", em Cairns Lucille (dir.), *Gay culture in France*, Peter Lang, v. 20, 2002.
15   Donna Haraway, "Manifesto for cyborgs: science, technology and socialist feminsm in the 1980", *Socialist Review*, n.º 80, 1985. Também publicado no livro *Pensamento Feminista: conceitos fundamentais*, Rio de Janeiro: Bazar do tempo, 2019, p. 157.
16   Do feminismo essencialista de obediência lacaniana, mais particularmente para a França.
17   Sobre a sapatona [gouine-garou], cf. Beatriz Preciado, "Lugar para a sapatona ou como se fazer um corpo queer a partir do pensamento *straight*", em *Parce que les lesbiennes ne sont pas femmes: autor de l'œuvre politique, théorique et littéraire de Monique Wittig*, Paris: Editions Gaies et Lesbiennes, 2002.
18   Cf. Donna Harraway, op. cit.
19   Malinche é o nome pelo qual tornou-se conhecida Malintzin, mulher mexica de origem nauatl que foi presenteada jovem a Hernán Cortés, o invasor espanhol que realizou a luta pela conquista da "Nova Espanha", nome dado para o México de então. Malinche, vendo-se na condição de escrava do colonizador, aprendeu rapidamente o seu idioma, intermediando, assim, as negociações entre os antigos mexicas de Tenoctitlan e os espanhóis. Malinche teve tal importância no processo de invasão que, durante as negociações, os indígenas passaram a chamar Cortés de Senhor Malinche. Os relatos da época dão conta de que os espanhóis nada conseguiriam sem ela.

Muitos ensaios nos estudos queer terminam imaginando e descrevendo as novas formas sociais que, supostamente, emergem das orgias gays masculinas, das fugas *cruising* ou do erotismo do gênero-queer, do sadismo sodomita ou do prazer queer de uma forma ou outra. Mas talvez seja sempre melhor trabalhar em direção ao protesto em vez do confronto, no sentido de que o vínculo é sempre, para citar Foucault, "para o benefício do falante", já que tais narrativas, Foucault sugere, são aquelas que contamos a nós mesmos para manter uma "hipótese repressiva" que aloca o queer corajoso como o lutador heroico pela liberdade em um mundo de puritanos.

Jack Halberstam

Repensando o sexo e o gênero

Jack Halberstam

> Há duas ou três coisas que eu sei mesmo;
> e uma é que preferia andar nua a usar o
> casaco que o mundo criou para mim.
> Dorothy Allison

ESTA REFLEXÃO SURGIU DE UM LIVRO que acabo de terminar para a Duke University Press, intitulado *The* queer *art of failure* [*A arte* queer *do fracasso*[1]]. Nesse livro, abordo desde os desenhos animados para crianças até a performance e a arte queer de vanguarda para pensar sobre formas de ser e conhecer fora dos modelos convencionais de sucesso. Minha reflexão segue a força do que chamo de "negatividade queer" por meio de obras de arte preocupadas em deixar de ser, desfazer-se, esterilidade e futilidade, muito do que é visto como o desfazer de si em obras literárias e o espaço presente do espaço vazio em trabalhos visuais.

O fracasso passa diretamente pelo território da estranheza [queerness] que, para alguns teóricos queer como Leo Bersani, Lee Edelman, Heather Love, (a primeira) Judith Butler, (a última) Lauren Berlant, significa uma recusa da coerência da identidade, da completude do desejo, da clareza do discurso ou da sedução do reconhecimento. Para outros, como Rod Ferguson, José Muñoz e Lisa Duggan, a negatividade tem a ver com uma forma de crítica que emerge da teoria queer como uma espécie de antiutopismo. Mas muito deste trabalho surge de uma teoria original de "Pensando sobre sexo", criado 25 anos atrás por Gayle Rubin.[2] O ensaio de Rubin iluminou os sistemas ideológicos norte-americanos que associavam sexo ao contágio, ao caos e à corrupção e originou, no século XX, numerosos pânicos sexuais. Como Rubin havia feito em outro ensaio marcante, "A troca de mulheres",[3] ela uniu doses saudáveis de teorização pragmática a *flashes* de brilhantes, e muitas vezes contraintuitivos, *insights* sobre as esperanças e os medos, as ansiedades e as excitações que se ligam ao sexo na teoria e na prática. Enquanto "A troca de mulheres" interrogava com sensibilidade de que maneira teóricos como Freud e Lévi-Strauss teorizaram sobre a institucionalização das hierarquias de gênero sem as criticar, "Pensando sobre o sexo" indagava por que uma vertente moralista do feminismo tinha se tornado o espaço privilegiado para teorias sobre a conduta sexual. Percebendo que o essencialismo e a negatividade sexuais eram comuns aos projetos políticos de esquerda ou de direita, ela concluía epigramaticamnete: "Se o sexo é levado tão a sério, então a perseguição sexual não tem sido levada suficientemente a sério".[4]

Obviamente, a perseguição sexual tem sido um tema importante nos estudos queer e uma *rationale* forte para todo o seu empreendimento intelectual, mas enquanto o ensaio de Rubin nos demanda atenção para a maneira como as minorias sexuais podem ser reprimidas e marginalizadas, ele também nos lembra, em seu cuidadoso delineamento do conteúdo das hierarquias sexuais, que a opressão sexual não se refere apenas à aplicação de medidas legais por heterossexuais contra os homossexuais. De alguma forma, deveríamos, 25 anos após a publicação do ensaio de Rubin, ser capazes de abandonar certas narrativas heroicas sobre sexo e dissidentes sexuais que alocam homossexuais como sendo sempre, e em toda parte, progressistas, oprimidos e enfrentando o poder. De fato, o modelo de "chegar ao poder", um modelo que Foucault chamou de "discurso de réplica", ainda provê, em muitas instâncias, o enquadramento dominante para pensar sobre sexo. Muitos ensaios nos estudos queer (alguns dos quais eu escrevi!) terminam imaginando e descrevendo as novas formas sociais que, supostamente, emergem das orgias gays masculinas, das fugas *cruising* ou do erotismo do gênero-queer, do sadismo sodomita ou do prazer queer de uma forma ou outra. Mas talvez seja sempre melhor trabalhar em direção ao protesto em vez do confronto, no sentido de que o vínculo é sempre, para citar Foucault, "para o benefício do falante", já que tais narrativas, Foucault sugere, são aquelas que contamos a nós mesmos para manter uma "hipótese repressiva" que aloca o queer corajoso como o lutador heroico pela liberdade em um mundo de puritanos. Dentro dessa mesma narrativa, gays e lésbicas são marcados como resistentes à norma, sempre parte de um movimento social ou um grupo protopolítico e sempre, de alguma forma, em conflito com a respeitabilidade, a decência e a domesticidade. Esta narrativa, como Michel Foucault afirma firmemente em *História da sexualidade I* é sedutora, comovente, convincente... e altamente errônea. Enquanto ela é muito para o "benefício de quem fala", como Foucault afirma descaradamente, contar esse tipo de história sobre a marcante emergência das minorias sexuais da tirania dos regimes repressivos é também outra narrativa autocongratuladora, agradável, do humanismo liberal que celebra o homo-heroísmo e ignora as frequentemente conectadas agendas do Estado e dos homossexuais burgueses, das famílias e casais homossexuais, dos homossexuais decentes e cristãos, das hierarquias raciais e dos homossexuais brancos.

Como Rubin afirmou sucintamente: "o sexo sempre é político". Isto é indiscutível; e, como obras de Leo Bersani, Lee Edelman, Heather Love e outros têm sugerido, não há garantia de que forma o político tomará quando se trata de sexo. A obra de Rubin nos pede para "pensar sobre sexo" em cada contexto, e Foucault nos incita a examinar nossos investimentos nestas narrativas de liberdade sexual e rebelião. Enquanto Foucault substitui a narrativa romântica da resistência gay/lésbica pelo conceito de "discurso de réplica", Leo Bersani,[5] por sua vez, aponta a favor de uma vertente anticomunitarista de prática queer que enfrenta a tendência dos laços homoeróticos entre homens de formar uma rede de apoio ao patriarcado por meio da superação dos laços homossociais com não relacionalidade, solidão e masoquismo. Em outras palavras, enquanto o homem gay pode ser um apoio ao Estado patriarcal, engajado no negócio dos laços masculinos e na formação de comunidade gay, ele pode se tornar uma ameaça para o *status quo* político quando recusa a dominação masculina, rejeita a relação e opta por "um desaparecimento não suicida do sujeito". É este tipo de subjetividade gay masculina que Bersani traça por meio da obra de Genet, Proust e outros, e que ele apresenta com o significado da homossexualidade: homossexualidade, diz Bersani, via Genet, "é parente da traição".[6] Ainda que eu aqui não explore a leitura de Bersani de Genet, é suficiente dizer que a negatividade queer para homens gays brancos é uma forma muito clara e específica de negatividade e que ela depende fortemente de uma noção de "deixar de ser" que também conota o abandono de certos mitos fálicos de fortitude e por aí vai. Realmente, o autoestilhaçar-se que ocupa o centro da noção de Bersani do desconstruir-se da masculinidade indica um desejo de ser penetrado e de modelar uma masculinidade que não é consistente com uma hombridade heterossexual, mas que não é redutível ao ser "desmasculinizado" ou transformado em uma "mulher". O que a negatividade queer parece quando ela não envolve apenas uma mudança óbvia do poder fálico?

Construindo aqui a partir do trabalho de feministas como Saidiya Hartman e Saba Mahmood, e localizando uma feminilidade queer que recusa resistência e recria o significado do político no processo, quero oferecer, na tradição de Bersani narrada e estendida por Heather Love em seu livro *Feeling backward*,[7] uma teoria queer do masoquismo e do afeto negativo que revela nos fracassos, construídos em torno de um sujeito anti-heróico, desintegrado, e, no processo, realoca o projeto de pensar sobre o sexo e o gênero. Também quero apresentar uma genealogia de um feminismo antissocial ou anti-humanista, ou ainda contraintuitivo, o qual surge do queer, do pós-colonial e dos feminismos negros, e que pensa nos termos da negação do sujeito em vez de em sua formação. Nesta genealogia queer feminista, que poderia se estender das reflexões de Gayatri Spivak sobre o suicídio feminino em "Pode o subalterno falar?"[8] às noções de Saidiya Hartman de "atos cotidianos" "imaginativos" [*fanciful*] e "excessivos" em *Scenes of subjection*,[9] dos fantasmas de Toni Morrison às anti-heroínas de Jamaica Kincaid,[10] e passa pelos territórios do silêncio, da obstinação, autoabnegação e sacrifício, não encontramos nenhum sujeito feminista, mas apenas sujeitos que não podem falar, que se recusam a falar. Sujeitos que desfazem, que se recusam a ser coerentes. Sujeitos que se recusam a "ser" onde ser já foi definido nos termos de um sujeito liberal autoativado, que conhece a si mesmo.

Em um dos meus textos feministas prediletos de todos os tempos, o drama épico animado *A fuga das galinhas*, a ave politicamente ativa e explicitamente feminista, Ginger, se opõe em sua luta para inspirar as galinhas a se sublevarem a outros dois "sujeitos feministas". Um é a cínica Bunty, uma lutadora de nariz duro que rejeita categoricamente sonhos utópicos, mas a outra é Babs, dublada por Jane Horrrocks, que algumas vezes dá voz a uma ingenuidade feminina e, em outros momentos, aponta o absurdo do terreno político como ele tem sido delineado pela ativista Ginger. Ginger diz, por exemplo, "ou morreremos como galinha frita ou morreremos tentando". Babs pergunta ingenuamente: "Estas são as únicas opções?". Como Babs, quero recusar as opções oferecidas – a liberdade nos termos liberais ou a morte – e pensar sobre um arquivo sombrio de resistência, um que não fala na linguagem da ação e do momento, mas, ao contrário, se articula nos termos da evasão, da recusa, da passividade, do deixar de ser, do desfazer-se. Esta é uma forma de feminismo queer preocupado com a negatividade e a negação. Como Roderick Ferguson[11] expõe em um capítulo sobre "As negações do feminismo negro lésbico" em *Aberrations in black:* "a negação não apenas aponta as condições de exploração. Ela denota as circunstâncias para a crítica assim como as alternativas". Fergusson, a partir de Hortense Spillers, está tentando circunscrever uma gramática política "americana" que insiste em inserir lutas por liberação na mesma lógica dos regimes normativos contra as quais elas se voltam. Uma luta diferente, de tipo anarquista, requer uma nova gramática, possivelmente uma nova voz, potencialmente, a voz passiva.

A percepção de Babs de que deve haver mais formas de pensar sobre a ação política ou a não ação do que fazer ou morrer encontra afirmação teórica completa na obra de teóricas como Saidiya Hartman. As pesquisas de Hartman, em *Scenes of subjection,* sobre as contradições da emancipação para os escravos recém-libertos propõem não apenas que "liberdade", como definida pelo Estado racial branco, permeie novas formas de aprisionamento, mas também que as próprias definições de liberdade e humanidade, nas quais os abolicionistas operavam, limitavam severamente a habilidade dos ex-escravos pensarem transformações sociais em termos fora da estrutura do terror racial. Hartman observa: "a longa e íntima ligação entre liberdade e aprisionamento tornou impossível imaginar a liberdade independente da restrição ou a personalidade e a autonomia separadas da santidade da propriedade e das noções proprietárias de si mesmo".[12] Dessa forma, onde a liberdade foi oferecida nos termos de propriedade, localizada e produtiva, o ex-escravo devia escolher entre "mover-se em torno" ou mudar-se para experienciar o significado da liberdade. Hartman escreve: "Como uma prática, mover-se acumulava nada e não causava nenhuma mudança do poder, mas incansavelmente levava ao irrealizável – ser livre – por eludir temporariamente os constragimentos da ordem". Ela continua: "como entrar sem ser notado, era mais simbolicamente fragrante do que materialmente transformador".[13] Não há comparações simples a serem feitas entre os ex-escravos e as minoriais sexuais, mas quero unir às revelações surdas de Hartman sobre a contiuidade da escravidão por outros meios as formulações de

Leo Bersani, Lynda Hart e Heather Love de histórias e sibjetividades queer que são melhor descritas em termos do masoquismo, da dor e do fracasso do que do domínio, do prazer e da liberação heroica. Como o modelo de Hartman de uma liberdade que se imagina nos termos de uma ordem social ainda não alcançada, assim os mapas do desejo que rendem o sujeito incoerente, desorganizado e passivo fornecem uma linha de fuga melhor do que aquelas que levam inexoravelmente ao sucesso, ao reconhecimento e à aquisição.

Uns poucos exemplos da literatura podem revelar os pontos políticos em um projeto como este que soa como se não tivesse nenhuma aplicação material. Os textos que considero brevemente aqui propõem uma forma radical de passividade masoquista que oferece uma crítica, não apenas da lógica organizadora da agência e da subjetividade elas mesmas, mas que também surge de certos sistemas construídos em torno de uma dialética entre colonizador e colonizado, mestre e escravo. Por exemplo, na obra de Jamaica Kincaid,[14] o sujeito colonizado recusa seu papel como colonizado ao recusar ser o quer que seja. A protagonista se retira de uma ordem colonial que a compreende como filha, esposa e mãe, recusando ser qualquer destas identidades e até recusando também a categoria mulher. A personagem nem mesmo conta sua história de tornar-se tampouco a história de sua mãe e, apropriando-se da não história de sua mãe como sua (*Autobiografia de minha mãe*), ela sugere que a mente colonizada passa de geração para geração e deve-se resistir a ela por meio de certo modo de evasão.

Outro exemplo de romance em que a protagonista mulher literalmente se desfaz é *A professora de piano*, da ganhadora do Prêmio Nobel Elfride Jelineck.[15] Aqui, a recusa de ser é vivida no outro fim da escala do poder: Erika Kohut, a personagem principal, é uma mulher austríaca solteira, na faixa dos 30 anos, que vive com sua mãe na Viena do Pós-Segunda Guerra Mundial e dá lições de piano em seu tempo livre, enquanto colide com sua mãe em certa fantasia sobre a música, a Áustria, a alta cultura e sobre a superioridade cultural. Enquanto a história segue, Erika vagarosamente recua da cumplicidade com uma mitologia nacional austríaca de grandeza e começa a se pulverizar como que para destruir tudo que é austríaco dentro de si mesma. Ela se envolve com um jovem, um de seus estudantes, e pede que ele abuse dela sexualmente e a maltrate, a destrua, a faça passar fome e a negligencie. Ela quer ser destruída e quer destruir seus próprios estudantes neste processo. Enquanto a narradora do romance de Jamaica Kincaid retira a si mesmo e a sua mãe das narrativas que o colonialismo contaria sobre elas, Jelinek expõe seu duo mãe/filha a um escrutínio violento e as encerra em uma dança incestuosa estéril que só terminará com a morte das duas. O romance termina com a protagonista primeiro ferindo um jovem estudante e, depois, cortando sua própria carne, não exatamente para se matar, mas para continuar a cortar a parte de si que permanece austríaca, complacente, fascista e conformista. Aqui, a passividade de Erika é uma forma de se recusar a ser um canal para a vertente persistente do nacionalismo fascista; seu masoquismo ou autoviolação indica seu desejo de matar mesma as versões do fascismo que estão em seu ser – por meio do gosto, por meio das respostas emocionais, por meio do amor ao país, o amor à música, por meio do amor à sua mãe.

Quero concluir com três pequenos *takes* em algumas cenas de corte, de excesso masoquista, feminilidade queer e passividade radical. Cada uma combina raça a gênero, feminilidade a masoquismo e sexualidade com uma contranarrativa do ser como precariedade, e cada uma representa a feminilidade queer como perigo: em uma, a feminilidade é uma forma de sacrifício; na outra, a feminilidade queer requer o desaparecimento do corpo e, no exemplo final, a feminilidade queer desmonta à beira do colapso. Todos os três conectam estranheza [queerness] e feminilidade a formas de negatividade que oferecem, ambas, crítica social e recusa das convenções da crítica social no mesmo gesto.

1) Peça corte: Uma parte considerável da arte performática – feminista ou não – da cena experimental dos anos 1960 e 1970 do século passado explorara o solo fértil do colapso masoquista. A peça performática de Faith Wilding, *Waiting*, retrata a narrativa viva de mulheres como desejos não realizados, como antecipação sem fim e como vidas em suspenso. Chris Burden permitiu-se ser fotografado em sua peça de performance *Shoot*, de 1971. Em 1974, em "Rhythm 0", Marina Abramovicz convidou seu público a usar e abusar dela com 72 objetos que ela deixou na mesa. Alguns objetos podiam dar prazer, alguns infligir dor, as armas incluíam uma pistola e uma única bala. Abramovicz tinha isto a dizer depois da performance:

> O que aprendi da experiência foi que... se você deixa a decisão para o público, você pode ser morta... Senti-me realmente violada: eles cor-

taram minhas roupas, enfiaram espinhos de rosa em minha barriga, uma pessoa apontou a arma na minha cabeça e outra a tirou de suas mãos. Criei uma atmosfera agressiva.

Em 1965, no Carnegie Hall, em Nova York, quase dez anos antes, Yoko Ono sentou em um palco, completamente vestida, e deu ao público um par de tesouras. A performance de nove minutos de Yoko Ono intitulada "Peça corte" envolve a artista sentada no palco enquanto membros do público vêm e cortam pedaços de sua roupa. O ato de cortar aqui é designado ao público ao invés de à artista, e o corpo da artista se torna o quadro enquanto o gesto autoral é disperso nos gestos sádicos, sem nome, que desnudam Ono e a deixam aberta e desprotegida em relação ao toque do Outro. O público é misto, mas durante a performance mais e mais homens sobem ao palco e se tornam mais e mais agressivos no ato de cortar sua roupa, até que ela é deixada, seminua, as mãos sobre seu peito, sua suposta castração, desconforto emocional, vulnerabilidade e passividade completamente à mostra. Como podemos pensar sobre feminilidade e feminismo aqui no contexto do masoquismo, apresentação racializada, visualização como espectador e temporalidade?

Essa performance não sugere imediatamente um ato "feminista", quero pensar sobre feminismo aqui em termos de um comentário em andamento sobre o fragmentário, a submissão e o sacrifício. Esta performance que se desmonta nos pressiona a indagar sobre o tipo de sujeito que é desfeito em nove minutos por um público. É tal ato, e tal modelo de si, feminista? Podemos pensar sobre esta recusa de si mesma como um ato antiliberal, uma afirmação revolucionária de oposição pura que conta com o gesto liberal de desafio, mas que acessa outro léxico do poder e fala outra língua que recusa?

2) Espelhos sombrios: Quero associar a performance de Ono com um uso explicitamente queer da colagem, da arte do corte, na qual a tensão entre a energia de rebelião da variação de gênero e a revolta silenciosa da feminilidade queer vêm à tona. Uma artista queer contemporânea, de Los Angeles, Monica Majoli, escolhe o tema da escuridão em sua obra. Majoli realmente usa um espelho escuro para estes rascunhos e pinturas e tira fotos de suas ex-amantes assim como estas aparecem no espelho escuro e depois pinta a partir das imagens do espelho. Impossivelmente escuros, impenetráveis, melancólicos e polidos com perda,

estes retratos desafiam a definição de espelho, retrato e mesmo de amor. Uma imagem de espelho, claro, é, antes de mais nada, um autorretrato e, assim, as imagens devem ser lidas tanto como uma representação da própria artista como descrições de casos amorosos após seu fim. Na maioria dos retratos, Majoli cria um paralelo entre o rascunho ou a pintura de uma figura com uma versão abstrata chamando a atenção para as trevas de todas as oposições em um espaço especular escurecido – enquanto uma pintura convencional pode depender de alguma forma da relação entre a figura e o real, nestes retratos o fundo preenche a figura com intensidade emocional, literalmente com escuridão, e nos demanda que olhemos fortemente na interioridade. As versões abstratas não são mais difíceis ou fáceis de ler ou olhar do que as figuras que nos lembram que as figuras também são abstrações e que o formato de uma cabeça ou o delineamento de um seio nada garantem em termos de presença humana ou conexão ou intimidade. Os retratos são dolorosamente íntimos e, ao mesmo tempo, recusam intimidade. Todas as tentativas de olhar mais perto, de criar traços, de entender a trajetória de uma linha terminam na mesma escuridão fervente: um negro que não é plano porque é uma superfície especular, e um espelho que não é profundo porque suga a luz da imagem.

Os retratos feitos depois que o caso amoroso terminou e representam o que compreendemos como fracasso: o fracasso do amor em durar, a mortalidade da conexão, a natureza flutuante do desejo. Obviamente, o desejo está presente em cada gesto da pintura e, ainda, o desejo aqui, como o espelho escuro, devora ao invés de gerar, oblitera mais do que ilumina. As pinturas de Majoli são tecnicamente muito difíceis, mas emocionalmente também trabalhadas – os desafios técnicos, nomeadamente como esculpir uma figura por meio da escuridão, como desenhar no escuro, refletem assuntos emocionais e afetivos –, denotam como narrar a relação que termina, como encarar o fim do desejo, como olhar para os fracassos de alguém, sua mortalidade e limitações. Majoli segura um espelho escuro para quem vê e insiste que se olhe dentro do vazio. Ouvindo de volta uma história de representações da homossexualidade como perda e morte de Proust a Radcliffe Hall, as pinturas de Majoli conversam com a tradição de imaginar iniciada por Brassia e estendida por Arbus.

3) *Wobbling*: Em uma peça contemporânea de performance que começa onde estas artistas saem, uma peça de performance de 55 minutos

intitulada *American the beautiful*, Nao Bustamente combina performance *avant-garde* com o burlesco, o ato circense, e foge a farsas de artista. A performance solo casa a banalidade, os rigores do adorno feminino com alta tensão e a trêmula e cambaleante subida do corpo constrangido em uma escada. Combina a disciplina da performance física com o espetáculo da incerteza corporal. O público ri desconfortavelmente durante a performance, assistindo enquanto Bustamente prende seu corpo nu com fita colante transparente e, desajeitadamente, se aplica maquiagem e uma peruca loira desarrumada. Música sentimental toca docemente ao fundo e conflita ruidosamente com a performance dura de feminilidade que Bustamente encena. Em sua peruca loira e maquiagem, com sua pele apertada, ela mostra as demandas de beleza feminina racializada. Para confirmar o perigo de tal beleza, ela se inclina e rebola precariamente enquanto usa sapatos de salto alto para subir em uma pequena escada. Ao final, Bustamente sobe uma escada muito maior carregando um fogo de artifício e ameaçando cair a qualquer momento do degrau.

Em uma entrevista com José Muñoz, Bustamente se refere à qualidade improvisada de sua obra e clara e brilhantemente associa-se à tese de que não há tal coisa, a improvisação, em performance, e a ideia de que "espaço fresco" sempre existe. Algo do equilíbrio entre improviso e ensaiado e o imprevisível do "espaço fresco" marca o trabalho de Bustamente como uma recusa rigorosa da mestria. Muñoz nomeia positivamente isto na entrevista como "amadorismo" e, em particular, em relação à performance na escada em *America the beautiful*, e Bustamente concorda mas elabora: "O trabalho que faço é sobre não conhecer o equipamento e não conhecer aquele particular equilíbrio e, então, encontrá-lo enquanto vou". Como ela diz, cada noite a escada é posicionada de forma um pouco diferente no chão, ou é uma escada diferente e o corpo dela deve responder no local e no momento da performance às novas configurações do espaço e da incerteza".

Enquanto, obviamente, embora as performances de Bustamente e Ono não sugiram imediatamente atos e imagens "feministas", elas permitem-nos pensar sobre o feminismo na forma como eu abordava a estranheza [queerness] antes, nomeadamente em termos de um comentário presente sobre o fragmentário, a submissão e o sacrifício. Podemos pensar sobre esta recusa de si como um ato antiliberal, uma declaração anarquista de oposição pura que conta não com o gesto liberal de deságio, mas que acessa outro léxico de poder e fala outra língua de recusa? A performance de Ono, racialmente marcada como era em 1965 por seu *status* como uma mulher asiática dentro da imaginação imperial, pergunta, em termos que Hartman poderia reconhecer, se a liberdade pode ser imaginada separada dos termos em que ela é oferecida. Se a liberdade, como Hartman mostra, foi oferecida ao escravo como uma espécie de contrato com o capital, então mover-se, ser sem descansar, recusar adquirir propriedade ou riqueza, flerta com formas de liberdade que são inimagináveis para aqueles que oferecem liberdade como a liberdade de se tornar dominador. Aqui Ono para, espera pacientemente e passivamente, e recusa resistir nos termos oferecidos pela estrutura que a interpela. Ser cortada, desnudada, violada publicamente é uma forma particular de performance resistente e, nela, Ono habita uma forma de des-agir, deixar de ser, não se tornar. O estado inanimado de Ono, pontuado apenas por um involuntário recuo dentro do evento, como os cortes masoquistas em *A professora de piano* e as recusas do amor em *Autobiografia de minha mãe*, oferecem gestos masoquistas silenciosos que nos convidam a des-pensar o sexo como aquela narrativa atraente de conexão e liberação e pensar o sexo de novo como o local do fracasso e da conduta do deixar de ser.

TEXTO ORIGINALMENTE PUBLICADO NO LIVRO *DISCURSOS FORA DA ORDEM: SEXUALIDADES, SABERES E DIREITOS*, RICHARD MISKOLCI; LARISSA PELÚCIO (ORG.); SÃO PAULO: ANNABLUME, FAPESP, 2012. (COLEÇÃO QUEER). TRADUÇÃO DE RICHARD MISKOLCI.

NOTAS

1 N.E.: Jack Halberstam, *A arte queer do fracasso*, Recife: CEPE Editora, 2020.
2 Gayle Rubin, "Thinking sex", in Henry Abelove et al., *The lesbian and gay studies reader*, Nova York: Routledge, 1992.
3 Gayle Rubin, "The traffic in women: notes on the 'political economy' of sex", in Rayna R. Reiter, *Toward an antrhopology of women*, Nova York: Monthly Review Press, 1975, p. 157-210.
4 Gayle Rubin, op. cit, p. 35.
5 Leo Bersani, *Marcel Proust: the ficcions of lige and of art*, Nova York: Oxford University Press, 1965.
6 Ibid., p. 153.
7 Heather Love, *Feeling backward: loss and the politics of queer history*, Cambridge: Harvard University Press, 2009.
8 Gayatri Spivak, "Can the subaltern speak?", in Cary Nelson; Larry Grossberg, *Marxism and the interpretation of culture*, Urbana: University of Illinois Press, 1988, p. 271-313.
9 Saidiya Hartman, *Scenes of subjection: terror, slavery and self-making in nineteenth century America*, Nova York: Oxford University Press, 1997.

10 Jamaica Kincaid, *Autobiography of my mother*, Nova York: Plume, 1997.
11 Roderick Ferguson, *Aberrations in black*, Minneapolis: University of Minnesota Press, 2004.
12 Saidiya Hartman, op. cit., p. 115
13 Ibid., p. 128.
14 Jamaica Kincaid, op. cit.
15 Elfriede Jelinek, *The piano teacher*, Nova York: Weidenfeld & Nicolson, 1988.

285

Assumir que falamos a partir das margens, das beiras pouco assépticas, dos orifícios e dos interditos fica muito mais constrangedor quando, em vez de usarmos o polidamente sonoro queer, nos assumimos como teóricas e teóricos cu. Eu não estou fazendo um exercício de tradução dessa vertente do pensamento contemporâneo para nosso clima. Falar em uma teoria cu é acima de tudo um exercício antropofágico, de se nutrir dessas contribuições tão impressionantes de pensadoras e pensadores do chamado Norte, de pensar com elas, mas também de localizar nosso lugar nessa "tradição", porque acredito que estamos sim contribuindo para gestar esse conjunto farto de conhecimento sobre corpos, sexualidades, desejos, biopolíticas e geopolíticas também.

Larissa Pelúcio

Histórias do cu do mundo: o que há de queer nas bordas?

Larissa Pelúcio

QUEER, CUEIR, CUCARACHAS[1]

¿"Cuir"? – Repitieron ellas, mirándose intrigadas – ¿Qué es "cuir"? Es "cuir", "cuir", como el insulto homofóbico, o como "raro" en inglés. A esas alturas ya estaba angustiado. "Cuir", "cuier", "cuiar". Repetía gesticulando y alterando los modos de pronunciación, intuyendo que el problema podía estar radicado ahí. De pronto las gringas se miraron y exclamaron: Ah!... "queer", "queer"![2]

Felipe Rívas San Martín, editor da revista *Disidencia Sexual y Torcida*, de estudos queer, conta, no fragmento reproduzido acima, sobre seu esforço de pronúncia ao tentar explicar para duas estudantes estrangeiras qual era a linha editorial da revista que coordenava. Gritava ele: "'Cuir'. Es de teoría 'cuir'", como se dito em tom mais forte o termo se fizesse mais compreensível aos ouvidos estrangeiros. Identificamo-nos de imediato com essa passagem, visto que, em português do Brasil, a palavra queer nos sai cheia de vogais, dificultando para nossos/as interlocutores/as anglo-saxões a imediata compreensão de nossa adesão teórica.

As incompreensões, em contexto nacional, vão além da sonoridade do queer. O fato é que o termo nada quer dizer para ouvidos leigos e, mesmo em ambiente acadêmico, ainda é bastante desconhecido como campo de reflexão. De maneira que a intenção inaugural desta vertente teórica norte-americana de se apropriar de um termo desqualificador para politizá-lo perdeu-se no Brasil.

Os estudos queer começam a ser referenciados no Brasil no mesmo momento no qual experimentávamos o fortalecimento de políticas identitárias,[3] entres estas estavam as articuladas pelo então movimento GLBT (gays, lésbicas, bissexuais, travestis e transexuais). De maneira que uma teoria que se proclamava como não identitária parecia potencialmente despolitizante. Não tardou para que algumas lideranças do movimento LGBT brasileiro, muitas delas formadas na militância da luta contra a aids, se pronunciassem contra "os queer". Isto é, não era propriamente contra um conjunto de proposições teóricas, de fato, pouco lido fora do ambiente universitário, que dirigiam suas recusas e acusações, mas a determinados nomes da academia. O sociólogo brasileiro Richard Miskolci discutiu com grande propriedade este cenário recente em um artigo publicado em 2011. Escreve ele:

> Atualmente, quando se diz "nós" no movimento LGBT brasileiro, isto com maior força em alguns Estados do que em outros, parece operar – para aqueles que dividiram o movimento mentalmente em dois grupos antagônicos – um dualismo: "nós" os LGBT em oposição ao "eles, os queer". Tal divisão entre "identitários" e "queer" pouca diferença faz para o resto da sociedade brasileira, a qual só conhece um único movimento, o atual LGBT, e esta divisão interna, onde ela opera, esconde uma luta entre os estabelecidos que temem perder sua hegemonia e os supostamente recém-chegados que a ameaçariam. O que está em jogo, portanto, não é o que define o "nós" do movimento LGBT, este nós condenado historicamente a ser reinventado a todo o momento, mas qual o papel do movimento dentro do novo cenário da política sexual brasileira.[4]

É neste novo cenário que estamos construindo um campo de pesquisa queer, marcado em boa medida pelo recente processo de democratização do país e pela, mais recente ainda, ascensão econômica no panorama internacional, com diminuição da pobreza mas com índices ainda alarmantes relativos às desigualdades.[5] É relevante o fato de essas serem mudanças recentes (elas não têm mais que trinta anos), pois dá a ver as cicatrizes de um passado colonial, do qual herdamos vícios políticos como o clientelismo e um latente sentimento de inferioridade, além, é claro, da língua portuguesa.

O português é um idioma ilhado, tanto em sua origem ibérica quanto em sua propagação colonial. Angola, Moçambique, Cabo Verde, São Tomé e Príncipe, Macau, Timor Leste, Guiné Bissal, Brasil sequer dialogam entre si. Isolados como estamos um dos outros por distâncias continentais que se transformam em distâncias culturais. Em nossa pretensão de "país emergente", costumamos localizar estes países todos "no cu do mundo", expressão que usamos no idioma popular das ruas. Quer dizer: são todos muito distantes. E como para se medir distâncias é preciso que haja um ponto de referência... digamos que, quando na nossa vulgaridade cotidiana nos referimos ao cu do mundo, estamos dizendo que são todos lugares longe da "civilização", que certamente fica em algum lugar da Europa central ou dos Estados Unidos da América. Sim, fomos bons alunos do positivismo. Basta ver que nossa bandeira ostenta a divisa comtiana "Ordem e Progresso".

Nesta geografia anatomizada do mundo, nós nos referimos muitas vezes ao nosso lugar de origem como sendo periférico, ou fomos sistematicamente sendo assim localizados e, de certa forma, acabamos reconhecendo essa geografia como legítima. E se o mundo tem cu é porque tem também uma cabeça. Uma cabeça pensante, que fica acima, ao norte, como convêm às cabeças. Essa metáfora anatômica desenha uma ordem política que assinala onde se produz conhecimento e onde se produzem os espaços de experimentação daquelas teorias. Esta mesma geopolítica do conhecimento nos informa também em quais línguas se pode produzir ciência e, em silêncio potente, marca aquelas que são exclusivamente "produtoras de folclore ou cultura, mas não de conhecimento/teoria".[6]

Assumir que falamos a partir das margens, das beiras pouco assépticas, dos orifícios e dos interditos fica muito mais constrangedor quando, em vez de usarmos o polidamente sonoro queer, nos assumimos como teóricas e teóricos cu. Eu não estou fazendo um exercício de tradução dessa vertente do pensamento contemporâneo para nosso clima. Falar em uma teoria cu é acima de tudo um exercício antropofágico, de se nutrir dessas contribuições tão impressionantes de pensadoras e pensadores do chamado Norte, de pensar com elas, mas também de localizar nosso lugar nessa "tradição", porque acredito que estamos sim contribuindo para gestar esse conjunto farto de conhecimento sobre corpos, sexualidades, desejos, biopolíticas e geopolíticas também.

Talvez este seja um bom momento para falar dos sentidos do cu em português do Brasil. Primeira advertência: não se deve falar de cu em contexto acadêmico, isto é certo. Nem mesmo em Portugal, onde a palavra pode frequentar o vocabulário de senhoras respeitáveis e de crianças comportadas, o termo ficaria bem em um artigo ou compondo o nome de uma vertente teórica. No Brasil, usamos a palavra "bunda", de origem africana, para nos referirmos às nádegas, enquanto portugueses e espanhóis, usam "cu" ou "culo", respectivamente, para o mesmo fim. Para nós, brasileiros, somente o orifício excretor merece este nome. Por sua associação com dejetos, aqui, como em outros lugares, ele está associado a palavrões, a ofensas, ao que é sujo, mas também a um tipo de sexo transgressivo, mesmo quando praticado por casais heterossexuais. Porém, no imaginário sexual local, o sexo anal está estreitamente associado à homossexualidade masculina. O cu excita na mesma medida em que repele, por isso é queer.

Quando falamos em teoria cu, mais que uma tradução para o queer, talvez estejamos querendo inventar uma tradição para nossos saberes de *cucarachas*. Tentativa de evidenciar nossa antropofagia a partir da ênfase estrutural entre boca e ânus, entre ânus e produção marginal. A inspiração, claramente, vem de Preciado. No posfácio à reedição do livro seminal de Guy Hocquenghem, *El deseo homosexual*,[7] ele retoma vigorosamente algumas das discussões já apresentadas no *Manifesto Contrassexual* (2002), que reproduzimos a seguir: "Historicamente o ânus tem sido concebido como um órgão abjeto, nunca suficientemente limpo, jamais silencioso. Não é e nem pode ser politicamente correto".[8]

Preciado escreve ainda que: "o ânus não produz, ou melhor, só produz lixo, detritos. Não se pode esperar desse órgão produção de benefícios, nem mais-valia: nem esperma, nem óvulo, nem reprodução sexual. Só merda".[9] Analogias de novo me parecem irresistíveis. O ânus aqui se parece com as putas, os malandros e toda uma marginália descrita pelos discursos higienistas. Nada mais queer que o cu. E aí vem a conclama final de Preciado pela coletivização do ânus. É claramente uma paródia travessa com o *Manifesto Comunista* que tanto marcou nossos desejos de revolução e nossa escrita insubmissa, mas, pobre, tão colonizada. Paro de novo, agora pensando na nossa produção residual. Penso também em nossas experiências vividas no Sul global, como têm sido férteis, ainda que muitas vezes possam ser vistas como periféricas, produzidas em uma língua sonora, mas ilegível. Porém, nunca serão eles os iletrados.

Acreditamos firmemente que temos trabalhado nessa produção de forma original e ao mesmo tempo sintonizadas e sintonizados com o que está sendo produzido em centros e periferias múltiplas. Esse conjunto articulado de reflexões tem mantido forte diálogo com as teorias feministas, com os estudos pós-coloniais e com a própria teoria queer. Um conjunto de estudos que podemos aglutinar sob a rubrica dos Saberes Subalternos, expressão que começou a ser usada de forma restrita na década de 1980, mas que recentemente passou a unificar vertentes teóricas construídas em tensão com a epistemologia hegemônica ocidental.

Em busca desses saberes marginados, partimos de fragmentos que contam micro-histórias de três travestis brasileiras e nordestinas, a fim de dar a ver outras experiências de gênero e sexualidade que, constituídas nos entre-lugares, mesclam saberes locais com linguagens globais e, assim, criando termos classificatórios e experiências múltiplas capazes de desafiar os engessamentos dos conceitos identitários.

A ideia é descentrar o queer, na sua apropriação brasileira, e alargar nosso olhar para além das experiências urbanas, para, por meio dessa óptica deslocada, forjar outras possibilidades analíticas. Nessa viagem epistemológica, encontramos com Kátia, Munik e Bábara.

HISTÓRIAS DO CU DO MUNDO

Estou fascinada por Kátia, a travesti que protagoniza o documentário de mesmo nome dirigido por Karla de Holanda (2012). "Sô pau pra toda obra! Sô macho, sô mulher, sô tudo. Num sei que diacho eu sou", comenta Kátia olhando para a câmera que acompanhou por vinte dias seu cotidiano dividido entre a lida com a criação de cabras e bois, sua prática religiosa como "juremeira"[10] e sua atuação política junto à população da região onde nasceu e cresceu, no estado do Piauí, um dos mais pobres da região mais pobre do Brasil.

Talvez esteja ainda mais instigada pelos/as eleitores/as de Kátia, que a fizeram, por três vezes, vereadora de Colônia do Piauí, uma cidade de oito mil habitantes situada no Nordeste brasileiro. Região tida, em nosso imaginário nacional, como "terra de cabra-macho", quer dizer, onde não haveria tolerância para o exercício de outras masculinidades que não aquelas extremante viris e agressivas. Na mesma categoria, a do "cabra--macho", está implicada também a suposta recusa violenta às sexualidades que não atendem a ordem heterossexual. *Kátia*, o filme, parece desafiar essas "verdades".

Em *Nordestino: uma invenção do falo* (2003), Durval Muniz retraça como a partir de múltiplas dinâmicas políticas, econômicas e culturais o Nordeste foi se configurando com uma região alijada do poder e da modernidade, e como as elites, nos anos 1920, foram emprestando à figura do nordestino características cada vez mais sólidas e vinculadas a um tipo de masculinidade que o resto do país parecia recusar, justamente por ser rude e atrasada.

Suspeito que, quando dizemos que o nordestino é "cabra-macho", nos valendo inclusive da expressão regional para dar contexto ainda mais vivo a essa percepção de gênero, estamos reafirmando uma espécie de "natureza bárbara" daqueles homens. Muitas vezes estamos querendo dizer que são menos receptivos às transformações nas hierarquias de gênero que os homens do Sul do Brasil. Nordestinos seriam, então, potencialmente, aqueles que impingem com naturalidade maus-tratos às mulheres. Por isso mesmo precisam ser educados pelas políticas de Estado formuladas por pessoas do Sul. Equilibramos essa crítica com olhar de condescendente paternalismo voltado para o sertão nordestino.

Lugares como Colônia do Paraíso e Oeiras são daqueles lugares marginados pelo nosso colonialismo interno. O Nordeste brasileiro remete, classicamente, a duas paisagens consagradas no imaginário nacional: a seca, típica das regiões interiores, distantes do litoral, e o cenário associado ao mar, ao turismo, ao sol perpétuo e à disponibilidade sexual de suas meninas. Não é incomum que as campanhas contra o turismo sexual e a exploração de menores estejam bastante presentes na orla das capitais nordestinas. Associa-se à pobreza atávica da região a disponibilidade das suas meninas para o sexo comercial e de seus homens para o trabalho informal e subalternizado.

O imaginário é muito real, ensina Ella Shohat.[11] Por isso, precisamos constantemente negociar a relação entre o material e sua narrativização. A força desse imaginário fica evidente nas nossas reiteradas percepções sobre os nossos "outros". O sertão nordestino, mesmo agora, no século XXI, não costuma ser associado à modernidade. Ao contrário, liga-se ao atraso. Os dados do Índice de Desenvolvimento Humano (IDH) do Piauí e da Paraíba colocam estes estados, respectivamente, na 23ª e 24ª posição entre os 27 estados brasileiros.[12] E ainda que tenham sido justamente os estados do Nordeste que dobraram suas pontuações favoráveis medidas por este índice, a posição em que ainda se encontram no *ranking* comparativo fortalece o ideário nacional que associa o Nordeste ao "subdesenvolvimento". Quer dizer, a uma forma ainda incompleta e mesmo fracassada de reproduzir o modelo capitalista de desenvolvimento.

O desenvolvimento "atrasado" é associado, por sua vez, a mentalidades igualmente retrógradas, entendidas pelos mais ocidentalizados como sendo "pré-lógicas". No Brasil, as elites aprenderam muito com o evolucionismo, com o positivismo e com o eugenismo.[13] De modo que, em pleno século XXI, estas correntes de um pensamento pretérito ainda são capazes de oferecer um vocabulário eficiente para se classificar e desqualificar certos corpos e saberes.

Mas insisto que quero aprender com Kátia. Pois estou interessada em um pensar torcido e marginal capaz de me livrar de certos colonialismos, me oferecendo/nos oferencendo, por outro lado, perspectivas mais prismáticas para conhecermos a nós mesmos/as. Para Walter Mignolo,[14] argentino, professor de literatura e antropologia, nossa colonização é também epistemológica. Isto é, incidiu sobre a forma de construirmos conhecimento, de cunharmos visões de mundo e de pensar em soluções para a vida. Daí a importância política da busca por outras epistemologias. Empreender esse esforço de ruptura é também um convite sedutor para se pensar o Brasil, o que faço aqui a partir de um recorte bastante singular, uma vez que me interessa grandemente entender arranjos de gêneros e sexualidades que perturbam nossas percepções um tanto cristalizadas sobre nosso conservadorismo latino e, especificamente, no caso do Brasil, o nordestino, em relação a outras configurações de feminilidades e masculinidades, bem como aos padrões heteronormativos que regulam relações.

Coloco-me, para tanto, em diálogo com a teoria queer, vertente heterogênea de estudos sobre gênero e sexualidade, de origem norte-americana. Desde seu surgimento, no final dos anos 1980, os estudos queer se constituíram como um saber marginal que procurava desafiar as ciências canônicas, assim como colocar em xeque o próprio movimento de gays e lésbicas que, na crítica queer, estava se tornando assimilacionista e reinterador da ordem hegemônica, quer dizer, da mesma lógica social que os havia constituído como seres anormais e socialmente indesejáveis.

Todos os centros têm suas margens, assim como todas as margens têm seus centros. A teoria queer, apesar de ter sido um saber formulado no Norte global, nasceu como uma resposta atrevida das pessoas marginalizadas por uma ordem regulatória dos corpos, das sexualidades e assim também das subjetividades. Uma ordem que recusa outros arranjos sexuais e de gênero que não estejam conformados a uma moralidade burguesa, medicalizada e marcadamente eurocentrada.

Passadas quase duas décadas da intensificação dos estudos queer no Brasil, algumas pesquisadoras e pesquisadores brasileiros têm se preocupado em descentrar o queer, procurando, na feliz expressão do antropólogo Pedro Paulo Pereira, pensar em um "queer nos trópicos" que não seja mera aclimatação de teorias estrangeiras. Pois,

> [d]istante do contexto de enunciação e sem atenção devida à singularidade de cada corpus teórico, corremos sempre o risco de nublar a densidade das proposições queer – que necessitam de um movimento autorreflexivo intenso e contínuo –, o que conduziria à repetição pura e simples de teorias, sem que haja a resistência das realidades analisadas. A teoria se torna, nesse caso, dissociada das realidades locais e, sem esse confronto, acabamos por entrar num círculo que induz à eterna repetição (periférica) de teorias (centrais). Seria este o fardo do queer nos trópicos?[15]

Creio que nossas respostas para essa pergunta provocativa têm sido criativas e críticas. Temos enfrentado antropofagicamente esse desafio de pensar a realidade local a partir de uma produção própria, não sectária, que não recusa o que vem de fora, mas o devora. Penso neste ato antropofágico como um recurso epistemológico do qual temos nos valido como países decoloniais, a fim de lidarmos de maneira produtiva com teorias que nos perturbam e fascinam.

Assim, muito recentemente, passamos a prestar mais atenção nas respostas e nos arranjos sexuais e de gênero que são elaborados para além dos marcos ocidentalizados, mas dentro de tradições híbridas, constituídas naqueles espaços que Homi Bhabha chamou de entre-lugar. Aqueles capazes de oferecer um

> (...) terreno para a elaboração de estratégias de subjetivação – singular ou coletiva – que dão início a novos signos de identidade e postos inovadores de colaboração e contestação, no ato de definir a própria ideia de sociedade.
> É na emergência dos interstícios – a sobreposição de domínios da diferença – que as experiências intersubjetivas e coletivas de nação, o interesse comunitário ou o valor cultural são negociados. De que modo se forma sujeitos nos "entre-lugares", nos excedentes da soma das "partes" da diferença (geralmente expressas como raça/classe/gênero etc.)?[16]

Meu fascínio por Kátia está, em alguma medida, justificado. Apresento a seguir mais duas personagens reais que me ajudam a continuar essa reflexão.

Nilda e Monik vivem em Barra de São Miguel, cidade situada na microrregião do Cariri da Paraíba, também no Nordeste brasileiro, cuja população é quase duas mil vezes menor que a da cidade de São Paulo. Monik divide com Amanda o protagonismo do documentário de André Costa Pinto produzido em 2007 e que leva no título o nome das duas. Monik se reconhece como travesti e "viado".[17] Amanda se considera transexual, valendo-se da categoria médica para explicar o porquê de sua inconformidade com um corpo que pressupõe um gênero, o masculino, com o qual afirma não se identificar.

Ainda falta apresentar Nilda. No mencionado documentário, Nilda chega até nós pela aproximação suave que a câmera faz de uma barriga de grávida sendo acariciada pelas mãos da mulher dona daquela gravidez já avançada. Trata-se de Nilda, uma "sapatão",[18] como ela mesma se define. Ela espera um filho de Monik. Ambas se dizem felizes com a chegada do bebê, mas Monik enfatiza que não deixou de ser "bicha"[19] só por ter tido relações sexuais com uma mulher. "Pra mim, bichas são eternamente bichas. Não existe ex-bicha. Eu não conheço nenhuma", analisa Monik, chamada por Nilda por seu nome de batismo, Hernani.

No mesmo documentário, Amanda caminha de mãos dadas com um homem – provavelmente, na casa dos quarenta anos. Sentam-se em um banco de praça para fazer a gravação daquele dia. Então, nos damos conta de que aquele homem é o pai de Amanda. Ele passa a falar da relação que tem com ela, a quem chama de Artur e só trata com pronomes, artigos e adjetivos masculinos. Esse tratamento, que na perspectiva do movimento social de Lésbicas, Gays, Bissexuais, Travestis e Transexuais dos centros urbanos do país pode ser considerado ofensivo, soa suave dito por aquele pai que afirma amar seu filho pelo que ele é, respeitando-o como Amanda, mesmo quando diz Artur. Tudo isso se passa na pequena Barra de São Miguel.

Do sertão ao litoral da Paraíba, chegamos à Baía da Traição, cidade com seus 7.567 habitantes, dos quais boa parte é da etnia indígena potiguara. É lá que mora Bárbara, uma jovem travesti que afirma fazer sucesso em seus "esquemas". Os "esquemas", explica ela à antropóloga Verônica Guerra,[20] são formas de negociar encontros sexuais e/ou amorosos com homens que se entendem como "machos", mas gostam de estar com travestis. Eles são tanto nativos quanto aqueles que recorrem às praias de Baía da Traição nos finais de semana, vindos da capital do estado, a cidade de João Pessoa.

Bárbara tem origem indígena, mas na maior parte do tempo não está vinculada a um pertencimento étnico, sente-se mais inspirada por Rihanna, musa pop, do que por uma mulher indígena. Em sua página no Facebook, Bárbara exibe suas fotos e prazeres, entre estes, o seu gosto em participar de concursos de beleza intitulados Miss Gay.

Guerra[21] observa que, entre as jovens travestis de Baía da Traição, questões étnicas não são irrelevantes, mesmo que não apareçam como centrais nas suas performances de gênero. Bárbara, como outras pessoas de Baía da Traição, sabe que jogar com os termos, recusá-los ou apropriar-se deles, pode ser uma estratégia importante para a garantia da terra em que vivem e, assim, da própria forma como entendem a vida. Sua recusa à identidade definitiva de indígena (termo tão homogenizador quanto colonial) pode se transformar em adesão contextual em época de eleição ou, de forma mais pragmática, simplesmente para obter os benefícios do Bolsa Família, programa de complementação de renda do governo federal que também contempla populações entendidas como tradicionais. A fluidez identitária, me parece aqui uma forma de sobreviver.

Kátia é filha de uma família tradicional do sertão do Piauí, mas sua sexualidade provocou um deslocamento de classe. Foi deserdada, perdeu herança, perdeu nome, ganhou eleições. Nilda desejou uma "bicha" que desejou uma "sapatão", que se tornou "pai" do filho da bicha.

Ainda que não sejam inéditos, há algo de singular nestes arranjos sexuais e de gênero que escapam às análises que se articulam a partir de binarismos de gênero ou de essencialismos biologicistas. Mas os entendo como ainda mais desafiantes, porque reelaboram, enfrentam e desarrumam categorias produzidas por discursos políticos gerados nos centros urbanos do Brasil.

Queremos torcer um pouco este olhar, porque quero aprender com Kátia, Monik e Bárbara coisas que Judith Butler não pôde nos ensinar, justamente porque suas reflexões são inspiradas por realidades outras, muito distintas das que me fascinam quando me aproximo dessas histórias nas quais os binarismos parecem mais escorregadios; as dimensões de classe e raça se fragilizam e deixam de ser referentes capazes de nos ajudar a compreender o "cu do mundo".

O que ainda nos prende tanto ao urbano, aos centros, mesmo quando olhamos para as margens e, assim, para categorias universais? Estas perguntas são um tanto retóricas, porque sabemos que são nos chamados "centros" que se concentram as universidades, os centros de pesquisas, as verbas para fomento, a facilidade de acesso, enfim, existem melhores condições para realizarmos nossos trabalhos investigativos. Por outro lado, essas perguntas também interrogam nossas formas de pensar o queer ao Sul.

Pereira indaga "sobre as potencialidades do queer nos trópicos". Suas inquietações são tanto linguísticas como políticas. "Como traduzir a expressão queer? Haveria possibilidade de o gesto político queer abrir-se para saberes-outros ou estaríamos presos dentro de um pensamento sem que nada de novo possamos propor ou vislumbrar?"[22] Ele tem se empenhado nesse exercício e produzido reflexões importantes que deslocam a lógica do "centro" para outras "sócio-lógicas" forjadas nas experiências coloniais, nos apagamentos de saberes que são hoje como palimpsestos que nos esforçamos em reconhecer, em adivinhar suas lacunas para fazê-los falar. É quando nos damos conta de que nosso vocabulário ainda é escasso quando tratamos de buscar outras maneiras de dizer sobre nós. "Existe na posse da linguagem uma extraordinária potência", escreveu Franz Fanon.[23]

Em busca dessa potência, os estudos queer, na esteira de filósofos como Michel Foucault e Jacques Derrida, conferiram centralidade à linguagem, não apenas à escrita, mas à falada, a encarnada em nossos corpos, territórios políticos disputados. Os deslocamentos linguísticos e discursivos são centrais para uma teoria deslocada.

Ramón Grosfoguel, pensador descolonial, faz provocações nesse sentido: "Como seria o sistema-mundo se deslocássemos o *locus* da enunciação, transferindo-o do homem europeu para as mulheres indígenas das Américas, como, por exemplo, Rigoberta Menchu da Guatemala ou Domitila da Bolívia?"[24] Como seria uma teoria queer se deslocássemos nosso olhar para além dos centros urbanos, prestando séria atenção às formas híbridas pelas quais populações de pequenas localidades dos países latino-americanos têm respondido aos desejos, aos corpos e às vidas que não cabem em categorias pretensamente universais? É o que eu, na companhia atenta de outras/outros pesquisadoras/es estamos interessadas/os em saber.

Guacira Lopes Louro, pesquisadora e teórica brasileira a quem admiro profundamente, escreve que a teoria queer desestabiliza os saberes constituídos, os saberes canônicos exatamente porque se propõe a pensar para além dos limites do pensável.[25] Quer dizer, pensar a partir de outras categorias e, por que não, de outros órgãos, como forma de desestabilizar o lugar da cabeça como metonímia para a razão ocidental. Como pensar estas experiências fascinantes e desestabilizadoras, que apresentei brevemente aqui, fora dos marcos universalistas pelo qual aprendemos a teorizar?

Estamos em busca do pluriversal.[26] Então, proponho que torçamos nosso olhar para aprender com Kátia o que Judith Butler não pode nos ensinar.

DANÇANDO COM SIMONE DE BEAUVOIR

Há uma cena hipnotizante no documentário de Karla Holanda. Nela, Kátia dança em uma boate em Oeiras, cidade de 30 mil habitantes, próxima a Colônia do Piauí. As luzes estrobocópicas da casa de shows tornam tudo um pouco fantástico, e a figura daquele travesti senhora parece ainda mais cativante. Para esta sequência, a diretora escolheu como trilha sonora não a música ambiente, eletrônica, mas um misto deste estilo com outro tipicamente nordestino, o baião, ritmo melódico e arrastado, notabilizado no Brasil por Luiz Gonzaga.[27] Não é incomum que as letras do baião sejam jocosas, galhofeiras, cheias de duplo sentido, e a selecionada por Holanda carrega essa tradição e é imprescindível reproduzi-la aqui.

> Simone de Beauvoir era mulher de Vavá
> Dono de uma hospedaria no sertão do Ceará
> Embrenhoso [engenhoso] na cozinha
> Meteu-se a fazer poesia de uns tempos para cá
> Quando quis equilibrar a flora intestinal
> Com chá de canela em pau
> Para depois publicar
> Simone de Beauvoir era mulher de Vavá
> Dono de uma hospedaria no sertão do Ceará

Os dias junto a Kátia, mergulhada em todo seu entorno, ouvindo muita gente que com ela convive há tempos, pisando no chão rachado pelo sol duro do Nordeste brasileiro, mostraram a Karla Holanda a força criativa do entre-lugar, sintetizado deliciosamente na cena descrita.

O que parece profícuo e sedutor nessa profusão de mensagens é a capacidade que ela tem de condensar uma particularidade desta parte subalternizada do Brasil, a "esculhambação". Essa ironia com o cosmopolitismo, com o global, com aquilo que vem do Sudeste. Essa jocosidade, muito própria dos saberes nordestinos, surge como estratégia de horizontalizar as relações verticalizadas. Esculhambar é desafiar hierarquias.[28] É tirar a aura de requinte que envolve o que está no centro. Mostram com a ironia que o "cu do mundo" está, sim, de alguma forma, inserido no mundo. De modo que Jean Paul Sartre se transforma em Vavá, um morador local, dono de uma hospedaria, casado com Simone de Beauvoir, que, assim, se torna uma espécie de vizinha e cúmplice da vida de Kátia.

É provável que Kátia nunca tenha lido Simone de Beauvoir, mas ela sabe perfeitamente que não se nasce mulher, mas se torna, por um longo processo de negociações, lutas e truques próprios dos insubmissos. Um processo no qual as identidades fixas, moldadas por saberes medicalizados e jurídicos, podem ser armadilhas mais do que lugares seguros.

Há uma potência queer no cu do mundo.

※

TEXTO APRESENTADO SOB O TÍTULO "O CU (DE) PRECIADO: ESTRATÉGIAS CUCARACHAS PARA NÃO
HIGIENIZAR O QUEER NO BRASIL", DURANTE O EVENTO QUEER*ING PARADIGMS 5*, EM QUITO, EQUADOR, EM
2014. TEXTO ORIGINALMENTE PUBLICADO NA REVISTA *PERIODICUS*, V. 1, Nº 1, 2014 (UFBA), SOB O TÍTULO
TRADUÇÕES E TORÇÕES OU O QUE SE QUER DIZER QUANDO DIZEMOS QUEER NO BRASIL? O MESMO FOI
APRESENTADO COM LIGEIRAS MODIFICAÇÕES E ATUALIZAÇÕES, EM NOVEMBRO DE 2014, EM PARIS, NO
EVENTO QUEERIZAR O CÂNONE LITERÁRIO E ARTÍSTICO LUSO-BRASILEIRO REALIZADO NA SORBONNE 1, E
PUBLICADO EM 2016 NA *REVISTA IBERIC@*, V. 1, Nº 9.

NOTAS

1   *Cucarachas*, baratas em espanhol, foi expressão usada muitas vezes para nomear, nos Estados
    Unidos, os/as imigrantes latino-americanas/os. O termo, claramente pejorativo, pode nos
    servir aqui da mesma maneira como o xingamento queer serviu àquelas/es primeiras/os
    teóricas e teóricos queer. Explicamos: apropriamos-nos de uma identidade imposta, a fim de
    politizá-la e, assim, transformá-la em ferramenta de luta teórica.

2   Felipe R. San Martín, "Diga "queer" con la lengua afuera: Sobre las confusiones del debate
    latinoamericano", in *Por un feminismo sin mujeres*, Santiago de Chile: Cuds, 2011, p. 59-75, p. 59.

3   No Brasil, nos anos 1980, com o recrudescimento da aids e o esvaziamento do movimento
    homossexual, vivemos uma forte migração dos e das ativistas para as ONGs/aids, as quais
    passaram a receber fomentos de organismo internacionais via Programa Nacional de DST/
    aids, movimento que se reverteu no início do século XXI. Este foi um processo complexo,
    atravessado por múltiplos fatores, mas, para meu argumento aqui, vale sublinhar que,
    passada a fase "heroica" da luta contra a aids, o esgotamento de recursos financeiros para
    aquelas organizações não governamentais (ONGs), o exercício de articulação política com
    diferentes movimentos sociais, outras questões suscitadas pela própria dinâmica social e
    política do país passaram a mobilizar os ativistas em relação a demandas relativas a direitos
    sexuais, fortalecendo, paulatinamente, o que viria a ser chamado de Movimento LGBT, mas
    também o movimento de mulheres e o movimento negro. Muitas das bandeiras destes foram
    encampadas pelo Estado, de maneira que em 2004 foi lançado o programa nacional Brasil sem
    Homofobia, ligado à Secretaria de Diretos Humanos do Ministério da Justiça. Um ano antes, o
    governo federal criou a Secretaria de Políticas de Promoção da Igualdade Racial da Presidência
    da República (Seppir/PR), cujo objetivo é diminuir a desigualdade racial no país, com ênfase
    para a população negra e, ainda em 2003, instituiu a Secretaria de Políticas para as Mulheres.

4   Richard Miskolci, "Não somos, queremos: reflexões queer sobre a política sexual brasileira
    contemporânea", in Leandro Colling (Org.), *Stonewall 40 + o que no Brasil?*, Salvador: Edufba,
    2011, v. 1, p. 37-56, p. 44.

5   Desde 2001 a desigualdade estava em declínio e, no ano de 2012, de acordo com a Síntese de
    Indicadores Sociais (SIS-IBGE), o Brasil atingiu sua menor desigualdade de renda em trinta
    anos. Mas ainda temos um número considerável de lares (30%, segundo a SIS) de domicílios
    urbanos sem serviços básicos; e quanto às oportunidades no mercado de trabalho, ainda são
    mulheres as que se encontram em maior desvantagem, sobretudo as mais jovens e menos
    brancas. No trabalho doméstico, por exemplo, 68% são negros – e a maioria, mulheres. O que
    torna o Brasil um caso especial é a sobrevivência de desigualdades históricas em meio a um
    processo de modernização acelerado (Celi Scalon, "Desigualdade, pobreza e políticas públicas:
    notas para um debate", *Contemporânea – Revista de Sociologia da UFSC*, v. 1, nº 1, 2011). No campo
    da Educação, dados recentes mostram que entre os jovens (18 a 24 anos) autodeclarados como
    negros, cerca de 10% cursavam ou haviam concluído um curso superior. Entre os brancos,
    esse índice sobe para mais de 25%. O tempo médio de estudos dos negros, 6,7 anos, também é
    menor do que o da população autodeclarada branca, de 8,4 anos.

6   Walter Mignolo, 2000, apud Ramón Grosfoguel,"Para descolonizar os estudos de economia política e os estudos pós-coloniais: transmodernidade, pensamento de fronteira e colonialidade global", *Revista Crítica de Ciências Sociais*, nº 80, p. 115-147, mar 2008, p. 24.

7   Guy Hocquenghem, *El deseo homosexual*, Madrid: Melusina, 2009.

8   Paul B. Preciado, "Terror anal: apuntes sobre los primeiros días de la revolución sexual", in Guy Hocquenghem, op. cit, p. 135-172.

9   Ibid.

10 De maneira simplificada, a Jurema é uma religião de matriz africana que se sincretizou com tradições indígenas do Nordeste brasileiro.

11 Claudia de L. Costa, "Feminismo fora do centro: entrevista com Ella Shohat", *Revista de Estudos Feministas*, Florianópolis, v. 9, n. 1, p. 147-163, 2001.

12 Os dados são relativos ao ano de 2010.

13 Richard Miskolci, *O desejo da nação – masculinidade e branquitude no Brasil finissecular*, São Paulo: Annablume/Fapesp, 2012.

14 Walter D. Mignolo, *Histórias locais/projetos globais: colonialidade, saberes subalternos e pensamento liminar*, Belo Horizonte: UFMG, 2003.

15 Pedro Paulo G. Pereira, "Queer nos trópicos", *Contemporânea – Revista de Sociologia da UFSCar*, v. 2, p. 371-394, 2012, p. 374.

16 Homi Bhabha, *O local da cultura*, Belo Horizonte: Editora UFMG, 1998, p. 20.

17 Forma popular, no Brasil, de se referir ao homossexual masculino.

18 Termo usado popularmente para se referir a homossexuais femininas. Assim como o termo "viado", é, em diversos contextos, entendido como ofensivo, mas em outros perde essa marca para se tornar uma forma de descrever a orientação sexual.

19 Forma popular de referência a homossexuais masculinos.

20 Os dados referentes à cidade de Baía da Traição me foram fornecidos por Verônica Guerra, que realiza sua pesquisa de mestrado, intitulada "De A a Z – da aldeia à zona: variações travestis no litoral da Paraíba", naquele local.

21 Verônica Guerra, "Do cotidiano à rua, variações do 'ser' travesti: litoral norte da Paraíba", *PRACS: Revista de Humanidades do Curso de Ciências Sociais da Unifap*, Macapá, n. 3, p. 71-82, dez. 2010.

22 Pedro Paulo G. Pereira, op. cit., p. 372.

23 Frantz Fanon, *Pele negra, máscaras brancas*, Salvador: Eduba, 2008, p. 34.

24 Ramón Grosfoguel, op. cit., p. 121-122.

25 Guacira L. Louro,"Os estudos feministas, os estudos gays e lésbicos e a teoria queer", *Labrys, estudos feministas*, n. 6, p. 451-553, ago-dez, 2004.

26 Raul Grosfoguel propõe a pluriversidade como uma perspectiva mais alargada de se constituir conhecimento, levando a sério outros saberes, outras epistemologias que não as canônicas (Ramón Grosfoguel, op. cit.).

27 Luiz Gonzaga, nordestino, paraibano de nascimento, pernambucano de criação, fez grande sucesso no Sudeste brasileiro tocando em seu acordeom composições clássicas do repertório popular do Nordeste e outras de sua autoria. O auge de sua carreira coincide com a Era do Rádio, nos anos de 1950, mas, nos anos de 1980, o reencontro com seu filho Gonzaguinha, compositor de cantor de Música Popular Brasileira, o projeta novamente na cena artística.

28 Agradeço a Richard Miskolci pela instigante conversa que nos permitiu chegar a essa análise, assim como por sua leitura crítica e minuciosa. E também à pesquisadora Verônica Guerra, que ofereceu dados inéditos de sua pesquisa de doutorado.

Quando o sexo lésbico se afirma enquanto sexo, enquanto potência sexual e de prazer, faz com que seja preciso pensar através de outra perspectiva de mundo. É possível pensar nesse corpo-atritável, ou um corpo-friccionador. Roçar os corpos, na produção de um *entre*. O "atritar" é uma outra economia, que pensa a superfície da pele em sua totalidade como uma dimensão erótica, para além da centralidade do genital – o próprio corpo da mulher como esse corpo-atritável, como produtor de um prazer do atrito.

Adriana Azevedo

Corpo-atritável ou uma nova epistemologia do sexo

Adriana Azevedo

> idioma dos corpos é com
> tato
> e a língua da pele tem a melhor dicção
> (chama 'fricção')
> Tatiana Nascimento em *Lundu*

> Escribo desde el fin del mundo, desde el
> agujero donde se aloja el behind the scenes de
> la civilización occidental, habitado por sirenas y
> perras bicéfalas, por caníbales y sodomitas de
> piel oscura, por mujeres que se cortaron los senos
> y por hombres lactantes. (...) Escribo en la única
> lengua que siento propia y con ella dibujo un mapa
> para recorrer mi cuerpo, que no es blanco, ni de
> medusa, ni de amazona; un cuerpo que no es fálico,
> ni caníbal, ni conquistador, ni conquistado, y es
> también todos los anteriores.
> Monica Eraso em *Ordo corpis: Notas para una
> cartografía sexual de la conquista*

CERTA VEZ UMA AMIGA ME DISSE que perdeu a virgindade aos dezesseis anos, e que antes disso tinha apenas "feito oral e masturbações". Perguntei-lhe, então, o que seria o sexo para ela, e por que o início de sua vida sexual era marcada pelo conceito de "virgindade" e pelo sistema sexual falocêntrico, que afirma como válido somente o ato que contenha a penetração entre órgão genital "pênis" e órgão genital "canal vaginal". Perguntei-lhe também se uma mulher lésbica que nunca se relacionou sexualmente com um homem era virgem, a seu ver. O que definiria a virgindade? A perda do hímen? A penetração? Um dildo penetrando uma mulher tiraria sua virgindade? E se for um homem penetrando uma mulher com um dildo? Um homem gay que nunca transou com uma mulher é virgem? Homem possui virgindade mesmo não tendo hímen? Qual é o ritual de passagem que tira a virgindade de um homem? O gozo? A masturbação? Uma mulher trans perde a virgindade depois da transição? Existe, enfim, a virgindade? As perguntas proliferaram, e creio que a conversa bagunçou a história do amadurecimento da minha amiga.

Desde então tenho pensado sobre como o sexo lésbico é uma espécie de rasura, de ameaça ao status falocêntrico do sexo. Há um saber sobre o sexo e do sexo – eurocêntrico, ocidental –, construído ao longo de muitos anos, com represálias e manifestos que relegaram o chamado tribadismo a uma perversão da insuficiência. Um atentado à moral, mas um atentado que não chega a ser um sexo. Uma forma de pensar cheia de intenções – de proteger, sobretudo, o funcionamento sexual do patriarcado e de sua instituição fundamental: a heterossexualidade.

Quando Monique Wittig faz um mapeamento do pensamento heterossexual em sua conferência "La pensée straight", ela chega à polêmica conclusão de que "lésbicas não são mulheres". Lésbicas não são mulheres porque o que constitui a mulher universal abstrata, tão cara aos movimentos feministas ocidentais de meados do século XX, é uma relação específica que ela possui com a figura de um homem (cis-hétero), ou seja, uma relação afetivossexual que incontornavelmente é atravessada por instâncias de poder que instituem o funcionamento do heteropatriarcado. O que é importante em Wittig para o que aqui proponho é que através de todo o seu pensamento está a ideia, portanto, de que as lésbicas são uma espécie de "ponto cego". Lésbicas são locais discursivos e corpóreos – e de relações discursivas e corpóreas – em que o sistema de linguagem da instituição heterossexual não chega e que são, por isso, ininteligíveis em um sistema de mundo regido por essas normas. Por isso que, através de sua produção teórica, se estabelece o chamado "pensamento lésbico".

Vamos, por um instante, ao período histórico da chegada e atuação do Santo Ofício no Brasil, no século XVII. Sobre esse período, em *A história das mulheres no Brasil* (2004), há um artigo de Ronaldo Vainfas intitulado "Homoerotismo feminino e o Santo Ofício" no qual ele descreve o contexto da perseguição à chamada "sodomia" pelas instâncias religiosas vindas da corte. A sodomia era um termo que designava os excessos sexuais e os coitos orais e anais: perseguiam homens que faziam sexo anal e por vezes casais heterossexuais que fossem acusados de praticá-lo. No entanto, quando o ato sexual envolvia duas mulheres, Vainfas vai dizer que:

> As atas da discussão levada a cabo no Tribunal de Évora na década de 1640 – as únicas preciosas atas que conseguimos localizar – revelam o mar de incertezas em que navegavam os inquisidores em matéria de sexualidade, especialmente no tocante à sexualidade e ao corpo femininos. *Não conseguiam pensar no assunto senão a partir da cópula heterossexual e do "modelo ejaculatório".* Não é de estranhar, portanto, que a maioria dos inquisidores que discutiram o assunto em Évora fosse da opinião de que somente se uma mulher introduzisse o "sêmen" no "vaso posterior" de outra é que ficaria plenamente configurado o ato de sodomia entre fêmeas. Os pressupostos deste juízo assentavam, em primeiro lugar, na firme convicção de que a vagina era imprópria para a efetuação do "dito crime", que para ser perfeito pressupunha a penetração anal; em segundo lugar, davam margem à especulação a respeito da eventual incapacidade do instrumento utilizado – se esse fosse o caso – para "comunicar semen agentis no vaso preposterum". Em outras palavras, a maioria dos inquisidores insistia na ideia do coito anal como o autêntico ato sodomítico, mas conjecturavam ainda o uso de instrumentos caracterizando uma ocorrência perfeita do "pecado nefando". Nisso seguiam a tradição escolástica, que penalizava as mulheres pelo uso de instrumentos de "vidro, madeira, couro ou qualquer outra matéria" na execução de semelhantes cópulas umas com as outras.[1]

Alguns outros escolásticos diziam que nem mesmo a penetração com instrumentos entre mulheres configurava sodomia. O inquisidor Mateus Homem de Leitão alegava que considerar tal ato sodomia abriria precedentes para que a penetração em "vasos falsos" o fosse também. Um teólogo italiano da época, Luigi-Maria Sinistrari, afirmava que "[s]omente numa circunstância a mulher poderia 'penetrar, deflorar ou corromper outra fêmea', dizia [que]: se possuísse dentro da vulva um 'grande nymphium', uma 'excrescência carnal', mais avantajada que o comum dos clitóris – fenômeno que, segundo o teólogo, podia ser encontrado em certas mulheres etíopes". Um único deputado do Santo Ofício considerava realmente sexo o ato entre mulheres, o seu nome era Dom Verissimo de Lencastro, mas ele foi vencido pelas demais opiniões.[2]

É claro que tanto na Europa quanto no Brasil (Vainfas mesmo vai falar do caso de Filipa de Sousa), houve algumas perseguições contra práticas lésbicas. No entanto, é fato que o caráter persecutório contra mulheres que faziam sexo com mulheres ou amavam mulheres era em menor escala. Isso não quer dizer, por outro lado, que a lesbianidade era "mais aceita" socialmente, mas que ela está, retomando Wittig, em um "ponto cego". O pensamento heterossexual colonial precisou dotar mulheres de órgãos fálicos – o clitóris maior, sobretudo na desumanização e hipersexualização de mulheres negras pelos chamados racialistas[3] – para serem passíveis de praticar atos sexuais legítimos. É aí que temos que nos ater: na ilegitimidade sexual endereçada às lésbicas pela sociedade, até os dias de hoje, já que, fora da lógica falocêntrica ou androcêntrica, não é possível imaginar a possibilidade de o sexo existir. É comum no decorrer da vida de uma mulher lésbica dotada de boceta receber a pergunta "mas como vocês fazem sexo?", justamente porque faz parte de uma discursividade corpórea que foge à centralidade do pau, que diz respeito à lógica social heteropatriarcal.

Considerei a escrita deste texto porque comecei a pensar que desde os sexos dos gays – com sua obsessão com o pau e a penetração –, passando pelas amigas heterossexuais que acreditavam que a origem da sua atividade sexual tinha sido a penetração e a ejaculação (tal qual no relato inicial que trouxe), a sexualidade, para muitas mulheres, em razão desse legado histórico de constituição discursiva do sexo, limita-se a esse órgão genital (o pênis) e suas significações culturais e sociais.

Tive contato recentemente com algumas leituras do *Livre de manières*, bem mais antigo do que os arquivos da Inquisição, de autoria do bispo Étiennes de Fougeres, escrito entre 1174 e 1178 para a condessa de Heireford. Trata-se de uma coleção de sermões em que a mulher é tratada como "origem de todo o mal", mas onde também é dito que o coito entre mulheres é tão absurdo ou estúpido quanto "pescar 'com vara' sem ter a vara". Fougeres trata assim o sexo entre mulheres, já que a sexualidade e sua dupla "pênis-penetração", e, a exemplo, seus derivados "ative/passive",[4] tem como origem a própria construção da estrutura patriarcal.

Relegar o sexo entre mulheres a essa zona do "não sexo", do sexo ridículo, absurdo, estúpido, insuficiente, deve-se a uma organização limitada dos corpos nessa estrutura.

No texto "Tribadismo: arte do friccionamento (uma antologia prática lesbiana)", da argentina Valeria Flores, fica exposta a carência de terminologias para se falar do sexo lésbico. A palavra "lesbiana", segundo Flores, tem uma única aparição no século XVI, na obra de Brantome e "não foi de uso corrente até o século XIX".[5] A autora constata que:

> Ao carecer de um vocabulário e de conceitos precisos, se utilizou uma larga lista de palavras e circunlocuções para descrever o que as mulheres, ao parecer, faziam: masturbação mútua, contaminação, fornicação, sodomia, corrupção mútua, coito, copulação, vício mútuo, profanação e atos impuros de uma mulher com outra. E no caso de chamares de algum modo àquelas que faziam essas terríveis coisas, se chamavam 'fricatrices', isto é, mulheres que friccionavam umas com as outras ou 'tribadistas' [tribades], o equivalente grego a esta mesma ação.[6]

O termo "tribadismo", que designa hoje uma prática sexual lésbica específica – entre todo vocabulário sexual – vem, como aponta Flores, do grego antigo τρίβω (*tríbō*), que significa roçar, friccionar, atritar. Uma mulher que esfregava em outra mulher vulva com vulva, clitóris com clitóris, na Antiguidade grega, era então denominada "*tríbade*" (τρίβας). Daí vem o símbolo típico da cultura lésbica contemporânea, as "tesouras", porque a posição clássica desse atritar, onde se encaixam as pernas umas nas outras, é semelhante ao encontro de duas tesouras abertas.

Flores reforça que, por outro lado, o estatuto ontológico do sexo é construído a partir dessa lógica pênis-penetração. Esse seria então o único vocabulário social possível para a inteligibilidade do sexo. A invisibilização das práticas e vivências lésbicas se dá, por um lado, por conta da ausência de vocabulário que dê conta dessas existências e, por outro, porque a outra lógica que constitui a lesbianidade e suas experiências sexuais seria por si só uma ameaça a esse sistema falocêntrico inerente ao heteropatriarcado. As relações heterossexuais e tudo o que constitui o papel social do homem e o papel social da mulher sustentam o patriarcado.

Teresa de Lauretis comenta o pensamento de Monique Wittig e sua ideia de que as lésbicas "recusam o contrato social heterossexual".[7] No entanto, Lauretis vai destacar que Wittig não acredita que basta reconhecer a opressão da heterossexualidade e a combater na vivência, é necessário fazer uma extensa reavaliação conceitual do mundo social, ou seja, é necessário um largo e assíduo trabalho teórico e de pensamento. Deixar esse lugar conhecido, que é um "lar", nas palavras da própria autora – "fisicamente, emocionalmente, linguisticamente, epistemologicamente – por outro lugar desconhecido não apenas emocionalmente, mas conceitualmente não familiar, um lugar do qual falar e pensar são, na melhor tentativa, incerto, não autorizado".[8]

O sexo lésbico faz parte de outra lógica, é de outra ordem. Flores dá pistas disso quando fala sobre a fórmula "penetrar versus atritar".[9] Apesar de binária, a sua fórmula pode nos ajudar a começar a pensar nessa nova epistemologia, que eu proponho que seja designada por "epistemologia do atrito". Uma lógica que não tem como ponto de partida o referencial corpóreo eurocêntrico. Uma lógica que se propõe a apontar para uma nova forma de ver a prática sexual, mas também que pretende escavar formas de sexualidade geolocalizadas no contexto brasileiro e latino-americano.

A lógica falocêntrica eurocentrada precisa da penetração para que o sexo seja inteligível socialmente. É necessário que um pênis penetre alguma cavidade humana. Penetrar a vagina de uma mulher cis é socialmente aceitável, penetrar um ânus é socialmente condenável, mas se não existir pênis, não pode ser reconhecido como sexo. O sexo sem penetração é uma incógnita. No máximo, é considerado masturbação, preliminares.

Quando o sexo lésbico se afirma como sexo, como potência sexual e de prazer, faz com que seja preciso pensar através de outra perspectiva de mundo. É possível pensar nesse corpo-atritável, ou um corpo-friccionador. Roçar os corpos, na produção de um *entre*. O "atritar" é uma outra economia, que pensa a superfície da pele em sua totalidade como uma dimensão erótica, para além da centralidade do genital – o próprio corpo da mulher como esse corpo-atritável, como produtor de um prazer do atrito.

Para Flores, o tribadismo desloca o sistema categorial heteronormativo porque é uma forma de conceber o corpo que não pode ser pensada sob a lógica ativo x passivo, em que o "ativo" está relacionado à penetração masculina e o "passivo" ao receptáculo feminino, ao penetrável. Sem penetração, esse sistema se desmonta, o atrito nos possibilita outra forma de ver o sexo, mas também as relações humanas, os afetos, as relações de poder, os projetos de dominação. Além disso, conforme aponta Flores:

> a difusão de uma economia erótica não falocêntrica afeta o sistema heteropatriarcal, que está intimamente ligado ao capitalismo, cuja base controlada é a família tradicional. O lesbianismo ataca essa base econômica e, além disso, desestabiliza o controle demográfico, base de suas previsões sociais. Por isso que se oculta e nega, apesar da ignorância a que é submetido o desejo lésbico.[10]

Tanto para Monique Wittig em seus diversos artigos em torno do pensamento lésbico – como em "O pensamento heterossexual" ou "Não se torna mulher" – quanto para Cheryl Clark – em seu texto "El lesbianismo: un acto de resistência" –, como já apontado, ser lésbica é um ato de fuga do heteropatriarcado. Nesse sentido, Clark justifica que, para ela, a lésbica descolonizou seu corpo, já que "ela recusou uma vida de servidão que é implícita das relações heterossexistas/heterossexuais ocidentais e aceitou o potencial da mutualidade em uma relação lésbica – não obstante os papéis".[11]

Essa "mutualidade" configura, assim, as relações afetivossexuais entre mulheres lésbicas. O tribadismo seria um vocabulário corporal próprio dessa nova lógica, que não é de dominação, embora seja, ainda assim, atravessada por relações de poder, mas não configurada desde o seu princípio por uma assimetria característica dos papéis sociais de gênero binários do sistema heterossexual eurocêntrico. A fricção é produzida em mutualidade, e a partir dela não se almeja o orgasmo masculino, mas a mutualidade de prazer, um gozo que foge à lógica evolucionista que rege o roteiro do sexo heteronormativo: premilinar > penetração > orgasmo masculino/ejaculação. O roçar lésbico, justamente por não estar disposto na lógica normativa evolucionista do sexo, é composto a cada ato, e é sempre variável, novo – a cada ação é configurado um novo entre-lugar, uma nova cena de prazer.

É possível potencializar ainda mais a proposição de Monique Wittig e a sua utopia por um novo tipo de sociedade, o que ela chamou de "sociedade lésbica". A lésbica seria para ela uma forma de reescritura do eu em relação a novas formas de entender a sociedade, a história e a cultura, como já observara Teresa de Lauretis.[12] A sociedade lésbica de Wittig é uma proposição para outro tipo de organização social, uma sociedade utópica, futurística e distópica que parte de referenciais concretos lésbicos.

O corpo atritável que proponho aqui pode ser pensado a partir da seta que Wittig aponta para uma realidade utópica, mas também em uma escavação por meio da qual pensaríamos em referenciais corpóreos, conceituais, que pertencem a exercícios de descolonização do pensamento e do corpo. A lógica sexual heteropatriarcal e eurocêntrica é constituída através do par ativa/o *versus* passivo/a, que faz parte de uma lógica colonizadora – uma figura masculina ativa (dominadora) e uma figura feminina passiva (dominada).

Monica Eraso, em seu ensaio "*Ordo corpis*: notas para una cartografía sexual de la conquista",[13] relata que, para os colonizadores europeus em seus textos de viagem e mitos fundacionais, a América era vista como uma "pornofloresta", um lugar libertino, onde papéis sexuais e de gênero eram invertidos, onde adorava-se o demônio, bebia-se em excesso, o que serviu para reforçar a ideia de uma Europa casta e civilizada que levaria seu modo de comportamento sexual heteronormativo, falocêntrico e pacato para controlar os instintos libertinos dos "selvagens". Descobrir, conquistar e colonizar são os gestos do colonizador em relação à terra (Brasil, América, "Novo Mundo"), mas também é o gesto heterossexual falocêntrico em seu rito – os corpos também são conquistados e colonizados. Quais teriam sido os modos sexuais das mulheres ameríndias que se deitavam com outras mulheres e foram colonizadas pela heteronormatividade compulsória europeia? Como os resquícios, os restos, as relíquias desses outros modos de obtenção de prazer, não ocidentais, poderiam nos ajudar na constituição de uma nova epistemologia do sexo?

O território latino-americano pode ser fértil para conseguirmos alcançar a fuga da epistemologia heteropatriarcal europeia. Silviano Santiago já havia atentado para o fato de que existe uma potência conceitual própria da cultura do nosso espaço geográfico que contribui para a disrupção dos conceitos de "unidade" e "pureza".[14] Santiago afirma que a "América Latina institui seu lugar no mapa da civilização ocidental graças ao movimento de desvio da norma, ativo e destruidor, que transfigura os elementos feitos e imutáveis que os europeus importavam para o Novo

Mundo".[15] Segundo o autor, aqui seria um território propício à desobediência às normas do colonizador, de aprendizagem e reação, e de falsa obediência. Há uma falsa passividade inerente ao processo colonizador do hemisfério sul.

Isso poderia nos ajudar a pensar tanto a nossa sociedade, promovendo uma reavaliação conceitual e discursiva dela, tendo em vista as rasuras que as mulheres lésbicas promovem no nosso território, e seus modos de produção discursiva acerca do fazer sexual. A "cola-velcro" ou "rasga-velcro", por exemplo, modo informal de se referir à lésbica ou à sapatão em nosso contexto linguístico, é uma forma de subverter a lógica falocêntrica em um discurso desviante, insubmisso e de falsa obediência à cultura heteropatriarcal. Disseminando-se nos entre-lugares sociais, nas brechas da norma, termos como esse desviam o nosso imaginário sexual. Outro termo, "rebuceteio", designa uma rede sexual e afetiva de determinado círculo social lésbico, onde sempre tem alguém que já transou com outra que já transou com outra, o que subverte também as normas civilizacionais pacatas cristãs, com sua insistência subversiva e "libertina" ao olhar normativo eurocêntrico.

Em um contexto político em que coletivos lésbicos como o Isoporzinho das Sapatão (Rio de Janeiro), que se propõe a ocupar espaços públicos com uma iniciativa festiva, cultural e de sociabilidade lésbicas, e o coletivo @Velcrochoque (Brasília), que produz lambe-lambes para ocupação das cidades com dizeres como "saudades de colar", "vamo colar - não disse o quê", "preferia ter colado outra coisa", colocam em evidência que estamos em um momento de visibilização lésbica, ação e transformação cultural intenso no Brasil. A própria criadora do coletivo Velcrochoque diz o seguinte acerca de seu nome:

O nome Velcrochoque foi pensado para relacionar os dois termos: "velcro" e "choque". O primeiro termo foi escolhido por ser comumente utilizado nas experiências lesbianas para se referir aos pêlos pubianos de mulheres que, ao se tocarem e interagirem entre si, fazem algo parecido ao velcro, um recurso utilizado na produção têxtil para conectar duas partes de uma peça. O segundo tem triplo sentido, o primeiro que entende que choque é atrito e, dessa forma, é aquilo que o contato entre os pêlos pubianos provocam ao se encostarem. Depois, a compreensão de que afeto diz respeito àquilo que toca e, dessa forma, é também atrito. E, por último, a ideia de realmente provocar um tipo de choque ao ser uma maneira de externalização de práticas sexuais dissidentes. Além disso, a própria relação com a identidade visual do coletivo.[16]

"Choque de púbis", "contato pubiano", "atrito", "roça-roça", "teta com teta" são outros termos locais que definem, em nosso português brasileiro – contaminado linguisticamente com outros referenciais epistemológicos –, as formas de desvio do falocentrismo que pretende dominar a sexualidade das mulheres, em prol da centralidade do prazer masculino. O sexo lésbico coloca em evidência o prazer da mulher e a retira do referencial simbólico da passividade.

Por fim, quando se fala em "visibilidade lésbica", é preciso também pensar naquele "ponto cego" onde se encontra a lesbianidade, dentro de corpos institucionalizados pela heterossexualidade e por sua lógica binária, patriarcal e assimétrica. Olhar e morar nesse ponto cego e produzir nele formas diversas de visibilidade gera uma espécie de ranhura na heteronormatividade erótica e na estrutura pênis-penetração ocidental. Isso também denuncia e desvela a sua artificialidade, assim como a possibilidade de fuga por essa brecha que se abre a partir do choque ocasionado por esse que chamo de *corpo-atritável* que, podemos dizer, é próprio dos corpos sexualmente insubmissos das lésbicas, das sapatonas, e de um modo de existir de mulheres que escapam da estrutura de dominação e sujeição dos corpos.

TEXTO PUBLICADO PELA PRIMEIRA VEZ NESTE VOLUME.

NOTAS

1. Ronaldo Vainfas, "Homoerotismo feminino e o Santo Ofício", in *A história das mulheres no Brasil*, São Paulo: Unesp, 2004, p. 103, destaque meu.
2. Ibid., p. 104.
3. Margaret Gbson, *Clitoral corruption: body metaphors and american doctors constructions of female homosexuality, 1970-1900. Science and Homosexualities*, Londres e Nova York: Routledge, 1997.
4. N.E.: Nesta edição, optou-se pelo uso do "e" para marcar o gênero neutro.
5. Valeria Flores, "Tribadismo: arte do friccionamento (uma antologia prática lesbiana)", zine, Difusão Erética – Edições Lesbofeministas Independentes, 2003, s.p.
6. Idem.
7. Teresa de Lauretis, *Figures of resistence – essays in feminist theory*, Champaigne, Illinois: University of Illinois, 2007, p. 74. Todas as citações de textos em outra língua têm tradução livre da autora.
8. Idem.
9. Valeria Flores, op. cit., s.p.
10. Idem.
11. Cheryl Clark, "El lesbianismo: un acto de resistência", in *This Bridge Called my Back*, Cherríe Moraga e Gloria Anzaldúa (orgs.), São Francisco: ISM Press, 1988, p. 99.
12. Teresa de Lauretis, "When lesbians where not women", in op. cit., p. 77.
13. Monica Eraso, "*Ordo corpis*: notas para una cartografía sexual de la conquista", *Revista Vozal*, nº 2. Disponível em < http://revistavozal.com/vozal/index.php/ordo-corpis-notas-para-una-cartografia-sexual-de-la-conquista>. Acesso em 20 ago 2020.
14. Silviano Santiago, "O entre-lugar do discurso latino-americano", in *Uma literatura nos trópicos*, Rio de Janeiro: Rocco, 2000, p. 9-26.
15. Ibid., p. 16.
16. Juliana Motter, "@Velcrochoque: e se a cidade for sapatona?", Enecult: Encontro de de estudos multidisciplinares em cultura, Salvador, 2019, p. 7.

Nas últimas décadas de teorização e de mobilização feminista, o corpo tem sido tratado como nosso verdadeiro campo de batalha. Lugar onde o social e o individual se chocam e se negociam, de forma que o pensamento feminista descolonial nos lança uma série de desafios, pois nos impele não só a uma ruptura epistemológica mas a uma mirada atenta para as diferentes formas por meio das quais a matriz colonial de poder afeta, (de)forma e informa nossos corpos, nossas sexualidades, nossas maneiras de desejar.

Camila Bastos Bacellar

À beira do corpo erótico descolonial, entre palimpsestos e encruzilhadas

Camila Bastos Bacellar

IMANTADA PELA FORÇA DOS DESVIOS e das derivas, tenho me perguntado com bastante frequência como nós, feministas, temos embarcado em nosso corpo. Como estamos fazendo a travessia e para onde temos ido? Para onde ainda não fomos? Sabendo que não existe porto seguro onde ancorar, podemos inventar novas rotas para singrar? Ou ainda: que bússolas estamos utilizando para atravessar? São estas as inquietações que me movem aqui.[1]

Amparada pela práxis de uma constelação diversificada de feministas e por uma espécie de guiança intuitiva orientada pelo invisível, me proponho a traçar apontamentos sobre a possibilidade de forjar um corpo erótico descolonial. Para urdir a trama das inquietações mobilizadoras, proponho antes nos determos sobre certos aspectos dos feminismos que considero incontornáveis, o que ajudará a assentar o solo para a aposta acerca do corpo erótico descolonial.[2] A potência da encruzilhada, assim como a singularidade do palimpsesto, serão vitais nesta aposta, que se desdobrará pouco a pouco, conforme formos avançando.

Parte da vitalidade dos ventos feministas que há bastante tempo sacodem diversos contextos nacionais e internacionais, e que vêm soprando com força no Brasil, está na atenção tanto para a interseccionalidade das opressões quanto para os efeitos da colonialidade do gênero, do poder, do saber e do ser no cotidiano e nas subjetividades. Apesar de possuírem diferenças significativas entre si, os feminismos interseccionais[3] e os feminismos descoloniais[4] são duas grandes forças que têm contribuído para um giro epistêmico provocador de mudanças cruciais para os movimentos sociais e no campo das teorias acadêmicas. Os sopros que tecem nossos feminismos estão permeados de intensa ressignificação das práticas e das políticas nas quais nos engajamos.

Por outro lado, em tempos de alianças conservadoras[5] para a intensificação do projeto neoliberal, não podemos nos esquecer que também vivenciamos um momento de mercantilização do feminismo que caminha de mãos dadas com outros processos de mercantilização da vida como um todo. Tal dinâmica atua de maneira genérica e percorre todos os espaços sociais, convertendo referências feministas em "marcas" associadas a produtos e relacionadas a estilos de vida. Nos grandes centros urbanos de qualquer país da América Latina, estão ocorrendo inúmeros eventos feministas, as estantes das livrarias esbanjam livros feministas para todos os gostos, há também uma variedade de músicas, filmes, peças de teatro, exposições e até "roupas" feministas: *girl power*, lute como uma garota, *feminist, the future is female* são slogans facilmente encontrados hoje em camisetas vendidas em lojas de departamentos ou no mercado informal. Entretanto, a concentração de poder no campo de atuação e de conhecimento dos feminismos ainda é a tônica dominante, e esse é um aspecto que considero importante não perdermos de vista, porque os feminismos hegemônicos, que desconsideram seus privilégios de raça, classe, heterossexualidade, cisgeneridade e geopolítica, seguem dominando a cena.[6] Conforme bem observado por bell hooks, "no patriarcado capitalista da supremacia branca, já assistimos à mercantilização do pensamento feminista (...) de um jeito tal que dá a impressão de que alguém pode participar do 'bem' que estes movimentos produzem sem ter de se comprometer com uma política e uma prática transformadora".[7] Falta ainda transformação real e profunda nas atitudes cotidianas entre nós mesmas, seja nas nossas relações com colegas de trabalho, nas relações com outras/es que se encontram estruturalmente em posições inferiores às nossas, seja nas relações íntimas, no que tange a esfera da família nuclear, nas amizades ou com as/es/os companheiras/es/os.

Nessa ambiguidade entre a crescente aliança de setores conservadores e forças neoliberais pela destruição de direitos, paralela a certa fetichização do(s) feminismo(s), há algo que fica difícil entrever. Diante do que vem sendo apontado como a quarta onda do movimento feminista, de intenso zumbido e de hiperestímulos, frequentemente fica solapado – principalmente quando as agendas feministas se orientam basicamente por aspectos macro da luta – que os feminismos são também uma questão de corpo. Por mais complexo que seja percebê-lo, quando tais agendas atentam para o corpo o fazem, muitas das vezes, por um viés desencarnado, majoritariamente discursivo. Por exemplo, um dos lemas atuais mais propagados, "meu corpo, minhas regras", é uma enunciação potente mas que não necessariamente convoca a carne viva em sua potência de experimentação, aspecto tão caro às conceptualizações acerca do que pode um corpo. Nas malhas em que estamos imersas, tem sido difícil perceber que os feminismos são uma questão de *corpo encarnado*, de como embarcamos em uma permanente experimentação corporal e subjetiva capaz de produzir uma torção nos nossos modos de desejar, de dizer, de fazer e de ser, em relação e em comunidade.

Nas últimas décadas de teorização e de mobilização feminista, o corpo tem sido tratado como nosso verdadeiro campo de batalha. Lugar onde o social e o individual se chocam e se negociam, de forma que o pensamento feminista descolonial nos lança uma série de desafios, pois nos impele não só a uma ruptura epistemológica, mas a uma mirada atenta para as diferentes formas por meio das quais a matriz colonial de poder afeta, (de)forma e informa nossos corpos, nossas sexualidades, nossas maneiras de desejar.

De acordo com María Lugones, os desafios implícitos na perspectiva descolonial são relativos ao fato de que ver a matriz de poder e a imbricação das opressões não é suficiente, pois reconhecer os eixos de diferenciação social é ainda operar pela forma dicotômica hierárquica que informa a lógica da modernidade e das instituições modernas. É neste sentido que Ochy Curiel adverte que, mais do que trabalhar pelo viés da interseccionalidade, devemos nos perguntar acerca de como historicamente foram produzidas as diferenças, ou os eixos de subordinação como raça e gênero, que impactam principalmente as mulheres racializadas e pobres. Logo, "não se trata de descrever que são negras, que são pobres e que são mulheres, se trata de entender por que são negras, são pobres e são mulheres".[8] Isso não significa teorizar e operar deixando de considerar a imbricação dos marcadores sociais de diferenciação, pois justamente a taxonomização age sobre o corpo de forma indelével. Tampouco significa abrir mão de posicionamentos estratégicos relativos a aspectos identitários na luta por direitos.

Refletir sobre como a colonialidade age sobre nossos corpos permite escapar de certas armadilhas. A perspectiva feminista descolonial que convoco é proveitosa pois, ao pontuar que raça, binarismos hierárquicos de sexo/gênero e heterossexualidade normativa são, em si, imposições moderno-coloniais, desafia concepções em que o corpo agiria como *bunker* essencialista para abrigos inocentes em refúgios identitários. Como sugere a própria Lugones, não podemos ficar somente nas categorias fossilizantes e objetificadas, que impedem a aproximação aos processos de subjetivação de cada pessoa.[9]

É uma obviedade dizer que a história do feminismo, entendida como política e prática transformadoras, é uma questão de corpo. Um dos primeiros usos do termo feminismo ocorre no âmbito da medicina e se refere à descrição dos efeitos de uma patologia. Trata-se de um uso biopolítico do termo visto que está vinculado a esse regime de gestão social e técnico da vida que toma o corpo e o sexo como principais terrenos de intervenção, orientando-se para a reprodução de corpos "normais, aptos e úteis", regulando a vida com o propósito de gerar lucro e garantir a soberania nacional. Em 1871, o médico francês Ferdinand-Valerè Fanneu de la Cour escreve uma tese sobre o *Feminismo e infantilismo nos corpos tuberculosos*. Para Fanneu de la Cour, o feminismo era uma anormalidade, pois se tratava de um sintoma secundário da tuberculose, quando a doença se dava nos corpos considerados masculinos, pois produzia-se ali o que ele concebia como uma "feminização" deste corpo.[10] Para o médico, a "virilidade" dos homens tuberculosos estava comprometida e seu "poder" aniquilado. Em 1872, Alexandre Dumas Filho publica a obra *L'Homme-Femme*, utilizando o termo feminismo de forma pejorativa, para referir-se aos homens solidários à luta de mulheres sufragistas pelo direito ao voto. O termo feminismo é empregado biopoliticamente por Fanneu de la Cour e por Dumas Filho para caracterizar sintomas de uma doença física, mas também uma "patologia" moral pois, neste último caso, as mulheres que lutavam pelo direito ao voto e os homens que as apoiavam eram vistos como anormais. Talvez, Dumas Filho quisesse enfatizar que tais homens, ao apoiarem a ação política coletiva proposta pelas mulheres sufragistas, corriam o risco de passar por uma experiência de transformação corporal decorrente da transformação subjetiva de apoiar uma causa que não dizia respeito, diretamente, a seus corpos. Em 1882, Hubertine Auclert põe o próprio corpo em um marco de experimentação da anormalidade como potência. Em um ato estético, criativo e sensível, inverte a carga pejorativa associada ao termo feminismo e, no contexto da luta sufragista francesa, declara-se publicamente como sendo uma mulher feminista que demanda a expansão dos limites da esfera pública, por meio do direito ao voto. [11]

A recuperação de certa história do surgimento do termo feminismo, como episódios relatados aqui, não tem a intenção de servir para reforçar o cânone feminista segundo o qual o feminismo como movimento social "nasce" na Europa, seja no contexto da Revolução Francesa, tendo como figura importante Olympe de Gouges – que apesar de não ter se declarado feminista, pois inclusive morreu bem antes do surgimento do termo, publicou em 1791 a *Declaração dos Direitos da Mulher e da Cidadã*, seja na Inglaterra, a partir da publicação em 1792 de *Uma reivindicação pelos direitos da mulher*, de Mary Wollstonecraft, ou alicerçado pelas lutas sufragistas. É sempre importante observar também que muitas das sufragistas consideradas feministas da primeira onda não se interessavam em apoiar as lutas abolicionistas, como bem nos recorda o célebre discurso de Sojouner Truth, *E eu não sou uma mulher?*, de 1851.[12] Todas as vezes que se reforça o cânone do surgimento do feminismo em terras do Norte global, corre-se o risco de ignorar gestos e formas de resistências múltiplas que, apesar de não necessariamente se autodeclararem feministas, batalharam incansável e cotidianamente para combater o sexismo, o racismo e a heteronormatividade compulsória. [13]

Ademais, devemos estar bastante atentas para as proposições dos feminismos descoloniais que, segundo Yuderkys Espinosa Miñoso, avançam "em uma epistemologia contra hegemônica atenta ao eurocentrismo, ao racismo e à colonialidade, já não só na produção de conhecimentos nas ciências sociais e humanas no geral, mas também dentro da teorização feminista".[14] A perspectiva descolonial, tal como trabalhada por María Lugones,[15] traz uma importante contribuição para as reflexões sobre os lugares e as práticas do feminismo quando correlaciona a constituição gendrada do mundo com a colonialidade. Acompanhando o pensamento de Lugones fica nítido que considerar seres colonizados como "mulheres" não integra o projeto moderno/colonial,[16] pois pessoas indígenas e negras sequer estavam situadas na mesma linha de humanidade que os europeus. Assim, os espaços, os motivos e os sentidos das lutas de mulheres brancas europeias não coincidem completamente com as lutas de corpos racializados e gendrados pelo sistema-mundo moderno/colonial. Historicamente as lutas de mulheres brancas do Norte global e de mulheres racializadas no contexto da colonialidade são drasticamente distintas, e isto diz respeito ao fato de que seus corpos foram dispostos em ordens radicalmente opostas.

O feminismo descolonial nos impele a perceber que o corpo não pode ser situado como uma plataforma comum a todas, contribuindo assim para outras miradas não só para o conceito de corpo, mas acerca do fato de que as travessias que cada uma de nós deve fazer para *ocupar* seu próprio corpo implica experimentações, escolhas e abordagens singulares.

O que me interessa, ao brevemente pontuar uma genealogia de alguns dos primeiros usos e da posterior ressignificação do termo feminismo, é a conexão intrínseca do feminismo com o corpo, seja esta conexão vinculada à potência da "anormalidade" ou a experimentações criativas, estéticas e sensíveis que muitas vezes implicam uma transformação corporal.

No que diz respeito à anormalidade, Audre Lorde pontua que, nas sociedades ocidentais, as diferenças humanas, principalmente as diferenças cunhadas com base nas categorias de raça, gênero, sexualidade etc., são tratadas como anormalidade, como um desvio da norma.[17] Acompanhando Paul B. Preciado em suas reflexões sobre a potência da anormalidade, podemos dizer que resistir aos processos de "tornar-se normal" provoca desterritorializações corporais que afetam o espaço urbano, o tecido social e o campo do desejo.[18] Afetam, consequentemente, nosso mundo onírico e nossa relação com o intangível. Os desvios deliberados da norma envolvem a dimensão da experimentação corporal, que não necessariamente tem a ver com câmbios externos, apesar de poder incluir toda sorte de mudanças corporais visíveis, e tem a potência de operar transformações em nossas subjetividades. E isso é algo que temos encontrado mais dificuldade para acessar diante da atual tentativa de captura do feminismo pelo capitalismo.

Não se trata aqui de encontrar melhores teorizações acerca do que é um corpo. A definição de corpo, assim como a definição de quais corpos são válidos, desde uma perspectiva não religiosa e sim secular, ou seja, científica e supostamente "neutra e objetiva", é uma tarefa que a modernidade e seus projetos de mundo tomaram para si. O que ocorre ao longo dos últimos séculos é que se passa a legitimar certos corpos como "normais" e a patologizar outros, passa-se a racializar/escravizar e generificar/subordinar pessoas sob um novo regime de verdade. Todo regime de verdade está a serviço de um regime de poder, e as técnicas de produção de verdade que regem a modernidade/colonialidade operam por uma ordem estética e taxonômica que classifica os corpos por meio de categorias binárias opostas e hierárquicas.[19] A taxonomia, aparato classificatório por excelência da modernidade, é também um aparato de produção de visibilidade que possui efeito performativo, pois não "descreve" a realidade, e sim a produz quando a significa, demarca e delimita.

Trata-se não tanto de teorizar sobre o corpo, mas de encarnar no corpo a partir de uma abertura aos afetos do mundo e às diferenças que possa reconfigurar nossos gestos e paisagens existenciais. Porque onde não há afeto não há corpo. E o corpo vem passando por processos de repressão e extrativismo predatório de seus afetos,[20] processos operados ora pelo regime político e cultural instalado com a colonização, que acarretou em epistemicídios[21] e na desvalorização de intuições, desejos e prazeres – ora pelo regime político e cultural atual que, baseado na economia neoliberal, celebra a produção de experiências, afetos, desejos e prazeres apenas na medida em que sejam apropriados como bens consumíveis.

Quando atentamos para a consubstancialidade entre raça, gênero, sexualidade, classe etc. e compreendemos a potência das propostas descoloniais, somos impelidas a imaginar o corpo como um palimpsesto no qual modos de vida, sensações, saberes de distintas ordens, memórias, afetos e intuições foram rasurados pela modernidade/colonialidade e substituídos pela perversa ordem binária hierárquica e taxonômica que garante o funcionamento do capitalismo e da colonialidade.

Palimpsesto é um texto que foi raspado para que outro texto fosse nele escrito. Porém, ao trazer a imagem do palimpsesto para pensar o corpo não há intenção de afirmar que houve em algum momento um texto "original e melhor", pois assim tenderíamos para uma noção monolítica e romântica da cultura como coesa e imutável no tempo. A potência do palimpsesto reside no fato de que ele nos permite entrever num mesmo texto, ou seja, num mesmo espaço, camadas de tempo espiraladas, pois a rasura completa do texto anterior é impossível. Convergem e se justapõem, assim, discursos e temporalidades distintas. Um palimpsesto é feito de incoerências, elipses, emendas, estranhezas e "anormalidades". Em um palimpsesto, o texto "original" não nos é dado a conhecer, mas o ato de rasura violento, como no caso das sequelas da colonialidade, não passa despercebido.

Portanto, tal entendimento acerca do corpo implica em um convite a operar, neste palimpsesto, uma permanente escritura de si orientada para uma autonomia experimental corporal. De modo que somos levadas a perceber o corpo não apenas como a forma – como a grafia visível –, mas como a força que emerge do que foi rasurado, do que não vemos inteiramente mas sabemos que está lá. Como um *lócus fraturado*[22] que, querendo ou não, habitamos. É uma questão de se posicionar no *cruce de caminos*. Uma questão de fronteiras, de encruzilhadas. Ecoando os conjuros de Gloria Anzaldúa fica nítido que para sobreviver às fronteiras é preciso ser a própria encruzilhada.[23] Esse processo de ser a própria encruzilhada e mesmo de desenvolver uma consciência fronteiriça acerca de nossa condição colonial não é algo ao qual cheguemos sem passar por uma dor intensa.

Contudo, habitar esse corpo-encruzilhada[24] pode ser também algo erótico. Segundo Audre Lorde, o erótico é um poder que tem ligações com capacidades de gozo e bem-estar que especialmente as mulheres tiveram que suprimir de suas vidas. Quando fala do erótico, Lorde o pronuncia como uma declaração de nossa força vital. Segundo ela, o erótico é "um sentido interior de satisfação ao que, uma vez que o tenhamos experimentado, sabemos que podemos almejar. Por haver experimentado a plenitude da intensidade deste sentimento e por haver reconhecido seu poder, em honra e em respeito próprio, não podemos exigir menos de nós mesmas".[25] Acompanhando seu pensamento, entende-se que o erótico tem a ver com a afirmação da nossa capacidade de prazer. Relaciona-se, assim, com um requerimento interior de excelência, em sentirmos prazer em cada dimensão de nossas vidas. Não significa exigir o impossível de si mesma porque não é sobre o que fazemos, mas o quão inteiras nos sentimos nesse fazer.

Para operarmos essa permanente escritura de si neste palimpsesto que é o corpo, as teorias de Lorde são preciosas, pois, além de convocarem o poder do prazer, também refletem sobre a questão das diferenças partindo de uma perspectiva encarnada. Ao discorrer sobre as diferenças relativas às naturalizações de categorias como raça, gênero, idade, classe e etc., Lorde afirma que não são as nossas diferenças que nos separam e sim nossa resistência em reconhecer essas diferenças e enfrentar as distorções que resultam de ignorá-las e mal interpretá-las.[26] Porém, só reconhecer não basta. Só assumirmos privilégios – ainda que contingentes e contextuais – não basta. É preciso entender também que tais diferenças, relativas a raças, gêneros, sexualidades etc., são definidas sempre pela violência da norma hegemônica e foram impulsionadas pelo projeto moderno/colonial, capitalista e taxonômico, que age justo pelas formas – identitárias essencialistas – e não pelas forças, que são como movimentos tectônicos que atuam em nossa subjetividade, reconfigurando nossos frágeis contornos existenciais.

De forma geral, sinto que tem sido problemático o uso, muitas vezes meramente discursivo, desse reconhecimento das diferenças entre os corpos em certos contextos de práxis feminista no Brasil. Falta-nos, principalmente por parte dos corpos mais privilegiados, um reconhecimento encarnado, colocar o corpo aberto para que as forças do mundo e as diferenças dadas pelos marcadores de raça, classe, sexualidades, gêneros etc., assim como as diferenças subjetivas que temos entre todas/es/os nós, possam de fato ressoar em nossos ossos, agir molecularmente em nossos contornos existenciais. "Escavar as ruínas do corpo vivo",[27] como propõe Angela Donini, e fazer teoria na própria pele é um processo para toda a vida, e é sim doloroso. Mas pode ser erótico na medida em que, se estivermos realmente inteiras nesta fricção com as diferenças, temos a potência de criar pontes para as vivências umas das outras e condições mútuas para des-anestesiar a vibratilidade dos nossos corpos. Para tudo isso, é preciso entrar em carne viva. Como sugere Anzaldúa, é preciso aprender a escrever com a tinta do seu próprio sangue.[28]

Talvez seja óbvio, mas parece importante afirmar que este tipo de reflexão não quer sugerir que cada qual busque sua forma de viver seu feminismo em sua pele. Até porque ninguém resiste sozinha, e o projeto deste sistema patriarcal, capitalista e (neo)colonial é fazer com que acreditemos que o único que nos resta é resistir. Mais do que resistir, queremos criar modos de existência eróticos em que poderemos afirmar nossa capacidade de sentir prazer em cada dimensão de nossa existência. Isso faz com que nosso senso de responsabilidade se aprofunde, pois, como afirma Audre Lorde, uma vez que tenhamos conseguido experimentar a intensidade de nossos sentimentos mais profundos, deixamos de estar satisfeitas com o sofrimento e a autonegação de nossos desejos. E isso age diretamente na nossa capacidade de resistir a atos de opressão.

Os conceitos teóricos e as elaborações artísticas de Anzaldúa nos permitem pensar em nosso corpo – território ocupado, racializado, generificado, sexualizado etc. – como um espaço no qual parasitam categorias moderno/coloniais naturalizadas como antagônicas, mas que podemos fazer desse espaço uma plataforma de experimentação e de enunciação para expressar as singularidades e complexidades que nos compõem e com as quais, inevitavelmente, fazemos corpo. Em seu poema *To live in the Borderlands means you*, a metáfora da fronteira, mais do que um espaço geográfico, denota o espaço limítrofe no qual elementos herdados, adquiridos, impostos e, muitas vezes, presumidamente opostos não se obliteram nem se subsumam a algo maior, mas combinam-se em vetores únicos e inesperados.[29]

"Seu corpo é uma encruzilhada", diz Anzaldúa, e podemos deixar de ser o bode expiatório para nos tornarmos sacerdotisas das encruzilhadas.[30] Isso implica, não tanto empoderamento, mas, contundentemente, uma atitude de ocupação, de tomada de posse do próprio corpo, de experimentação corporal, criativa, ética, estética e subjetiva. Enfim, em apostas pelo desvio e buscas pelas potências das ditas anormalidades.

Conceber o corpo como uma encruzilhada não significa considerá-lo o cruzamento onde obrigatoriamente tomamos uma decisão. Podemos subverter esta ideia e, acompanhando Donini, pensar a "bifurcação que se apresenta na encruza como um repertório de mundos possíveis".[31] Partindo da concepção filosófica nagô/iorubá, assim como da cosmovisão de mundo das culturas banto, Leda Martins nos convida a ver a encruzilhada como um lugar radial de centramento e descentramento. Martins afirma que, no que tange à esfera do rito e da performance, a encruzilhada é o lugar das "interseções e desvios, texto e traduções, confluências e alterações, influências e divergências, fusões e rupturas, multiplicidade e convergência, unidade e pluralidade, origem e disseminação".[32] Conforme sugere, podemos entender a encruzilhada como um lugar terceiro que gera sentidos plurais.

As inquietações, referências e provocações trazidas como reflexões espiraladas ao longo deste texto me levam a perguntar-nos se haveria a possibilidade de forjar um corpo erótico descolonial. Um corpo que se sabe palimpsesto. Um corpo que se sabe encruzilhada de mundos, saberes e conhecimentos pertencentes a lógicas distintas, dentre as quais algumas foram herdadas e outras foram impostas a ferro, fogo e sangue. Um corpo que não ignora nem a violência colonial cotidiana que se expressa em múltiplas camadas da existência, nem os marcadores sociais da diferença, a forma como os discursos sobre raça, sexo, gênero, sexualidade, normalidade e anormalidades agem sobre si, sobre os demais corpos e sobre as dimensões relacionais intersubjetivas que se dão entre os corpos. Que percebe que há uma intricada conexão entre privilégios e opressões, que os percebe como contingentes e contextuais, que trabalha para desmantelá-los e não apenas para discursivamente reconhecê-los. Que recupera as desbotadas memórias ancestrais talhadas em si, que se dobra sobre si mesmo. Um corpo que, para além de resistir coletivamente, cria para si modos de vida não tóxicos. Um corpo que se guia pela autoexperimentação, que se coloca em fricção com o mundo. Um corpo forjado em comunidade, em coletivo, capaz de abrigar o desejo, o prazer, a consciência fronteiriça e a ética de deixar-se afetar pelas diferenças.

A busca por este corpo já se constitui como a travessia em si. Não se trata de encontrar saídas nem de avistar novas topografias onde poderíamos simplesmente montar acampamento. O descolonial aqui não é convocado como uma escola de pensamento nem uma marca ou produto teórico-acadêmico. Trata-se de um processo de vida aberto às intempéries, de uma necessidade de ruptura de ordens ontológicas, epistemológicas e estéticas que, disfarçadas de universais ou neutras – pelo uso de uma suposta razão instrumental objetiva –, são intrinsecamente racistas, sexistas, misóginas, capacitistas, homolesbotransfóbicas etc. Como sistematicamente afirma Yuderkys Espinosa Miñoso, os processos de descolonização não começam com o estabelecimento dos estudos de(s)coloniais. Os processos de descolonização são inerentemente vinculados com as lutas anticoloniais que atravessam a história da América Latina de norte a sul, e são tão antigos quanto o próprio processo de colonização.

Portanto, não há fórmulas, modelos, muito menos uma linha de chegada na qual, num belo dia, alcançaremos este corpo. Entretanto, há sim linha(s) de partida. Para que nos encaminhemos para a linha de partida, é preciso vislumbrar a possibilidade de forjar tal corpo. É preciso desejar. É preciso fazer certas rupturas. E saber que este é sim um processo erótico, apesar de doloroso e violento, pois não pode ser ativado sem um empenho permanente de revisão crítica de cada gesto que operamos no mundo, desde as relações mais íntimas até as relações de trabalho, de consumo e do modo como lidamos com tudo que chamamos de natureza. De forma que este direcionamento para uma linha de partida não é algo que possa ser feito individualmente. Os processos de descolonização são sempre coletivos, pois é preciso estar em relação para perceber cada gesto, para revisar, para questionar, para caminhar e para manter-se caminhando.

Ao tecer estes apontamentos acerca da busca por um corpo erótico descolonial, ao trazer os aspectos dos feminismos que considero incontornáveis, ao convocar a anormalidade como potência de desterritorialização subjetiva, ao nos provocar a pensarmos como temos embarcado em nossos corpos, como estamos fazendo a travessia, por que rotas escolhemos navegar e com que bússolas nos guiamos, a intenção esteve em disparar reflexões que nos instiguem a implicar nossos corpos em modos epidérmicos e micropolíticos de viver o feminismo.

O corpo é aquilo que faz possível a materialização da imaginação política, e não há revolução sem imaginação nem sem corpo. O campo de produção de afetos e conhecimentos feministas não pode agir sobre nós se não posicionarmos nosso corpo nas rachaduras incômodas dos terrenos acidentados. É preciso rastejar em direção às encruzilhadas e insistir na escritura do palimpsesto para escutar vibrações que interfiram na nossa paisagem existencial e no modo como habitamos nossos chãos coletivos.

TEXTO PUBLICADO PELA PRIMEIRA VEZ NESTE VOLUME.

NOTAS

1. Agradeço imensamente a Angela Donini, Andiara Ramos Pereira e C. Maia pelos apontamentos críticos, e afetivos, relativos às reflexões de que trato aqui.
2. Particularmente, opto pelo uso do termo "descolonial" em minha escrita. Entre as principais autoras do campo não há necessariamente um consenso sobre a grafia do termo que nomeia o campo das teorias descoloniais/decoloniais. Sobre os debates em torno do termo "mais adequado", ver os textos *Lo pedagógico y lo decolonial: Entretejiendo caminos* (2013), de Catherine Walsh e também *Critica a la colonización discursiva del feminismo occidental* (2016), de Yuderky Espinosa Miñoso. (Yuderkys E. Miñoso, "Critica a la colonización discursiva del feminismo occidental", in Rivista Telmatica di Studi Sulla memoria Femminine, n° 30, p.189-198, 2016;

Catherine Walsh (org.), "Lo pedagógico y lo decolonial: Entretejiendo caminos", in *Pedagogías Descoloniales. Prácticas insurgentes de resistir, (re) existir y (re) vivir*. Tomo I, Quito: Ediciones Abya Yala, 2013.

3 Resumidamente, as teorias feministas interseccionais – tais como trabalhadas por Kimberlé Crenshaw, Adriana Piscitelli e Conceição Nogueira – argumentam que as categorias identitárias, os marcadores sociais ou eixos de diferenciação social tais como gênero, raça, classe, sexualidade etc. não existem de forma isolada nem *a priori*. Nesse sentido, não podemos pensar o gênero como uma categoria pura, muito menos como uma categoria isolada de outros elementos que compõem nossa identidade e operam em nossa subjetividade. Porém, não podemos pensar identidade, e suas distintas dimensões, em termos de adição: gênero + raça + classe, e sim como fatores que se constituem mutuamente. A experiência de gênero de cada pessoa, por exemplo, está diretamente relacionada com suas experiências de raça, de classe, de nacionalidade etc. e vice-versa. As correntes teóricas do feminismo interseccional variam dependendo de como são trabalhadas outras noções fundamentais para as teorias feministas, como são as noções de diferença, desigualdade, poder, agência, privilégios e opressões. Apesar da ideia de interseccionalidade dos eixos de opressão e dos marcadores sociais de diferença ter sido anteriormente utilizada por autoras como Gloria Anzaldúa (1981;1987) e Audre Lorde (1984), o conceito e a teoria da interseccionalidade são formalmente atribuídos à Kimberlé Crenshaw (1991) e vem dando solidez e densidade às inúmeras críticas de feministas racializadas ao essencialismo e universalismo das teorias feministas feitas por mulheres brancas de classe média ou alta. Ver: Kimberlé Crenshaw, "Mapping the Margins: Intersectionality, Identity Politics, and Violence against Women of Color", *Stanford Law Review*, 43, nº 6, p. 1241-1299, 1991; Adriana Piscitelli, "Interseccionalidades, categorias de articulação e experiências de migrantes brasileiras", *Sociedade e Cultura*, Goiana, v. 11, nº 2, p. 263-274, 2008; Conceição Nogueira, "A teoria da interseccionalidade nos estudos de género e sexualidades: condições de produção de 'novas possibilidades' no projeto de uma psicologia feminista crítica", in Ana Lídia Campos Brizola et al (Org.), *Práticas sociais, políticas públicas e direitos humanos*, Florianópolis: Editora ABRAPSO, p. 227-248, 2013; Gloria Anzaldúa, "Hablar en lenguas: Una carta a escritoras tercermundistas", *Esta puente mi espalda*, Cherríe Moraga e Ana Castillo (Ed.), São Francisco, CA: ISM Press, 1988; Gloria Anzaldúa, "To live in the Borderlands", *Borderlands/La frontera: the new mestiza*, 4ª Ed., San Francisco, CA: Aunte Lute Books, 2012; Audre Lorde, *Sister Outsider: Essays and Speeches*, Califórnia: Crossing Press, 2007.

4 Sucintamente, as teorias do feminismo descolonial – tais como as propostas por María Lugones, Yuderkys Espinosa Miñoso e Ochy Curiel – sugerem que devemos pensar o gênero nas Américas como uma imposição colonial articulada à ideia de raça. Conforme afirma Lugones, a raça, o gênero e a sexualidade são categorias co-constitutivas da episteme moderna colonial e não podem ser pensadas por fora desta episteme – nem tampouco de maneira separada entre elas. Para Lugones, pensar em gênero, raça e sexualidade somente pela via categorial é ainda operar pela forma dicotômica hierárquica que informa a lógica da modernidade e das instituições modernas. Por isso ela afirma que não podemos ficar somente nas categorias fossilizantes e objetificadas, pois estas impedem aproximações aos processos de subjetivação de cada pessoa. Espinosa Miñoso e Curiel corroboram esta posição e advertem que, para além de trabalhar pelo viés da interseccionalidade, devemos nos perguntar acerca de como historicamente foram produzidas as diferenças, ou os eixos de subordinação como raça e gênero, que impactam principalmente as mulheres racializadas e pobres. Consultar: María Lugones, "Rumo a um feminismo descolonial", Revista Estudos Feministas, v. 22, nº 3, 2014; Yuderkys Espinosa Miñoso et. al., *Tejiendo de otro modo. Feminismo, epistemología y apuestas descoloniales en Abya Yala*, Popayán: Editorial Universidad del Cauca, 2014; Ochy Curiel, Construyendo metodologías feministas desde el feminismo decolonial, "Reflexiones, herramientas y aplicaciones desde la investigación feminista", País Vasco: Universidad del País Vasco; Hegoa, 2014.

5 As alianças entre forças conservadoras e o projeto neoliberal aparecem nitidamente com a expansão das políticas antigênero que socavam lutas feministas relativas a direitos sexuais, reprodutivos e de respeito autonomia dos corpos. Segundo a pesquisadora Sonia Correa, co-coordenadora do Observatório de Sexualidade e Política (SPW), "a intensificação das

políticas antigênero na América Latina, a partir de 2013, está diretamente relacionada com as agendas neoliberais, os déficits em nossos sistemas democráticos e, mais especialmente, com a politização do dogmatismo religioso". Uma compilação atual da proliferação das políticas antigênero pelo mundo foi feita pelo SPW e está disponível em < https://sxpolitics.org/ptbr/a-politica-antigenero-de-abril-a-agosto-de-2019/9561>. Acesso em 20 ago 2020.

6   Conforme Ochy Curiel, os feminismos hegemônicos são aqueles predominantemente feitos a partir de uma ideologia branca que desconsidera seus privilégios de classe, de raça, de sexualidade e de geopolítica. Informação verbal disponível na conferência *El Feminismo Decolonial Latinoamericano y Caribeño. Aportes para las Prácticas Políticas Transformadoras* (2017). Disponível em < https://www.youtube.com/watch?v=BovLlIncsg0 >. Acesso em 20 ago 2020.

7   bell hooks. *Ensinando a transgredir: a educação como prática de liberdade*, São Paulo: Editora Martins Fontes, 2013, p. 98.

8   Ochy Curiel, "Construyendo metodologías feministas desde el feminismo decolonial", in Irantzu Mendia Akzue et al. (org.), *Otras formas de (re)conocer: Reflexiones, herramientas y aplicaciones desde la investigación feminista*, País Vasco: Universidad del País Vasco; Hegoa, 2014, p. 54.

9   María Lugones. "Rumo a um feminismo decolonial", in Heloisa Buarque de Hollanda (org.), *Pensamento feminista: conceitos fundamentais*, Rio de Janeiro: Bazar do Tempo, 2019, p. 357-378.

10 Paul B. Preciado, "La amnesia del feminismo", in *Un apartamento en Urano: crónicas del Cruce*, Barcelona: Editorial Anagrama, 2019, p. 112-114.

11 Anne Cova, *História das mulheres em questões*. [Entrevista cedida a Denise Sant'Anna]. Projeto História, São Paulo, nº 45, p. 317-325, dez 2012.

12 Sojouner Truth, "E eu não sou uma mulher? (1851)", in *Histórias Afro-Atlânticas: algumas questões*, Amanda Carneiro; André Mesquita; Adriano Pedrosa (orgs.), v. 2, Antologia, São Paulo: MASP, 2018, p. 17.

13 É importante levarmos em consideração que o feminismo, como movimento social e como campo de produção de saberes, é bastante heterogêneo, além de possuir peculiaridades contingentes a cada geopolítica e a cada tempo histórico em que este se dá. Ademais de compreender a divisão do movimento em ondas, devemos ter em mente que, como afirmam muitas feministas negras, a divisão em ondas não abarca a singularidade dos processos políticos no que diz respeito à experiência de mulheres racializadas. Segundo Curiel (2014), devemos ter cuidado em abordar os feminismos somente desde a perspectiva de sua divisão em ondas, pois esta geralmente aponta para uma visão linear, única e eurocêntrica da história do feminismo.

14 Yuderkys Espinosa Miñoso, "Critica a la colonización discursiva del feminismo occidental", in *Rivista Telmatica di Studi Sulla memoria Femmine,* nº 30, 2016, p.189-198. Nesse mesmo sentido, o feminismo descolonial, tal como trabalhado por Yuderkys Espinosa Miñoso e Ochy Curiel, tem feito um trabalho de fôlego com ênfase em, entre tantas outras coisas importantes, recuperar o legado de mulheres, corpos trans, não-binários e feministas afrodescendentes e indígenas que sempre tiveram enorme importância nas lutas e na resistência de suas comunidades.

15 María Lugones, "Subjetividad esclava, colonialidad de género, marginalidad y opresiones múltiples", in *Pensando los feminismos en Bolivia. Politizar la diferencia étnica y de clase: feminismo de color.* [s.n.] 2012, Disponível em < http://glefas.org/download/biblioteca/feminismo-movimientos-sociales/Las-trampas-del-Patriarcado.-Julieta-Paredes.pdf#page=129 >. Acesso em 20 ago 2020.

16 Além do conceito de colonialidade do gênero, que vem sendo trabalhado por Lugones, Miñoso e Curiel, é importante salientar o conceito de colonialidade do ser, tal como este vendo sendo trabalhado pelo filósofo porto-riquenho Nelson Maldonado-Torres. Seguindo sua lógica argumentativa, a colonialidade do ser envolveu o traçado de uma linha que divide o mundo entre a zona do ser, onde os sujeitos são brancos e racializados como "superiores", e a zona do não-ser, onde os sujeitos são não brancos, racializados como "inferiores", desumanizados e animalizados. O conceito de zona do não ser é oriundo de Frantz Fanon (2008) e retrabalhado por Torres. Porém, acompanhando o viés do feminismo descolonial, o limiar traçado pelo sistema-mundo moderno/colonial é mais profundo do que uma simples linha divisória entre

a zona do ser e a zona do não ser. Esta zona do não ser, na qual encontram-se os sujeitos coloniais escravizados, racializados como não brancos e inferiorizados, não é uma zona homogênea. Nela, a opressão racial entrelaça-se com a dimensão de gênero e de sexualidade, por exemplo. Para um aprofundamento de tais questões ver as obras supracitadas de Maria Lugones (2012;2014) e também: Franz Fanon, *Pele negra, máscaras brancas*, Salvador: EdUfba, 2008; Nelson Maldonado-Torres, "Sobre la colonialidad del ser: contribuciones al desarrollo de un concepto", in Ramón Grosfoguel; Santiago Castro-Gomez (Ed.), *El giro decolonial: reflexiones para una diversidad epistémica más allá del capitalismo global*, Bogotá: Siglo del Hombre Editores; Universidad Central, Instituto de Estudios Sociales Contemporáneos y Pontificia Universidad Javeriana, Instituto Pensar, p. 127-168, 2007.

17 Audre Lorde, "Idade, raça, classe e gênero: mulheres redefinido a diferença", in Heloisa Buarque de Hollanda (org.), *Pensamento feminista: conceitos fundamentais*, Rio de Janeiro: Bazar do Tempo, 2019, p. 239-249.

18 Paul B. Preciado, "Multidões Queer: por uma política dos anormais", in Heloisa Buarque de Hollanda (org.), *Pensamento feminista: conceitos fundamentais*, Rio de Janeiro: Bazar do Tempo, 2019, p. 421.

19 É neste contexto que se inventa, por exemplo, em 1868 o termo "homossexualidade" como uma "identidade sexual", quando se classificará certos usos do corpo como uma condição "anormal" a ser "estudada", fazendo com que se naturalize a "heterossexualidade" como uma categoria política normativa. Para um aprofundamento, ver Paul B. Preciado, *Testo Yonqui*, Madrid: Ed. Espasa Calpe, 2008.

20 Uma discussão densa sobre o extrativismo dos afetos, perceptível pela repressão do corpo e do saber-do-corpo, tanto pelos efeitos da colonização quanto na atual fase do capitalismo neoliberal pode ser encontrada nas teorias de Suely Rolnik. Conferir Suely Rolnik, *Esferas da Insurreição: notas para uma vida não cafetinada*. São Paulo: n-1 edições, 2018.

21 Sueli Carneiro, *A construção do outro como não ser como fundamento do ser*, Tese de doutorado. 339 f. (Doutorado em Educação). Programa de Pós-graduação em Educação, Universidade de São Paulo, São Paulo, 2005.

22 María Lugones, "Rumo a um feminismo descolonial", in Heloisa Buarque de Hollanda (org.), *Pensamento feminista: conceitos fundamentais*, Rio de Janeiro: Bazar do Tempo, 2020, p. 357-378.

23 Gloria Anzaldúa, "To live in the Borderlands", *Borderlands/La frontera: the new mestiza* (1987), 4ª ed. San Francisco, CA: Aunte Lute Books, 2012.

24 Camila Bastos Bacellar, *Para habitar o corpo-encruzilhada*, Tese de Doutorado. 380 f. (Doutorado em Artes Cênicas). Programa de Pós-graduação em Artes Cênicas, Universidade Federal do Estado do Rio de Janeiro, Rio de Janeiro, 2019.

25 Audre Lorde, *Sister Outsider: Essays and Speeches* (1984), Califórnia: Crossing Press, 2007, p.54.

26 Audre Lorde, "Idade, raça, classe e gênero: mulheres redefinido a diferença.", in Heloisa Buarque de Hollanda (org.), *Pensamento feminista: conceitos fundamentais*, Rio de Janeiro: Bazar do Tempo, 2019, p. 239-249.

27 Angela Donini, "Escavação nas ruínas do corpo vivo", in Lívia Flores; Michelle Sommer (orgs.), *Cadernos Desilha*, Rio de Janeiro: PPGAV EBA UFRJ Editora Circuito, 2017, p. 131.

28 Gloria Anzaldúa, *Borderlands/La frontera: the new mestiza* (1987), 4ª ed. San Francisco, CA: Aunte Lute Books, 2012.

29 Ibid.

30 No sentido empregado por Anzaldúa (2012), a perspectiva de encruzilhada se adensa não para suavizar hibridismos, como o operado pelo multiculturalismo de corte neoliberal, mas sim para localizar as fronteiras e o encontro, ainda que conflitivo com os mundos possíveis. (Gloria Anzaldúa, *Borderlands/La frontera: the new mestiza* (1987), 4ª Ed. San Francisco, CA: Aunte Lute Books, 2012, p. 102.)

31 Angela Donini, "Escavação nas ruínas do corpo vivo", in Lívia Flores; Michelle Sommer (orgs.), *Cadernos Desilha*, Rio de Janeiro: PPGAV EBA UFRJ Editora Circuito, 2017, p.137.

32 Leda Martins, "Performance da Oralitura: corpo, lugar da memória", in *Letras, Revista do Programa de Pós-graduação em Letras*, Santa Maria, v. 25, p. 69-70, 2003.

Para sobreviver é preciso reconhecer que *há uma guerra em curso* e, então, criar possibilidades subterrâneas de escape que permitam a permanência do corpo em vida sem que esteja morto em vida. Devir-coiote encontra rotas de fuga *no recicle, nas okupas e no calor de outras corpas* – são armas e guias. A vitória é manter o corpo erguido em espaços afetuosos construídos a muitas mãos, entre relações "mais amorosas e criminosas". Esses corpos, espaços e relações questionam as convenções sociais do sexo e a maneira como essas convenções naturalizam algumas práticas enquanto patologizam e criminalizam outras.

Andiara Ramos Pereira

Chama a revolta! Necropolítica e pornoterrorismo nas margens do mundo e na periferia dos corpos: um ensaio sobre a experiência mitológica e ritual do *devir-coiote*

Andiara Ramos Pereira

COIOTE, MITOLOGIA E RITUAL

Coiote. Ou *cóyotl*. Palavra de origem *náhuatl*, língua falada pelos astecas. *El coyote* foi descrito como um animal diabólico pelos colonizadores espanhóis – sabe-se disso por meio de crônicas como as de frade Bernardino de Sahagún, catequizador franciscano.[1] Rápido na caça, o coiote era conhecido por emanar um vapor de seu corpo capaz de infectar suas presas, fazendo com que elas ficassem atordoadas ou desmaiassem. Sempre estava acompanhado por músicos e dançarinos.

Imagem 1: *Tezcatlipoca*. Divindade que se transformava em coiote para prevenir transeuntes de roubos que iriam acontecer.

Em manuscritos antigos, o coiote aparece em cenas com uma figura feminina que por vezes está chorando com uma vasilha nas mãos, por vezes está sobre uma poça de sangue e um coração, o que remete ao sacrifício da mulher no parto: a temida divindade Cihuateotl.

Imagem 2: *Frame* de "Performance para nascer" (2011), de Raíssa Vitral. Raíssa ensanguentada segurando uma vasilha. A performer sacrificou uma galinha, retirando o sangue do animal através de um corte no pescoço. Simultaneamente, despejou o sumo em uma bandeja e depois o transferiu para a vasilha que, por sua vez, serviu de suporte para que a *performer* elevasse o líquido até a cabeça e despejasse em seu próprio corpo. Disponível em <https://www.youtube.com/watch?v=pr-G85vR-BAE>.

Ritual Coiote (texto 1). Evoca energia mitológica, deificando corpo-performer. Catarse estético-política. Catarse, palavra reivindicada em *Ritual performático terrorista para denunciar as opressões contra o corpo e a terra*, de Raissa Vitral. Catarse, palavra do vocabulário aristotélico, define a purificação após um arrebatamento da alma: "sob a influência das melodias sagradas, quando sentiram os efeitos dessas melodias, vemos tais almas, que foram excitadas até ao delírio místico, restauradas, como se tivessem encontrado a cura e a purificação".[2] Curar a praga *ci$heterokapitalista*, abrir portais para outros cosmos. Alternativa adentro, sem recuo.

Ritual Coiote (texto 2). As ações do Coletivo Coiote que presenciei. Ou, melhor dizendo, as *ações devir-coiote*. Porque tem hora que é Coletivo Coiote, tem hora que não. Colaboradorxs. Amigxs. Amores. Matilha reunida, ritualizando. A música é fator determinante. Uivos, rugidos, entoações que ora lembram gritos tradicionais Zulu, ora ganham ritmos xamânicos. A harmonia e o caos sonoro se unem e geram um estado de transe. Palavras de ordem são vociferadas: *NÃO QUEIMEM NOSSAS FLORESTAS!*

Imagem 3: *Frame* de Mogli em performance realizada com Raissa Vitral, Camila Valone e Odaraya Mello na Mostra Revolta, 24 de agosto de 2019, na Casa Lâminas, São Paulo, Brasil. Descrição: Mogli com galhos de árvore em camisinhas penetrados no ânus. Acervo pessoal.

Ritual Coiote (texto 2, continuação). Performance na mostra Revolta. Ocorreu em um quarto somente iluminado pelo fogo de algumas velas, que estavam organizadas em forma circular no espaço. Os *performers* ficavam dentro desse círculo; os músicos, fora. Mogli estava adereçado como uma deidade *coyote* ou xamã, repleto de folhas sobre seu corpo e permaneceu a maior parte do tempo com as costas agachadas e os glúteos para cima, exibindo o ânus preenchido com os galhos de árvore. Sua boca também estava abarrotada de folhas, que eram diferentes das que estavam sobre o resto de seu corpo – pareciam coentro ou erva semelhante. Raíssa, com o corpo nu, começou, então, a fazer perfurações corporais em Mogli, acoplando incensos nas agulhas sobre a pele perfurada. Bruna Kury, assistindo a performance, eventualmente produzia algumas vocalizações. Márcia Marci e eu éramos as únicas a filmar a ação, por decisão prévia. Ela usava um celular com um *flash* contínuo que me permitia captar imagens com a câmera DSLR. Após perfurar Mogli, Raíssa voltou-se para si, perfurando a própria vagina e inserindo galhos de arruda nos cateteres. Na sequência, se agachou de quatro e começou a retirar um pano verde de dentro do canal vaginal, que logo se revelou um lenço, o mesmo utilizado em protestos pela legalização do aborto na Argentina. Raíssa passou a rebolar com o lenço parcialmente enfiado na vagina até retirá-lo por completo e se levantar. Odaraya intensificava o som da percussão conforme as ações iam se desdobrando. Mogli, ainda agachadx, respondia à intensificação do som vibrando o corpo. Camila se levantou com uma vasilha nas mãos e foi até Raíssa, que estava de cócoras. Então, molhou suas mãos num líquido que parecia um preparado de ervas e passou sobre as costas de Raíssa. Um banho, que se prolongou de Raíssa para Mogli com as mãos de Camila ofertando o fluido. Depois do banho, Camila se dirigiu até uma das velas para queimar um maço de ervas. Um ritmo começou a ser cantado no ambiente, não se sabe exatamente por quem. Foi acompanhado por outras entonações. Mogli agitava seu corpo num estado de transe conforme os barulhos aguçavam, vibrando e erguendo-se em movimentos primais. Com a diminuição dos barulhos, Mogli se contorceu até retornar ao chão, onde continuou contraídx. NÃO QUEIMEM NOSSAS FLORESTAS! NÃO QUEIMEM NOSSAS FLORESTAS! NÃO QUEIMEM, CARALHO! Os gritos retornaram, dessa vez vindo de todas as pessoas da sala. Mogli pulava, pulava, girava, se agitava no ritmo dos gritos, tambor e instrumento de sopro. Movimentava-se como se estivesse incorporando. (OKÊ ARÔ! Lembra Oxóssi – como

334

bem falou Taís Lobo ao ver o registro, sentada ao meu lado no dia seguinte. Um orixá, como o coiote, da caça. Protetor das matas. *Pornomacumba*.) Mogli produzia movimentos com a boca, baforando na direção de Raíssa e mantendo os olhos revirados. Ao término, Raíssa retirou, uma a uma, as agulhas da pele de Mogli. Exaustos, um sobre o outro, uma sobre a outra, repousaram por uns instantes e, em seguida, no chão, os quatro corpos aglutinados convidaram as demais pessoas presentes para se unirem a elxs.

Ritual Coiote (texto 3). *Criação* ⇔ *Ação sexual. Coyote-Gente-Luna cria o mundo cantando e dançando com uma maraca feita de seu escroto.*[3] A força geradora do devir-coiote vem da destruição. Destruir é criar. Explodir como uma bomba, espalhar estilhaços para todos os lados. "El pornoterrorismo aspira a la destrucción del enemigo".[4] O inimigo está lá ou aqui?

A Gaia Ciência, aforismo 370: aquele que "é rico em plenitude de vida" pode permitir-se "o ato terrível e todo o luxo da destruição".[5]

Ritual Coiote (texto 3, continuação). Mirar os valores ci$heterokapitalistas, atingir nossos próprios corpos. "Aquello contra lo que luchamos bien podría estar alojado, cual parásito, dentro de nuestros cuerpos".[6] Nos escombros de nossa moral, nos abrimos ao afeto e fertilizamos outras cosmologias. Nutrimos políticas de coalizão "correndo entre bocas e línguas para propor estratégias".[7] Entre bocas e línguas, pele e suor... na abertura de nossas cavidades corporais, criar pornografia de dissidências. O macho não goza. "La diplomacia, la democracia y la bu(r)rocracia son elementos que no sirven para nada cuando se quieren cabiar las cosas".[8] Estímulos não estritamente genitais para a carne. BDSM. Por outras e outros, outrxs e outres. Pornô. *Pornós*. Escatologia e *spanking* na praça da Cinelândia. Dildos-sagrados-em-forma-de-crucifixo: Deus é amor, sobretudo quando está enfiado no cu. Assim foi a Marcha das Vadias de 2013. & escarros de fiéis católicos contra corpos nus. Entre tesão, medo e ódio, todos interagiam. *Cospe que a gente gosta!* É nós por nós.

Imagem 4: Bandeira "Outro Pornô/Pornós é possível", de Bruna Kury e Camila Valones, exposta na Mostra Revolta, 24 de agosto de 2019, na Casa Lâminas, São Paulo, Brasil. Acervo pessoal.

Ritual Coiote (texto 3, continuação). *Autonarrativas pornográficas. Ou conjuros para narrativas pornográficas entre aliadas políticas*: "tipo família, tipo matilha, tipo quadrilha".[9] Monstruosas, perigosas, desviantes. Em encontros efêmeros. Festas, álcool e maconha. Às vezes outras drogas também. Registrar o rolê. Anunciar o fim do mundo em filmes experimentais. Depois de matar a herança colonial no interior de nossas vísceras, o que restará? "Hey, what have I got? Why am I alive, anyway? Yeah, what have I got nobody can take away? Got my hair, got my head. Got my brains, got my ears. Got my eyes, got my nose. Got my mouth, I got my smile. I got my tongue, got my chin", cantava Nina Simone. "Got my neck, got my boobies. Got my heart, got my soul. Got my back, I got my sex. I got my arms, got my hands. Got my fingers, got my legs. Got my feet, got my toes. Got my liver, got my blood."[10] Esse *tudo-que-eu-tenho*. Ou esse *aqui-agora*. Esse *aí*. Esse *isto*.[11] Tempo-lugar-matéria que vive e sabe que vive. Vulnerável. Me detém ou me expande na ausência de limites de mim mesma: penetrável, rasgado ao sentido de outros. Corpo que precisa ser retomado dos discursos normativos, ressignificado, revivificado. Pornografia de dissidências. Sexo reinventado. Re-animatio. Energia outra.

Ritual Coiote (texto 4). *A poética em sua dimensão divinatória: o coiote previne o roubo*. E que roubo é esse senão o das nossas terras ancestrais, dos nossos corpos sexuados, das nossas memórias indígenas e negras? *Devir-coiote previne o roubo colonial.* Terra é pele, pele é terra. Roubo do que nos é primordial. Querem é *continuar* nos esfolando, nos mandar para as ruas para morrermos em vida, mortos-vivos (como os *junkies* que vejo no centro de L.A., majoritariamente negros e latinos). Morte social. Necropolítica. Se o *ethos* colonial permanece, precisamos resistir. Nos armar para descolonizar. E nas ruas? Inverter as horas dos relógios. Abrir fendas no tempo. Parar, interromper a coreografia consensual do trabalho e do dinheiro.[12] Colocar nossos planos (criminosos e amorosos) em ação. *Sexo como afinidade política.* E a floresta queima, queima, queima. Nossos poros escancarados absorvem a fumaça. "Esta terra é a nossa casa? Ou apenas temos de viver entre miséria e dor?"[13] Nossa pele queima, queima, queima.

Enxerto teórico 1. A mitologia e a ritualização do devir-coiote reúnem aspectos corporais, artísticos, sexuais e políticos. Cabe ressaltar que, ao rememorar não somente o espírito de Coiote, mas também o de Oxóssi, resgata-se a ancestralidade *náhuatl* e iorubá. Ambas estão estruturadas em ritualísticas que envolvem a dança e a música, além de possuírem íntima relação com o cuidado da terra e da natureza.

No *devir-coiote*, a dança é atualizada pela performance ou, talvez, pela performatividade, pois o que se performa são discursos de resistência e modos de vida. Não há representação. Atos performativos são atos de fala reiterados ao longo do tempo.[14] De maneira análoga, o devir-coiote performa discursos, mas discursos que rompem com a hegemonia linguística. Está em jogo a construção de narrativas em primeira pessoa, narrativas a partir de uma perspectiva de dissidência que recusa a reprodução acrítica da norma. Essas narrativas implicam *uma nova feitura do corpo sexuado e político.*

Assim, (pós-)pornografia e política se aliam para questionar a naturalização de valores ci$heterokapitalistas na sociedade, lançando uma proposta de resistência para viver corpo e sexo. Essa proposta reconhece as falhas históricas da pornografia como princípio pedagógico burguês, identificando o sexismo, o racismo, a transfobia, o capacitismo, a gordofobia e tantas outras fobias na indústria pornográfica *mainstream.* A partir dessa identificação, há uma apropriação de tecnologias pornográficas, as quais se modificam com a circulação de uma ética de produção apoiada em relações de afinidades libertárias e na construção coletiva de novos espaços de sobrevivência e elaboração de sentidos, capazes de promover a vida em meio a um contexto social que preza pela aniquilação de corpos não normativos.

NECROPOLÍTICA E PORNOTERRORISMO

Enxerto teórico 2. O devir-coiote resiste à política da morte, ou *necropolítica*. De acordo com Achille Mbembe, a necropolítica é definida por um direito de morte aplicado a partir da divisão racial entre quem importa viver e quem é matável. Na medida em que "a função do racismo é regular a distribuição da morte e tornar possíveis as funções assassinas do Estado",[15] as colônias são o local ideal para o exercício da necropolítica. Nelas, paira a compreensão de que *há um outro ameaçador, perigoso e mortal que deve ser eliminado* para que a segurança volte a reinar. Nesse contexto, a violência ganha uma função de regulação social e "opera a serviço da 'civilização'", o que demostra a completa "negação racial de qualquer vínculo comum entre o conquistador e o nativo". A "vida selvagem" implica não apenas uma equiparação à vida animal, mas experiências de medo e ausência de inteligibilidade[16] que acabam por confundir corpo e política, sexo e soberania. Nas palavras de Mbembe:

> (...) Bataille estabelece uma relação entre morte, soberania e sexualidade. A sexualidade está completamente associada à violência e à dissolução dos limites de si e do corpo por meio de impulsos orgíacos e excrementais. Como tal, a sexualidade diz respeito a duas formas principais de impulsos humanos polarizados – excreção e apropriação –, bem como o regime de tabu em torno deles. A verdade do sexo e seus atributos mortais residem na experiência da perda das fronteiras (...). Para Bataille, a soberania tem muitas configurações. Mas, em última análise, é a recusa em aceitar os limites a que o medo da morte teria submetido o sujeito. O mundo da soberania, Bataille argumenta, 'é o mundo no qual o limite da morte foi abandonado. (...) O soberano', conclui, 'é ele quem é, como se a morte não fosse... Não respeita os limites de identidade mais do que respeita os da morte, ou, ainda, esses limites são os mesmos; ele é a transgressão de todos esses limites'. (...) a soberania definitivamente demanda o risco de morte.[17]

Ao relacionar o sexo com a violência e a dissolução dos limites de si, Mbembe ressalta o modo como a morte constitui a prática sexual. Dissolver os limites do próprio corpo, abrindo-se a outros corpos, eis a morte e o prazer do sexo. Perder as fronteiras, contudo, é o maior medo de qualquer Estado soberano. E, contra esse medo, o Estado impõe a morte. *Antes* de ser morto, de fragmentar-se em outridades quaisquer. Matar ou morrer (para não imiscuir-se). Tudo *o que assusta o corpo civilizado* deve ser executado. Tudo *o que aterroriza a razão colonizadora* deve desaparecer. É nesse sentido que Mbembe chama atenção para o modo como a modernidade colonial torna imprescindível o terror, que é convertido "numa forma de marcar a aberração no corpo político".[18] Terrorismo é qualquer ação radical contra o Estado e, ao mesmo tempo, o terror é utilizado pelo próprio Estado como um modo de manter sua soberania. Nesse sentido, o terror integra narrativas de emancipação e de dominação.

Para Mbembe, escravidão é um dos maiores exemplos da utilização do terror para a manutenção de uma hegemonia. Durante a escravidão, a condição de escravo é de "tripla perda", ou tripla morte: perde-se o lar, os direitos sobre o próprio corpo e o estatuto político. "Essa tripla perda equivale a uma dominação absoluta, uma alienação de nascença e uma morte social", isto é, a retirada da humanidade do sujeito.[19] O escravo é mantido vivo em "estado de injúria", o que implica que sua vida é uma espécie de *morte em vida*.

Defendo que essa condição de morte em vida é contemporizada em contextos nos quais há a permanência de um *ethos* colonial mesmo após o fim do período colonial. A colonialidade remanescente conserva a política de morte contra corpos negros, pessoas LGBT e mulheres cis, mantendo uma série de outros corpos em situação de morte social, como os corpos gordos, com diversidade funcional e soropositivos. Por outro lado, é através do terrorismo que esses corpos se insurgem contra o genocídio e outras políticas mortais. Terrorismo, nesse caso, abre possibilidades de sobrevivência para além do raio mortificador das normas ci$heterokapitalistas. *Sobreviver é palavra-chave contra a política da morte*, mas em que condições o ci$heterokapitalismo nos preserva?

Devir-coiote vaga pelas ruas. Em viagens precárias por territórios *sudakas*, sem passagem de volta garantida. Em prisões. Em abrigos da prefeitura ou de entidades de caridade:

(...) minha vivência e minha história na rua e centro assistencial – as relações entre profissionais do sexo e moradores de rua – dsts – SUS ridicularizando o humano – as regionalizações no país – as regionalizações e segregações entre grupos de moradores de rua numa mesma localidade – como acontece em outros países? ongs? pessoas que por não aceitação da família vão morar na rua – grupos assassinos – a vida na favela, minorias de gênero e a liberdade e respeito que se tem – violência policial – rolezeiras proibidas de entrar em shoppings – a agressividade – a esquizofrenia – descolonização geral do corpo – a assistência social capitalista cristã burguesa piedosa – negro pobre viado travesti relações de amor entre moradores de rua.[20]

Desse lugar marginal, uma luta se ergue a partir do próprio corpo, pois *o corpo é o que está exposto ao ci$heterokapitalismo e sua política de morte, não as ideias ou ideais*. O corpo que precisa comer. Que precisa dormir. Se aquecer no frio. Para sobreviver, é preciso reconhecer que *há uma guerra em curso* e, então, criar possibilidades subterrâneas de escape que permitam a permanência do corpo em vida sem que esteja morto em vida. Devir-coiote encontra rotas de fuga *no recicle, nas okupas e no calor de outras corpas* – são armas e guias. A vitória é manter o corpo erguido em espaços afetuosos construídos a muitas mãos, entre relações "mais amorosas e criminosas".[21] Esses corpos, espaços e relações questionam as convenções sociais do sexo e a maneira como essas convenções naturalizam algumas práticas enquanto patologizam e criminalizam outras. Respondem com o exibicionismo do horror e da perversão sexual. Perverter é perturbar a ordem das coisas. O terrorismo está no sexo que não se autocensura, em práticas de *squirting* e *fisting*, na exposição pública de desejos ocultos, no *gangbang*, na humilhação consentida, no *shibari*. Se na economia do desejo ci$heterokapitalista, os corpos negros e gordos são condenados à solidão, as pornografias de dissidência podem se conectar "pelo lixo, pelo resto e pelo isolamento".[22] Parcerias monstruosas e alegrias pornográficas. Algo politicamente incorreto nos seduz para além do círculo familiar, da boa moral e dos bons costumes. Corpo-bomba:

a arma contida na forma do corpo é invisível. Assim, dissimulada, faz parte do corpo. Está tão intimamente ligada ao corpo que, no momento da detonação, aniquila seu portador e leva consigo outros corpos, quando não os reduz a pedaços. O corpo não esconde apenas uma arma. Ele é transformado em arma.[23]

Pornoterrorista, devir-coiote se aproxima do inimigo para detoná-lo e, junto, implode sua própria corporeidade na excitação do encontro. Nada resta para reerguer. Um novo mundo por vir.

TEXTO PUBLICADO PELA PRIMEIRA VEZ NESTE VOLUME.

NOTAS

1. Lucía Aranda Kilian, "El simbolismo del coyote, el zorrillo y el colibrí en el mundo Náhuatl y su supervivencia en una comunidad huasteca", *Revista de Antropología*, Lima, ano 3, nº 3, p. 63-76, 2005.
2. Marilena Chaui, *Introdução à história da filosofia: dos pré-socráticos a Aristóteles*, v. I. 2. ed., São Paulo: Brasiliense, 1994, p. 339.
3. Miguel Olmos Aguilera, *El viejo, el venado y el coyote. Estética y cosmogonía: hacia uma arquetipología de los mitos de creación y del origen de las artes en el noroeste de México*, Tijuana, B. C.: El Colegio de la Frontera Norte, 2014, p. 38.
4. Diana J. Torres, *Pornoterrorismo*, Oaxaca de Juárez: Surplus em colaboração com Txalaparta, 2013, p. 71.
5. Friedrich Nietzsche, *A gaia ciência*, São Paulo: Companhia das Letras, 2001.
6. Diana J. Torres, op. cit. p. 43.
7. Bruna Kury; M. Marci; G. Puri; R. Vitral (Coletivo Coiote), *Crônicas coiote*, Brasília: padê editorial, 2019, p. 13.
8. Diana J. Torres, op. cit. p. 71.
9. Coletivo Coiote, "Potporri para rir coiote", Rio de Janeiro, 2013. Disponível em <https://soundcloud.com/anarkofunk/potporri-para-rir-coiote>. Acesso em 20 ago 2020.
10. Nina Simone, *Ain't got no, I got life*, New York City: RCA Studios, 1968.
11. Jean-Luc Nancy, *Corpus*, Lisboa: Vega, 2000, p. 15.
12. André Lepecki, "Coreopolítica e coreopolícia", *Ilha, Revista de Antropologia*, v. 13, nº 1, p. 41-60, jan./jun. 2012.
13. Yoyontzin, 1973, apud Adovaldo Fernandes Sampaio, *Letras e memória: uma breve história da escrita*, São Paulo: Ateliê Editorial, 2009, p. 168.
14. Judith Butler, *Problemas de gênero: feminismo e subversão da identidade*, Rio de Janeiro: Civilização Brasileira, 2013.
15. Achile Mbembe, *Necropolítica*, São Paulo, n-1 edições, 2018, p. 18.
16. Ibid., p. 35-36.
17. Ibid., p. 15-16, destaques no original.
18. Ibid., p. 23.
19. Ibid., p. 27.
20. Bruna Kury; Marcia Marci; Gil Puri; Raíssa Vitral (Coletivo Coiote), op. cit., p. 29.
21. Bruna Kury, in Bruna Kury et al. (Coletivo Coiote), op. cit., p. 33
22. Marcia Marci in Bruna Kury et al. (Coletivo Coiote), op. cit., p. 11.
23. Achile Mbembe, op. cit., p. 63.

Obviamente, as relações entre arte, política e diversidade sexual e de gênero, em especial quando pensamos na história do feminismo, não são novas. As feministas, assim como outros movimentos sociais, como o Movimento Negro, com o Teatro Negro, sempre perceberam que as artes e os produtos culturais em geral são potentes estratégias para produzir outras subjetividades capazes de atacar a misoginia, o sexismo e o racismo.

Leandro Colling

A emergência e algumas características da cena artivista das dissidências sexuais e de gênero no Brasil da atualidade

Leandro Colling

ESTE TEXTO TEM DOIS OBJETIVOS que estão entrelaçados: dar algumas explicações sobre as condições de emergência e características do que chamamos, ainda que precariamente, de "cena artivista das dissidências sexuais e de gênero" no Brasil. Para falar da emergência, retomarei o método genealógico de Michel Foucault[1] e observarei algumas condições sociais, políticas e históricas que colaboraram para a aparição de dezenas de artistas e/ou coletivos que estão usando diversas linguagens artísticas para problematizar as normas de gênero e sexualidade em nosso país nos últimos dez a quinze anos. Para enfrentar o segundo objetivo, além da observação dessa cena, acionarei alguns dos textos que compõem este livro, em diálogo com algumas obras dos estudos das artes e dos estudos queer.[2]

Antes de enfrentar os dois objetivos, algumas rápidas explicações sobre a expressão "cena artivista das dissidências sexuais e de gênero". A ideia de pensar essa produção como uma "cena" surgiu inspirada nos textos da crítica cultural Nelly Richard.[3] Ela denominou de "Escena de Avanzada" um conjunto de obras, artistas e escritores do Chile que produziram uma série de obras depois do golpe de Estado de 11 de setembro de 1973 no país. As pessoas da Escena de Avanzada, entre outras coisas, também problematizavam as normas de gênero e sexualidade, em especial as produções de Carlos Leppe e Juan Dávila. Assim como penso a cena atual brasileira, Nelly Richard também identificava uma enorme pluralidade: "(...) a arte da Avanzada oferecia seus signos ao devir coletivo de uma participação múltipla e inacabada, recorrendo à 'temporalidade acontecimento' de obras que se projetavam como realizações em curso".[4] Como veremos adiante, guardadas as diferenças e os períodos históricos distintos, a cena brasileira também se aproximará da cena chilena ao cruzar a fronteira entre as linguagens artísticas e valorizar o corpo nas práticas artísticas. "(...) o corpo, na arte da performance, atuou como um eixo transemiótico de energias pulsionais que, em tempos de censura, liberava margens de subjetivação rebelde."[5]

Outra explicação necessária, antes de entrar nos objetivos deste texto, diz respeito à expressão "artivismo", utilizada tanto por algumas pessoas artistas quanto por pesquisadoras para se referir a determinadas produções artísticas que possuem propostas políticas mais explícitas. Minha pesquisa, ainda em curso, tem verificado que, muitas vezes, a expressão é usada de forma pouco crítica, sem apontar os seus potenciais ou limites.[6] Raposo,[7] por exemplo, assim define artivismo:

> Artivismo é um neologismo conceptual ainda de instável consensualidade quer no campo das ciências sociais, quer no campo das artes. Apela a ligações, tão clássicas como prolixas e polêmicas entre arte e política, e estimula os destinos potenciais da arte enquanto ato de resistência e subversão. Pode ser encontrado em intervenções sociais e políticas, produzidas por pessoas ou coletivos, através de estratégias poéticas e performativas, como as que André de Castro tem vindo a prosseguir. A sua natureza estética e simbólica amplifica, sensibiliza, reflete e interroga temas e situações num dado contexto histórico e social, visando a mudança ou a resistência. Artivismo consolida-se assim como causa e reivindicação social e simultaneamente como ruptura artística – nomeadamente, pela proposição de cenários, paisagens e ecologias alternativas de fruição, de participação e de criação artística.

Vilas Boas[8] e Mesquita[9] apontam que o termo "artivista", no Brasil, foi usado pela primeira vez em uma reportagem no jornal *Folha de S. Paulo*. Enquanto o primeiro acaba por adotar a expressão em seu trabalho, o segundo prefere a categoria "arte ativista". Mesquita considera o termo "(....) problemático por denotar um certo engessamento dos campos de relação entre ativismo e arte, além de, obviamente, ser um nome inventado pela mídia muito mais com o objetivo de se criar uma 'tendência artística emergente' ou um 'ismo' dentro de uma 'nova vanguarda'".[10]

Mesquita[11] também fez diferenciações entre arte política e arte ativista:

> Considere que a arte ativista não significa apenas arte política, mas um compromisso de engajamento direto com as forças de uma produção não mediada pelos mecanismos oficiais de representação. Esta não mediação também compreende a construção de circuitos coletivos de troca e de compartilhamentos abertos à participação social e que, inevitavelmente, entram em confronto com os diferentes vetores das forças repressivas do capitalismo global e de seu sistema complexo de relações entre governos e corporações, a reorganização espacial das grandes cidades, o monopólio da mídia e do entretenimento por grupos poderosos, redes de influência, complexo industrial-militar, ordens religiosas, instituições culturais e educacionais e etc.

Mourão,[12] outro pesquisador que adota a expressão "artivismo" em seus textos e também em suas produções artísticas, identifica que as práticas artivistas ganharam novo impulso nos chamados novíssimos movimentos sociais, que:

> (...)têm recorrido a representações no protesto que podemos colocar em paralelo com o campo das artes, pela sua linguagem. Adotam dramaturgias visuais nos atos reivindicativos que vão para além do padronizado em manifestações partidárias e sindicais típicas, podendo se identificar na sua prática recursos da arte contemporânea como o *happening*, o *site-specific*, a instalação, o *ready-made* ou a performance.[13]

Para o autor, o termo "artivismo": "(...) é um neologismo híbrido que estabelece uma 'relação orgânica entre arte e ativismo' (...). Começou a partir da primeira década do século XXI em pequenos círculos de meios artísticos e acadêmicos norte-americanos, difundindo-se, entretanto, em nível internacional.[14]

Trói[15] também tratou sobre a cena artivista no Brasil e diz que a reportagem do jornal *Folha de S.Paulo*[16] "(...) relaciona alguns coletivos com a arte situacionista dos anos 60 e afirma haver um 'revival' inspirado em nomes como Hélio Oiticica". Essa cena, que produz um discurso muitas vezes anarquista e anti-institucional, recebeu críticas de pessoas citadas na reportagem, a exemplo do crítico de arte Fernando Cocchiarale, que via a cena artivista com um discurso com "pulsões agressivas". Trói[17] prefere grafar a palavra "a(r)tivismo" e a liga com o queer para pensar as produções que dialogam com as dissidências sexuais e de gênero. No entanto, o autor não usa a expressão como uma etiqueta ou identidade para determinados artistas, mas para pensar a emergência de produções com determinadas características.

> A lógica não é dizer qual produção é ou não a(r)tivismo, mas refletir sobre a emergência dessas produções nos permite notar como isso afeta todo o contexto das artes e seu mercado, perceber que a todo momento, artistas, ativistas, coletivos e o próprio mercado serão questionados quanto a validade, a legitimidade e os agenciamentos que essas produções suscitam. Para além das 'intenções' dos artistas e ativistas, são os enunciados e seus impactos que nos darão ferramentas para analisar essa emergência. Penso, por exemplo, ser mais lógico chamar essa produção de a(r)tivismo do que considerar ou chamar aqueles que executam as obras de 'artivistas'. Mesquita (2008) usa os termos 'artista ativista', 'ativista cultural' ou simplesmente 'artista' ou 'ativista'. Se o sufixo 'ismo' procura dar a ideia de algo instituído, de movimento, aqui é preciso um esforço permanente para fugir da ideia de movimento unificado e pensar na emergência de determinada produção como um acontecimento. Há também, ao contrário, quem não abomine o termo e já se denomine 'artivista', mas, na minha análise, não existe o ofício do artivista, os a(r)tivismos queer são produções de acontecimentos que tratam de desestabilização sexual, de gênero com caráter anticolonial e, frequentemente, com caráter anarquista. Sendo produção de acontecimentos, faz sentido que a performance seja uma das linguagens mais usadas nessa cena, porque ela é, em si, um acontecimento.[18]

E a expressão "dissidências sexuais e de gênero"? Essa é outra que precisa ser mais bem problematizada e questionada. De minha parte, tenho usado a expressão inspirado no artista, ativista e pesquisador Felipe Rivas San Martin.

> De início usamos a palavra 'diversidade' quase como continuação do Comitê de Esquerda pela Diversidade Sexual, que foi o antecedente do CUDS. O discurso da dissidência sexual começa a aparecer em 2005 também porque coincide com o fato do tema da diversidade sexual, nesse momento, começar a se tornar muito institucional, quando o termo 'diversidade' parece ser demasiado normalizado, muito próximo do discurso da tolerância, demasiado multicultural e neoliberal. Por outro lado, tampouco nos interessava uma nomenclatura queer diretamente, pois estávamos muito preocupados com essas hierarquias norte-sul, na circulação de saberes e pensando muito fortemente no local, na genealogia local das sexualidades críticas. O conceito de dissidência sexual nos retira dessa lógica multiculturalista inócua, neste momento já muito perto do discurso do Estado, e também não é simplesmente uma repetição de um discurso norte-americano do queer, de um discurso metropolitano hegemônico. Ao mesmo tempo, dissidência é pós-identitário porque não fala de nenhuma identidade em particular, mas põe o acento na crítica e no posicionamento político e crítico.[19]

Como é possível perceber, nomear certa produção artística como "cena artivista das dissidências sexuais e de gênero" não se resume a uma simples expressão, mas a uma série de conceitos e discussões que valem a pena serem estudados e problematizados.

CONDIÇÕES DE EMERGÊNCIA

Em termos foucaultianos, quais foram as condições de emergência dessa cena artivista no Brasil? Como explicar que, em poucos anos, tenhamos tantas coisas sensacionais acontecendo nas artes e suas interfaces com gêneros e sexualidades dissidentes? Para responder às duas primeiras perguntas com a ajuda da genealogia foucaultiana, devo destacar que não darei conta de explicar a origem dessa cena artivista. A genealogia, explica ele, "se opõe à pesquisa da 'origem'". Foucault[20] conta como Nietzsche o ensinou a fazer genealogias e destaca que a pesquisa que pretende descobrir uma origem, em geral, comete três equívocos: "primeiramente, a pesquisa, nesse sentido, se esforça para recolher nela (a origem) a essência exata da coisa, sua mais pura possibilidade, sua identidade cuidadosamente recolhida em si mesma", e, além disso, via origem, "gosta-se de acreditar que as coisas em seu início se encontravam em estado de perfeição; que elas saíram brilhantes da mão do criador". E, por fim, "ela (a origem) seria o lugar da verdade".

Foucault, em vez de procurar a origem de determinados discursos que teriam uma relação causal a partir de uma intenção ou determinação prévia, com acontecimentos que poderiam ser analisados em categorias prévias ou mesmo identidades preestabelecidas, propõe que a genealogia deve:

> (...) marcar a singularidade dos acontecimentos, longe de toda finalidade monótona; espreitá-los lá onde menos se os esperava e naquilo que é tido como não possuindo história – os sentimentos, o amor, a consciência, os instintos; apreender seu retorno não para traçar a curva lenta de uma evolução, mas para reencontrar as diferentes cenas onde eles desempenharam papéis distintos; e até definir o ponto de sua lacuna, o momento em que eles não aconteceram (Platão em Siracusa não se transformou em Maomé).
>
> A genealogia exige, portanto, a minúcia do saber, um grande número de materiais acumulados, exige paciência. Ela deve construir seus 'monumentos ciclópicos' não a golpes de 'grandes erros benfazejos' mas de 'pequenas verdades inaparentes estabelecidas por um método severo'. Em suma, uma certa obstinação na erudição. A genealogia não se opõe à história como a visão altiva e profunda do filósofo ao olhar de toupeira do cientista; ela se opõe, ao contrário, ao desdobramento meta-histórico das significações ideais e das indefinidas teleologias.[21]

A proveniência (*Herkunft*) e a emergência (*Entestehung*), continua Foucault, são objetos próprios da genealogia. Mas a primeira também não deve ter como proposta a busca de características que permitiriam identificar um indivíduo, por exemplo, por sua raça, grupo ou tradição. A proveniência, ao contrário, deve "descobrir todas as marcas sutis, singulares, subindividuais que podem entrecruzar nele e formar uma rede difícil de desembaraçar; longe de ser uma categoria de semelhança, tal origem permite ordenar, para colocá-las a parte, todas as marcas diferentes".[22] E continua: "A pesquisa da proveniência não funda, muito pelo contrário: ela agita o que se percebia imóvel, ela fragmenta o que se pensava unido".[23] E, nessa pesquisa, o corpo assume uma centralidade:

> O corpo – e tudo o que diz respeito ao corpo, a alimentação, o clima, o solo – é o lugar da *Herkunft*: sobre o corpo se encontra o estigma dos acontecimentos passados do mesmo modo que dele nascem os desejos, os desfalecimentos e os erros nele também eles se atam e de repente se exprimem, mas nele também eles se desatam, entram em luta, se apagam uns aos outros e continuam seu insuperável conflito.
> O corpo: superfície de inscrição dos acontecimentos (enquanto a linguagem os marca e as ideias os dissolvem), lugar de dissociação do Eu (que supõe a quimera de uma unidade substancial), volume em perpétua pulverização. A genealogia, como análise da proveniência, está, portanto, no ponto de articulação do corpo com a história. Ela deve mostrar o corpo inteiramente marcado de história e a história arruinando o corpo.[24]

Já a emergência (*Entestehung*) constitui o princípio e a lei singular de um aparecimento. Mas cuidado:

> Do mesmo modo que se tenta muito frequentemente procurar a proveniência em uma continuidade sem interrupção, também seria errado dar conta da emergência pelo termo final. (...) A emergência se produz sempre em um determinado estado das forças. A análise da *Herkunft* deve mostrar seu jogo, a maneira como elas lutam umas contra as outras, ou seu combate frente a circunstâncias adversas, ou ainda a tentativa que elas fazem – se dividindo – para escapar da degenerescência e recobrar o vigor a partir de seu próprio enfraquecimento. (...) A emergência é, portanto, a entrada em cena das forças; é sua interrupção, o salto pelo qual elas passam dos bastidores para o teatro, cada uma com seu vigor e sua própria juventude. (...) Ninguém é portanto responsável por uma emergência; ninguém pode se autoglorificar por ela; ela sempre se produz no interstício.[25]

Então, quais foram as condições de emergência desses contradiscursos das dissidências sexuais e de gêneros via manifestações de artistas do Brasil nos últimos anos? Como já destacamos, estamos pensando o artivismo como uma cena. Não se trata de uma identidade a ser carimbada nas pessoas artistas, ainda que algumas delas às vezes se identifiquem como artivistas. Também não se trata de um tipo de ativismo que possui uma associação que centraliza e articula os grupos e artistas. O fenômeno, como veremos, emerge em função de uma série de fatores, alguns deles talvez até desconhecidos pelas pessoas artistas.

E de que *boom* de artivismos dissidentes estamos falando? Irei listar apenas algumas pessoas artistas e/ou coletivos, sem descrever o que cada uma delas faz – e fazem das mais variadas maneiras, linguagens, estéticas, propostas. Na música, temos nomes que rapidamente se tornaram bem conhecidos nacionalmente, como Johnny Hooker, Liniker, Jaloo, Caio Prado, Rico Dalasam, MC Xuxu, Linn da Quebrada, As Bahias e a Cozinha Mineira. Mas também temos uma grande variedade de nomes menos conhecidos, como Luana Hansen, Simone Magalhães, Verônica Decide Morrer, Rosa Maria Codinome Rosa Luz, Transnitta, Hiran, Tiely Queen, Quebrada Queer, Danna Lisboa, Lulu Monamour, Triz e Ctrl+N. Na cena teatral, apenas para citar alguns, temos o Teatro Kunyn (São Paulo), As Travestidas (Fortaleza), Atelier Voador e Teatro da Queda (Salvador).

Fora isso, uma profusão de coletivos diversos, com ênfase em performances, como O que você queer? (Belo Horizonte), Cena Queer e Afrobapho (Salvador), Anarcofunk (Rio de Janeiro), Revolta da Lâmpada (São Paulo), Selvática Ações Artísticas (Curitiba), Cabaret Drag King (Salvador), Coletivo Coiote (nômade), Seus putos (Rio de Janeiro). A lista poderia ser longa, em especial se contemplasse artistas da performance independentes, como Miro Spinelli, Sara Elton Panamby, Jota Mombaça, Leona Vingativa, Kleper Reis, Rafael Bqueer, Uýra Sodoma, Tertuliana Lustosa, Michelle Mattiuzzi, Euvira, Yuri Tripodi, Malayka SN, Ah Teodoro, Maria Tuti Luisão e Shankar.

Na literatura, destacam-se produções realizadas por pessoas trans, a exemplo de João W. Nery, Amara Moira, Dodi Leal e Bruna Sofia Morsch. No cinema, também poderíamos citar os filmes *Corpo elétrico, Boi Neon, Madame Satã, Elvis e Madona, Tatuagem, Bixa Travesty*. Os filmes do cineasta Gustavo Vinagre também têm sido analisados como expoentes dessa cena das dissidências.[26] Nas artes plásticas, as produções também são diversas e algumas delas foram apresentadas na exposição QueerMuseu,[27] que teve sua exibição interrompida em função da repercussão da mostra, realizada em Porto Alegre.[28]

Obviamente, as relações entre arte, política e diversidade sexual e de gênero, em especial quando pensamos na história do feminismo, não são novas.[29] As feministas, assim como outros movimentos sociais, como o Movimento Negro, com o Teatro Negro, sempre perceberam que as artes e os produtos culturais em geral são potentes estratégias para produzir outras subjetividades capazes de atacar a misoginia, o sexismo e o racismo.

Da mesma forma, a produção artística brasileira que problematiza as normas sexuais e de gênero, no que hoje poderíamos caracterizar como sintonizada com perspectivas queer, também não é absolutamente nova. Estudos desenvolvidos no interior do Núcleo de Pesquisa e Extensão em Culturas, Gêneros e Sexualidade (NuCuS) já trataram, por exemplo, do papel do grupo Dzi Croquettes,[30] do cinema de Jomard Muniz de Britto[31] e do pioneirismo do Teatro Oficina,[32] grupo que surgiu em 1958, em São Paulo, que revolucionou a forma de fazer espetáculos no Brasil e tensionou os limites entre palco e audiência. Nos seus espetáculos, a liberdade dos corpos foi e é posta em cenas que envolvem nudez, rituais orgiásticos e críticas sociais ácidas. O grupo Vivencial Diversiones, fundado em Recife, em 1979, e Os Satyros, criado em 1989, em São Paulo, também são precursores dessa cena artivista das dissidências sexuais e de gênero de que tratamos aqui.[33]

No entanto, o que tenho percebido com mais intensidade nos últimos anos é a emergência de outros coletivos e artistas que trabalham dentro de uma perspectiva das dissidências sexuais e de gênero e que, ao mesmo tempo, explicitam suas intenções políticas, ou melhor, que criam e entendem as suas manifestações artísticas como formas distintas de fazer política, em especial quando contrapostas às formas mais "tradicionais" usadas pelo movimento LGBT e feminista *mainstream*. E quais as condições de emergência de discursos tão provocadores? Eis algumas dessas condições que estão inter-relacionadas e que, a meu ver, ainda merecem ser investigadas:

a) Após um período em que tínhamos a sensação de maior liberdade em relação à diversidade sexual e de gênero no Brasil, gerada, em boa medida, pela maior visibilidade de questões LGBT e pelo reconhecimento do casamento entre pessoas do mesmo sexo no Supremo Tribunal Federal, em 2011, determinados setores, em especial religiosos, elegeram as pessoas LGBT como seus principais alvos. Esses setores conseguiram barrar e acabar com determinadas políticas públicas que estavam em gestação, a exemplo do programa Escola sem Homofobia. Articulados e com grande incidência na mídia, inclusive com seus próprios canais de comunicação, assistimos ao recrudescimento de uma onda conservadora no país[34] nos últimos anos, que culminou, por ora, na eleição do presidente Jair Bolsonaro em 2018.

Foucault[35] nos ensinou, entre outras coisas, que a dinâmica do poder não é e nunca foi essencialmente repressiva. Com a proposta de desconstruir um forte argumento presente na obra de Freud,[36] para quem um dos traços constitutivos da sexualidade estaria na repressão, Foucault[37] não defendeu que a hipótese repressiva é falsa, mas que é preciso recolocá-la em uma economia geral dos discursos que coincidiu, historicamente, com interesses diversos, em especial os do capitalismo e da Igreja católica. Mas Foucault questionou a hipótese repressiva não apenas em relação à sexualidade, "mas em um espaço histórico e político bem mais abrangente".[38] Continua ele:

> Essa hipótese estaria presente não só na psicanálise, mas também na teoria crítica que se apropriou em parte da psicanálise em algumas de suas leituras sobre a modernidade. De acordo com a hipótese repressiva, o desejo se ordenaria sempre pelo imperativo da *lei*, que produziria a repressão propriamente dita.[39]

As reflexões de Foucault, mais do que para entender como ocorreu a emergência dos discursos e práticas em torno da polícia do sexo, são potentes para pensarmos em como fissurar as normas repressivas. Que estratégias podem ser usadas para combater a produção de uma ciência sexual, a vigilância, a sujeição, os suplícios, o desejo voltado sempre pelo imperativo da lei e dialogar com as artes eróticas e os conhecimentos produzidos desde as heterotopias, dos cuidados de si, das escritas de si, das singularidades? As reflexões de Suely Rolnik,[40] feitas em outro contexto e com outras intenções, também podem auxiliar nesse ponto. Ela explica que o que caracteriza a política de subjetivação de regimes ditatoriais, de direita ou esquerda, é o enrijecimento:

352

(...) patológico do princípio identitário. A fim de se manterem no poder, não se contentam em não levar em conta as expressões do corpo vibrátil, ou seja, as formas culturais e existenciais engendradas numa relação viva com o outro e que desestabilizam a cartografia vigente. Destrutivamente conservadores, eles vão mais longe do que a simples desconsideração de tais expressões: emprenham-se obstinadamente em desqualificá-las e humilhá-las (...).[41]

Não estamos exatamente em uma ditadura[42] tradicional e, para Rolnik,[43] não estaríamos mais sob o regime identitário, mas naquilo que ela denomina como uma subjetividade flexível que foi rapidamente apropriada pelo capitalismo cognitivo, "(...) cujo objetivo é o de fazer desta potência o principal combustível de sua insaciável hipermáquina de produção e acumulação de capital". A partir daí, é possível fazer várias reflexões: vivenciamos um período de subjetividades flexíveis, perversamente apropriadas pelo capitalismo, ao mesmo tempo que forças conservadoras se articulam e retomam discursos de regimes ditatoriais e, no meio desse turbilhão, determinadas pessoas reagem, tentam produzir outras mensagens, mas que, ao mesmo tempo, também não estão necessariamente imunes à lógica do capital sobre as suas produções pretensamente desestabilizadoras e subversivas.

b) Parte do movimento LGBT do Brasil, em que pese suas diferenças internas e em relação a outros países, também tem entre suas características algo que percebi em vários movimentos similares no exterior:[44] trata-se do aprisionamento à lógica estrita da identidade, do paradigma da igualdade e da aderência à heteronormatividade. Isso tornou o grosso do movimento LGBT bastante normatizado e comportado.[45] Ora, se não há espaço no movimento, as pessoas encontram outras formas de fazer política com os instrumentos mais próximos de suas vidas.

De forma muito resumida, as políticas geradas em torno do paradigma da igualdade e da afirmação das identidades levadas a cabo por parte significativa do movimento LGBT, em geral, trabalham com as seguintes ideias:

- apostam quase que exclusivamente na conquista de marcos legais, em especial o matrimônio ou outras leis e normativas;

- possuem poucas ações que combatam os preconceitos e as discriminações por meio do campo da cultura;
- explicam a sexualidade e as identidades de gênero sob uma perspectiva que, a rigor, flerta ou adere à ideia de que há apenas dois gêneros (masculino e feminino) e de que tanto os gêneros quanto as orientações sexuais são "naturais" ou até gerados por componentes biológicos/genéticos;
- com a afirmação das identidades, forçam todas as pessoas não heterossexuais a se enquadrarem em uma das identidades da sigla LGBT;
- consideram que, para conquistar os direitos, as pessoas LGBT precisam criar uma "representação respeitável", uma "boa imagem", o que significa, no final das contas, uma aderência à heteronormatividade.

Enquanto isso, artistas e coletivos da cena artivista apostam nos produtos culturais para produzir novos processos de subjetivação, capazes de sensibilizar e modificar as percepções que as pessoas têm em relação às dissidências sexuais e de gênero. Além disso, explicam as sexualidades e os gêneros para além dos binarismos, com duras críticas às perspectivas biologizantes, genéticas e naturalizantes. Em boa medida, as pessoas que integram essa cena parecem entender que as identidades são fluidas e que novas identidades são e podem ser criadas, recriadas e subvertidas permanentemente. Para verificar isso, basta observar como essas pessoas, em suas obras e em suas demais intervenções públicas, seja na imprensa ou nas suas redes sociais, possuem imensa variedade de formas de se autoidentificar em relação a gênero e sexualidade, tema sobre o qual tratarei adiante.

As pessoas dessa cena também rejeitam a ideia de que, para ser respeitadas ou ter direitos, devam abdicar de suas singularidades em nome de uma "imagem respeitável" perante a sociedade. Isso porque suas produções artísticas não fazem concessões para se adaptar às normas de gênero e sexualidade. Outra característica que parece muito presente é a interseccionalidade.[46] Além de compreender as intersecções entre gênero e sexualidade, as pessoas e coletivos dessa cena no Brasil têm produzido seu artivismo também atacando o racismo, o capacitismo, a pobreza e várias outras questões que produzem a subalternidade e a precariedade.

c) O espantoso crescimento dos estudos de gênero e sexualidade no Brasil, em especial os situados no âmbito dos estudos queer e das dissidências sexuais e de gênero, também pode ter colaborado para a grande profusão dessa cena artivista. O crescimento dos estudos acompanha a ampliação da própria universidade no Brasil, o que ocorreu com grande intensidade a partir do primeiro governo Lula, em 2003. E essa cena artivista dissidente tem sido acolhida e participa ativamente de eventos, como o Seminário Internacional Desfazendo Gênero. Nesse congresso, ao contrário do que ocorre em muitos outros da área das humanidades, a produção artística ativista não aparece apenas em momentos lúdicos e festivos. Ela é entendida, assim como na área das artes, como produtora de saber tal qual as demais formas de produção de conhecimento mais consolidadas e respeitadas no ambiente acadêmico. Por isso, não é aleatório que, após as três edições já realizadas – em Natal, Salvador e Campina Grande –, tenham acontecido grandes repercussões sobre as apresentações artísticas realizadas no Desfazendo Gênero.[47]

d) A ampliação do acesso às novas tecnologias e a massificação das redes sociais certamente constituem outro fato importante para pensarmos nas condições de emergência da cena artivista. É através das redes que as pessoas conseguem se conectar umas com as outras, divulgar suas produções e ações, tudo com um custo bastante reduzido, mas não sem muitos problemas de censura em função das preconceituosas regras de redes, em especial do Facebook. Ao analisar o trabalho de algumas pessoas dessa cena artivista, Lessa[48] já apontava para o uso intenso das novas tecnologias e redes sociais.

e) A ampliação da temática LGBT na mídia em geral, em especial em telenovelas, filmes e programas de televisão, também gerou, senão condições de emergência para essa cena artivista, pelo menos munição para se contrapor ao que a grande mídia pensa e divulga como uma "boa imagem" para mulheres e pessoas LGBT. Se parte da imprensa defende a ideia de que a mulher ideal é aquela "bela, recatada e do lar" ou que a telenovela prioriza personagens gays ou lésbicas que aderem à heteronorma,[49] as pessoas e coletivos artivistas trabalham para problematizar e desconstruir essas representações.

f) Por fim, uma última questão não menos importante. Nos últimos anos, assistimos à emergência de diversas identidades trans e pessoas que se identificam como não binárias no Brasil. Além disso, a fechação, a não adequação às normas – corporais e comportamentais – de meninos afeminados, mulheres lésbicas masculinizadas e outras várias expressões identitárias flexíveis provocaram a abertura do fluxo antes mais rigidamente identitário. Essa proliferação de várias identidades gerou uma série de consequências ao campo da diversidade sexual e de gênero no Brasil que ainda precisam ser pesquisadas. Apenas cito aqui uma delas, analisada com mais cuidado em outro texto:[50] a compreensão de que as transexualidades e as travestilidades não são variações das homossexualidades, mas variações das identidades de gênero. Essa grande mudança ocorreu, a rigor, nos últimos dez anos no Brasil e em vários outros países. Antes disso, as próprias pessoas trans se autoidentificavam, muitas vezes, como homossexuais, gays ou lésbicas. Hoje, temos muitas pessoas trans que se identificam como homens ou mulheres trans heterossexuais, homossexuais, bissexuais, pansexuais e um longo *et cetera*. Curiosamente (ou não), são exatamente essas pessoas trans ou não binárias, fechativas, lacradoras,[51] sapatonas masculinizadas, bichas afeminadas que formam a maioria das artistas da cena das dissidências sexuais e de gênero no Brasil da atualidade. Isso não é um mero detalhe; é central para qualquer análise dessa cena em nosso país.

CARACTERÍSTICAS ARTÍSTICAS

Na cena artivista, existem muitas diferenças entre coletivos e artistas, mas também existem semelhanças. Apontarei a seguir apenas algumas semelhanças, sem esgotar o tema e sem qualquer pretensão de defender que todos os nomes listados se sintam contemplados. Como era de se esperar, as características artísticas dessa cena não estão desconectadas ou já anunciadas em várias das suas condições de emergência listadas anteriormente.

Para início de conversa, chama atenção como as características artísticas são bastante condizentes com as propostas conceituais e políticas que deram condições de emergência e são usadas nessas produções. A valorização das identidades híbridas, de gênero e sexualidade se encontra conectada com uma produção artística que usa múltiplas linguagens. Performance, teatro, dança e canto podem estar misturados em um mesmo espetáculo, o que também conecta essas produções com as tendências da arte contemporânea.

Terry Smith[52] contrapôs a arte moderna com a arte contemporânea para pensar a história desta última. Para ele, a passagem de uma para outra se iniciou nos anos 1950, emergiu nos anos 1960, foi discutida nos anos 1970 e se tornou inegável nos anos 1980. O autor não estabelece características da arte contemporânea porque está mais interessado em analisar três correntes, uma delas com muito diálogo com a nossa cena artivista. Trata-se da corrente que teria sido criada pelo "giro pós-colonial".

> Após a descolonização de aquelas zonas que constituíam o segundo, terceiro e quarto mundo, e a partir do impacto que isso teve no que era o primeiro mundo, surgiu uma infinidade de arte determinada por valores locais, nacionais, anti-anticoloniais, independentes e antiglobalização (os da diversidade, identidade e crítica).[53]

As produções artísticas dessa corrente predominam, segundo Smith, nas bienais; e ele cita, por diversas vezes, o exemplo da grande exposição Documenta, que, em sua edição n. 14, no ano de 2017, contou com a participação de Paul B. Preciado na curadoria do "Programa Público". Preciado é pesquisador dos estudos queer e grande incentivador das dissidências sexuais e de gênero nas artes, em especial na Espanha. Se Smith está mais interessado em explicar as correntes da arte contemporânea, uma série de outras pesquisas, oriundas de várias áreas e linguagens do campo das artes, destaca como a arte contemporânea prima pelo hibridismo e uso de recursos multimídia,[54] prega o fim das fronteiras rígidas entre o ator e o *performer*,[55] valoriza radicalmente a experiência de vida do artista em suas produções,[56] entre tantas outras características.

Aqui, por hora, gostaria de destacar que a crítica da pureza identitária realizada pela cena artivista das dissidências sexuais e de gênero se alia com a crítica de uma pureza artística que já tem longa trajetória na história da arte contemporânea. Nelly Richard também destacava que essa era uma proposta da Escena Avanzada, no Chile da década de 1970.

> As pessoas que integraram essa cena reformularam, desde finais dos anos setenta, mecanismos de produção criativa que cruzaram as fronteiras entre os gêneros (as artes visuais, a literatura, a poesia, o vídeo

e o cinema, o texto crítico) e ampliaram os suportes técnicos da arte às dinâmicas processuais do corpo vivo e da cidade.[57]

Por exemplo: se nossa lente se aproximar de uma das expoentes dessa cena, veremos que Linn da Quebrada, além de performar, cantar, compor e ser atriz de cinema, tem os seus *shows* marcados por uma mistura de canto, estilos musicais, poesia, performance, imagens.

> Negra, periférica, paulista e deliberadamente escrachada. É através de uma musicalidade que mistura funk e rap e de uma estética que explora roupas, cabelo e maquiagem hipercoloridos, além de danças e performances irreverentes, Linn da Quebrada vem contestando fortemente o 'macho alfa' e o 'gay discreto' através do cruzamento de estilos musicais dominados por cantores e cantoras que valorizam as suas masculinidades ou feminilidades em corpos com gêneros tidos como coerentes com suas genitálias.[58]

Outro ponto que aproxima muitas pessoas artistas e coletivos dessa cena e que também se constitui em uma característica comum na arte contemporânea é que várias produções – eu arriscaria dizer a maioria – rejeitam a ideia de uma contemplação passiva por parte das pessoas expectadoras, que são convocadas e interpeladas a intervir em muitas obras. Quando isso não acontece, o objetivo jamais parece ser o de apenas entreter e divertir a plateia. O divertimento – quando ocorre – pode até estar presente, mas ele não virá sozinho. Aciono aqui novamente os *shows* de Linn da Quebrada. Ao assistir suas apresentações em Salvador, me perguntei: como podemos estar dançando, participando e festejando com letras de músicas tão duras e cruéis sobre preconceitos de ordem de gênero, sexualidade e raça? Penso que aqui reside uma questão importante. Didi-Huberman,[59] ao pensar em imagens de protestos realizados em vários lugares do mundo e que foram apresentados na exposição Levantes, em determinado momento, aciona textos de Georges Bataille que o ajudam a pensar na potência da insubordinação e da transgressão. Em *A autêntica felicidade*, Bataille teria dito que "a infração é a única coisa que conta". E Didi-Huberman[60] completa: "a felicidade de transgredir, portanto". É isso o que vejo em boa parte dessa cena artivista, talvez com mais intensidade na música do que em outras linguagens: uma felicidade de transgredir.

358

Essa chave de leitura me parece muito diferente da usada por Jack Halberstam[61] para pensar um conjunto de obras artísticas,[62] lidas pelas suas lentes, a partir da ideia do fracasso. O objetivo de Halberstam é desmontar as lógicas do êxito e do fracasso da sociedade, pois, para ele, fracassar, perder, esquecer, não chegar a ser e não saber podem oferecer formas mais criativas, mais cooperativas e surpreendentes de estar no mundo. Para ele, fracassar é algo que as pessoas queer fazem e têm feito sempre muito bem. "Deixemos o êxito e suas realizações para os republicanos, os donos das grandes empresas mundiais, os ganhadores dos *realities* da televisão, os casais casados, os condutores dos carros esportivos."[63]

Outra maneira de pensar as produções artísticas das dissidências é através da ideia de "linhas de fuga", via Félix Guattari, ou de descolonização, via Guillermo Gómez-Peña. Matheus Santos,[64] ao analisar performances de Sara/Elton Panamby, escreveu:

> As experiências de êxtase atingidas pelos artistas nas performances em nada se assemelham a este lugar de subjugação. Pelo contrário, ao experimentar estas alterações psicofísicas a partir da perfuração corporal e do contato com o sangue, creio que o que se opera é exatamente a construção de linhas de fuga. Trata-se de um movimento de descolonização corporal que, segundo Gómez-Peña seria a última meta da performance: 'fazer evidentes estes mecanismos descolonizadores ante o público, com a esperança de que eles se inspirem e façam o mesmo por sua conta'.

Outra característica que une algumas produções é a autoria coletiva. Ao invés de centralizar a autoria em uma pessoa iluminada, várias produções são criadas por várias pessoas e, às vezes, o próprio público pode até mudar os rumos de um espetáculo ou colaborar na condição de atores e atrizes, como destacam a análises de Tiago Sant'Ana (sobre o Teatro Kunyn) e Marcelo de Trói (sobre o grupo Selvática). Nessas autorias coletivas, até textos acadêmicos ligados aos estudos queer podem ser usados e lidos por personagens, como ocorreu em peças do Ateliê Voador – em especial, *Diário de Genet*, no qual um dos atores usa trechos do livro *Por el culo*,[65] de Javier Sáez e Sejo Carrascosa,[66] e da Selvática, que usa o conceito de máquina desejante, de Gilles Deleuze e Félix Guattari,[67] conforme análise de Marcelo de Trói. "A Selvática são muitas, são atrizes, atores que realizam esse sonho do trabalho comum e colaborativo, descentralizado, híbrido como um 'polvo'", destaca Trói.[68]

Ocupar outros espaços, para além das conhecidas salas de espetáculos, museus e galerias, é outro aspecto que une boa parte das produções. Parques e salas de estar de qualquer residência (Teatro Kunyn), praças e mercados populares (Selvática e Coletivo das Liliths) são alguns dos locais que já recebem apresentações de integrantes dessa cena artivista. Bares de sociabilidade LGBT também foram e são ocupados de forma recorrente. Em Salvador, uma das experiências mais interessantes foi a produção e apresentação do espetáculo *Rebola*, do Teatro da Queda. Em 2016, o coletivo literalmente ocupou o Beco dos Artistas para realizar oficinas, produzir a dramaturgia, selecionar elenco, ensaiar e apresentar a peça que contava a história de um bar que corria o risco de fechar, situação vivida pelos estabelecimentos do local.[69]

Por fim, destaco apenas mais uma característica entre muitas outras possíveis de serem elencadas e estudadas e termino com perguntas que pretendo tentar responder em textos futuros. Para parte das produções artísticas dessa cena, o corpo das pessoas artistas não é um suporte para a arte – o corpo já é a sua arte. A valorização do corpo também é uma tendência da arte contemporânea enfatizada por muitos estudiosos do tema. Lehmann,[70] por exemplo, ao conceituar o "teatro pós-dramático", entre outras coisas, chamou atenção sobre como o corpo ganhou outro *status*. Segundo o dramaturgo alemão, "(...) no drama tradicional o corpo é existente, mas não importa do ponto de vista literário. Tudo não passa de um conflito mental. No teatro pós-dramático chegamos a um teatro onde o corpo, afinal, importa".[71] Minha hipótese é que a cena artivista extrapola os limites do corpo e chega além do que Lehmann enfatiza. Em vários casos dessa cena que aqui nos interessa, o corpo e a própria performatividade de gênero da pessoa artista são a sua arte ou são o mote central para a sua produção artística. Nesse sentido, essas pessoas artistas chegam a borrar as fronteiras entre performance e performatividade de gênero, defendidas por Butler,[72] ao responder às críticas à teoria da performatividade de gênero.

Para responder às críticas de que a identidade de gênero em sua teoria teria um *status* voluntarista, Butler, em determinadas ocasiões, propôs uma diferenciação entre performance de gênero e performatividade de gênero. Nessa distinção, performance seria aquela realizada pelas pessoas *drag*, que se caracteriza por um ato limitado, produto de uma vontade ou de uma eleição de quem a realiza. "É um erro reduzir a performatividade à performance".[73] Já a performatividade de gênero não é caracterizada pela eleição ou agência do sujeito, mas pelo efeito repetido da norma, ainda que essas repetições nem sempre sejam realizadas da maneira como as normas desejam.

As reflexões de Steckert[74] sobre a performance e o teatro performativo nos permitem concluir que essas práticas artísticas que rompem com certas formas canônicas de produzir arte, hoje, não podem ser pensadas de uma forma distinta da performatividade de gênero do artista. Isso porque uma das caraterísticas fortes da performance é a implicação intensa do artista naquilo que está sendo performado.[75] Como também nos mostra Janaina Fontes Leite,[76] essa discussão, emergente nos estudos do teatro no Brasil, tem sido abordada de várias maneiras, através, por exemplo, do conceito de "teatro do real", "teatro documentário" ou o que ela propõe como "autoescrituras performativas". Se pensarmos na cena dos artivismos das dissidências sexuais e de gênero do Brasil, perceberemos nitidamente que não é possível diferenciar a performance artística do corpo da performatividade de gênero de boa parte dessas pessoas artistas. Penso, por exemplo, em como seria difícil diferenciar a performance artística de artistas como Linn da Quebrada ou Miro Spinelli de suas performatividades de gênero. Nesses casos, a própria performatividade de gênero é a expressão artística ou, pelo menos, move e tematiza as produções artísticas dessas pessoas.

E, aí, surgem outras perguntas. Como poderíamos nomear, então, essas performatividades/performances? Como pensar as fronteiras entre performatividades e performances? Que outras categorias poderiam ser acionadas para pensar essas questões? O que esse campo nos ensina, caso enfrentemos essas discussões?

A PRIMEIRA VERSÃO DESTE TEXTO, SEM APROFUNDAR AS CARACTERÍSTICAS ARTÍSTICAS DA CENA, FOI PUBLICADA NA REVISTA *SALA PRETA*, V. 18, Nº 1, EM 2018. A SEGUNDA VERSÃO ESTÁ NO LIVRO *ARTIVISMOS DAS DISSIDÊNCIAS SEXUAIS E DE GÊNERO*, ORGANIZADO PELO AUTOR E EDITADO, EM 2019, PELA EDITORA DA UNIVERSIDADE FEDERAL DA BAHIA.

NOTAS

1. Michel Foucault, *Microfísica do poder*, Rio de Janeiro: Graal, 1993.
2. Não farei aqui uma exposição sobre o que são os estudos queer, já bastante conhecidos e discutidos no Brasil. Os estudos queer são diversos entre si, mas alguns aspectos os unem: as críticas às normas de gênero e sexualidade e explicações sobre como foram construídas e naturalizadas ao longo do tempo; as evidências de como as múltiplas identidades de gênero e orientações sexuais existem, resistem e se proliferam, por não serem entidades estáveis e autênticas; as críticas às perspectivas despatologizantes em relação a essas identificações e às compreensões e saberes que tentam explicar as sexualidades e os gêneros a partir de perspectivas genéticas, biologizantes e morais; a rejeição a qualquer ideia de normalização e a problematização das categorias que estão em zona de conforto, como a heterossexualidade, por exemplo, que se constitui não apenas como uma expressão da sexualidade, mas a norma política que todos deveriam seguir de acordo com modelo bastante rígido; e as críticas em relação à clássica separação entre os estudos da sexualidade e os estudos de gênero. Para saber mais sobre os estudos queer, ler Leandro Colling, Impactos e/ou sintonias dos estudos queer no movimento LGBT do Brasil, in Renan Quinalha et al. (org.), *História do movimento LGBT no Brasil*, São Paulo: Alameda, 2018, p. 515-531.
3. Nelly Richard, *Fracturas de la memoria: arte y pensamiento crítico*, Buenos Aires: Siglo Veintiuno Editores, 2013.
4. Ibid., p. 17. Este e os demais trechos em outras línguas têm tradução livre.
5. Ibid., p. 13.
6. Poderia citar vários exemplos de estudos que usam a expressão "artivismo" nessas condições, apenas como uma palavra capaz de dar conta de determinadas produções artísticas. Ver, por exemplo: Roberta Stubs, Fernando Teixeira-Filho e Patrícia Lessa ("Artivismo, estética feminista e produção de subjetividade", *Estudos Feministas*, v. 26, n. 2, p. 1-19, 2018.) e Alexandre Gomes Vilas Boas (*A(r)tivismo: arte + política + ativismo – sistemas híbridos em ação*, Dissertação (Mestrado em Artes). Instituto de Artes, Universidade Estadual Paulista Júlio de Mesquita Filho, São Paulo, 2015.). Um dos trabalhos que critica o artivismo e pretende apontar os seus limites é o de Manuel Delgado ("Luchas estéticas: los límites del artivismo", in Universidad Pablo de Olavide, *II Encuentro mil formas de mirar y hacer: artes y educación*, Sevilla: Dirección General de Universidades, Junta de Andalucía, D.L. 2016. p. 6-13. Disponível em <https://rio.upo.es/xmlui/bitstream/handle/10433/5161/III%20Encuentro%20Mil%20formas%20de%20mirar%20y%20hacer.pdf?sequence=1&isAllowed=y>. Acesso em 24 dez. 2018). No entanto, o autor não faz uma crítica à categoria/conceito, mas ao que ele entende como problemas da produção artivista. Para Delgado (op. cit.), os coletivos artivistas acabam por não atacar as estruturas que geram as desigualdades. O que se apresenta como dissidência, para ele, muitas vezes acaba por se transformar em *cult*, e inclusive bairros tidos como redutos de dissidentes passam a ser bairros caros para se viver. Minha hipótese, contudo, a ser desenvolvida em trabalho futuros, é de que críticas como as de Delgado são oriundas de uma perspectiva tradicional de se fazer política. Suely Rolnik (*Esferas da insurreição: notas para uma vida não cafetinada*, São Paulo: n-1 edições, 2018.) pode ajudar nesse sentido. Por exemplo, ao estabelecer diferenças entre a macro e a micropolítica, ela defende que a micropolítica, na qual operam muitas produções artísticas, tem a capacidade de produzir outros processos de subjetivação.
7. Paulo Raposo, "'Artivismo': articulando dissidências, criando insurgências", *Cadernos de Arte e Antropologia*, Salvador, v. 4, n. 2, p. 3-12, 2015, p. 4.
8. Alexandre Gomes Vilas Boas, op. cit.
9. André Luiz Mesquita, *Insurgências poéticas: arte ativista e ação coletiva (1990-2000)*, Dissertação (Mestrado em História Social), Faculdade de Filosofia, Letras e Ciências Humanas, Universidade de São Paulo, São Paulo, 2008.
10. Ibid., p. 31, destaques no original.
11. Ibid., p. 15.
12. Rui Mourão, "Performances artivistas: incorporação duma estética de dissensão ética de resistência", *Cadernos de Arte e Antropologia*, Salvador, v. 4, n. 2, p. 53-69, 2015. Disponível em <https://journals.openedition.org/cadernosaa/938>. Acesso em 21 nov. 2018.

13 Ibid., p. 60, destaques no original.
14 Idem.
15 Marcelo de Trói, *Corpo dissidente e desaprendizagem: do Teat(r)o Oficina aos A(r)tivismos* Queer. Dissertação (Mestrado em Cultura e Sociedade), Instituto de Humanidades, Artes e Ciências Professor Milton Santos, Universidade Federal da Bahia, Salvador, 2018, p. 72.
16 O texto, de autoria de Juliana Monachesi, está disponível em <https://www1.folha.uol.com. br/fsp/mais/fs0604200305.htm>. Acesso em 13 mai 2019. Neste texto, a autora grafa a palavra "a(r)tivismo".
17 Marcelo de Trói, op. cit.
18 Ibid., p. 76.
19 Felipe Rivas San Martin apud Leandro Colling, *Que os outros sejam o normal: tensões entre movimento LGBT e ativismo* queer, Salvador: Edufba, 2015, p. 151, destaques no original.
20 Michel Foucualt, op. cit., p. 22.
21 Ibid., p. 23, destaques no original.
22 Idem.
23 Idem.
24 Ibid., p. 24.
25 Ibid., p. 25, destaques no original.
26 Leandro Stoffels, *Transgressão e desejo no cinema* queer *de Gustavo Vinagre*: Filme para poeta cego *e Nova Dubai*, Trabalho de Conclusão de Curso (Bacharelado em Comunicação Social), Faculdade de Comunicação, Universidade Federal da Bahia, Salvador, 2018.
27 Para uma crítica à exposição, ler Tiago dos Santos de Sant'Ana, "'Queermuseu': a apropriação que acabou em censura", *Le Monde Diplomatique Brasil*, São Paulo, 18 set. 2017. Disponível em <https://diplomatique.org.br/queermuseu-a-apropriacao-que-acabou-em-censura/>. Acesso em 28 jan. 2019.
28 Sobre as artes plásticas e as perspectivas queer, ler Rosa Maria Blanca, *Arte a partir de uma perspectiva* queer: *arte desde lo* queer, Tese (Doutorado em Ciências Humanas), Centro de Filosofia e Ciências Humanas, Universidade Federal de Santa Catarina, Florianópolis, 2011; Rosa Maria Blanca, "Exposições queer: contextos mundiais e locais", *Cadernos de Gênero e Diversidade*, Salvador, v. 3, n. 3, p. 93-107, 2017.
29 Ver: Lina Alves Arruda; Maria de Fátima Morethy Couto, "Ativismo artístico: engajamento político e questões de gênero político e questões de gênero na obra de Barbara Kruger", *Estudos Feministas*, Florianópolis, v. 19, n. 2, p. 389-402, mai-ago 2011; Talita Trizoli, "O feminismo e a arte contemporânea – considerações", in Encontro Nacional da Associação Nacional de Pesquisadores em Artes Plásticas Panorama da Pesquisa em Artes Visuais, 17, 2008, Florianópolis. *Anais* (...), Florianópolis: Anapap, 2008, p. 1495-1505; Talita Trizoli, "Crítica de arte e feminismo no Brasil dos anos 60 e 70", in Seminário Nacional de Pesquisa em Arte e Cultura Visual, 5, Goiânia. *Anais* (...), Goiânia: FAV, UFG, 2012, p. 410-423.
30 Adriano Barreto Cysneiros, *Da transgressão confinada às novas possibilidades de subjetivação: resgate e atualização do legado Dzi a partir do documentário "Dzi Croquettes"*, Dissertação (Mestrado em Cultura e Sociedade), Instituto de Humanidades, Artes e Ciências, Universidade Federal da Bahia, Salvador, 2014; Djalma Thürler, "O que se aprende com um teatro de abjeções: um manifesto em encruzilhadas", in Berenice Bento; Antônio Vladimir Félix-Silva (Org.), *Desfazendo gênero: subjetividade, cidadania, transfeminismo*, Natal: EDUFRN, 2015, p. 201-220.
31 Tiago dos Santos de Sant'Ana, *Outras cenas do* queer *à brasileira: o grito gongadeiro de Jomard Muniz de Britto no cinema da Recinfernália*, Dissertação (Mestrado em Cultura e Sociedade), Instituto de Humanidades, Artes & Ciências Professor Milton Santos, Universidade Federal da Bahia, Salvador, 2016.
32 Marcelo de Trói, op. cit.
33 Para ter acesso a uma lista de espetáculos teatrais mais ligados às perspectivas identitárias gay e lésbica, ver Newton Moreno, "A máscara alegre: contribuições da cena gay para o teatro brasileiro", *Sala Preta*, São Paulo, v. 2, p. 310-317, 2002.
34 Sobre esse assunto, ler, por exemplo, Tatiana Lionço, *Contra a má-fé: conjurações de uma acadêmica de ação direta*, Salvador: Devires, 2018; e Rogério Diniz Junqueira, "'Ideologia de

gênero': a gênese de uma categoria política reacionária – ou a promoção dos direitos humanos se tornou uma 'ameaça à família natural'?", in Paula Regina Costa Ribeiro; Joanalira Corpes Magalhães (Org.), *Debates contemporâneos sobre educação para a sexualidade*, Rio Grande: Editora da Furg, 2017, p. 25-52.

35 Michel Foucault, *História da sexualidade I: a vontade de saber*, Rio de Janeiro: Graal, 1988.

36 Sigmund Freud, *O mal-estar na civilização* (1930), in *O mal-estar na civilização: novas conferências introdutórias à psicanálise e outros textos (1930-1936)*, Tradução Paulo César de Souza, São Paulo: Companhia das Letras, 2010, p. 13-123.

37 Michel Foucault, op. cit.

38 Joel Birman, *Entre cuidado e saber de si: sobre Foucault e a psicanálise*, Rio de Janeiro: Relume Dumará, 2000, p. 67.

39 Idem, destaque no original.

40 Suely Rolnik, *Cartografia sentimental: transformações contemporâneas do desejo*, Porto Alegre: Sulina: Editora da UFRGS, 2011, p. 16.

41 Idem.

42 Para várias pessoas, após o *impeachment* da presidenta Dilma Rousseff, o Brasil passou a estar em um "estado de exceção". Essa é a leitura da própria ex-presidenta. Ver o artigo "Dilma publica nota e diz que Brasil 'vive estado de exceção'", publicado no *Terra Notícias*, em 2016, Disponível em <https://noticias.terra.com.br/brasil/politica/dilma-publica-nota-e-diz-que-brasil-vive-estado-de-excecao,fdeb495f15bbaa1c8e9168ee330a6a4dp3w50qcu.html>. Acesso em 20 jan. 2017..

43 Suely Rolnik, op. cit., p. 18.

44 Leandro Colling, op. cit.

45 Leandro Colling, "A igualdade não faz o meu gênero – em defesa das políticas das diferenças para o respeito à diversidade sexual e de gênero no Brasil", *Contemporânea: revista de sociologia da UFSCar*, São Carlos, v. 3, nº 2, p. 405-428, jul-dez. 2013.

46 Carla Akotirene, *O que é interseccionalidade?*, Belo Horizonte: Letramento, 2018.

47 Sobre reações às performances realizadas em edições do evento, ler Miro Spinelli, "Gordura trans", *Oficina antivigilância*, [s.l.] nº 14, 10 set 2016. Disponível em <https://antivigilancia.org/pt/2016/09/entrevista-miro-spinelli/>. Acesso em 24 jan 2019; e Berenice Bento; Leandro Colling; Jussara Carneiro Costa, "Quem tem medo do desfazendo gênero?", *Outras palavras*, São Paulo, 20 out 2017. Disponível em <https://outraspalavras.net/feminismos/quem-tem-medo-do-desfazendo-genero/>. Acesso em 24 jan 2019. A divulgação, nas redes sociais, de fotos da performance *Gordura Trans*, de Miro Spinelli, realizada no II Seminário Internacional Desfazendo Gênero, em 2015, na Universidade Federal da Bahia (UFBA), provocou a ira de muitas pessoas transfóbicas e derrubou a página do evento no Facebook.

48 Patrícia Lessa, "Visibilidades y ocupaciones artísticas en territorios físicos y digitales", in Coloquio de Historia de la Educación: Arte, Literatura y Educación, 18, 2015, Vic. *Actas* (...), Vic: Servei de Publicacions de la Universitat de Vic, Universitat Central de Catalunya, 2015, v. 1. p. 211-224.

49 Leandro Colling, "Mais visíveis e mais heteronormativos: a performatividade de gênero das personagens não heterossexuais nas telenovelas da Rede Globo", in Leandro Colling; Djalma Thürler (Org.), *Estudos e políticas do CUS: grupo de pesquisa cultura e sexualidade*, Salvador: Edufba, 2013. p. 87-110. (Coleção Cult).

50 Leandro Colling, "Impactos e/ou sintonias dos estudos queer no movimento LGBT do Brasil", in James N. Green et al. (Org.), *História do movimento LGBT no Brasil*. São Paulo: Alameda, 2018, p. 515-531.

51 "Lacração" e "fechação" são dois termos que determinadas pessoas brasileiras, artistas ou não, usam para se referir às suas performatividades de gênero que questionam o binarismo de gênero. Na maioria dos casos, trata-se de gays afeminados que fazem questão de utilizar adereços, roupas e gestualidades tidas como do universo feminino. No Brasil, a geração lacre tem muito contato com as questões raciais e com a geração tombamento, que se conecta com lutas do empoderamento das pessoas negras (Rafaela Fleur, "Lacração, empoderamento e luta: conheça a geração tombamento", *Correio*, Salvador, 13 nov. 2017. Disponível em <https://www.correio24horas.com.br/noticia/nid/lacracao-empoderamento-e-luta-conheca-a-geracao-

tombamento/>. Acesso em 15 jan. 2019.). Sobre fechação, ler também Leandro Colling, "Em defesa da fechação", in Leandro Colling; Gilmaro Nogueira (Org.), *Crônicas do CUS: cultura, sexo e gênero*, Salvador: Devires, 2017, p. 198-200. Sobre a fechação e o pajubá de pessoas trans e gays afeminados, ler Carlos Henrique Lucas Lima, *Linguagens pajubeyras: re(ex)sistência cultural e subversão da heteronormatividade*, Salvador: Devires, 2017.

52   Terry Smith, *Que és el arte contemporâneo?*, Buenos Aires: Siglo Veintiuno Editores, 2012.

53   Ibid., p. 22, tradução livre.

54   Sílvia Fernandes, *Teatralidades contemporâneas*, São Paulo: Perspectiva, 2010.

55   Matteo Bonfitto, *Entre o ator e o performer: alteridades, presenças, ambivalências*, São Paulo: Perspectiva, 2013.

56   Janaina Fontes Leite, *Autoescrituras performativas*, São Paulo: Perspectiva, 2017.

57   Nelly Richard, op. cit., p. 13.

58   Leandro Colling; Alexandre Nunes Sousa; Francisco Sena, "Enviadescer para produzir interseccionalidades", in João Manuel de Oliveira; Lígia Amâncio (Org.), *Géneros e sexualidades: interceções e tangentes*, Lisboa: Maiadouro, 2017. v. 1, p. 193-216, p. 210.

59   Georges Didi-Huberman, *Levantes*, São Paulo: Sesc SP, 2017.

60   Ibid., p. 322.

61   Jack Halberstam, *El arte* queer *del fracaso*, Madrid: Egales, 2018.

62   Halberstam analisa, no conjunto do livro, várias obras, de várias linguagens e de vários países, inclusive o filme *Procurando Nemo*. No entanto, no capítulo que dá título ao livro, o autor analisa as obras de Irvine Welsh, Tracey Moffat, Quentin Crisp, Monica Majoli, Judie Bamber, Helena Cabello e Ana Carceller.

63   Jack Halberstam, op. cit., p. 131, tradução livre.

64   Matheus Araujo dos Santos, "Encontro em carne-viva", *Outra travessia*, Florianópolis, nº 19, p. 171-188, 2015, p. 183.

65   Tradução livre: *Pelo cu*.

66   Javier Sáez; Sejo Carrascosa, *Por el culo: políticas anales*, Madrid: Egales, 2011.

67   Gilles Deleuze; Félix Guattari, *O anti-édipo: capitalismo e esquizofrenia*, 1, Lisboa: Assírio & Alvim, 2004.

68   A citação pode ser localizada no capítulo "Cidade, ferida aberta: uma etnografia urbana com o coletivo Selvática" in Leandro Colling (org.), *Artivismos das dissidências sexuais*. Salvador: Edufba, 2019.

69   Para mais informações, ler Jorge Gauthier, "Espetáculo Rebola, com temática LGBT, vence principais categorias do Prêmio Braskem de Teatro", *Correio*, Salvador, 20 abr. 2017. Disponível em <http://blogs.correio24horas.com.br/mesalte/espetaculo-rebola-com-tematica-lgbt-vence-principais-categorias-do-premio-braskem-de-teatro/>. Acesso em 24 jan. 2019.

70   Hans-Thies Lehmann, *Teatro pós-dramático*, São Paulo: Cosac Naify, 2007.

71   Ibid., p. 15.

72   Judith Butler, "Críticamente subversiva", in Rafael M. Mérida Jiménez (Ed.), *Sexualidades transgresoras: una antología de estudios queer*, Barcelona: Icária, 2002, p. 55-80.

73   Ibid., p. 69.

74   Daiane Dordete Steckert, *Possível cartografia para um corpo vocal* queer *em performance*, Tese (Doutorado em Teatro), Centro de Artes Universidade do Estado de Santa Catarina, Florianópolis, 2015.

75   Marvin Carlson, Performance: *uma introdução crítica*, Belo Horizonte: Editora da UFMG, 2010; Renato Cohen, Performance *como linguagem: criação de um tempo-espaço de experimentação*, São Paulo: Perspectiva, 2002; Eleonora Fabião, "Programa performativo: o corpo-em-experiência", *Ilinx: revista do LUME*, Campinas, nº 4, p. 1-11, 2013.

76   Janaina Fontes Leite, op. cit.

Cuir é aqui lido como estratégia de contaminação, apropriação indevida do queer que se funda no descompromisso com a forma original, e que aparece recorrentemente em trabalhos de autoras latino-americanas dedicadas ao tema, denotando uma rejeição ao uso imoderado de termos estrangeiros e em busca de uma maior proximidade com as realidades do Sul global e de sua profícua produção intelectual e estético-política: historicidade de práticas poéticas e políticas de contestação de binarismos de gênero e raça e de apropriação de termos pejorativos – bixa, travesti, sapatão – desses trópicos.

Guilherme Altmayer

Tropicuir: linhas tortas na escrita de histórias transviadas

Guilherme Altmayer

ANO DE 1500. A DESIGNAÇÃO BÍBLICA "SODOMIA" e sua condenação são trazidas por colonizadores portugueses para estas terras posteriormente batizadas de Brasil. Praticantes e condenadores morais dessas consumações encontram aqui terreno fértil, pois era grande a liberdade nas práticas sexuais dos povos nativos. Em *Decolonizando sexualidades: enquadramentos coloniais e homossexualidade indígena no Brasil e nos Estados Unidos*,[1] Estevão Fernandes investigou os processos de subalternização das sexualidades dos povos originários, e como aparatos religiosos-estatais racistas criaram mecanismos para normalizar seus comportamentos considerados desviados. A artista chilena Hija de Perra aponta como estes marcadores sociais de subalternidade foram se instaurando por estas terras, amparados pelo olhar do colonizador sobre selvagens homens indígenas de trejeitos afeminados e dotados de ornamentos, e as mulheres que, por terem partes do corpo desnudas, eram vistas como fogosas e vagabundas. Ambas apontam para marcadores moralistas e religiosos que seguem em operação, propagando discursos e práticas para pensar e controlar práticas sexuais e gêneros nas muitas culturas latino-americanas, originárias e imigrantes.

Mais tarde, atualizados por conceitos médicos e legais condenatórios, também importados da Europa no final do século XIX, temos a construção dos sujeitos heterossexual, homossexual, transexual como instrumento de subalternização e apagamento sistemático daqueles que fogem à "norma". Conforma-se, assim, um sujeito que não é apenas controlado pelo entorno social em que está inserido, mas também pelos atravessamentos dos diversos dispositivos que transformam ele mesmo em uma máquina de autocontrole.[2] O resultado são corpos reprimidos e civilizados, docilizados, livres o suficiente para apenas aceitar e defender as práticas produtivas capitalistas. A culpa, o remorso e o discurso machista estão internalizados a tal ponto que condenam qualquer infração à norma predominante, minimizando e reagindo com violência às possibilidades de "desvio" libidinal.

Na presente reflexão, gostaria de provocar um pensar sobre formas de olhar e experimentar a escrita na história não oficial de narrativas entendidas, transviadas, a partir das artes. O que a bixa que vos fala propõe é olhar para os modos como produções estéticas insurgentes de corpos, gênero e sexo dissidentes atuam como máquinas geradoras de subjetivação contranormativa, micropolíticas que conformam memória coletiva de existências historicamente invisibilizadas: a arte como produção de saberes e meio para criação de imaginários de afirmação de uma multiplicidade de corporalidades transviadas. Eu me aproprio aqui do termo "transviado" usado por Berenice Bento[3] para designar práticas de sexo e gênero dissidentes. No dicionário, o termo quer dizer aquele que se transviou; quem se afastou dos bons costumes; desencaminhado; que se perdeu do caminho; que está perdido; que se opõe aos padrões comportamentais preestabelecidos ou vigentes.

Corporalidades transviadas, vibrantes e desejosas que provocam deslocamentos e rompimentos de discursos e práticas como estratégias antissexistas e antirracistas, e partem para derivas descolonizadoras do próprio corpo e de discursos que as atravessam em um terreno efêmero e fronteiriço, provocador, que goza nas margens do indefinido, ocupando lugares que perturbam estabilidades fragilmente construídas, criando outras formas de existência a partir de um fluxo constante de novos saberes. O *performer* mexicano Guillermo Gómez-Peña[4] entende o corpo como um território ocupado, onde o objetivo maior da ação performática, da produção artística para uma bixa, uma travesti, uma sapa é o de descolonizar seus corpos e torná-los mecanismos de descolonização aparentes como inspiração para que outros corpos também o façam.

Neste movediço cenário brasileiro, tratarei de criar caminhos para olhar, a partir desta reflexão a que aqui nomeio de tropicuir, para as brechas abertas pela ambiguidade e contracondutas estéticas de comportamentos dissidentes, como enfrentamentos a muitas formas de opressão – homolesbobitransfobia, sexismo, racismo, classismo – que se inter-relacionam. Uma breve contribuição para pensar um território em constante ruptura, transformação e expansão e que demanda um exercício permanente de transformação dos próprios modos de olhar.

A proposta é de um pensar (e agir) originado a partir do Sul. Silviano Santiago,[5] em seu trabalho *Uma literatura nos trópicos*, escrito em 1978, diz que a maior contribuição latino-americana para a cultura ocidental vem da destruição sistemática de conceitos de unidade e pureza, que por aqui perdem o contorno de seu significado, perdem seu peso dominante e seu caráter de superioridade cultural, à medida que o trabalho de contaminação latino-americano se afirma e se faz mostrar – e sua potência reside, segundo o autor, na vocação para o desvio da norma, ativo e destruidor, que transfigura os elementos feitos imutáveis exportados pelos europeus para o resto do mundo.

Tropicuir, junção de dois termos: tropi + cuir, é inspirado no título do manuscrito *Mario Montez: tropicamp* do artista Hélio Oiticica sobre o qual falaremos em seguida. "Tropi" deriva de tropical e remete à construção dos imaginários alegóricos dos trópicos brasileiros como um paraíso, alegorias criadas pela ditadura militar (1964-1985), como processo de esvaziamento da cena musical de seus elementos críticos – traço característico no início do movimento da Tropicália. Já "cuir" é uma tradução propositalmente malfeita de queer – um olhar crítico à inteligibilidade queer desde o sul latino-americano. Uma forma de escrita acionada pelo artista chileno Felipe Rivas na performance em vídeo "*Diga 'queer' con la lengua afuera*", de 2010, na qual tenta pronunciar a palavra queer com a língua de fora. A partir de um exercício etimológico acerca do tropicuir, traremos algumas proposições para a conformação deste olhar. Proponho um percurso que começa pela metade "tropi" para em seguida penetrar o "cuir".

Mario Montez: tropicamp foi escrito durante o período em que Hélio Oiticica viveu em Nova York, nos Estados Unidos dos anos 1970, contemplado por uma bolsa Guggenheim. Esta foi a fase em que as questões bixa foram mais marcantes na sua produção artística, atravessamentos até hoje pouco abordados nas escritas da história da arte, segundo o crítico de arte e curador Max Jorge Hinderer Cruz.[6] Em um de seus trabalhos "transviados", o filme *Gay Pride 1/2/3* (9 min./Cor/Mudo/1973), o artista documentou a terceira parada gay de Nova York no Central Park e o desfile pela Quinta Avenida. Naquela época, as paradas gays não eram institucionalizadas como são hoje e os manifestantes se valiam de cartazes improvisados para reivindicar seus direitos. Hélio ainda filmou no meio da multidão uma fanática religiosa que pregava o evangelho e protestava contra a manifestação.[7]

No texto endereçado ao poeta piauiense Torquato Neto, o artista narra sobre sua admiração pelo trabalho da *performer* e transformista Mario Montez, que também protagonizou um de seus trabalhos: *Agripina é Roma-Manhattan*. No manuscrito, Oiticica descreve uma cena de Marilyn Monroe no filme *Niágara* parodiada pela *performer* e transformista Mario Montez no filme *Brothel*, de Bill Vehr, como pano de fundo para abordar os clichês acerca do "latino-americano" em Hollywood e no cinema underground. *Tropicamp* é o título de uma performance, parte de seu projeto 1 para o Central Park, o *Subterranean Tropicália Projects*, pensado como uma ação de resistência aos processos de normalização branca burguesa da cultura transviada depois de 1968, da gradual mercantilização das estéticas queer.[8] Oiticica escreve que pretende convidar Mario Montez para fazer Carmem Miranda: "sem imitar, o que leva muita gente a dizer que está malfeito. Mas CARMEN-imagem, e na verdade muito mais que isso: não é a representação naturalista-imitativa de Carmen Miranda, mas a referência-chave ao TROPICAMP-clichê".[9]

Montez foi protagonista de diversos filmes do *underground* nova-iorquino criados e dirigidos por realizadores como Jack Smith (eg. *Flaming Creatures*, 1963) e Andy Warhol (eg. *Mario Banana*, 1964). Para Cruz,[10] ao narrar a evolução do trabalho de Mario Montez com os dois cineastas, em diferentes períodos, Oiticica busca dar a ver um movimento que o artista vinha percebendo e experimentando durante sua residência na cidade norte-americana: o rápido esvaziamento da cultura marginal e transviada em Nova York, que tinha o cineasta e artista Jack Smith como um dos seus bastiões. O manuscrito aponta para um movimento de captura de culturas do submundo em direção a um *mainstream pop*. Aquilo, que um dia foi um espaço de experimentação radical, então se abrandava e perdia sua força crítica, transformando-se em produto de consumo do capital.[11] Na mesma linha, outra denúncia se dedicou a esmiuçar certo processo semelhante de descaracterização das discursividades dissidentes, dessa vez no que concerne aos movimentos de "gentrificação cultural", décadas após os escritos de Oiticica sobre Mario Montez, na voz de Jack Halberstam.

Em seu texto *What's that smell*,[12] Halberstam aponta para uma tendência similar à descrita por Oiticica, entendendo as apropriações de *mainstream* na pós-modernidade como um processo no qual subculturas são reconhecidas e absorvidas com o objetivo de gerar lucro para grandes corporações. Tais lógicas de mercantilização se intensificaram ao longo das últimas décadas, resultando no que hoje vemos com tanta clareza: processos de captura e, portanto, de esvaziamento quase imediatos de discursos dissidentes, indicando uma impossibilidade ascendente de se pensar um lugar fora dessas lógicas.

Argumento que conversa, em certa medida, com o escritor e cineasta italiano Pier Paolo Pasolini.[13] Em muitos de seus escritos, situados na Itália do final dos anos 1960 e começo da década de 1970, a bixa se dedicou a denunciar a aurora de um novo regime, de falsa tolerância sexual, que ele defende ser indissociável das novas lógicas de livre mercado e de consumo. Pasolini descreve a emergência de um novo regime totalitário, que se manifesta na figura do fascismo de consumo: termo cunhado pelo autor para designar o novo movimento cultural de liberdades concedidas como moeda de troca, que produz corpos supostamente "livres", mas que, na verdade, erige coerções de comportamento para ditar o modelo ideal de existência pautado por uma lógica cisgênera heterossexual e monogâmica: "Não ter um automóvel e não fazer parte de um casal, quando todos 'devem' ter um carro e 'devem' formar um casal (monstro bifrontal consumista), só pode ser considerada uma grande desgraça, uma frustração intolerável. Assim, o amor heterossexual – de tal modo consentido que passa a ser coação – tornou-se uma espécie de 'erotomania social'".[14]

Diante desse "regime totalitário do consumo" cabe o questionamento: é possível, nos dias de hoje, pensar em um lugar de subversão que preceda ações quase imediatas de captura pelas lógicas de mercado neoliberais? É justamente diante da instauração de processo semelhante no Brasil, sobretudo desde o fim do século XX e começo do XXI, que tropicuir propõe este olhar, em oposição à cooptação dos discursos e práticas estéticas dissidentes pelos mecanismos capitalistas neoliberais.

Os escritos de Oiticica apontam que, já na década de 1970, segundo Cruz,[15] um fenômeno análogo tomava forma no Brasil, no que tange à Tropicália, movimento do qual Oiticica foi um dos protagonistas. Também nesse caso vinha se dando a assimilação pela indústria cultural de massa.[16] O movimento estaria pouco a pouco migrando para o que o artista chamou de um pós-tropicalismo, distanciando-se do lugar que ele um dia entendeu ser de subversão e experimentação para se tornar, assim como a cultura marginal nova-iorquina, um produto consumível, palatável e massificado.

No sentido contrário, para Oiticica, o mito da "tropicalidade" é muito mais do que papagaios e bananeiras: se trata da consciência de não se deixar condicionar por estruturas estabelecidas, é aí que reside seu potencial revolucionário. Qualquer tipo de conformidade – seja ela intelectual, social ou existencial – é contrária à ideia principal de tropical. Em outro de seus manuscritos, *Brasil diarreia*, Oiticica[17] traz uma crítica contundente ao estado das artes no Brasil, que estaria entrando na modernidade de forma cada vez menos crítica e cada vez mais convi-conivente – termo inventado por ele – como a grande doença brasileira de esvaziamento de sentidos críticos mais radicais, de absorção pelos mecanismos de policiamento moralistas e reacionários brasileiros dentro de uma "piscina paterno-burguesa". Ele destaca a urgência na formulação dos problemas locais de forma não alienada, pensados como processos globais, admitindo apenas a ideia de postura crítica permanente como forma de enfrentar o Brasil diarreia, o Brasil diluído.

Nosso maior inimigo, segundo Oiticica, é o moralismo quatrocentão de origem branca, cristã, portuguesa, que compõe o "brasil paternal" e promove o cultivo dos bons hábitos, a prisão de ventre nacional.[18]

No mesmo manuscrito, Oiticica conclamava para a criação de uma linguagem, ou linguagens, capazes de enfrentar os destinos da escorregadia modernidade brasileira, sem qualquer pretensão de determinar que linguagem seria esta. Um movimento crítico que se dirige ao "estado das coisas" na cultura brasileira, indicando uma tendência à estagnação e um retrocesso que seria a causa da diluição de movimentos revolucionários e construtivos, impedidos de levar suas potencialidades às últimas consequências.

Oiticica[19] entendia existir uma urgência de dar fim a uma tentativa de purificar a cultura brasileira e, para isso, propôs que a criação de linguagens locais fosse conectada a linguagens para além das fronteiras brasileiras. Aqui, ele propôs não uma simples submissão ao que vem de fora, mas sua incorporação, sua canibalização, para estabelecer uma perspectiva crítica mais abrangente dos problemas brasileiros, um possível "ver de fora". Problemas que, ao serem desalienados de um caráter local, possibilitam resultados mais eficazes em um campo social mais amplo. Quando fala de ações universais, globais, Oiticica se refere a movimentos que englobam um contexto maior de ação, que inclua o lado ético-político-social nas práticas criativas.

Não existe a arte experimental, segundo o artista, mas sim o experimental, que não só assume a ideia de modernidade e vanguarda, mas também a transformação radical no campo dos conceitos-valores vigentes: propondo assim transformações e rompimentos de comportamentos e contextos, que deglute e dissolve a coni-convivência, convivência conivente com as mazelas sociais que assolam o país, hábitos de uma sociedade, segundo ele, cínica, hipócrita e ignorante que produz uma espécie de conforto paterno-burguês que se nega a enxergar o Brasil como ele realmente é. A postura crítica proposta pelo artista passa por um lidar com a ambivalência, com a existência simultânea, de igual intensidade, de ideias que se opõem.

O artista termina seu manuscrito com a seguinte frase: "No Brasil, portanto, uma crítica universal permanente e o experimental são elementos construtivos. Tudo o mais é diluição na diarreia."[20] O Brasil é um dos países mais socialmente desiguais do mundo ocidental. Convivemos tensamente entre o luxo e o lixo. A herança de um longo período escravocrata e colonialista continua viva e atuante em todas as esferas de comportamento e permeia suas frágeis instituições políticas, sociais e legais. Seus fluxos migratórios, mistura de raças e etnias e suas dimensões continentais compõem uma cultura extremamente heterogênea, que pode ser ao mesmo tempo dócil e extremamente violenta. Suely

Rolnik[21] entende que para "começarmos a compreender o Brasil" não devemos nos fixar em uma identidade, mas na subjetividade dinâmica e complexa de um sujeito heterogêneo que se cria e recria como efeito de uma mestiçagem infinita.

Seguindo nosso exercício etimológico reflexivo, prossigamos para a segunda metade do tropicuir. Cuir é aqui lido como estratégia de contaminação, apropriação indevida do queer que se funda no descompromisso com a forma original, e que aparece recorrentemente em trabalhos de autoras latino-americanas dedicadas ao tema, denotando uma rejeição ao uso imoderado de termos estrangeiros e em busca de uma maior proximidade com as realidades do Sul global e de sua profícua produção intelectual e estético-política: historicidade de práticas poéticas e políticas de contestação de binarismos de gênero e raça e de apropriação de termos pejorativos – bixa, travesti, sapatão – desses trópicos.

Queer, quando lido em português, também remete ao termo cu, sobre o qual nos parece pertinente penetrar mais a fundo. "Eu vou comer o cu do Freud, ele fala, ele analisa, ele sonha com a minha pica... ele pede, ele rebola...": é uma das estrofes da música *Fuder Freud* cantada pelo duo *Solange Tô Aberta* em 2008. Solange nos convoca a voltar nossos olhares e sentidos também para o cu, para deslocá-lo do privado e promover um relaxamento coletivo de nossos esfíncteres, para deixarmo-nos penetrar e gozar movidos por novas subjetivações – imaginando práticas de futuro por vir.

O relaxamento do esfíncter abre espaço para pensar a geração de novos saberes desprovidos de culpa e vergonha judaico-cristã, que não buscam a legitimação, mas se propõem como um lugar de transformação social a partir de uma zona tão historicamente privatizada como o cu, tal como descreve Paul Preciado em *Terror anal*.[22] Tornado abjeto, o cu (privado) se torna uma das bases de sustentação de um sistema de sexualidades que o ativista e filósofo francês Guy Hocquenghem entende como um motor central de produção de subjetivações capitalistas centrado no falo (público). Paul B. Preciado fala de um incessante processo educativo de "controle do esfíncter" que desenha um corpo sexo-político que mantém esta área do corpo afastada da economia libidinal para a maioria das pessoas, principalmente homens heterossexuais.

"CU É LINDO" proclama o artista Kleper Reis, que, em seus trabalhos e intervenções artísticas, exalta a beleza do ânus e propõe a reinserção dessa zona do corpo na economia libidinal para contaminar todos os corpos. A frase "Cu é lindo" foi extraída pelo artista do poema *Objeto de Amor* da filósofa, escritora e poetisa Adélia Prado, que diz: "De tal ordem é e tão precioso/o que devo dizer-lhes/que não posso guardá-lo/sem a sensação de um roubo: /cu é lindo! /Fazei o que puderdes com esta dádiva. / Quanto a mim dou graças/pelo que agora sei/e, mais que perdôo, eu amo".

Imagem 1. *Cu é lindo*, Kleber Reis. Imagem do artista.

Kleper nos convoca a dedar o cu para um exame histórico de como a sublimação de um órgão priva uma maioria de explorar seus prazeres, ao ter sua função reduzida à função de órgão excretor. O cu é aqui pensado como um meio para dar a ver quais fluxos de poder (libidinais, econômicos e linguísticos) nos constituem, violentam e geram práticas de dominação e construção do feminino inferiorizado, subalternizado. Kleper Reis[23] propõe uma reflexão sobre as potências de exaltação das belezas e múltiplas formas curativas do cu como órgão reprodutor da diversidade, como promotor da união dos opostos, em um enfrentamento direto às interdições históricas que fazem deste talvez o órgão mais privado e intocado do corpo humano nas sociedades ocidentais.[24]

A incessante patrulha e a interdição ao uso prazeroso do cu compõem uma das frágeis bases que sustentam o sistema binário de definições de gênero e sexualidade. "O cu todo mundo tem. O cu não tem sexo, não tem gênero", afirma Kleper Reis, que propõe o cu como unificador de opostos, como união das diferenças. Partindo desse enfoque, Preciado[25] acredita que somente o cu é capaz de explodir com a dicotomia entre sexos e gêneros, porque desafia as lógicas de identificação entre masculino e feminino. Dessa maneira, abre-se caminho para a dissolvição das oposições identitárias entre heterossexual e homossexual, entre ativos e passivos, penetradores e penetrados, deslocando a sexualidade do pênis que penetra o cu receptor, borrando as linhas que segregam gênero, sexo e sexualidades. Este mesmo argumento é reafirmado pela artista e pensadora Jota Mombaça, em seu texto *Pode um cu mestiço falar?*, quando afirma que "nesse campo politicamente regulado, o cu é a parte fora do cálculo: a contra-genitália que desinforma o gênero, porque atravessa a diferença".[26] Ao falarem a partir do cu revisitado, Hocquenghem, Pedra, Preciado, Kleper e Mombaça nos provocam a entender a privação do cu como um ativador de dispositivos de controle dos corpos transviados e propõem estratégias de enfrentamento pensadas a partir deste orifício.

Pensando junto aos escritos de Oiticica e teóricas do cu, tropicuir propõe a fuga de um olhar uníssono como estratégia para entender que os caminhos são múltiplos e as narrativas (em toda as suas incompletudes) podem ser construídas a partir da fantasia e do desejo, como nos ensina a gay francesa Roland Barthes, em *Como viver junto*: "a fantasia se explora, assim, como uma mina a céu aberto".[27] Através de uma prática escrita, artística como um lugar movente, Barthes pensa *rhythmós* não como ritmo, repetição, mas a partir do período Ático – como forma distintiva, disposição: "elemento fluído (letra, humor), forma improvisada, modificável".[28]

Barthes elabora o conceito idiorritmia, palavra formada a partir do grego *ídios* (próprio, particular) e *rhythmós* (ritmo), para pensar fantasias de vida, como uma dieta em que cada sujeito tem o seu próprio ritmo. Um conceito aqui entendido como práticas, hábitos de corpos contranormativos como contraponto ao acerto, ao sucesso de um modelo operativo cis-heteronormativo, como lugar de potência disruptiva. Idiorritmia: "interstícios, 'fugitividade' do código, do modo como o sujeito se insere no código social (ou natural)".[29]

376

Barthes nos fala da configuração de espaços para práticas de imaginários de vida, de regime, dieta, não individualizados, não coletivos, mas paradoxais, contraditórios, falhos, uma aporia – ou contradições sem solução. Tudo não passa de uma grande fantasia: processos de construção de imaginários. Fantasia definida pelo mesmo teórico da seguinte maneira: "a fantasia como origem da cultura (como engendramento de formas, de diferenças)".[30] O autor fala de fantasia não como antítese (não se trata de repetir lógicas binárias de conflito) em relação ao racional ou ao lógico. Mesmo dentro da fantasia há lugar para a contraimagem, fantasias não fantasiadas, roteiros imaginários que não necessariamente são oposições. A provocação sugerida por Barthes pode também ser lida como um método para pensar, olhar, sentir, trocar estéticas transviadas através dos mundo-abrigos de experimentação propostos por Hélio Oiticica em seu manuscrito *Mundo-abrigo*:[31] lugares de experimentação que agrupam múltiplas possibilidades de exploração criativa e tem, como objetivo, a vida.

Oiticica[32] propõe um caminho de experimentação coletiva-individual, o qual não exclui, mas se dirige à vida. O artista fala de mundo-abrigo como um campo expansivo, de configurações heterogêneas de lugares de experimentação e exercícios estéticos que não excluem, mas que se dirigem à vida e dela são indissociáveis — portais de respiro, lugares outros de convívio com o desejo, com o próprio corpo, com o estar no mundo e a geração de novos saberes.

Essas reflexões provocadas pelo termo tropicuir não pretendem estabelecer uma definição fechada, muito menos criar uma identidade, uma etiqueta, mas sim abrir margem para o cruzamento de conceitos em expansão, que, a cada presença e experiência, abarca novos olhares, enredamentos e posturas críticas à sua própria atuação. Desvios do olhar para lugares onde não se pressupõe encontrar arte, que rejeitam práticas canônicas e hegemônicas, extrapolam instituições e museus, e dão a ver práticas artísticas contranormativas. Aqui, propomos pensar como as políticas do corpo, evocadas de manifestações estéticas, podem caminhar no sentido contrário a uma estetização da política, ao ter nas artes uma instrumentalização para ações de afirmação de corpo, corpas, vidas e sobrevivência: artes vidas entendidas. Configurações de meios possíveis para desvios a partir do próprio corpo, também como canal para confundir lugares políticos atravessados no corpo.

Arte como lugar de desidentificação, que coloca o corpo, o discurso em um lugar outro possível de ação que estabelece temporalidades momentâneas de suspensão e espacialidades – a partir do próprio corpo e em conexão a um corpo coletivo – para gerar modos de vida (e sobrevivência) outros: práticas micropolíticas de devires transviados.

Em *Revolução molecular*, Felix Guattari[33] descreve micropolíticas do desejo (no campo social) como questionadoras radicais de movimentos de massa que produzem indivíduos normatizados em série. Para o autor, seria necessário conectar múltiplos desejos moleculares, que podem gerar um efeito multiplicador de desejos esmagados por forças dominantes de expressão e dominação conservadora. Micropolíticas transviadas, portanto, podem ser pensadas não como uma nova receita psicológica, uníssona, mas que ganham sentido a partir de sua relação com um grande rizoma, de muitas outras revoluções moleculares, proliferando, assim, não a partir de minorias, mas de uma multidão.

Passagens de potência ao ato, ou seja, devires transviados: devir bixa, devir sapatão, devir travesti, devir mulher, devir animal – múltiplas maneiras de inventar novas sensibilidades e inteligências da existência, novas relações de afeto e sobrevivência. Guattari fala de como dissidentes sexuais e de gênero poderiam estar em posições "privilegiadas de ruptura", de não pertencimento, em processos de desterritorialização de sujeitos que escapariam de identidades mais rigidamente construídas e hegemônicas, para entrar no que ele chamaria de "linhas de fuga" da ordem social.[34]

Já não se trataria mais de uma "unidade totalizante" que represente interesses múltiplos, e, sim, de uma "multiplicidade equívoca de desejo",[35] propõe o autor baseado em seu olhar crítico para com os movimentos revolucionários do fim dos anos 1960. De forma complementar, Suely Rolnik[36] apresenta uma perspectiva sobre a ideia de uma ação micropolítica que opera com relação a cartografias dominantes e com relativa estabilidade em um campo do sensível em constante mudança por conta da presença viva da alteridade – campos de força que afetam nossos corpos incessantemente.

Assim, para preservar a autonomia diante da apropriação pelas máquinas de produção de subjetivação de mercado, Guattari[37] defende que processos de singularização devem ser agenciados desde o próprio nível do qual eles emergem. E seria precisamente neste lugar que estaria a diferença que configura uma ação micropolítica, na reprodução ou não dos modos de subjetivação dominantes.[38]

Via pensamento análogo, podemos entender micropolíticas como contrassexualidades, conceito postulado por Preciado,[39] para pensar uma forma eficaz de se contrapor à produção disciplinante das sexualidades em nossas sociedades falsamente permissivas e tolerantes. Não se trata, portanto, de uma luta contra a proibição, mas sim, a partir da contraprodutividade, engendrar formas de prazer e saber alternativas às sexualidades modernas ocidentais.

Preciado defende que micropolíticas transviadas são opostas ao modelo tradicional de política como guerra, e que se configuram em determinada *práxis* que propõe um novo modelo baseado nas relações, trocas de afeto, no fervo, na comunicação, na autoexperimentação e no prazer.[40] Ações que, segundo Rolnik,[41] tendem a produzir mudanças irreversíveis na cartografia vigente: "é que a pulsação desses novos diagramas sensíveis, ao tomar corpo em criações artísticas, teóricas e/ou existenciais, as tornam portadoras de potencial poder de contágio de seu entorno".[42]

Por sua vez, Jose Esteban Muñoz[43] define articulações micropolíticas queer como um processo de construção de utopias – como um lugar para pensar fora da cis-heteronormatividade, um pensar de mundos que não estariam constritos a lugares de violência e opressão institucionalizadas. Segundo o autor, "a utopia nos possibilita criticar o presente a partir de um pensar sobre o que pode ser".[44] A queerness – que nos atrevemos aqui a traduzir como 'transviação' – é entendida, então, como algo que nunca realmente existiu, mas que existe para nós como uma idealidade, um objetivo, que pode ser recuperada da memória e projetada pelo imaginário.

Por isso, talvez o que mais interesse aqui seja pensar as múltiplas expressões estético-políticas transviadas como estratégias de perturbação do dispositivo arte branca-macho-hetero-homo desde dentro, a partir da penetração, do desconforto e do gozo. Urge este olhar sensível e desclassificado, não identitário, sobre os processos de construção de realidades efêmeras com a força dos saberes destas corporalidades, que em seu fluxo de intensidades escapa do plano de organização de territórios, desestabilizando suas representações, dando sentido às intensidades polimorfas.[45]

Práticas artísticas que conectam saberes transviados em muitas temporalidades e que contam fragmentos de imaginários feitos escrita de histórias entendidas. Saberes que se dão a ver em múltiplos meios e espacialidades, como, por exemplo, no transformismo da bixa marginal Madame Satã nos anos 1920; na ambiguidade e desordem de gêneros em tantos carnavais, no quarto escuro do inferninho, no cinemão e nas paradas LGBTIA+; nas artes do teatro performático dos Dzi Croquettes, do grupo Vivencial Diversiones e do Teatro Oficina; em filmes como *Orgia ou O homem que deu cria*, de João Silvério Trevisan, *Agripina é Roma-Manhattan*, de Hélio Oiticica e *Ascensão e queda das bixas*, de Rodrigo D'Alcantara; na música de Ney Matogrosso, Linn da Quebrada, Leci Brandão, Solange Tô Aberta e Claudia Wonder; nas pinturas de Victor Arruda, Darcy Penteado, pichações CU É LINDO, de Kleper Reis, e fotocolagens de Elisa Riemer; nos quadrinhos do Nós Também, Angeli, Glauco Matoso e Laerte; na literatura lésbica de Cassandra Rios; na pós-pornografia pirata punk de Bruna Kury, e performances de Marcia X, Miro Spinelli, Ventura Profana, Ana Matheus Abbade e Gabe Passareli; nos espetáculos transformistas do clube social Turma OK na Lapa, no Rio de Janeiro; no escracho e seriedade política do jornal de circulação nacional *O Lampião da Esquina*, nos jornais lésbicos *Chana com Chana*, na produção e troca de zines lésbico-feministas contemporâneos e nos cordéis SerTransnejos do Coletivo Xica Manicongo; bem como no corpo das travestis finíssimas, como Severa nos anos 1930 e Indianara Siqueira, com seus enfrentamentos diretos de peito aberto com a polícia, que botam a cara na rua desde sempre.

Imagem 2. *Unhas e Mamilos*, de Victor Arruda. Óleo sobre tela, 160 x 130 cm, 2014.

Assim, são muitas as formas possíveis de transviar o olhar para ações que conformam micropolíticas transformadoras de comportamentos resistentes à normatização e perturbadoras da ordem conservadora da "família tradicional brasileira". Frentes de atuação política que produzem resultados, mesmo que efêmeros, de combate ao movimento de despolitização dos corpos, resistindo ao esvaziamento de discursos cooptados pelo sistema neoliberal através da proposição de práticas estéticas desviadas. Urgências políticas permanentes, de sobrevivência, que encontram lugar na criação para lidar com a complexidade e diversidade de questões transviadas e seus atravessamentos no crescente cenário conservador brasileiro. Práticas artísticas que não somente configuram enfrentamentos e resistências, mas sim, e principalmente, configuram novas práticas de subjetivação e modos de escrita da história.

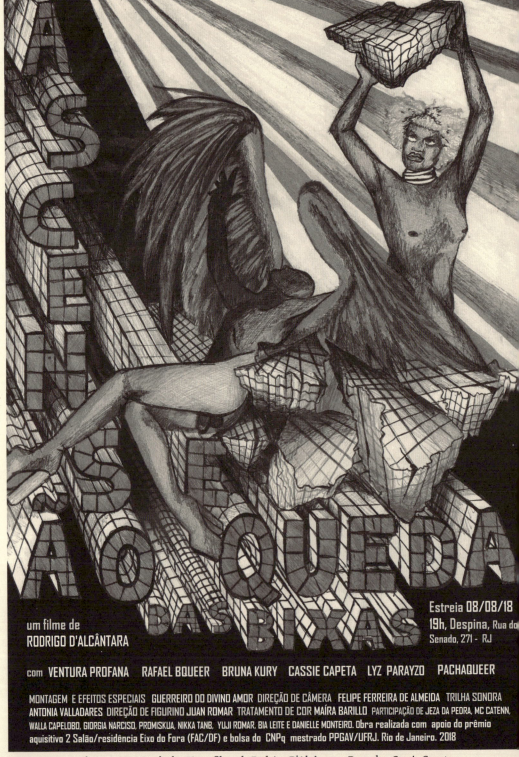

Imagem 3. Cartaz de Ascensão e Queda das Bixas, filme de Rodrigo D'Alcântara. Desenho: Cassie Capeta.

✳

ESTE TEXTO É UMA ADAPTAÇÃO EXPANDIDA DA TESE DE DOUTORADO *TROPICUIR: ESTÉTICO-POLÍTICAS TRANSVIADAS - MEMÓRIA, ARQUIVO, DESIGN*. DEPARTAMENTO DE ARTES E DESIGN, PUC-RIO, RIO DE JANEIRO, 2020.

NOTAS

1   Estevão Fernandes, *Decolonizando sexualidades: enquadramentos coloniais e homossexualidade indígena no Brasil e nos Estados Unidos*. Tese de Doutorado em Ciências Sociais, Universidade de Brasília, Brasília, 2015.

2   Michel Foucault, *História da Sexualidade I*: a vontade de saber, Rio de Janeiro: Edições Graal, 1998.

3   Berenice Bento, *Revista Áskesis*, v. 4, nº 1, p. 143-155, jan-jun 2015.

4   Guillermo Gómez-Peña, *Ethno-techno. Writings on* performance, *activism and pedagogy*, New York: Routledge, 2005.

5   Silviano Santiago, *Uma literatura nos trópicos: ensaios sobre dependência cultural*, Rio de Janeiro: Rocco, 2000.

6   Max Jorge Hinderer Cruz, "Tropicamp: Some notes on Hélio Oiticica's 1971 text", *Afterall*, nº 28, 2011.

7   Marcos Bonisson, *Hélio Oiticica em Nova York (1970-1978), Experiência em campo ampliado*, Dissertação (Mestrado), Universidade Federal Fluminense, Niterói, 2013.

8   Max Jorge Hinderer Cruz, op. cit.

9   Hélio Oiticica, *Mario Montez: Tropicamp*, manuscrito, out 1971. Disponível em <http://www. itaucultural.org.br/programaho/>. Acesso em 20 out. 2019.

10 Max Jorge Hinderer Cruz, op. cit.

11 Idem.

12 Jack Halberstam, "What's that Smell?: Queer Temporalities and Subcultural Lives", *International Journal of Cultural Studies*, v. 6, nº 3, 2003, p. 313–333.

13 Pier Paolo Pasolini, *Os jovens infelizes, Antologia de ensaios corsários*, Michel Lahud (Org.), São Paulo: Brasiliense, 1990.

14 Ibid., p. 158.

15 Max Jorge Hinderer Cruz, op. cit.

16 Idem.

17 Hélio Oiticica, *Brasil diarreia*, Manuscrito, fev 1970. Disponível em <http://www.itaucultural.org.br/ programaho/>. Acesso em 20 out. 2019.

18 Idem.

19 Idem.

20 Ibid., p. 4.

21 Suely Rolnik, "Esquizoanálise e antropofagia", in *Gilles Deleuze: Uma vida filosófica*, São Paulo: Editora 34, 2000, p. 451-462. Disponível em <https://www.pucsp.br/nucleodesubjetividade/Textos/SUELY/ Antropesquizoan.pdf>. Acesso em 20 ago 2020.

22 Paul B. Preciado, "Terror anal: apuntes sobre los primeros días de la revolución sexual", in Guy Hocquenghem, *El deseo homosexual*, Madrid: Melusina, 2009, p. 135-172.

23 Guilherme Altmayer, *Tropicuir. (Re)existências políticas nas ações performáticas de corpos transviados no Rio de Janeiro*. Dissertação de mestrado, Departamento de Artes e Design, PUC-Rio, Rio de Janeiro, 2016.

24 Guy Hocquenghem, *Homosexual desire*, Durham: Duke University Press, 2006.

25 Paul B. Preciado, op. cit.

26 Jota Mombaça, *Pode um cu mestiço falar?*, 2015. Disponível em <https://medium.com/@ jotamombaca/pode-um-cu-mestico-falar-e915ed9c61ee>. Acesso em 4 nov. 2019.

27 Roland Barthes, *Como viver junto*, São Paulo: Martins Fontes, 2003, p. 12.

28 Ibid., p. 15.

29 Ibid., p. 16.

30 Ibid., p. 8

31 Hélio Oiticica, *Mundo-abrigo*, manuscrito, jul 1973. Disponível em <http://www.itaucultural.org.br/programaho/>. Acesso em 20 ago 2020.

32 Idem.

33 Felix Guattari, *Revolução molecular: pulsações políticas do desejo*, São Paulo: Brasiliense, 1981.

34 Idem.

35 Ibid., p. 177.

36 Suely Rolnik, "Furor de arquivo", *Revista Artes & Ensaios*, Rio de Janeiro, nº 19, 2009. Disponível em <http://www.ppgav.eba.ufrj.br/wp-content/uploads/2012/01/ae22_Suely_Rolnik.pdf>. Acesso em 13 out 2019.

37 Felix Guattari; Suely Rolnik, *Micropolíticas – cartografias do desejo*, Petrópolis: Editora Vozes, 2010.

38 Idem.

39 Paul B. Preciado, *Manifesto contra-sexual*, Madrid: Editorial Opera Prima, 2002.

40 Paul B. Preciado, "Terror anal: apuntes sobre los primeiros días de la revolución sexual".

41 Suely Rolnik, "Furor de arquivo".

42 Ibid., p. 102.

43 Jose Esteban Muñoz, *Cruising utopia – the then and there of* queer *futurity*, Nova York: NYU Press, 2009.

44 Ibid., p. 35.

45 Suely Rolnik, *Cartografia sentimental, transformações contemporâneas do desejo*, Porto Alegre: Editora Sulina, 2006.

385

Somos os jacobinos negros e bichas, as sapatonas vermelhas, os desabrigados verdes, somos os trans sem documentos, os animais de laboratório e os do matadouro, os trabalhadores e trabalhadoras informático-sexuais, vários putos funcionais, somos os sem-terra, os migrantes, os autistas, os que sofrem de déficit de atenção, excesso de tirosina, falta de serotonina, somos os que têm muita gordura, os incapacitados, os velhos em situação precária. Somos a diáspora raivosa. Somos os reprodutores fracassados da terra, os corpos não rentáveis para a economia do conhecimento.

Paul B. Preciado

Dizemos revolução

Paul B. Preciado

OS ANALISTAS POLÍTICOS CHAMAM ATENÇÃO para o início de um novo ciclo de rebeliões sociais que teria começado em 2009, em resposta ao colapso dos mercados financeiros, ao aumento da dívida pública e às políticas de austeridade. A direita, composta por um enxame nem sempre reconciliável de gerentes, tecnocratas, capitalistas financeiros abastados e monoteístas mais ou menos desfavorecidos, oscila entre uma lógica futurista que empurra a máquina da bolsa de valores em direção à mais-valia e a retirada repressiva em relação ao corpo social que reafirma a fronteira e a afiliação familiar como território da soberania. Na esquerda neocomunista (ver Slavoj Žižek, Alain Badiou e outros), fala-se do ressurgimento da política emancipatória em escala global – de Wall Street ao Cairo, passando por Atenas e Madri –, mas se anuncia, com pessimismo, a incapacidade dos movimentos atuais de traduzirem uma pluralidade de demandas em uma única luta antagonista. Zizek recupera a frase de William Butler Yeats para resumir seu arrogante diagnóstico sobre a situação: "aos melhores, falta convicção, enquanto os piores estão cheios de uma intensidade apaixonada".

Os gurus da esquerda da velha Europa colonial estão fissurados em querer explicar aos ativistas dos movimentos Occupy, do 15M, às transfeministas do movimento tullido-trans-puto-marico-bollera-intersex[1] e do pós-pornô que não podemos fazer a revolução porque não temos uma ideologia. Dizem "uma ideologia" como minha mãe dizia "um marido". Não precisamos nem de ideologia, nem de marido. Como transfeministas, não precisamos de maridos porque não somos mulheres. Tampouco precisamos de ideologia, porque não somos um povo. Nem comunismo, nem liberalismo. Nem a ladainha católico-muçulmano-judaica. Nós falamos outras línguas.

Eles dizem representação; nós dizemos experimentação. Dizem identidade; dizemos multidão. Dizem língua nacional; dizemos tradução multicódigo. Dizem domesticar a periferia; dizemos mestiçar o centro. Dizem dívida; dizemos cooperação sexual e interdependência somática. Dizem despejo; dizemos habitemos o comum. Dizem capital humano; dizemos aliança multiespécies. Dizem diagnóstico clínico; dizemos capacitação coletiva. Dizem disforia, transtorno, síndrome, incongruência, deficiência, desvantagem; dizemos dissidência corporal. Um tecnoxamã da Pocha Nostra vale mais que um psiconegociante neolacaniano e um *fisting* contrassexual pós-operatório é melhor que uma vaginoplastia protocolar. Dizem autonomia ou tutela; dizemos agência relacional e distribuída. Dizem engenharia social; dizemos pedagogia radical. Dizem intervenção precoce, terapia genética, melhora da espécie; dizemos mutação molecular anarcolibertária. Dizem direitos humanos; dizemos a terra e todas as espécies que a habitam também têm direitos. A matéria tem direitos. Dizem carne de cavalo no menu; dizemos montemos nos cavalos e escapemos do matadouro global. Dizem que o Facebook é a nova arquitetura do social; nós o chamamos, com a Quimera Rosa e Pechblenda, de uma *cyber*-multidão de *geeks* safados. Dizem que a Monsanto vai matar nossa fome e que a energia nuclear é a mais barata; dizemos tirem suas patas radioativas das minhas sementes. Dizem que o FMI e o Banco Mundial sabem mais e tomam decisões melhores. Mas quantos transfeministas soropositivos existem na direção do FMI? Quantas trabalhadoras sexuais migrantes compõem o quadro diretor do Banco Mundial?

Dizem pílula para prevenir a gravidez. Dizem clínica reprodutiva para tornarem-se mamãe e papai; dizemos coletivização dos fluidos reprodutivos e de úteros reprodutores. Dizem poder; dizemos potência. Dizem integração; dizemos proliferação de uma multiplicidade de técnicas de produção de subjetividades. Dizem *copyright*; dizemos código aberto e programação beta: incompleta, imperfeita, processual, coletivamente construída, relacional. Dizem homem/mulher, branco/negro, humano/

animal, homossexual/heterossexual, válido/inválido, saudável/doente, louco/são, judeu/muçulmano, Israel/Palestina; dizemos já deu para ver que o seu aparato de produção de verdade não funciona... Quantas Galileias serão necessárias dessa vez para aprendermos a dar novos nomes às coisas?

Impõem-nos uma guerra econômica, diferindo ataques com um facão digital neoliberal. Mas não vamos chorar o fim do Estado benfeitor, porque o Estado benfeitor também tinha o monopólio do poder e da violência e vinha acompanhado do hospital psiquiátrico, do centro de inserção de pessoas com deficiência, do cárcere, da escola patriarcal-colonial-heterocêntrica. Chegou a hora de submeter Foucault a uma dieta queer-aleijada e começar a escrever A morte da clínica. Chegou a hora de convidar Marx para uma oficina ecossexual. Não queremos o véu nem a proibição de usar véu: se o problema é o cabelo, vamos raspá-lo. Não vamos entrar no jogo do Estado disciplinador contra o mercado neoliberal. Os dois já chegaram a um acordo: na nova Europa, o mercado é a única razão governamental; o Estado converte-se em um braço punitivo cuja função se limitará a recriar a ficção da identidade nacional, recorrendo ao perigo da insegurança.

Precisamos inventar novas metodologias de produção de conhecimento e uma nova imaginação política capaz de confrontar a lógica da guerra, da razão heterocolonial e a hegemonia do mercado como lugar de produção do valor e da verdade. Não estamos falando simplesmente de uma mudança do regime institucional, de um deslocamento das elites políticas. Falamos de uma transformação dos "domínios moleculares da sensibilidade, da inteligência, do desejo". Trata-se de modificar a produção de signos, a sintaxe, a subjetividade. Os modos de produzir e reproduzir a vida. Não estamos falando apenas de uma reforma dos Estados-nação europeus. Estamos falando de descolonizar o mundo, de interromper o Capitalismo Mundial Integrado. Estamos falando de modificar a "Terrapolítica".

Somos os jacobinos negros e bichas, as sapatonas vermelhas, os desabrigados verdes, somos os trans sem documentos, os animais de laboratório e os do matadouro, os trabalhadores e trabalhadoras informático--sexuais, vários putos funcionais, somos os sem-terra, os migrantes, os autistas, os que sofrem de déficit de atenção, excesso de tirosina, falta de serotonina, somos os que têm muita gordura, os incapacitados, os velhos em situação precária. Somos a diáspora raivosa. Somos os reprodutores fracassados da terra, os corpos não rentáveis para a economia do conhecimento.

Não queremos nos definir nem como trabalhadores cognitivos nem como consumidores farmacopornográficos. Não somos o Facebook, nem a Shell, nem a Nestlé, nem a Pfizer-Weyth. Tampouco somos a Renault ou a Peugeot. Não queremos produzir francês, espanhol, catalão, tampouco produzir europeu. Não queremos produzir. Somos a rede viva descentralizada. Rejeitamos uma cidadania definida a partir de nossa força de produção ou nossa força de reprodução. Não somos bio-operários produtores de óvulos, nem cavidades gestantes, nem inseminadores espermáticos. Queremos uma cidadania total, definida pela possibilidade de compartilhar técnicas, códigos, fluidos, sementes, água, saberes... Eles dizem que a nova guerra limpa será feita com drones de combate. Nós queremos fazer amor com esses drones. Nossa insurreição é a paz, o afeto total. Já sabemos que a paz não é tão sexy quanto a guerra, um poema vende menos que um tiroteio e uma cabeça cortada é mais lucrativa que uma cabeça falante. Mas nossa revolução é a de Soujourneth Truth, Harriet Tubman, Jean Deroin, Rosa Parks, Harvey Milk, Virginia Prince, Jack Smith, Ocaña, Sylvia Rae Rivera, Combahee River Collective, Pedro Lemebel. Nós já abandonamos a política da morte: somos um batalhão sexossemiótico, uma guerrilha cognitiva, uma armada de amantes. Terror anal. Somos o futuro do parlamento pós-pornô, uma nova somatopolítica internacional feita de alianças sintéticas e não de vínculos identitários. Dizem crise; dizemos revolução.

TEXTO ORIGINALMENTE PUBLICADO SOB O TÍTULO "DECIMOS REVOLUCIÓN", NO LIVRO *TRANSFEMINISMOS: EPISTEMES, FRICCIONES Y FLUJOS*, MIRIAM SOLÁ Y ELENA/URKO (ORGS). TAFALLA: TXALAPARTA, 2013. TRADUÇÃO DE PÊ MOREIRA.

NOTA

1   N.T.: aleijado-trans-puto-bicha-sapatão-intersex.

Sobre as autoras e os autores

Adriana Azevedo (Ilha do Governador, RJ, Brasil, 1986)
Doutora pelo Programa de Literatura, Cultura e Contemporaneidade da Pontifícia Universidade Católica do Rio de Janeiro (PUC-Rio), com passagem pela Université de Lille 3, e pesquisadora de pós-doutorado na PUC-Rio. Foi uma das idealizadoras do evento Isoporzinho das Sapatão e do livro *Que o dedo atravesse a cidade, que o dedo perfure os matadouros* (2018). Atualmente, está à frente do projeto de comunicação digital @escutafeminista e é uma das criadoras e editoras da editora independente Filipa, dedicada à publicação de contos, poemas e ensaios de pessoas LBTQI+.

Andiara Ramos Pereira (Niterói, RJ, Brasil, 1990) Pesquisadora-ativista e criadora de conteúdo para TV, cinema e internet. Participou de coletivos autônomos responsáveis pela curadoria de uma série de eventos de pós-pornografia no Rio de Janeiro e em São Paulo. Dedicada a produzir uma pesquisa acadêmica a partir de seu corpo e vivência negra e sexo-dissidente, escreveu as dissertações "Corpo-memória: pesquisa ativista, escrevivência, ação estético-política" (2018) e "O corpo é o que nos resta: pornoterror e performance, resistência e feminismo" (2017), a primeira defendida no Programa de Pós-graduação em Estudos Contemporâneos das Artes da Universidade Federal Fluminense (UFF) e a segunda no Programa de Pós-graduação em Memória Social da Universidade Federal do Estado do Rio de Janeiro (UNIRIO), onde é doutoranda. Atualmente, desenvolve parte de seu doutorado na Universidade da Califórnia, Riverside (UCR), com bolsa da Capes.

Bernedette Muthien (Cidade do Cabo, África do Sul, 1966)
Formada em Estudos Políticos pela Universidade da Cidade do Cabo, e mestre em Ciência Política pela Universidade de Stellenbsoh (África do Sul), atua em vários conselhos consultivos internacionais, incluindo das

revistas *Human Security Studies* e *Journal of Human Security*, bem como do International Institute on Peace Education. Foi a primeira bolsista Fulbright-Amy Biehl na Universidade de Stanford, nos Estados Unidos, trabalhou no Conselho Executivo da Associação Internacional de Pesquisa para a Paz e foi cofundadora da Associação Africana de Pesquisa e Educação para a Paz. Há mais de vinte anos vem ocupando cargos executivos e de gestão sênior na academia, sociedade civil e setor público na África do Sul e outros países.

Camila Bastos Bacellar (Rio de Janeiro, RJ, Brasil, 1986)

Cientista social, artista, professora e pesquisadora, doutora em Artes Cênicas, com ênfase nos estudos da performance, pela Universidade Federal do Estado do Rio de Janeiro (UniRio). Concluiu o mestrado sob orientação de Paul B. Preciado no *Programa de Estudios Independientes do Museu d'Art Contemporani de Barcelona*, cujo título é reconhecido oficialmente como máster em *Estudios Museísticos y Teoría Crítica* pela *Universidad Autònoma de Barcelona*. Possui graduação em Ciências Sociais pela Universidade Federal do Rio de Janeiro (UFRJ) e em Artes Cênicas pela Universidade Federal do Estado do Rio de Janeiro (UniRio). Atualmente é professora substituta do departamento de Arte da Universidade Federal Fluminense (UFF).

Caterina Rea (Milão, Itália, 1974)

Professora Adjunta na Universidade da Integração da Lusofonia Afro-brasileira (Unilab), Campus de São Francisco do Conde, Bahia. Possui graduação em Filosofia pela Università Cattolica de Milão, DEA (Diplôme d'Etudes Approfondies) e doutorado em Filosofia pela Université Catholique de Louvain, na Bélgica, além de Master 2 em Clinique du Corps et Anthropologie Psychanalytique, pela Université Denis Diderot – Paris VII. É autora dos livros *Dénaturaliser le corps: De lopacité charnelle à lénigme de la pulsion* (2009), *Psychanalyse sans Oedipe: Antigone, genre et subversion* (2010) e *Corpi senza frontiere: Il sesso come questione politica* (2012). Na Unilab/Campus dos Malês, coordena o Grupo de Pesquisa FEMPOS/Pós-colonialidade, Feminismos e Epistemologias anti-hegemônicas. Desde abril de 2019, integra o Programa de Pós-graduação do Núcleo de Estudos da Mulher (PPGNEIM).

Francesca Gargallo (Siracusa, Itália, 1956) Licenciada em Filosofia pela Univesidade de Roma e doutora em Estudos Latinoamericanos pela Universidade Nacional Autônoma do México (Unam), Francesca Gargallo é também escritora e professora. Autora de romances, livros de poesia, contos e infantojuvenis, publicou ainda volumes de ensaios, crítica e história da arte, tais como *La creatividad de las mujeres: Pintura y reconocimiento público* (2015). Entre outros prêmios, recebeu, em 2011, a Medalha Omeccihuatl do Instituto das Mulheres Cidade de México.

Gabriela González Ortuño Doutora em Estudos Latino-americanos pela Universidade Nacional Autônoma do México (Unam), tutora no 17, *Institute of Critical Studies*, professora dos cursos de Relações Internacionais e Ciências Políticas e da pós-graduação em Estudos Políticos da FES Acatlán. Publicou diversos artigos em revistas e livros especializados na Espanha, Brasil, Equador e México sobre temas relacionados a feminismos latino-americanos, teologias políticas e dissidências de gênero. Foi uma das editoras da antologia *Mulheres Intelectuais: Feminismo e Libertação na América Latina,* publicada Conselho Latino-Americano de Ciências Sociais (CLACSO), em 2017, e faz parte do Conselho Acadêmico da revista Cognita, da Universidade Autônoma de Tlaxcala.

Guacira Lopes Louro (Porto Alegre, RS, Brasil, 1945) Pesquisadora nas áreas de gênero, sexualidade e teoria queer. É professora titular aposentada da Universidade Federal do Rio Grande do Sul (UFRGS). Formada em História, voltou-se para o campo da Educação. Em 1990, junto com um grupo de estudantes, criou o GEERGE (Grupo de Estudos de Educação e Relações de Gênero) na UFRGS. Continua estudando, escrevendo e publicando. Seu último livro é um conjunto de ensaios intitulado *Flor de açafrão* (2017).

Guilherme Altmayer (Porto Alegre, RS, Brasil, 1972) Pesquisador, professor adjunto da Escola Superior de Desenho Industrial da Universidade do Estado do Rio de Janeiro (Uerj) e ativista. Doutor e mestre pelo Departamento de Arte e Design da PUC-Rio e membro da plataforma de pesquisa e discussão coletiva Red Conceptualismos del Sur. Pós-graduado em sócio-psicologia pela FESPSP - Fundação Escola de Sociologia e Política de São Paulo (FESPSP) e marketing pela ESPM. Desenvolve a pesquisa tropicuir.org sobre memória e arquivo sexo e gênero dissidentes no Brasil. Colaborou com o catálogo *Antologias* da exposição Histórias da Sexualidade no Museu de Arte de São Paulo (MASP) e com a obra *Forma da Liberdade* na 32ª Bienal de São Paulo.

Jack Halberstam (EUA, 1961) É professor de Estudos Americanos e Etnia, Estudos de Gênero e Literatura Comparada na Universidade do Sul da Califórnia (USC), tendo concluído seu doutorado na Universidade de Minnesota. É autor dos livros *Skin Shows: Gothic Horror and the Technology of Monsters* (1995), *Female Masculinity* (1998), *In A Queer Time and Place* (2005), *Gaga Feminism: Sex, Gender, and the End of Normal* (2012), e *A arte queer do fracasso* (2011), publicado no Brasil em 2020.

Jasbir K. Puar (New Haven, EUA, 1967) Teórica queer, professora e diretora de pós-graduação em Estudos de Mulheres e Gênero na Rutgers University, onde é docente desde 2000. Doutora em Estudos Étnicos na UC Berkeley, é autora do premiado *Terrorist Assemblages: Homonationalism in Queer Times* (2007), e seu livro mais recente é *The Right to Maim: Debility, Capacity, Disability* (2017). Escreveu amplamente sobre a produção cultural diaspórica do Sul da Ásia nos Estados Unidos, Reino Unido e Trinidad, turismo LGBT, estudos de terrorismo, estudos de vigilância, biopolítica e necropolítica, deficiência e debilitação, teorias de interseccionalidade, afeto e aglutinação; estudos com animais e pós-humanismo, homonacionalismo, pink washing e os territórios palestinos.

Larissa Pelúcio (Fortaleza, CE, Brasil, 1963) Livre-docente em estudos de gênero, sexualidade e teorias feministas. É professora de Antropologia na Universidade Estadual Paulista Júlio de Mesquita Filho (Unesp – Campus Bauru), e docente credenciada no Programa de Pós--Graduação em Comunicação na mesma universidade. Doutora em Ciências Sociais pela Universidade Federal de São Carlos (Ufscar), realizou pós-doutorado na Universidade de Paris 8. Coordena o Grupo de Pesquisa Transgressões e é também pesquisadora colaboradora do Núcleo de Estudos de Gênero Pagu (Unicamp).

Leandro Colling (São Martinho, RS, Brasil, 1971) Professor associado do Instituto de Humanidades, Artes e Ciências Professor Milton Santos da Universidade Federal da Bahia (Ufba), professor permanente do Programa Multidisciplinar de Pós-graduação em Cultura e Sociedade e colaborador do Programa de Pós-Graduação em Estudos Interdisciplinares sobre Mulheres, Gênero e Feminismo, da mesma instituição, e do Programa de Pós-Graduação em Ciências Humanas e Sociais (PPGCHS) da Universidade Federal do Oeste da Bahia. Bolsista de Produtividade em Pesquisa 2 do CNPQ, é um dos criadores e integrante do Núcleo de Pesquisa e Extensão em Culturas, Gêneros e Sexualidades (NuCuS) e um dos criadores e editores da revista acadêmica *Periódicus*.

Lorena Mochel (São Luís, MA, Brasil, 1986) Doutoranda em Antropologia Social pelo Museu Nacional, da Universidade Federal do Rio de Janeiro (MN/UFRJ), onde integra o Núcleo de Estudos em Corpos, Gêneros e Sexualidades (Nusex). Graduada em Psicologia pela Universidade Federal do Maranhão (Ufma), mestre em Comunicação Social pela Pontifícia Universidade Católica do Rio de Janeiro (PUC-Rio), e Especialista em Gênero e Sexualidade pelo Instituto de Medicina Social, Universidade do Estado do Rio de Janeiro (IMS/Uerj) e Especialista em Pesquisa de Comportamento e Consumo pelo SENAI Cetiqt. Atualmente, integra o corpo docente do curso de Psicologia no Centro Universitário de Valença (UNIFAA). Atua nos campos de estudos de Gênero e Sexualidade, Cultura Material, Antropologia da Religião e do Secularismo, Antropologia Urbana e Mídias digitais.

Marcia Ochoa (EUA, 1970) Antropóloga especializada em etnografia da mídia e professora na Universidade da California em Santa Cruz, onde dirige o departamento de Estudos Feministas. É co-editora do periódico *GLQ: A Journal of Lesbian and Gay Studies*, e co-fundadora do projeto El / La Para TransLatinas em San Francisco, Califórnia, que visa desenvolver programação e trabalho de justiça social para promover a participação latina transgênero. Entre suas publicações destacam-se *Queen for a Day: Transformistas, Beauty Queens and the Performance of Femininity in Venezuela* (2014).

Norma Mogrovejo (Juliaca, Peru, 1961) Professora pesquisadora da Universidade Autônoma da Cidade do México (Unam), se dedica a estudos sobre os modelos civilizacionais que impuseram corpos, pensamento, obediência e as formas de construir comunidades estratégicas fora do mandato de estado/nação/heterossexualidade/classe/raça. Autora de livros sobre o movimento lésbico em Abya Yala, tais como *Un amor que se atrevió a decir su nombre: la lucha de las lesbianas y su relación con los movimientos homosexual y feminista en América Latina* (2000)

Paul B. Preciado (Burgos, Espanha, 1970) Escritor, filósofo e curador. Doutor em filosofia e teoria da arquitetura pela Universidade de Princeton, escreveu uma dissertação intitulada *Pornotopía: Architecture and Sexuality in Playboy During the Cold War*, em 2010, que se tornaria o livro pelo qual Preciado ganhou o Prix Sade, na França. Professor de História Política do Corpo, Teoria de Gênero e História da Performance na Université Paris VIII, foi diretor do Independent Studies Program (PEI) do Museu de Arte Contemporânea de Barcelona (Macba). Foi curador dos Programas públicos da exposição de arte *documenta 14*, em Kassel e Athenas. Desde 2013, Preciado contribui para o site do jornal francês *Libération*, com uma coluna sobre gênero, sexualidade e biopoder. Conhecido inicialmente como uma escritora mulher lésbica, Preciado anunciou em 2014 que estava em transição e, em janeiro de 2015, mudou seu primeiro nome para Paul. É autor dos livros *Manifesto contrassexual* (2002), *Testo Junkie* (2013), entre outros, e do recente *Um apartamento em Urano* (2020).

Pedro Paulo Gomes Pereira (Goiânia, Brasil 1967) Livre Docente pela Universidade Federal de São Paulo (Unifesp), onde também é professor associado e professor do Programa de Pós-Graduação em Saúde Coletiva, e é também Coordenador do Quereres – Núcleo de Pesquisa em Diferenças, Direitos Humanos e Saúde. Possui Mestrado em Antropologia pela Universidade de Brasília (1996), Doutorado em Antropologia pela Universidade de Brasília (UnB), realizou pós-doutoramento na Universidade de Barcelona. Foi pesquisador visitante na Universidade de Barcelona e bolsista da Fundación Carolina, para realizar pesquisa na Universidad Rovira y Virgili. É autor dos livros *O terror e a dádiva* (2004), *De corpos e travessias* (2014), *Queer in the Tropics: Gender and Sexuality in the Global South* (2019), além de artigos publicados em periódicos nacionais e internacionais.

Richard Miskolci (Brasil, 1971) Professor Titular de Sociologia da Universidade Federal de São Paulo (Unifesp), Pesquisador do CNPq e Coordenador do Quereres - Núcleo de Pesquisa em Diferenças, Direitos Humanos e Saúde. Doutor em Sociologia pela Universidade de São Paulo (USP), também foi pesquisador visitante nas universidades de Chicago, Michigan e Califórnia. Um dos introdutores de uma perspectiva queer nos estudos de gênero brasileiros, sua produção busca compreender os elementos emocionais que moldam a vida coletiva, em particular o papel do desejo nas relações sociais. Publicou, entre outros livros, *O desejo da nação: masculinidade e branquitude no Brasil de fins do XIX* (2012) e *Desejos digitais: uma análise sociológica da busca por parceiros on-line* (2017).

Sam Bourcier (Berlim, Alemanha, 1963) Teórico e ativista queer e professor de estudos culturais, estudos queer e de gênero na Universidade de Lille 3. Doutor em Sociologia pela École dês Hautes Etudes en Sciences Sociales, foi responsável por traduções das obras de Monique Wittig e Teresa de Lauretis, nos anos 1990, e é autor de uma trilogia sobre a teoria queer: *Queer Zones 1, Queer Zones 2 - Sexpolitiques, Queer Zones 3 - Identité, culture, politique.*

Tânia Navarro Swain (Curitiba, Brasil, 1946) Doutora pela Universidade de Paris 3 - Sorbonne, concluiu pós-doutorado na Universidade de Montréal. Foi professora associada ao Institut de Rechereches et d´Études Féministes (IREF), da Universidade do Québec em Montréal. É autora do livro *O que é lesbianism* (2000), também traduzido para o francês sob o título *Lesbianismo au delà des mots,* além de vários ebooks em português, francês e inglês, tais como o *Estas maravilhosas mulheres de aventura* (2019), *Feminismo radical, muito além de identidades e gêneros* (2017) e *Qui a peur de Foucault ? Féminisme et la destruction des évidences* (2018). Criadora e editora da revista Labrys, estudos feministas, www.labrys.net.br, ativa desde 2002.

Este livro foi editado pela Bazar do Tempo
em outubro de 2020, na cidade de São Sebastião
do Rio de Janeiro, e impresso em papel Pólen Soft
80 g/m² pela gráfica Margraf. Foram usados os tipos
Labil Grotesk, Stabil Grotesk e Skolar.

1ª reimpressão, dezembro 2022